SPSS를 활용한

스포츠학 연구법

이병두 · 박종욱 저

RESEARCH METHODS FOR **SPORTS SCIENCE**

도서출판 한산

머리말

통계 분야는 폭넓고 복잡한 학문이어서 손쉽게 접근하기가 어렵다. 더 더욱 연구방법론은 통계에 대한 이해뿐만 아니라 보고서 작성이라는 두 가지 난제를 한꺼번에 풀어야하기 때문에 많은 학생들이 이를 이해하기에는 결코 쉽지 않다. 또한 시중에는 많은 연구방법론 책이 출간되어 있어 어떤 책을 읽어야 할지 막막해진다. 본 책은 통계에 대한 기초이론을 수학적으로 소개하면서, 표본데이터를 갖고 SPSS를 활용하여 기초이론에 대한 실전 적용을 했다.

수 년간의 강의를 통해 겪은 사실은 많은 학생들이 단순히 SPSS의 결과를 갖고 성급하게 보고서를 작성하려는 것이다. 본 책은 단순히 SPSS의 활용법을 설명한 것이 아니라, SPSS의 결과가 어떠한 경로를 통해 산출되었는지를 수학적으로 설명하는데 많은 노력을 했다. 본 책은 크게 다음 그림과 같이 세 부분으로 구성되어 있다.

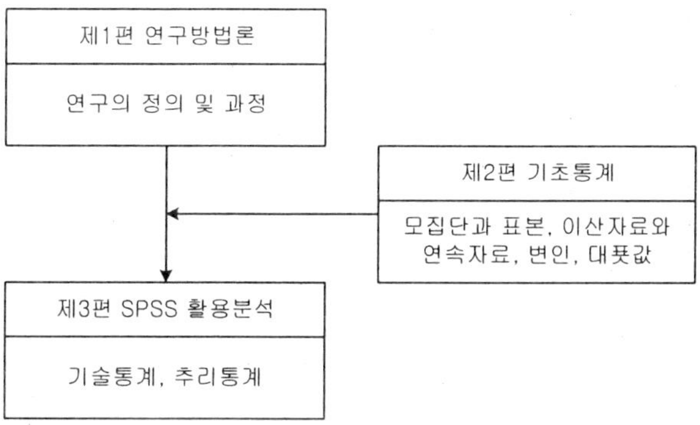

- 제1편에서는 연구방법론이 무엇인가에 대한 개념 설명을 위해 연구의 정의와 연구를 수행하는 과정을 주로 다루었다.

- 제2편에서는 기초통계에 대한 설명을 위해, 모집단과 표본집단, 이산자료와 연속자료, 변인, 대푯값 등에 대한 기본개념을 주로 다루었으며, 실예를 통해 이에 대한 이해를 제고하였다.

- 제3편에서는 본 책의 가장 핵심인 SPSS의 활용을 통한 데이터분석인 기술통계와 추리통계를 다루었다.

물론 기초통계에 대한 이해가 있는 학생은 제2편을 건너뛰고 학습을 하여도 무방하며, 강의는 제1편 연구방법론과 제3편 SPSS 활용분석을 주로 하여 진행하면 된다. 또한 전문적인 통계분석인 회귀분석, 경로분석, 정준상관분석, 판별분석, 요인분석, 다차원척도법 등은 본 책에서 배제되었다.

제3편 SPSS 활용분석을 위해 본 책에서 다른 분석은 다음 표와 같다.

<table>
<tr><th colspan="2">분석 분류</th><th colspan="2">분석 기법</th><th>수록 여부</th><th>수록 쪽수</th></tr>
<tr><td rowspan="3">기술통계</td><td>기술통계 I</td><td colspan="2">빈도분석</td><td>수록</td><td>146</td></tr>
<tr><td rowspan="2">기술통계 II</td><td colspan="2">교차분석</td><td>수록</td><td>168</td></tr>
<tr><td colspan="2">평균비교</td><td>수록</td><td>170</td></tr>
<tr><td rowspan="18">추리통계</td><td rowspan="12">모수적통계</td><td rowspan="3">t-검정</td><td>일표본 t-검정</td><td>수록</td><td>176</td></tr>
<tr><td>독립표본 t-검정</td><td>수록</td><td>183</td></tr>
<tr><td>대응표본 t-검정</td><td>수록</td><td>191</td></tr>
<tr><td rowspan="3">변량분석</td><td>일원변량분석</td><td>수록</td><td>199</td></tr>
<tr><td>이원변량분석</td><td>미수록</td><td>-</td></tr>
<tr><td>다원변량분석</td><td>미수록</td><td>-</td></tr>
<tr><td rowspan="5">상관분석</td><td>단순상관분석</td><td>수록</td><td>213</td></tr>
<tr><td>다중상관분석</td><td>수록</td><td>223</td></tr>
<tr><td>편상관분석</td><td>수록</td><td>228</td></tr>
<tr><td>공변량상관분석</td><td>미수록</td><td>-</td></tr>
<tr><td>정준상관분석</td><td>미수록</td><td>-</td></tr>
<tr><td colspan="2">회귀분석</td><td>미수록</td><td>-</td></tr>
<tr><td rowspan="6">비모수적통계</td><td colspan="2">카이제곱검정</td><td>수록</td><td>242</td></tr>
<tr><td colspan="2">독립성검정</td><td>수록</td><td>257</td></tr>
<tr><td colspan="2">대응표본검정</td><td>수록</td><td>260</td></tr>
<tr><td colspan="2">판별분석</td><td>미수록</td><td>-</td></tr>
<tr><td colspan="2">요인분석</td><td>미수록</td><td>-</td></tr>
<tr><td colspan="2">다차원척도법</td><td>미수록</td><td>-</td></tr>
</table>

통계분석을 기술통계와 추리통계로 구분했으며, 기술통계는 초보적인 기술통계인 기술통계1과 중급이상의 기술통계인 기술통계2로 분리했다. 또한 추리통계는 모수적 통계분석과 비모수적 통계분석으로 구분하여 이론과 실예를 들어 서술하였다.

본 책을 제작하기 위해 주로 참고하였던 책자들은 다음과 같다. 아울러 연구방법론의 학문적 발전을 위해 좋은 책을 집필해주신 저자분들에게 심심한 경의를 표합니다.

[제1편 연구방법론]

(1) Chris Gratton & Ian Jones (2010). Research methods for sports studies. Routledge.

(2) 김영석 (2009). 사회조사 방법론: SPSS WIN 통계분석. 나남출판.

(3) 김종택 외 4인 (2007). 체육학 연구법. 도서출판 레인보우북스.

[제2편 기초통계]

(1) 이병두·박종욱 (2011). Excel 2007을 활용한 기초 통계자료 분석. 도서출판 한산.

(2) 이용구·김삼용 (2008). 통계학의 이해. 율곡출판사.

(3) 임호순 (2009). Excel 2007을 이용한 통계자료분석. 정익사.

[제3편 SPSS 활용분석]

(1) Nikos Ntoumanis (2006). A Step-by-Step Guide to SPSS for Sport and Exercise Studies. Routledge.

(2) 강주희 (2010). SPSS 프로그램을 활용한 따라하는 통계분석. 크라운출판사.

(3) 김동우 (2011). 이공계 글쓰기 노하우. 생능출판사.

공부는 평생동안 하는 것이기 때문에 너무 서두르지 말고 꾸준하게 단단히 기초를 다져 나가는 것이 중요합니다. 아무쪼록 이 자료가 학업을 정진하는데에 조금이나마 도움이 되기를 바라며, 아울러 여러분의 가정에 항상 평강이 깃들기를 바랍니다.

blee026@korea.com

2012년 11월 11일 저자 씀

차 례

제 I 편

스포츠학 연구방법론

"In the broadest sense of the word, the definition of research includes any gathering of data, information and facts for the advancement of knowledge."- Experiment-Resource.com.

1 연구의 정의

연구(research)를 광의적으로 정의하면 지식의 발전을 위해 자료, 정보 또는 사실을 모으는 작업이 된다[19]. 또 다른 정의로 연구는 특정 주제나 사안에 대해 이해를 증진시키기 위해 정보를 모으고 분석하는 과정으로 볼 수 있다[13]. 결국 연구는 지식에 대한 새로운 발견과 진전을 위한 체계적인 과정으로 정의할 수 있다[15].

제 1 절 연구의 특성, 단계 및 분류

학자들에 따르면 연구는 다음과 같은 특성을 포함하고 있어야 한다[18, 28].

- 연구는 특수한 연구 질문, 가설, 문제로부터 발생된다.
- 연구는 연구과정(research process)이라는 특수한 계획이나 절차를 수반해야 한다.
- 연구의 목적은 사실에 준거하여 결론에 이르거나 사실을 해석함으로서 사실에 대한 이해를 증진시키는데에 있다.
- 연구는 결론을 입증할 수 있는 추론적[i] 논의를 필요로 한다.
- 연구는 예전의 지식을 기반으로 그 지식을 발전시키기 위해 논의를 통해 반복되어져야 한다.

그러므로 연구는 단순히 사실을 찾아내는 것이 아니라 문제에 대한 답을 얻기 위한 체계적인 조사가 되어야 한다. 많은 사람들은 연구가 인터뷰나 설문지를 통해 단순히 자료를 수집하는 것으로 이해하고 있으나, 자료를 수집하는 것은 단지 연구

[i] 추론(reasoning)은 연역적 추론(deductive reasoning)과 귀납적 추론(inductive reasoning)으로 구분되며, 연역적 추론은 '주어진 전제로 부터 또 다른 전제를 도출해내는 방식(General-to-Specific)'이며, 귀납적 추론은 '지식, 데이터, 현상으로 부터 일반성을 찾아내는 방식(Specific-to-General)'이다.

과정의 한 단계일 뿐이다. 일반적으로 연구과정은 그림 1.1에서와 같이 5단계로 구분을 한다[15].

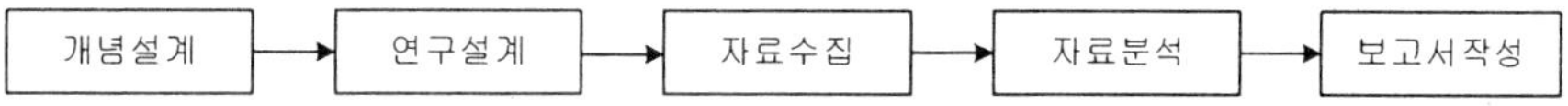

그림 1.1: 연구과정 5단계

(1단계) **개념설계:** 자료를 수집하기 전의 단계로서, 이 단계에서 연구자는 연구의 필요성, 목적, 목표 및 연구를 위한 이론적 뼈대 등을 결정해야 한다.

(2단계) **연구설계:** 연구질문에 대한 답을 얻기 위해 어떤 방법, 어떤 표본집단을 이용하여 어떻게 자료를 수집할 것인가를 설계하는 단계가 된다.

(3단계) **자료수집:** 실제로 자료를 수집하는 단계로서 1개 이상의 연구방법에 의해 자료는 수집이 된다.

(4단계) **자료분석:** 연구의 목적을 달성하기 위해 이론을 새로 만들거나 기존의 이론을 적용하여 수집된 자료를 분석하는 단계가 된다.

(5단계) **보고서 작성:** 연구를 통해 발견된 사실을 타인과 공유하기 위해 연구보고서를 작성하는 단계가 된다.

연구의 목적, 자료를 모으는 방법, 자료를 분석하는 방법에 따라 연구를 여러가지 방법으로 분류하고 있다. 일반적으로 연구를 다음과 같이 연구의 목적에 따라 4가지로 분류를 한다[15].

- **탐사적 연구(exploratory research):** 탐사적 연구는 '어떤 현상에 대해 사전 지식이 없는 상태에서 실시되는 연구'이다. 그러므로 심층적인 연구를 진행하기 전에 초기 탐사가 필요하다. 이러한 종류의 연구는 어떤 현상에 대한 증거를 제시하는 것으로 볼 수 있으며, 또는 적절한 개념에 대한 적합성을 확인하는 것으로 볼 수 있으며, 또는 사전 아이디어나 설명이 없이 단순히 자료로부터 발생되는 아이디어나 패턴에 대한 현상으로 볼 수 있다. 예를 들어, 인터넷이 스포츠에 어떠한 영향을 미치는지를 알아보는 것이 탐사적 연구의 한 예가 된다. 왜냐하면 이에 대한 적절한 이론적인 연구모델이 없기 때문이다. 일반적으로 탐사적 연구는 아이디어나 가설에 의해 행해졌던 앞선 연구를 근간으로 행해진다.

- **기술적 연구(descriptive research):** 기술적 연구는 '어떤 특이한 현상에 대해 왜 그러한 현상이 발생했는지에 대한 해석보다는 그것이 얼마나 발생했는지 또는 무엇이 발생했는지에 대해 촛점을 맞춰 설명하는 연구'가 된다. 예를 들어, 2012년 런던 올림픽에 얼마나 많은 관중이 참여했는지 또는 런던 올

림픽에 여자 관중보다 남자 관중이 많이 참여했는지를 알아보는 연구가 된다. 결국 기술적 연구는 얻어진 결과를 설명하는 것이 아니라 단순히 일어난 사실에 대한 기록하는 것이다.

- **설명적 연구(explanatory research):** 설명적 연구는 '왜 현상이 발생했는지 또는 변수 간에 인과관계를 평가하는 연구'가 된다. 예를 들어, 2012년 런던 올림픽에 왜 여자 관중보다 남자 관중이 더 많이 참여했는지를 알아보는 것이 설명적 연구의 한 예가 된다. 그러므로 설명적 연구는 연구결과가 자료로 부터 추론되었다는 사실을 입증할 수 있는 이론적 뼈대(theoretical framework)가 필요하다.

- **예측적 연구(predictive research):** 예측적 연구는 '설명적 연구에서 제안된 해석을 기반으로 하여 미래 현상에 대한 예측을 하는 연구'이다. 예를 들어, 앞에서 보인 설명적 연구를 통해 얻어진 결과를 갖고 2016년 하계 올림픽에 있어 남녀 관중의 차를 예견하는 것이 예측적 연구의 한 예이다.

또한 연구가 기초가 되느냐 또는 응용이 되느냐에 따라 다음과 같이 순수연구(pure research)와 응용연구(applied research)로 구분을 할 수 있다[15].

- **순수연구:** 순수연구는 특수한 문제에 집착하지 않고 특별한 개념이나 이슈를 탐사하면서 전반적인 개념에 대한 이해를 증진시키는데 그 목적이 있다. 예를 들면, 코칭 습관에 대한 연구가 된다. 순수연구는 연구를 통해 즉각적인 성과를 얻는 것이 아니고 그 분야에 지적인 조사 분야에 기여하는데 있다.

- **응용연구:** 반면에 응용연구는 특정 문제를 풀기 위해 수행하는 것이고, 이를 통해 특정 문제에 대한 해결책을 제시해 준다. 예를 들면, 왜 단기간에 단체가 아닌 개인 선수들이 적응훈련에 쉽게 낙오하는가에 대한 이유를 연구하는 것이 한 예가 된다.

아울러 분석되는 자료 유형에 따라 1차연구(primary research)와 2차연구(secondary research)로 나눌 수가 있다.

- **1차연구:** 1차연구는 특별한 연구 프로젝트에 연구자가 직접 입수한 원시자료를 갖고 수행하는 연구가 된다. 예를 들면, 설문조사나 인터뷰를 통한 연구가 된다.

- **2차연구:** 2차연구는 1차연구와 같은 원시자료가 없는 상황에서 수행되는 연구가 된다. 예를 들면, 인구 조사나 기록 보관소에 보관되어 있는 자료와 같은 2차자료를 갖고 수행하는 연구가 된다. 일반적으로 대부분의 연구 프로젝트들은 문헌고찰을 통해 예전에 수행되었던 연구 프로젝트에서 수집되고 평가되었던 2차연구의 일부분을 다룬다.

연구를 또 다르게 분류하면 이론연구(theoretical research)와 실험연구 (empirical research)로 구분을 할 수 있다.

- **이론연구:** 이론연구는 기존의 이론이나 설명을 분석함으로서 새로운 아이디어를 창출하는데 그 목적이 있다. 이러한 아이디어는 1차자료 형태로 수집된 증거들로부터 검증되어지는 것은 아니다. 그러므로 스포츠 팬의 폭력성을 연구하는 연구자는 도서관을 방문하거나 기존의 연구물을 검토하여 자신의 설명을 발전시켜 이론연구를 수행할 수 있다. 이론연구가 장점을 갖고는 있으나, 될 수 있으면 1차자료를 수집하여 실험적으로 자신의 주장을 관철시키는 것이 좋다.

- **실험연구:** 실험연구에서의 실험이란 이론적 추론이 아니고 관측이나 측정이 된다. 실험연구는 자료를 수집하여 새로운 아이디어를 입증하는 데에 그 목적이 있다.

또한 분석자료의 형태에 따라 양적연구(quantitative research)와 질적연구(qualitative research)로 나눌 수가 있으며, 두 연구에 대한 차이는 표 1.1과 같다.

	양적연구	질적연구
연구개요	사실을 입증하기 위해 정량분석을 실시	이해를 돕기 위해 정성분석을 실시
사회실체에 대한 가정	사회실체를 단일, 객관적으로 간주하며, 시간이나 주위환경에 관계없이 불변하다고 봄	사회실체는 주관적인 경험으로 간주되며, 즉각적인 사회 배경에 관계가 있으며 연속적으로 구축된다고 봄
연구목표	통계분석을 통해 연관관계를 규명	서술, 이해 및 뜻을 전함
사용되는 데이터	연구표본을 통해 모집단을 생성코자 함	소표본이나 케이스를 사용하며, 데이터는 질이 좋고 주관적인 것임
연구자 및 연구	연구자는 객관적이며, 조사되고 있는 주제와 분리되며, 상황은 조작됨	연구의 위치는 가끔 자연적스러움
데이터수집방법	데이터는 펜과 종이와 같은 무생명체를 이용하여 수집	데이터 수집은 유연하게 이루어지며, 가끔 문맥분석과 같은 비전통적인 접근을 한다. 연구자가 데이터 분석기구임
철학적 배경	실증주의와 연관	해석주의와 연관
자료분석방법	일반적으로 연역적 분석	일반적으로 귀납적 분석

표 1.1: 양적연구와 질적연구의 비교[15]

- **양적연구:** 양적연구는 범주, 순위, 측정기구로 측정된 숫자형태의 자료를 처리하며, 수집된 자료를 통해 그래프나 표를 그릴 수가 있다. 양적연구의 목적은 예견된 이론의 일반성이 유효한 가를 판단하는 것이다.

- **질적연구:** 질적연구는 숫자형태가 아닌 자료를 취급하며, 양적자료보다 분석하기가 쉽지 않다. 질적연구의 목적은 여러 관점을 통해 사회나 인간의 문제를 장기간에 걸쳐 체계적인 관찰 또는 참여를 통해 숫자가 아닌 기록이나 언어학적 자료를 분석하여 사회나 인간의 현상을 이해하는 데에 있다.

또한 연구에 접근하는 밥법에 따라 연역적 연구(deductive research)와 귀납적 연구(inductive research)로 나눌 수 있으며, 두 연구에 대한 차이는 표 1.2와 같다.

	연역적 연구	귀납적 연구
철학적 배경	실증적	해석적
자료형태	정량적	정성적
접근형태	연역적	귀납적
연구목적	무엇, 언제, 얼마나	왜, 어떻게
연구설계의 유연성	사전 연구설계에 따름	지속적으로 적용될 유연한 연구 설계에 따름
인과관계의 처리	인과관계 설정	인과관계 설명
연구목표	이론을 확인	이론을 개발

표 1.2: 연역적 연구와 귀납적 연구의 비교[15]

연역적 연구는 실증적이고 양적연구와 좀 더 관련이 있다. 이는 수집된 자료로부터 검증이 된 기존의 이론으로부터 시작을 하여 연구자의 아이디어 발전 또는 가설을 전개시키는 것을 포함하고 있다. 가설(hypothesis)이란 실험적으로 검정을 할 수 있는 두 변수 간의 연관된 문장을 말한다. 가설의 예를 들면 "부모와 함께 정기적으로 스포츠를 즐기는 어린애들은 스포츠에 우호적이다"가 된다. 반면에 귀납적 연구과정은 다음과 같은 단계로 행해진다[15].

(1단계) 연구를 확증하는 이론에 대한 문장 만들기

(2단계) 만약 이론이 사실이라면, (즉, 두 변수 간의 가설이 맞다면) 제안될 그 이론으로 부터 연역된 문장 만들기

(3단계) 이 가설을 검증할 자료 모으기

(4단계) 확실한 결과를 바탕으로 가설을 개발하기 위해 이론을 수정/반박

귀납적 연구는 좀 더 해석적이고 질적연구와 관련이 있다. 즉, 자료를 수집하고, 새로운 이론, 모델, 설명을 이끌어내기 위해 분석하는 것이다. 예를 들어, '국내 이민자에 대한 스포츠 참여 형태'에 대해 알고자 하는 경우, 자료를 수집하기 위하여 이민자에 대한 표본을 설정하고 인터뷰를 하여, 어떠한 결과에 대한 설명을 하게 된다. 이 이론은 검증이 되고 필요 시 더 많은 자료를 수집하여 재 정제가 된다.

연역적 연구를 수행할 것인지 또는 귀납적 연구를 수행할 것인지에 대한 판단은 다음과 같다[15]. 첫째로 연구하고자 하는 분야에 충분한 이론들이 있는냐를 보고 판단해야 한다. 만약 충분한 정도의 이론들이 존재하고 있는 분야에서 무엇이 일어나고 있는지에 대해 관심이 있다면 연역적 연구가 적당할 것이다. 반대로 왜 일어났는가에 대해 알고자 하는 경우 또는 그 분야가 새롭고 또는 연구가 잘 안됐다면 귀납적 연구가 석절할 것이다. 두 번째로 시간과 자원이 연구의 종류를 결정하는 중요한 요소가 된다. 연역적 연구는 수집된 자료에 대한 검증을 하는 것이 아니라 수집된 자료로 부터 서서히 이론이 나오는 이유로 인해 귀납적 연구보다 시간이 많이 들고 자원 역시 많이 소요된다. 세 번째 고려 사항은 연구의 위험도 정도이다. 귀납적 연구는 적은 양의 자료로도 연구의 유의미 여부를 밝힐 수 있기 때문에 많은 양의 자료를 필요로 하는 연역적 연구에 비해 위험도가 적다.

앞서 설명한 연구들을 연구목적, 연구활용형태, 분석자료유형, 연구방법, 분석자료형태, 접근방법 등으로 구분해 보면 표 1.3과 같다.

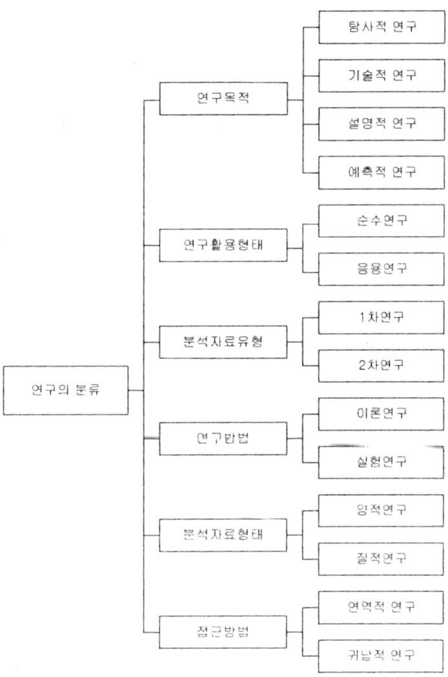

표 1.3: 여러 형태로 본 연구의 분류

제 2 절 스포츠와 스포츠학 연구법

스포츠(sports)는 참가자에게 즐거움을 제공하고 신체적 기능을 유지 및 증진시키는 목적으로 행해지는 모든 형태의 경쟁적인 신체적 활동으로 정의하고 있다[24]. 또한 오랜 동안의 스포츠에 대한 여러 형태의 정의에 대해 [24]는 다음과 같이 새로운 정의를 제시하고 있다.

- 스포츠는 경쟁적 요소를 함유하여야 한다.
- 스포츠는 어떠한 생명체에게도 해를 입히면 안된다.
- 스포츠는 보조 장치에 의존하면 안된다.
- 스포츠는 스포츠를 위해 특별히 제작된 행운(luck)에 의존하면 안된다.

한편 체육(physical education)은 전인적인 인간의 완성을 위한 신체의 교육 또는 신체를 통한 교육으로 인식되어 왔다[8]. 그러나 교육을 강조해왔던 체육에 대해 새로운 용어인 운동과학(exercise science) 또는 스포츠과학(sports science)이 대두되면서 체육학에 큰 변화가 발생되었으며, 체육과 운동과학을 망라한 체육학으로서의 변화가 일어났다[8]. 결국 국내에서는 체육학을 체육과 운동과학을 포함한 종합학문으로 사용하고 있는 것이다.

그러면 현재 전세계적으로 사용되고 있는 운동과학과 스포츠학(sport studies)과의 차이는 무엇일까? [8]은 체육학을 신체활동의 과학적 규명을 위해 체육과 스포츠과학 또는 운동과학으로 분류되는 종합학문으로 간주하면서, 체육학을 신체활동 혹은 인간 움직임에 대한 근원과 과정을 과학적 방법을 통해 연구하는 학문으로 정의하고 있다. 또한 [8]은 스포츠를 체계적이고 구체적인 신체활동으로 한정하면서, 체육학의 목적을 스포츠 현상을 규명하고 이를 통해 객관적이고 타당한 진리의 탐구로 해석하고 있다.

한편 외국의 학교에서는 체육학을 '건강, 신체단련, 재활치료, 육상훈련, 운동 후 부상 등과 같이 운동으로 부터 발생되는 모든 운동의 효과에 대한 연구'로 간주하고 있다[22]. 반면에 [29]는 스포츠학을 스포츠의 성과를 향상시키기 위한 과학적 방법이나 기술을 연구하는 학문으로 정의하고 있으며, [22]는 스포츠학을 육상경기 및 단체 운동 등에 대한 관리 및 행정을 포함하여 직접적으로 적용된 모든 면에 대한 연구로 간주하고 있다. 결국 [22]의 해석을 살펴보면 체육학보다 스포츠학을 좀 더 포괄적인 의미로 외국에서는 사용하고 있음을 알 수 있다.

[8]이 체육학연구법을 체육이나 스포츠 현장에서 문제를 해결하거나 이론을 창출하기 위한 연구의 방법론에 대한 학문으로 보고 있음을 감안하면, 스포츠학연구법을 다음과 같이 재해석할 수 있다.

> '체육이나 스포츠 현장에서 문제를 해결하거나 새로운 이론을 창출하기 위해 자료를 수집 및 분석뿐만 아니라 조사 방법이나 실험설계를 포함하는 체계적인 과학적 탐구 방법에 관한 학문'으로 볼 수 있다.

가. 국내외 학회지

연구의 성과물은 주로 학술발표나 학회에 논문을 게재하여 동 시대의 연구자들과 정보를 공유하고 학문적 계발을 이루게 한다. 체육분야에서 국내의 대표적인 학회는 한국체육학회로서, 이 학회는 2010년 한국연구재단으로부터 학술지 평가를 받아 등재 후보지로 선정이 되었으며, 한국체육의 발전과 스포츠과학을 선도하는 목적으로 다음과 같은 15개 분과학회를 두고 적극적인 활동을 하고 있다.

(1) 한국체육사학회: 체육사학의 발전을 도모하고, 체육사학과 관련된 국내외 학술단체와의 유대강화 및 학술교류를 원활히하며, 나아가 체육학의 발전에 기여함을 목적으로 하고 있다.

(2) 한국체육철학회: 스포츠·무용학에서의 여러 현상들에 대해 반성적 자각과 비판을 매개로 하여 철학적 연구활동을 수행하고 있다.

(3) 한국스포츠사회학회: 스포츠 현상의 사회학적 설명력을 제고하기 위하여 다양한 이론에 근거하여 연구를 하고 있으며, 축적된 지식을 토대로 스포츠가 지니고 있는 사회적 가치를 실용적으로 구현하고있다.

(4) 한국스포츠심리학회: 스포츠심리학, 운동학습 및 제어, 운동발달, 운동과 건강심리학 등 다양한 분야의 연구로 스포츠심리학 분야의 학문적 기반을 공고히하고 있다.

(5) 한국스포츠교육학회: 학교 현장 교사와 연구자들 간의 간격을 좁히고, 학교현장의 개선 및 체육교육 발전을 모색 중이다.

(6) 한국스포츠산업경영학회: 스포츠 산업 및 스포츠 경영학과 관련된 학문의 연구를 통해 한국 스포츠의 발전에 기여하고 있다.

(7) 한국사회체육학회: 사회체육을 학문적 측면에서 체계적으로 연구, 발전시켜 사회체육의 활성화를 기하고 있다.

(8) 한국여가레크리에션학회: 여가 및 레크리에션 문화의 학문적 접근을 통해 한국체육 발전에 기여하고 있다.

(9) 한국무용학회: 무용예술에 대한 학문의 다각도 접근과 체계 구축을 기하고 있다.

(10) 한국운동생리학회: 운동검사 및 처방을 포함한 운동생리학 분야의 정보 수집, 교류 및 공동연구를 꾀하고 있다.

(11) 한국운동역학회: 스포츠와 역학이 접목된 운동역학에 걸맞게 체육과학, 물리학, 생체 및 기계공학, 의공학, 전기·전자공학, 컴퓨터공학 등 다양한 자연과학계열의 학문적 방법을 통해 한국체육 발전에 기여하고 있다.

(12) 한국체육측정평가학회: 체육/스포츠 과학분야의 측정, 평가, 통계, 연구방법의 이론과 응용 그리고 현장 연구의 정보교환을 수행하고 있다.

(13) 한국특수체육학회: 장애인의 건강한 삶과 복지를 위한 학문적 연구를 수행하고 있다.

(14) 한국운동영양학회: 운동영양학의 발전과 엘리트 스포츠 선수 및 일반인의 건강 증진을 위한 학문적 연구를 수행하고 있다.

(15) 한국발육발달학회: 인간의 연령증가에 따른 신체의 형태적/구조적 발육, 체력의 기능적 발달, 신체조성의 변천, 장애자의 발달 및 노화 등에 대한 연구를 수행하고 있으며, 특히 인간의 발육·발달 메커니즘을 규명함으로서 각급 학교의 원활한 교육과정 편성 및 체육지도에 기여하고 있다.

한편 전 세계적으로 스포츠 분야에 대해 많은 논문이나 저널 등이 수시로 발간되고 있으나, 그 중에서도 눈여겨 보아야 할 주요 저널들은 다음과 같다.

- Sociology of Sport Journal: 스포츠사회학에 상존하는 이슈에 대한 새로운 이론, 비판적인 시각, 새로운 연구를 위한 자극과 공유를 위해 연 4회 발간 중이다.

- Journal of Sport Management: 스포츠에 대한 관리(management), 통치(governance), 소비(consumption) 등 많은 분야에 걸쳐 포괄적으로 연 6회 발간을 하고 있다.

- Sport Marketing Quarterly(SMQ): 전문가와 학자 집단을 위한 스포츠 마케팅의 최신 정보를 연 4회 분기별로 발행하고 있다.

- International Journal of Sport Management(IJSM): 육상 행정관리를 포함하여 스포츠나 레크리에이션 관리에 종사하는 전문가들을 위해 American Press가 발행하는 저널이다.

- Journal of Sport Behavior: 게임과 스포츠 분야에서의 행위에 관한 연구물을 연 4회 발간을 하고 있다.

- Journal of Sport and Social Issues: 최근의 스포츠 이슈에 대한 연구, 논의 및 분석에 대한 연구물을 매월 발행하고 있다.

- Journal of Sport and Tourism: 스포츠 관광의 효용성과 교육적 가치를 육성 및 인식시키기 위해 연간으로 연구물을 발간하고 있다.

- International Review for the Sociology of Sport: 인류학(anthropology0, 문화학(cultural studies), 지질학(geography), 성별학(gender studies), 매체학(media studies), 역사(history), 정치경제(political economy), 증후

학(semiotics), 사회학(sociology), 학제간연구(interdisciplinary) 등과 같이 특정분야에 한정하지 않고 전 분야에 걸쳐 매년 6개 분과에서 연구물들을 1회 발간하고 있다.

- European Journal of Sport Management: 유럽 스포츠 경영협회(European Association for Sport Management)가 연 4회 발행하는 저널이다.
- European Sport Management Quarterly: 스포츠 조직이 어떻게 형성, 관리, 운영되는지에 대한 이해를 제고시키기 위해 연 4회 발행하는 저널이다.
- Sport in Society: 스포츠 문화(cultures), 교섭(commerce), 매체(media), 정책(politics) 등 다양한 분야를 연 1회 발간하고 있다.

나. 연구에 대한 이해

연구에 대한 이해를 돕기 위한 가장 좋은 방법은 스포츠 관련한 여러 저널을 접하는 것이다. 비록 연구에 관련된 책자가 연구를 이해시키는데 도움이 되지만 저널을 자주 접하는 것이 더 효과적이다. 일반적으로 학생들은 저널을 접합 때 적용된 연구이론, 개념 및 방법 등에 너무 집중을 하려는 경향이 있으며, 특히 통계처리된 경우에는 더 심하다. 이러한 방법은 너무 많은 시간을 소비하므로 지양해야 한다. 이 보다는 연구에서 결과를 위해 어떻게 처리를 했는지, 어떤 결과가 나왔는지를 가볍게 살핀 후, 결론에 대해 비판적 시각으로 평가하는 것이 더 효율적이다.

연구물을 읽고 평가하는 것은 일회성이 아니라 지속적으로 행해져야 한다는 사실을 인식해야 하며, 이를 통해 연구에 관련된 지식을 점차로 쌓을 수가 있다. 이렇게 함으로서 타인의 연구에 대해 좀 더 자신있게 평가할 수 있으며, 연구에 적용된 방법을 이해하게 되며, 수행된 연구의 내용에 대한 장단점을 규명할 수 있다.

물론 연구물을 처음 접하는 사람은 이해가 어렵고 위협적으로 느낄 수 있으나 인내하며 접하게 되면 차후에 상당한 보상이 따르게 된다. 또한 연구 중 적용되는 통계방법이 어렵더라도 중도 포기를 하지 말며, 보고서 작성시에 어려움이 발생되더라도 포기하지 말아야 한다. 일반적으로 처음 접하는 연구분야인 경우에는 처음부터 너무 어려운 논문이나 저널을 읽는 것은 좋은 방법이 아니다. 초보자들에게 연구논문을 읽는 방법과 팁은 다음과 같다[10, 15].

(1) **자신에게 적절한 분야의 논문을 보관하여 읽어라:** 이로써 내포된 개념이나 기술용어를 친숙하게 습득할 수 있어 전반적인 연구의 목적을 이해할 수 있다. 반면에 자신에게 적절치 못한 분야의 논문은 피하는 것이 좋다. 한 예로, 본인이 스포츠 관리에 능하다면 스포츠 심리학은 피하는 것이 좋다.

(2) **자신에게 흥미가 있는 연구물을 읽어라:** 처음부터 모든 논문을 읽으려고 하지마라. 읽고 있는 중인 논문이 흥미가 없는 경우에는 읽기를 포기하라. 또

한 사회학을 연구하고자 하고 올림픽에 흥미가 있는 경우에는 올림픽 경기의 사회학에 관련된 논문을 읽기를 권한다.

(3) **초록을 먼저 읽어라:** 초록은 논문을 다 읽지 않고 이 논문이 본인에게 관련이 있는지를 한 눈에 알 수 있게 해준다. 초록을 읽은 후 흥미가 없다고 판단되는 경우에는 다른 논문을 읽어라.

(4) **연구의 필요성과 목적을 이해하라:** 가설은 정확하게 설정이 되었는지, 연구의 목적은 정확히 무엇인지, 이 주제가 왜 중요한지를 정확히 판단하시오.

(5) **연구자가 왜 특별한 조건과 표본을 사용했는지를 이해하라:** 어디서 자료는 수집이 되었는지, 누구로부터 얻었는지, 어린이나 성인 등 제한된 표본을 사용한 경우에는 왜 그렇게 하였는가를 이해하고 이에 대한 장단점을 이해하시오.

(6) **자료를 수집한 방법이 무엇인지를 이해하라:** 어떻게 자료는 수집이 되었는지, 인터뷰를 하였는지 또는 설문지를 사용하였는지, 왜 이러한 방법을 선택해야만 했는지를 이해하시오.

(7) **가장 중요한 발견이 무엇인지를 알아라:** 연구자의 중요한 발견은 무엇인지, 누구에게 이것이 중요한지, 왜 이러한 발견이 연구의 문제제기에 관련성이 있는지, 발견 후 연구자는 또 다른 연구를 제안하고 있는지를 살펴야 한다.

(8) **통계분석에 너무 많은 노력을 기우리지 마라:** 어떤 검정이 사용되었는지 또는 유의수준이 얼마인지에 대해 처음부터 너무 많은 시간을 낭비하지 마시오. 그냥 결과에 대한 일반적인 해석을 하시오.

(9) **비판적으로 연구물을 대하되 그것을 목적으로 삼지마라:** 아마도 압축 표현된 연구결과를 비판적으로 평가하기가 어려울 것이다. 특히 논문 심사위원들에 채택된 논문 내의 문제제기된 예제들이 제거낸 경우에는 더 더욱 그렇다. 그러나 연구의 장단점과 한계를 이해하려고 노력해야 되며, 유사한 연구에 대해 향후 어떻게 차별적으로 실험을 할 것인가를 생각하라.

연구에 대한 이해를 돕는 두 번째 방법은 스스로 그 연구를 다시 행해보는 것이다. 이는 특히 중요한 프로젝트를 수행하는 경우에 유용한 것이다. 즉, 스포츠학연구법을 공부하는 중에 향후 수행하려는 연구의 일부분을 재실험하므로서 앞으로 수행할 일들에 대한 확신을 갖을 수가 있다.

연구는 단지 자료를 수집하는 것이 아니다. 자료수집 역시 중요하나 이는 단지 연구과정의 아주 작은 일부일 뿐이다.

2 연구과정

연구란 무엇인가에 대한 질문에 대해 많은 사람들은 연구를 '인터뷰, 설문 등을 통해 정성적 또는 정량적 자료를 모으는 것'으로 착각하고 있다. 이러한 일차적인 자료수집은 많은 연구 프로젝트의 중요한 부분이 되지만 이보다 더 중요한 것들이 있다. 연구과정은 그림 2.1과 같이 8개의 단계[ii], 즉 주제설정, 문헌조사, 이론 및 개념설계, 연구질문 및 가설검정, 연구설계, 자료수집, 자료분석, 결론도출 등이 된다[15].

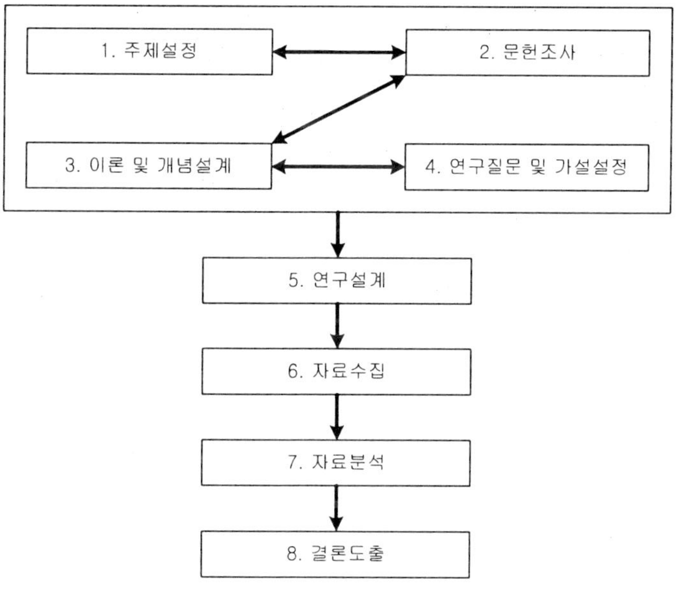

그림 2.1: 연구과정의 8단계[15]

[ii] 그림 2.1에 있는 화살표 중 단방향 화살표는 '단방향적인 업무의 흐름'이 되고, 쌍방향 화살표는 피드백(feedback)이 되는 '양방향적인 업무 흐름'이다.

제 1 절 주제설정

연구수행에 있어 첫 번째 단계인 주제설정은 연구의 주제를 설정하고, 예비연구의 목표와 목적을 재 점검하는 단계가 된다. 적절치 못한 주제나 의문스러운 주제를 선정하는 경우, 연구를 수행함에 있어 어려움에 당면하게 되니 적절한 주제를 설정하는 것이 연구에 있어 매우 중요한다.

일반적으로 학생들은 연구에 임할때 독창성(originality)을 너무 강조하거나 완전히 새로운 것을 만들려고 많은 시간을 소비하는 경향이 있다. 이는 잘못된 생각으로 대부분의 연구는 기존의 지식과 이미 남이 해놓은 것을 조금 더 보강을 해서 이루어지는 것이다. 즉, 처음부터 완전히 새로운 것을 만들기 보다는 기존의 지식을 활용하여 남이 해 놓은 것을 보강하는 것이 현실적이며 설득력이 있는 것이다.

가. 연구주제 설정

처음부터 단번에 연구주제를 정확하게 설정하는 것은 거의 불가능하다. 비록 연구주제를 설정하였더라도 연구주제를 너무 완벽하게 잡지 말고 좀더 광범위하게 잡는 것이 좋다. 이러한 연구주제를 단번에 설정하는 것이 쉽지는 않지만 주제설정을 위한 팁은 다음과 같다[23, 26].

- **스포츠 문헌:** 저널 등을 통해 지난 연구 프로젝트를 살펴보는 것은 주제설정을 위해 매우 유용하며, 본인에게 흥미로운 연구분야에 새로운 아이디어를 얻게 해준다. 특히 최근의 저널을 읽는 것은 관심있는 연구분야가 어디까지 진척되고 있음을 알 수 있다. 그러한 이유로 가장 최근의 스포츠 관련 저널을 한 권 정도 선택하여 읽는 것을 권하며, 이를 통해 무슨 연구가 어디까지 진행됐는지 또는 그것이 어떻게 확대되고 있는지를 살펴보는 것이 좋다.

- **다른 분야의 문헌:** 스포츠 문헌이외에 다른 분야의 저널도 살펴봄으로서 그러한 접근을 스포츠에도 적용할 수 있는지를 살펴보아야 한다.

- **사회적 이슈:** 스포츠와 관련된 사회적 관심사와 문제에 대해 연구하는 경우도 있으니, 항상 스포츠와 관련된 사회적 관심사가 무엇인지 관심있게 살펴야 한다. 예를 들면, 스포츠 폭력성이나 부정 등이 될 수 있다.

- **대중적 이슈:** 대중적 이슈 역시 연구의 주제를 설정하고 문제를 조사 (investigation)[iii]하는데에 있어 유용하다. 공신력있는 신문, 잡지, 인터넷 등에서 스포츠 관련하여 무엇이 보도되고 있는가를 관심있게 살펴야한다. 왜 그러한 것이 발생되었는지에 대한 탐사를 한다면 학술적 가치가 있는 연구물을 만들어 낼 수 있다. 반드시 중앙지에서 보도되는 내용만이 연구나 조사 대상이 되

[iii] 연구(research)와 조사(investigation)는 같은 의미로 사용되나, 연구는 '과학적 방법이나 신기술을 이용하여 새로운 것을 창출하는 것'이고, 조사는 '이미 벌어진 사건을 찾아 문제의 사실을 밝히는 것'이다.

는 것은 아니라, 지방지에서 보도되는 내용 역시 충분히 연구나 조사 대상이 될 수 있다.

- **본인의 능력과 특성:** 본인의 장단점이 무엇인지와 무엇에 대해 관심을 갖고 있는지를 살펴야 한다. 만약 스포츠마케팅 연구에 관심이 있다면 본인 스스로가 그것을 수행할 수 있는 논리적인 사고방식을 함유하고 있는가를 생각해야 한다. 만약 교치나 선생이 되고자 하는 경우, 연구를 수행하는 것은 본인의 이력서를 화려하게 장식할 수는 있으나 의미있는 경험으로 볼 수 없다.

- **집단토론(brainstorming):** 다른 사람과 집단토론하는 것은 주제를 개발하는데 도움이 된다. 다른 사람과 많은 토론을 하면서 연구문제에 대해 비평, 개발 및 재 설정할 수 있다. 집단토론 중 많은 단어들을 메모하는 것도 중요하다. 예를 들면, '왜', '어떻게' 등을 포함하여 가능한한 많은 단어를 메모하기 바란다.

- **지도교수:** 지도교수는 그 분야에 있어 전문가이기때문에 본인의 연구가 그 쪽과 관계가 있으면 조언을 받아라. 지도교수 역시 여러분의 연구에 지도를 하고 싶어한다.

만약 주제가 설정되고 사전조사가 행해졌으면 이미 연구는 시작되고 있는 것이다. 중요한 것은 대부분의 연구가 기존의 이론과 아이디어로부터 시작된다는 사실이다. 연구에 있어 독창성은 중요하게 다루어지며 다음과 같이 해석을 할 수 있다.

> 독창성이란 '새로운 아이디어나 이론으로 부터 새로운 것이 나오는 것이 아니라, 기존의 아이디어나 이론을 갖고 "독창적"으로 수행하는 것'

나. 연구문제의 제기

연구주제가 설정되었으면 그 다음 단계는 연구문제(research question) 제기 단계가 된다. 연구문제는

(1) 연구자가 어떠한 연구방법을 사용할지와

(2) 수행될 연구가 무슨 특수 목적을 갖고 있는가

를 명확화하는데 그 목적이 있다. 일반적으로 연구문제를 너무 광의적으로 잡는 경향이 있으나, 이는 좋은 방법이 아니다. 예를 들면, '한국에서의 서구 스포츠의 성장에 관한 연구'가 된다. 이 연구문제는 너무 광의적이어서 방향성이 결여되어 있다. 즉, 어떠한 스포츠가 대상이 되는지, 또는 스포츠 전체가 대상이 되는지 아니면 그 중의 하나가 대상이 되는지에 대한 명확성이 결여되어 있다. 또한 성장이라면 이는 스포츠로 인한 경제적 성장을 의미하는 것인지, 아니면 스포츠의 기술적인 측면에서의 성장을 의미하는지 여부가 불명확하다. 연구문제의 제기에 있어 연구

문제가 명확하지 않으면 연구를 수행하는데 어려움이 따르게 된다. 스포츠 관련하여 연구문제 제기에 대한 명확화를 위한 팁은 다음과 같다[14].

- **핵심개념의 명확화:** 예를 들어, '스포츠의 관중'을 논하고 싶은 경우, '관중'이란 정확히 무엇을 의미하는지를 밝혀야 한다. 관중이 '고정적인 관중'을 말하는 것인지, 또는 '일시적인 관중'을 뜻하는 것인지 불명확하면 안된다. 이와 같이 핵심개념을 정확하게 한정하지 못한다면 연구수행에 있어 어려움에 직면하게 되니, 핵심개념 내에 있는 불명확한 것들을 제거해야 한다.

- **조사대상의 시간적인 범위:** 현재 일어나고 있는 자료를 조사하는 것인지, 시대적 자료의 변화를 조사하는 것인지, 아니면 일정기간 내에 벌어진 자료를 조사하는 것인지 여부를 명확히 해야한다.

- **조사대상의 공간적인 범위:** 한 지역체를 조사하는 것이지, 한 시설물을 조사하는 것인지, 아니면 한 스포츠 팀을 조사하는 것인지 여부를 명확히 해야한다.

- **연구주제 분야의 이해도:** 한 예로, '올림픽의 상업성'을 연구하는 경우에 연구자가 경제, 경기 경험, 관중에 대한 상업성의 효과 등에 해박한 지식과 흥미가 있는지를 확인해야 한다.

- **분석단위에 대한 이해:** 수집되는 자료의 단위가 사람(예: 스포츠 선수, 스포츠 팬)인지, 조직(예: 스포츠 팀)인지 또는 사건인지 여부를 정확히 이해하고 있어야 한다.

한 예로, 다음은 연구문제를 명확화하지 않은 것이다.

> "코치들은 자신이 속한 팀과 일반인에 대해 통솔하는 방법이 다를까?"

에 대해 연구문제를 명확하게 하면 다음과 같이 될 수 있다.

> "숙달된 남자 코치들은 그들이 속한 팀과 비엘리트 남자 대학생에 대해 통솔하는 방법이 다를까?"

이와같이 연구문제를 좀 더 세부적으로 한정한다면 연구를 쉽게 진행할 수가 있다. 그러나 연구문제를 명확히 했더라도 연구를 수행하는데에는 어려움이 따르게 되며, 이를 극복하기 위해 소위 CAFE라고 불리우는 유용한 팁은 다음과 같다[12].

- **Complexity(복잡도):** 경우에 따라 연구주제가 여러 이론이나 복잡한 이론으로 풀어야 하는 경우, 과연 본인 스스로가 그러한 연구주제를 수행할 수 있는가를 곰곰히 생각해야 한다. 만약 시간이나 자원이 제한적이고 본인의 배경이 취약한 경우, 즉 능력이 취약한 경우에는 이를 어떻게 향후 처리할 것인가를 고민해야 한다.

- **Access(접근성):** 쉽사리 자료를 모을 수 있는지를 고민해야 한다. 예를 들어, 필요시 프로구단이나 엘리트 체육학교에 설문지를 보내는 경우, 이를 회수될 수 있다고 확실할 수 있는가를 생각해야 한다. 일반적으로 회수율이 높을 것으로 기대하지만 의외로 그렇지 않으니 현실성을 깊히 고려해야 한다.

- **Facilities and resources(시설 및 자원):** 필요시에는 인터뷰를 위해 외국 출장을 갈 수도 있고, 엄청난 분량의 설문봉투를 만들어 설문에 임할 수도 있으니, 이를 처리할 수 있는 시설이나 자원이 있는가를 생각해야 한다.

- **Expertise(전문성):** 본인의 전문성을 확인하라. 아주 복잡한 분석을 요구하는 프로젝트를 수행하는 것이 본인에게 과연 즐거움을 줄 수 있는가를 생각해야 한다. 만약 본인의 연구와 관련된 저명한 논문을 이미 발표했다면 그 논문을 지도해 준 교수에게 도움을 청하시오.

이제 연구문제에 대해 여러가지 연구목표(research objective)를 설정할 필요가 있다. 연구목표는 '연구문제에 대한 해답을 얻는 것으로 주어진 시간내에 성취되어야 할 명확한 진술'이다. 예를 들어, 앞서 제시한 연구문제인

> "숙달된 남자 코치들은 그들이 속한 팀과 비엘리트 남자 대학생에 대해 통솔하는 방법이 다를까?"

에 대해 연구목표는 다음과 같다.

- 숙달된 남자 코치에 대한 정의 및 대상 표본을 선택
- 코치가 속한 팀의 통솔에 대한 정의와 대상 표본을 측정
- 비엘리트 남자 대학생의 통솔에 대한 정의와 대상 표본을 측정
- 두 집단의 측정치에 대한 통계적 유의차를 비교

결국 연구목표는 프로젝트의 주요사항이며, 향후 수행되어져야 할 주요업무를 한정하고 있다. 연구목표를 설정함에 있어 고려해야 할 사항은 다음과 같이 SMART, 즉 Specific(구체성), Measurable(측정 가능성), Agreed(동의성), Realistic(현실 가능성), Time bound(시간 제한성)를 염두해두어야 한다.

- **구체성:** 무엇을 얻을 것인가를 명확히 서술하라.

- **측정 가능성:** 목표에 대한 결과를 얻었을 경우, 그것을 정량적 또는 정성적으로 확인할 수 있어야 한다.

- **동의성:** 목표에 대한 결과는 연구자나 연구 심의자간에 서로 동일한 해석을 해야 한다.

■ **현실 가능성:** 향후 닥칠 시간적 제약, 금전적 제약, 접근의 어려움과 같은 여러가지의 제약에도 불구하고 연구목표는 현실성이 있어야 한다. 즉, 목표는 도전이 되어지되 반드시 이루어져야 한다.

■ **시간 제한성:** 연구목표는 주어진 시간 또는 기간 내에 종료가 되어져야 한다.

다. 연구제안서 작성

연구 프로젝트의 중요한 일부분이며 연구를 위한 자금을 확보하기 위해서는 연구제안서를 작성하거나 의도된 연구 프로그램에 대한 계획을 작성하여야 한다. 연구제안서가 비록 공식적으로 요구되는 사안이 아니더라도 프로젝트 초기에 이를 연습하는 것은 매우 유용하다. 연구문제를 결정했으면 곧 바로 연구제안서를 작성해야 한다. 이는 전반적인 연구의 목적이 무엇이며, 이 목적을 위해 어떻게 진행할 것인지와 연구수행 중 문제가 발생시 적절하게 처리하는 길잡이 역할을 해준다. 연구제안서의 요구사항은 그 목적에 따라 다를 수가 있으나, 일반적으로 요구되는 사항은 다음과 같다[15].

■ 연구목적에 대한 정확한 기술과 연구에 연관된 목표

■ 연구의 독창성, 타당성 및 중요성을 강조하는 문구

■ 동일 분야의 연구물에 대한 간략한 서술

■ 연구수행방법, 수행을 위한 연구설계, 적용방법, 표본집단에 대한 제시, 표본크기, 표본수집방법 등에 대한 언급

■ 수집된 자료에 대한 분석방법

■ 연구를 수행하기 위한 시간표

■ 연구 후 기대되는 효과

■ 연구를 위한 특이사항

■ 연구와 관련되는 윤리적 문제

일반적으로 작성된 연구제안서에 대해 재정 후원기관에서 평가를 하고 있으나, 비록 재정 후원기관이 연구제안서를 요구하지 않더라도 연구제안서를 작성하는 편이 좋다. 작성된 연구제안서에 대해서는 적어도 연구자 스스로 또는 동료라도 평가를 해야 한다. 이렇게 함으로서 문제를 발견할 수 있으며, 수정 또는 보완을 통해 연구를 본격적으로 수행할 수 있게 된다.

제 2 절 문헌조사

자료수집에 앞서 또는 연구설계를 고려하기 이전에 선택된 주제에 대한 적절한 개념뿐만 아니라 그 주제에 대해 기 실시된 연구들에 대한 해박한 지식을 갖고 있어야 한다. 문헌조사(literature review)는 모든 연구에 있어 필수적인 업무이다. 비록 연구자가 최초로 독창성을 갖는 것을 연구하더라도, 이는 기존의 연구에 추가하는 의미를 갖는 것이다. 문헌조사는 연구의 기초가 되며, 연구와 연관된 이론이나 개념에 대한 정확한 이해를 제고해 줄 뿐만 아니라 예전의 연구결과 및 방법에 대해서도 알 수 있게 해준다. 그러므로 문헌조사는 다음과 같이 두 가지 측면을 포함하고 있어야 한다[15].

(1) 적절한 학술문헌의 소재지, 탐독사항, 요약정리 등에 대한 실제 처리

(2) 연구보고서의 일부로서 위 사항에 대한 제시

또한 문헌조사의 목적은 다음과 같으니, 실제 문헌조사를 하기 전에 다음에 있는 사항을 염두해 두는 것이 좋다[15].

- 연구자의 좋은 문헌조사는 독자로 하여금 연구주제에 대해 연구자가 해박한 지식을 소유하고 있음을 보여줄 수 있다.

- 연구프로젝트 내에 연관된 이론이나 중요한 개념에 대한 개요를 제공함으로서, 연구자는 적절한 이론을 통해 연구자의 발견을 정당화할 수 있으며, 중요한 개념을 통해 발견된 정보에 대해 독자들은 공유할 수 있으며 이해할 수가 있다.

- 연구를 수행함에 있어 직면하는 큰 문제는 연구문제에 대해 충분히 집중하지 못하거나 정확한 한정을 하지 않았기에 어려움에 직면하게 된다. 다른 연구자의 문헌을 살펴봄으로서 연구문제에 집중을 할 수 있고, 어떻게 그러한 연구문제를 풀어갔는지를 알 수 있게 되며, 이렇게 함으로서 연구문제를 풀기 위한 정확한 방향을 제시하여 준다.

- 문헌조사를 통해 연구자가 수행하고 있는 작업이 독창성이 있는 연구인지 아니면 예전의 연구를 그냥 답습하고 있는지 여부를 판단하게 해준다.

- 연구자의 가설은 논리적인 추론과 현존하는 증거를 바탕으로 예견되는 연구의 업적이 된다. 문헌조사는 이러한 가설설정 및 개발에 도움이 된다.

- 문헌조사를 통해 예전에 성공적으로 수행되었던 방법론과 방법을 이해하게 되며, 연구자의 방법론과 유사한 방법론의 성공적인 과정을 이해할 수 있다.

- 연구프로그램에 영향을 줄 수 있는 모든 관련 변수들이 적절하게 표현되고 동일시되었음을 확신시킬 수가 있다.

■ 문헌조사를 통해 연구자의 발견과 타연구자의 발견에 대한 비교를 할 수 있게 해준다.

가. 참고문헌들

연구자는 특히 연구문제가 너무 제한적으로 설정되어 있는 경우, 연구를 처음 수행함에 있어 충분한 문헌이 없다고 느끼는 경우가 있다. 실제 이러한 경우는 별로 없으나, 만약 그러한 경우에는 도서관 데이터베이스를 검색하게 되면 많은 문헌이 있다는 사실을 알게 된다. 문제는 어디서 원하는 문헌을 찾을 것이며, 찾은 문헌을 어떻게 해야할 것인가가 된다. 다음에 있는 것은 문헌들이 있는 곳이 된다[15].

■ **책자:** 책자는 활용할 수 있는 첫 번째 정보의 원천이다. 책은 주제에 대한 광의적인 설명뿐만 아니라 수행된 주요한 연구들을 설명하고 있다. 책자의 약점은 일반적으로 주제를 다룸에 있어 깊이가 약하다는 것이다. 특히 전문서적이 아닌 일반 서적인 경우에는 더욱 심하다. 또한 책자는 스포츠학과 같이 급변하는 상황에 대해 새로운 정보를 신속하게 내놓지 못하고 있어 시대에 뒤떨어지고 있다. 그러나 책자는 연구와 연관된 문헌들이 책자 내 참고문헌에 많이 수록되어 있기 때문에 충분히 참고할만한 가치가 있다.

■ **저널:** 저널은 중요한 정보가 되며, 최근의 연구동향을 파악할 수 있다. 특히 저널은 전문가들에 의해 검증이 되었기 때문에 저널의 정보는 연구에 있어 정확한 방향과 표준을 제공해 주고 있다.

■ **학술지:** 학술지는 입수하기 어렵고 저널만큼 신뢰도는 떨어지지만 연구수행에 충분히 값어치가 있는 정보가 된다. 만약 연구자가 실제로 학술대회에 참석하여 정보를 얻게 된다면, 이는 최신의 정보뿐만 아니라 최근까지 수행되었던 연구들을 한 눈에 살필 수 있게 된다.

■ **인터넷:** 인터넷은 잠재적인 유용한 정보원이 된다. 비록 유용성 여부가 저널이나 학술지만큼 충분히 검증되지 못했지만 많은 양의 정보를 제공하고 있으며, 연구자의 연구 또는 유사한 연구가 수행되고 있는지 여부를 손쉽게 알 수 있다. 그러므로 인터넷의 정보 유용성 여부는 계속 논의가 되어져야 하지만 연구에 도움이 되는 제2차자료 임에는 분명하다. 다만 활용시에는 반드시 그 정보를 평가한 후 활용하여야 한다.

■ **학위논문:** 학위논문은 많은 양의 상세한 정보를 수록하고 있다. 그러나 석사나 박사학위 논문은 너무 주제내용이 제한적이어서 연구의 직접적인 도움이 안될 수 있으나, 필요시에는 학내 도서관망을 통해 입수를 할 수가 있다.

■ **신문/잡지:** 신문과 잡지 역시 최신의 정보를 제공하고 있다. 지난 신문과 잡지의 정보는 여러 방법으로 접근이 가능하며, 일반적으로 CD로 보관되어 있

다. 주의할 점은 보고서 내용이 편향적일 수가 있다는 것이다. 즉, 객관성을 유지못하는 경우가 있다.

문헌조사를 하는 경우, 서로 다른 형태로 된 문헌자료를 어디에서 찾을 것인가에 대한 고민을 하게 된다. 문헌조사를 하는 경우에는 될 수 있는한 빨리 시작하는 것이 좋다. 또한 검색을 했던 기록을 보존하고 데이터베이스를 활용하는 것이 문헌소사를 위한 좋은 방법이 된다. 특히 데이터베이스를 활용하는 경우에는 학내 전문 도서관원이 이를 지원해주기도 한다. 다음은 스포츠 관련한 국내외 주요 데이터베이스가 된다[8, 15].

- **SportDiscus:** 스포츠를 포함하여 전 분야에 걸쳐 저널, 잡지, 책자, 학술대회 논문 등 여러가지의 형태로 1975년 이후의 정보를 수록하고 있다. 참고로 웹사이트는 http://www.library.unisa.edu.au/Default.aspx
- **ASSIA:** 주로 사회학에 관련된 정보를 보존하고 있으나 스포츠에 관련된 정보도 많이 보관하고 있다. 참고로 웹사이트는 http://www.csa.com/factsheets/assia-set-c.php
- **PsychInfo:** 스포츠 심리학에 관련한 연구를 하는 경우에 도움이 되며, 1887년 초반부터의 심리학 관련 초록 및 색인을 수록하고 있다. 참고로 웹사이트는 http://www.apa.org/pubs/databases/psycinfo/index.aspx
- **Library catalogues:** 학교 도서관을 활용하는 방법으로 도서목록을 이용하여 책자를 찾기에는 좋으나 저널을 찾기에는 부족한 감이 있다.
- **Internet searches:** 인터넷을 활용하면 많은 정보를 손쉽게 접근할 수 있으나, 시간이 많이 걸리고 정보에 대한 신뢰부족으로 활용시에는 반드시 정보에 대한 평가를 해야 한다.
- **Publisher's web pages:** 출판사의 웹페이지를 활용하는 것도 좋은 방법으로 저널의 목록이나 관련 책자들도 알려준다. 참고로, 웹사이트 http://www.routledge.com/sport/는 Routledge 출판회사가 발행한 스포츠 관련 책자와 저널을 소개하고 있다.
- **Research articles:** 예전 연구자의 논문에 있는 참고문헌을 참고하여 관련 문헌을 입수하는 방법으로 짧은 시간내에 연구와 관련한 자료를 찾을 수 있으나, 최신의 자료를 입수한다는 보장은 없다.
- **Sociological Abstracts:** 사회학적 관점에서 스포츠를 연구했던 논문을 살펴보는 것도 연구에 도움이 된다.
- **Pro Quest:** 경영, 관리, 경제 및 재정 등에 관련된 학술 논문을 수록하고 있다. 참고로 웹사이트는 http://www.umi.com/en-US/default.shtml

- **British Humanities:** 다양한 종류의 신문과 저널의 일반색인을 수록하고 있으며, 스포츠 역사를 연구하는 인문학과 같은 분야에 도움이 된다. 참고로 웹사이트는 http://www.csa.com/factsheets/bhi-set-c.php

- **Zetoc:** 영국도서관 전자서비스를 통해 저널, 논문, 학술대회 논문에 대한 정보를 제공하고 있다. 참고로 웹사이트는 http://zetoc.mimas.ac.uk/

- **한국체육학회:** 한국체육학회의 제반 동향, 학회지, 학술대회 논문 등을 수록 보관하다. 참고로 웹사이트는 http://www.kahperd.or.kr/

- **한국학술정보:** 국내학회, 협회 및 출판사 정기간행물을 수록 및 정보제공을 하고 있다. 참고로 웹사이트는 http://kiss.kstudy.com/

- **국가지식정보통합검색시스템:** 문화, 역사, 과학기술, 정보통신, 교육학술 등 5개 분야에 걸쳐 연구보고서, 학술논문, 최신 동향 등이 제공된다. 참고로 웹사이트는 http://www.knowledge.go.kr

- **한국사회과학데이터센터:** 국내외 사회과학 데이터베이스를 제공하고 있으며, 특히 설문자료를 표준화하여 서비스 중이다. 참고로 웹사이트는 http://www.ksdc.re.kr/

- **국회도서관:** 학문 전분야에 걸쳐 논문, 정기간행물, 학술지 등을 제공하고 있다. 참고로 웹사이트는 http://www.nanet.go.kr/main.jsp

- **국립중앙도서관:** 한국의 대표적인 도서관으로 고전도서, 한국관련 자료를 수록 보관 중이다. 참고로 웹사이트는 http://www.nl.go.kr/nl/index.jsp

- **한국교육학술정보원:** 학문 전분야에 대해 검색이 가능하며, 대학도서관이 보유한 학술지, 논문, 단행본 등의 위치를 알려주며, 필요시 원문을 직접 열람할 수 있는 서비스를 제공하고 있다. 참고로 웹사이트는 http://www.keris.or.kr/index.jsp

- **한국교원대학교:** 교육관련 전문데이터베이스, 세미나 자료, 학위논문, 교과서 및 지도서 등에 대한 정보를 제공하고 있다. 참고로 웹사이트는 http://www.knue.ac.kr/smain.html

- **한국체육과학연구원:** 체육학 관련 학술자료, 국내외 학술지, 단행본, 학위논문 등을 수록 및 제공하고 있다. 참고로 웹사이트는 http://www.sports.re.kr/main/main.jsp

- **한국언론진흥재단:** 신문, 방송에 관련된 국내 데이터베이스를 구축하여 서비스 중이다. 참고로 웹사이트는 http://www.kpf.or.kr/index.jsp

나. 참고문헌 관리

참고문헌은 수시로 관리가 되어져야하지, 시간에 임박하여 참고문헌을 한꺼번에 관리를 할 수는 없는 것이다. 참고문헌 관리를 위한 가장 좋은 방법은 Endnote와 같은 컴퓨터프로그램을 활용하는 것이다. Endnote는 보고서나 논문작성을 위해 참고문헌을 생성, 검색 및 연구에 대한 공유 관리가 잘 되어져서 전세계적으로 활용되고 있다. 그림 2.2는 Endnote의 홈페이지 화면이다.

그림 2.2: Endnote의 홈페이지

또한 Endnote를 이용하면 참고문헌 관리를 위해 컴퓨터에 전체 내용을 기록관리할 수가 있고, 참고문헌 카드를 만들어 색인관리를 할 수 있다.

다. 문헌조사의 기술

문헌조사를 작성하는 경우에는 학술보고서 작성지침에 따르어야 한다. 항상 서론과 함께 시작하여 문헌조사를 기술하고 요약함으로서 끝을 맺어야 한다. 만약 그 정도가 적당하다고 생각하면 별도의 장(章)에 문헌조사를 서술할 필요가 없다. 주의할 점은 모든 인용자료에 대해 색인을 부여해야 하고, 색인에 대한 내용을 보고서 맨 뒤에 있는 참고문헌에 기록해야 한다. 또한 "∼이라는 사실은 잘 알려졌다" 또는 '∼이라는 것을 일반적으로 알듯이'라는 표현은 자제해야 한다. 만약 이 사실에 대해 타인이 부인하는 경우, 정확한 답을 제시하지 못하는 경우에는 더욱 그러하다. 문헌조사 내에는 독자들의 가독성을 위해 너무 전문용어를 사용하는 것을 자제해야 한다. 아울러 문장에 대한 문법 및 철자를 정확히 사용함으로서 문헌조사의 질을 떨어뜨려서는 안된다.

또 다른 주의점은 남의 글을 직접 인용하는 경우이다. 남의 글을 복사하여 삽입하는 것은 문헌조사를 쉽게 작성할 수 있으나, 이는 논쟁거리가 될 수 있다. 될 수 있으면 직접인용은 최소한을 유지하는 것이 좋고, 만약 연구자가 남의 글을 수정함으로서 내용 상에 왜곡이 생기거나 또는 수정이 거의 불가능한 경우에만 직접 인용을 해야 한다. 이때 반드시 큰 따옴표(" ")를 사용해야 하며 출처를 밝혀야 한다. 즉, 남의 글을 인용하는 경우에는 가능하면 연구자가 자신의 글로 바꾸는 것이 좋다. 마지막으로 문헌조사 작성에서 내용의 전개방식은 다음과 같이 하면 된다.

(1) 광의의 관점에서 서술을 시작하고,

(2) 주요 개념이나 이론을 설명한 후,

(3) 점진적으로 문헌조사에 대해 집중하여 기술함으로서 연구문제에 대해 구체적으로 접근하여야 한다.

라. 1차자료와 2차자료

기존의 문헌을 활용하는 것은 연구자의 실험자료에 대한 기초를 제공해 줄 뿐만 아니라 때로는 연구문제에 대한 답을 얻기 위해 실제로 활용이 될 수도 있다. 문헌조사 중 접하게 되는 실험자료는 2차자료가 되며, 연구를 위한 자료는 다음과 같이 두 가지의 형태인 1차자료와 2차자료로 구분이 된다.

■ **1차자료:** 연구자 스스로가 수집한 자료인 설문, 인터뷰, 관측 등이 된다.

■ **2차자료:** 연구자가 아닌 다른 사람이 만들어 놓은 자료를 말하며, 연구결과물 형태에 따라 여러 종류의 형태를 취하고 있다. 문헌조사를 하는 동안에 연구에 도움이 되는 2차자료를 접하게 되는 경우가 있다. 2차자료는 연구수행에 있어 많은 노력과 시간을 경감시켜 줄 수 있을 뿐만 아니라 연구자가 수집한 1차자료보다 더 양질의 자료가 될 수도 있다. 그러나 2차자료를 사용함에 있어 다음과 같은 사항에 주의를 기울여야 한다.

- 우선, 수집된 2차자료가 유용하고 믿을만한지를 확인해야 하며, 분석방법에 의해 왜곡되지 않았는지를 살펴보아야 한다.
- 또한 2차자료가 언제 생성되었는지, 자료가 원저자에 의해 변형이 되어지지 않았는지, 또한 연구자가 사용하고자 하는 것과는 다른 목적으로 생성되었는지를 꼼꼼히 따져보아야 한다.

제 3 절 이론 및 개념설계

연구 프로젝트에서의 이론은 연구 전체에 걸친 근간이 되며, 가장 중요한 고려사항 중의 하나이다. 많은 학생들이 연구질문을 확정지으면 곧 바로 자료를 수집하려는 경향이 있다. 이는 자료만 있으면 연구를 마무리 지을 수 있다라는 속단에서 기인된다. 그러나 수집된 자료가 어떠한 이론적 틀에서 분석, 해석, 설명될 것인가를 염두해 두어야 한다.

이론(theory)이란 개념(concept)으로부터 구축이 된다. 즉, 이론 및 개념설계에서 다루는 것은 어떤 개념이 포함되는지, 개념 간의 관계는 어떠한지 등에 대한 이론적 틀(theoretical framework)을 구축하는 단계가 된다. 그러므로 수집될 자료는 연구자가 선택한 이론적 틀과 관련이 있어야 한다. 이것이 개념설계를 발전시키는 과정이 되며, 연구 프로젝트의 윤곽이 그려진다.

가. 이론과 이론적 틀

이론이란 단순히 '왜 일어났는지에 대한 설명'이다. 농구공을 손에서 놓으면 땅으로 떨어진다. 만약 유사한 물체들을 손에서 놓게 되면 모두 다 땅으로 떨어지게 된다. 모든 물체가 떨어진다는 사실만을 설명하는 경우, 이는 기술적연구의 한 예가 된다. 그러나 우리는 왜 모든 물체가 땅으로 떨어지는지를 알지 못한다. 만약 중력[iv]이라는 이론을 만들 수 있다면 이에 대한 답은 간단해 질 것이다. 즉, 동일한 속력으로 물체를 떨어뜨리면 동일 시간대에 땅에 떨어진다는 사실을 입증할 수가 있는 것이다. 그러므로 이론이란 연구 프로젝트의 근간이 되는 것이다.

한 예로, "스포츠 관중은 자신이 좋아하는 팀이 승리를 하였을때 더 열광을 하느냐?"라는 연구질문의 답은 아마도 "그렇다"가 될 것이다. 이는 이론적 틀이 없이 상식적으로 유도해낸 답이 될 것이나, 왜 그렇게 되는가에 대한 설명은 하지 못하고 있다. 이를 설명하기 위해서는 사회정체성이론(social identity theory)[v]의 경향을 적용해야 한다. 이를 통해 왜 자신이 좋아하는 팀을 더 열광하는지와 향후 팀과 열광과의 상호작용에 대한 속성에 대해서도 예측을 할 수 있다.

스포츠는 다른 학문과 제휴된 주제를 갖는 학문이다. 즉, 스포츠가 단일 학문으로 스포츠학이라고 부르기 보다는, 스포츠를 학문적으로 접근하는 여러 방법이 있다고 해석하는 것이 옳다. 그러므로 스포츠는 사회적 관점, 심리학적 관점, 지리학적 관점, 경제학적 관점 등으로부터 연구가 되어져야 한다. 이러한 광의적인 학문 안에는 여러가지 분야가 있다. 예를 들어, 사회학은 스포츠를 사회라는 분야 또는 종교와 스포츠의 관계 분야에서 흥미를 갖게 된다. 각 분야는 여러가지의 이론으로 구성이 되어 있다. 예를 들어, 스포츠에 대한 사회학적 관점에서의 이론은

[iv] 중력은 "만유인력'에서 나온 이론이다. [v] 사회정체성이론에 있는 경향의 하나는 "긍정적인 자존감을 열망하는 그룹을 선호한다"는 것이다.

Donnelly와 Young이 발표한 그룹사회화 모델[vi]이 될 수 있다.

또한 심리학 분야에서는 스포츠 특성과 그의 영향에 더 많은 관심을 갖게 된다. 예를 들어, "관중의 규모가 농구 경기의 결과에 영향을 미치는가?"에 대한 연구를 하고 싶은 경우, 학문은 심리학이 되며, 분야는 경기에 대한 관중효과가 되며, 이론은 Zajonc의 사회촉진이론(social facilitation theory)을 채택할 것이며, 응용분야는 농구경기에 있어서의 관중의 영향이 될 수 있다. 이를 도표화하면 표 2.1과 같고, 학문, 분야, 이론, 응용의 포함관계는 그림 2.3과 같다.

학문	분야	이론	응용
심리학	경기에서의 관중 효과	Zajonc의 사회촉진 이론	농구경기에서의 관중 효과

표 2.1: 연구를 위한 이론의 예[15]

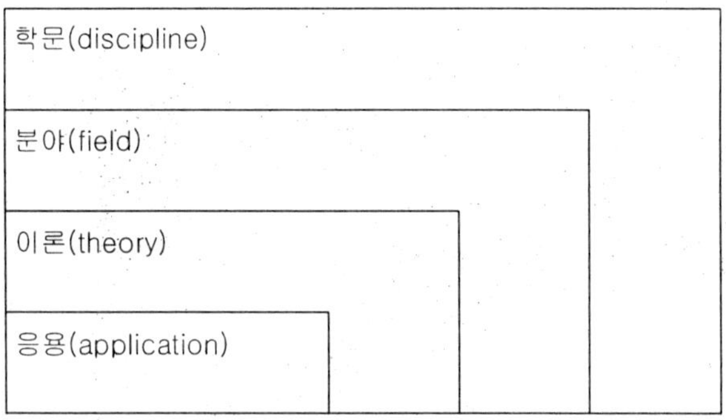

그림 2.3: 학문의 요소들의 포함관계

연구 초기에 적용할 적절한 이론을 찾기가 쉽지 않을 것이나, 연역적연구를 하는 경우에는 연구 초반에 이를 결정해야 한다. 귀납적연구를 하더라도 연구에 정보를 줄 수 있는 적절한 이론을 갖고 있는 것은 바람직하다. 이에 대한 분명한 답은 없다. 단지 많은 연구물들을 탐독하면서 어떠한 이론들을 썼는지를 알아내야 한다.

문헌조사는 지난 연구물들이 어떠한 이론들을 써왔는지를 알려준다. 또한 스포츠 분야만을 고집하여 문헌조사를 하지 말고 폭 넓은 탐독이 이루어져야 한다. 즉, 사회학, 지질학, 관리학을 기반으로 하는 문헌들을 두루 읽는 것이 좋으며, 또 다른 방법으로는 연구의 방향을 정확히 안내해 줄 강사나 지도교수와 토론하는 것이 좋다.

[vi]스포츠 하위문화를 사전사회화(pre-socialization), 선택과 모집(selection and recruitment), 사회화(socialization), 승락/배척(acceptance/ostracism) 등 4단계의 모델로 규정하고, "각 단계에서 그들이 경기하고자하는 역할에 따라 값어치, 특성, 의상, 습관이 변한다"는 모델 이론

나. 개념과 개념적 틀

앞서 설명했듯이 이론은 발견을 정당화하는 설명으로 볼 수 있으며, 이는 개념을 사용하여 이루어진다. 개념은 정의하는 것보다 식별하는 것으로 이해하는 것이 더 쉽다. 개념은 객체에 대한 표시, 속성, 습관으로 볼 수 있다. 예를 들면, 나이, 지성, 갈망, 자기만족 등이 될 수 있다. 이렇게 개념에 대한 이해를 정확히 해야지만 '지성'에 대해 연구를 했을때, 타인은 연구자가 무엇을 했는지를 정확히 알 수 있다.

개념적 틀(conceptual framework)은 연구에서 쓰여질 개념과 개념간의 연관관계 및 어떻게 그것들을 측정하는지에 대한 것들을 기술하고 설명하는 것이다. 개념적 틀을 개발하는데는 다음과 같은 5단계를 필요로 한다[15].

(1단계) 관계가 있는 개념을 확인하라.

(2단계) 이러한 관계를 정의하라.

(3단계) 관계를 조작할 수 있게 하라.

(4단계) 매개변인(intervening variable)과 조절변인(moderating variable)[vii]을 확인하라.

(5단계) 변인 간의 관계를 확인하라.

(1) 1단계: 개념확인

만약 '스포츠 코치의 지도자 스타일과 코치가 속한 팀의 연속되는 성공과의 관계'를 연구하는 경우, 연구제안서는 다음과 같은 질문을 근간으로 한다.

> "어떻게 스포츠 코치의 지도자 스타일이 코치가 속한 팀의 성과에 영향을 미칠까?"

이 경우 첫번째 단계로서 개념을 정확히 확인해야 한다. 즉, 스포츠 코치, 지도자 스타일, 팀, 성과에 대한 개념을 명확히 확인해야한다.

(2) 2단계: 개념정의

두 번째 단계로 연구 내에 포함되어 있는 개념을 정확하게 정의해야 한다. 이는 연구자가 현재 무엇을 연구하고 있는가를 명확하게 해 준다. 정의는 현존하는 연구물이나, 일반적으로 인증된 정의로부터 인용되어져야 한다. 이렇게 함으로서 연구자의 연구물과 현존하는 이론과 쉽게 비교가 가능하게 되고 타인이 쉽게 연구자의 연구물을 찾을 수가 있다.

[vii] 중재변인(moderating variable)으로도 불리우며, '독립변인과 종속변인 사이에 강하면서도 불확정적인 효과(contingent effect)를 미치는 변인'이다.

이 단계에서 현존하는 문헌 내에 충분한 자료가 있는 경우, 연구문제보다는 가설을 제안코자할 것이다. 가설이란 실험적으로 검정이 될 개념 간의 제안된 관계이다. 가설은 일반적으로 다음과 같은 네 가지 사항을 요구한다[15].

(1) **가설은 적절해야 한다:** 가설은 차후 자료수집 후 분석에 의한 발견이나 관계에 대해 설명할 수 있어야 한다.

(2) **가설은 검정되어져야 한다:** 만약 가설이 실제적인 실험적[viii]으로 검정이 되어지지 못하다면 그 가설은 의미가 없다.

(3) **가설은 비교적 작은 가정을 내포해야 한다:** 여러 가정이 충돌이 생기는 경우 논리적 타당성을 설명하기가 어렵다.

(4) **가설은 여타 가설보다 좋아야 한다:** 새롭게 설정한 가설은 기존의 가설보다 더 설득력있는 설명이 가능해야 한다.

(3) 3단계: 개념조작

가설을 설정하든 연구문제를 설정하든 그 다음 단계는 개념을 조작하는 개념설계 단계가 된다. 개념조작이란 어떻게 개념을 처리하느냐를 말한다. 연구의 배경으로 이론적 결과를 내는 과정에 만약 연구자의 이론을 실험적으로 검정을 못하거나 개념의 측정이 실제로 반영되지 못하는 경우에 연구는 무의미한 것이 된다. 개념을 정의하고 이미 인정된 개념의 척도를 사용토록 하며, 이를 문헌조사에 집어넣을 시에는 확인하여야 한다. 이렇게 하는 이유는 다음과 같은 두 가지 이유 때문이다[15].

(1) 연구자의 발견과 현존하는 문헌의 발견을 좀 더 효과적으로 비교할 수 있게 해야 한다.

(2) 연구자의 측정이 실제적으로 유용하고 신뢰가 있다는 확신을 주어야 한다.

스포츠학에서 많은 용어들이 정확하게 조작되기가 어렵기 때문에 개념을 조작함에 있어 비판적으로 평가를 해야한다. 예를 들면, '업적(performance)'이나 '영향(effect)' 등이 될 것이다. 그러므로 개념설계의 2, 3단계를 통해 명료하고 유용한 개념정의 및 조작을 설정해야 한다.

변인(variable)은 명명척도(nominal scale), 서열척도(ordinal scale), 등간척도(interval scale), 비율척도(ratio scale)와 같이 서로 다른 네 가지 방법으로 정량적으로 측정이 되어진다.

(1) **명명척도:** 명명척도는 측정대상을 서로 다른 범주로 그룹화한다. 명명척도는 그룹간에 아무런 관계가 없는 단순 분류가 된다. 예를 들어, 남자를 1, 여

[viii] 실험적(empirical) 검정 또는 경험적 검정이란 '단순 추측이나 추론이 아닌 증거나 자료로 부터 이끌어낸 결론'을 말한다.

자를 2로 부여하는 형태가 명명척도의 예가 된다. 이때 부여된 수치는 양적인 크기를 갖지 못하기 때문에 산술적인 계산을 할 수 없다. 즉, 여자는 남자의 2배라는 의미가 아니다.

(2) **서열척도:** 서열척도는 측정 대상의 순위에 따라 수치를 부여하며, 부여된 측정치는 등급간의 차이를 보여주지 못한다. 예를 들어, 올림픽 경기에서 금메달 수상자를 1, 은메달 수상자를 2, 동메달 수상자를 3으로 부여하는 경우, 금메달 수상자가 은메달 선수보다 2배 또는 동메달 선수보다 3배의 실력이 있다는 뜻은 아니다. 이 역시 부여된 수치가 양적인 크기를 갖지 못하기 때문에 산술적인 계산을 할 수 없다.

(3) **등간척도:** 등간척도는 서열척도와 같이 순위를 매길 수 있고, 등급간의 간격이 일정하다. 등간척도에서 사용되는 절대영점(absolute zero)은 측정된 것 중에서 가장 작은 것을 의미하는 것이지 완전히 없다는 것을 의미하지는 않는다. 예를 들어, 온도나 지능지수의 측정은 등간척도의 예가 되며, 키나 몸무게의 측정은 비율척도가 된다. 즉, 온도가 0°라는 것은 온도가 없는 것이 아니라, 물이 어는 온도로서 영상과 영하를 구분하는 온도가 되는 것이다. 등간척도에서 부여된 수치는 양적인 크기를 갖고 있기 때문에 덧셈이나 뺄셈에 대해서만 산술적인 계산을 할 수 있고, 곱셈이나 나눗셈에 대한 산술적인 계산은 할 수가 없다. 즉,

$$10^\circ + 20^\circ = 30^\circ \quad \text{또는} \quad 30^\circ - 20^\circ = 10^\circ$$

등의 덧셈 및 뺄셈의 연산은 가능하나,

$$10^\circ \times 4 = 40^\circ \quad \text{또는} \quad 30^\circ \div 3 = 10^\circ$$

등의 곱셈 및 나눗셈의 연산은 불가하다. 이는 30°, 40°가 각각 10°의 3배, 4배의 의미를 갖는 것이 아니기 때문이다.

(4) **비율척도:** 비율척도는 명목척도, 서열척도, 등간척도가 가지는 모든 속성을 가지고 있다. 즉, 비율척도는 순위를 매길 수 있고, 등급간의 간격이 일정하며, 산술적인 계산은 할 수가 있다. 비율척도는 등간척도와 달리 절대영점을 갖고 있기 때문에 사칙연산이 가능하다. 즉, 키와 몸무게 측정에서와 같이

$$10cm + 20cm = 30cm, \qquad 30cm - 20cm = 10cm,$$
$$10cm \times 4 = 40cm, \qquad 30cm \div 3 = 10cm$$

등의 사칙연산이 모두 가능하다.

자료유형에 따른 측정척도를 분류하게 되면 표 2.2와 같다.

자료구분	측정척도	대소구분과 연산가능성	응용 예
이산자료	명명척도	모두 불가	성별분류
	서열척도	대소구분만 가능	성적순위 부여
연속자료	등간척도	대소구분 가능하나 덧셈과 뺄셈만 가능	온도 측정
	비율척도	대소구분과 사칙연산 모두 가능	키 측정

표 2.2: 자료유형에 따른 측정척도 예[8]

(4) 4단계: 조절변인과 매개변인 확인

개념이 조작되어지면, 그 개념은 변인(variable)이 된다. 달리 말하면 한 개념이 여러 값을 취할 때 이를 변인이라고 한다. 변인은 조작적으로 정의된 개념을 측정가능하도록 측정대상을 구체화시켜 준다. 예를 들어, '올림픽 성과'를 '올림픽 경기에 출전한 선수들이 획득한 메달의 수'라고 조작적으로 정의하였을 때, 선수는 성, 연령, 출전종목 등의 변인으로 나누어져서 구체화된다.

변인은 크게 독립변인(independent variable)와 종속변인(dependent variable)로 나누어진다. 독립변인은 '연구되는 결과의 원인이 되는 변인'을 말하며, 종속변인은 '독립변인의 결과에 의해 설명되는 변인'을 말한다. 예를 들어, 성별이 폭력적인 경기의 관중태도에 영향을 주는 경우, 그림 2.4에서 보듯이 성별은 경기의 관중태도에 대한 결과를 낳기 때문에 독립변인이 되며, 경기의 관중태도는 종속변인이 된다.

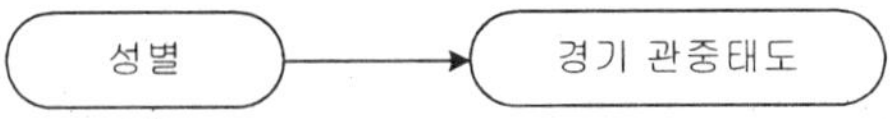

그림 2.4: 독립변인과 종속변인

지도력이 경기성과에 영향을 미치는 경우, 성과에 영향을 미치는 변인이 단순히 지도력만은 아닐 것이다. 이러한 지도력 이외의 변인들을 조절변인(moderating variable) 또는 가외변인(extraneous variable)이라고 한다. 조절변인이란 '독립변인은 아니지만 종속변인에 영향을 미치는 변인'을 말한다. 예를 들어, 경기성과에 영향을 미치는 조절변인으로는 적대감, 경기유형, 팀 상태, 기후, 관중의 성향, 심판의 판정 등이 될 수 있다.

또한 연구에 있어 매개변인(intervening variable) 또는 통제변인(control variable)을 접하는 경우가 있다. 매개변인은 말 그대로 '독립변인과 종속변인을 매개하는 변인으로 독립변인과 종속변인의 관계에 영향을 미치는 변인'이 된다. 예를 들어, "운동선수에게 성호르몬을 투입한 경우, 여성은 성적이 좋게 나오는 반면 남성은 성적이 나쁘게 나온다"라는 가설에서 독립변인은 성호르몬 투입이 되고, 종속변인은 성적의 결과가 되며, 매개변인은 성별이 된다. 그림 2.5는 매개변인의 유무에 따른 변인 간의 관계도이다.

(a) 매개변인 무 (b) 매개변인 유

그림 2.5: 매개변인의 유무 상태

(5) 5단계: 변인 간의 관계확인

유사한 가설이라도 변인간의 관계를 정확히 평가하지 않는 경우에는 잠재적인 위험을 야기시킨다. 만약 '교육과 경기에 임하는 태도 간의 연관성'에 대해 연구를 하는 경우, 교육을 독립변인, 경기에 임하는 태도를 종속변인으로 간주할 것이다. 두 변인 간의 연관관계를 잘 발견하면 그림 2.6(a)에서 보듯이 아마도 "교육이 경기에 임하는 태도에 지대한 영향을 미친다"라는 결론을 유도할 것이다.

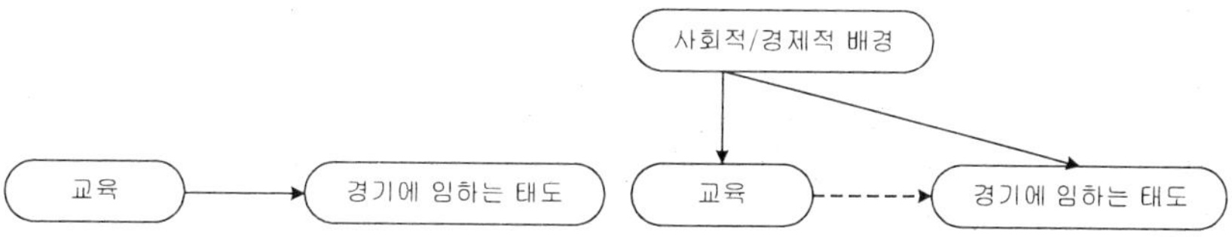

(a) 정상적인 관계 (b) 허위적인 관계

그림 2.6: 정상관계와 허위관계[15]

그러나 이를 또 다르게 설명을 할 수 있다. 교육은 부모의 사회적 또는 경제적 배경에 종속되어지기 때문에 만약 "경기에 임하는 태도가 사회적 또는 경제적 배경에 영향을 받는다"라고 한다면 이는 마치 사회적 또는 경제적 배경이 경기에 임하는 태도에 영향을 미치는 것으로 오해될 수 있다. 이는 그림 2.6(b)에서 보인 것과 같은 허위관계(spurious relationship)의 일례를 보여주는 것이다. 그러므로 연구 시에는 실제로 존재하는 변인 간의 관계를 측정하는지를 반드시 염두해 두어야 하며, 일단 변인들이 규정되어진 경우에는 그들의 관계를 그림으로 그려 연구의 목적을 명확히 하고 자료의 해석을 위한 뼈대로 활용해야 한다.

다. 신뢰도와 타당도

연구자의 개념들이 얼마나 진실한가를 살펴보는 것은 중요하다. 개념의 정의나 조작이 연구자의 연구질문에 정확한 답을 줄 것인가? 이에 대해 연구의 질을 측정하는 두 개념은 신뢰도(reliability)와 타당도(validity)가 된다.

(1) 신뢰도

신뢰도는 일반적으로 '얻어진 결과들의 일치성'을 말한다. 여러가지의 형태의 신뢰도가 연구자에게 중요하지만 특히 다음과 같은 세가지가 중요하다[15].

■ **내적관측자 신뢰도(inter-observer reliability):** 서로 다른 관찰자를 통해 어느 정도 동일한 측정치를 얻어내는냐를 평가하는 것이다. 즉, 두 관찰자가 동일한 속성을 동시에 측정을 하여 동일한 측정치를 얻느냐를 보는 것이다. 특히 이는 여러 사람이 연구 프로젝트를 위해 자료를 수집할 때 중요한 것이다.

■ **재검사 신뢰도(test-retest reliability):** 이는 동일 시간대가 아닌 서로 다른 시간대에 측정을 되풀이했을 때 어느 정도 측정치가 일정하게 나오는 지를 보는 것이다.

■ **내적일치 신뢰도(internal consistency reliability):** 한번의 측정으로 각 질문의 답이 동일한 현상을 일관성있게 측정되었는지의 정도를 파악하는 것이다.

신뢰도는 연구 프로젝트를 성공적으로 수행하기 위한 전제조건이지만 이를 저해하는 다음과 같은 것들이 있다[15].

■ **주제 오류(subject error):** 시차에 따라 주제에 대한 답이 달라질 수 있는 경우가 된다. 예를 들어, 경기 선수들에게 향후 경기 결과의 예측을 물어 보는 경우, 경기 전과 경기 후의 답은 다를 수 있다. 이를 극복하기 위해서는 경기 전과 경기 후가 아닌 경기 중에 조사가 이루어져야 한다.

■ **연구자 오류(researcher error):** 두 연구자가 동일한 자료를 갖고 조금 다른 접근을 시도하는 경우에 서로 다른 결과가 나오는 경우가 된다. 예를 들어, 남성인 연구자와 여성인 연구자가 스포츠에 있어서 약 남용이나 아동선수 학대와 같은 예민한 것에 대해 조사를 하는 경우, 동일한 결과를 기대할 수가 없다.

■ **주제 편향(subject bias):** 피조사자를 실명으로 처리하는 경우, 연구자를 의식해서 연구자가 원하는 답을 피조사자는 주려고 하는 경우가 된다. 이를 방지하기 위해 피조사자를 익명 처리하여 정확한 답을 얻도록 해야 한다.

(2) 타당도

두 번째 중요한 연구 이슈는 "연구자가 행하고 있는 측정이 얼마나 연구자가 원하는 것을 측정하고 있는가"이고, "그러한 측정으로 부터 추출된 결론이 과연 유용한 결론인가"이다. 이는 타당도의 개념으로 설명되어진다. 타당도는 몇 가지의 구성요소가 있으니 자료를 수집한 후가 아닌 수집 전에 점검해야 한다[15].

- **안면 타당도(face validity):** 언뜻 보아 측정도구가 측정하고자 하는 것을 적절히 측정하였는가를 검사하는 것을 말한다. 비록 중요하다고 생각치 않을 수 있으나 안면타당도를 간과해서는 안된다.

- **내용 타당도(content validity):** 이는 안면타당도와 유사하나 단지 초기의 평가가 전문가에 의해 이루어진다는 것이 차이점이다. 즉, 연구자의 주관성을 극소화하기 위하여 특정 분야의 전문가가 측정도구의 적합성을 독립적으로 판단하는 것이다.

- **예측 타당도(predictive validity):** 측정이 미래에 나타날 결과를 얼마나 정확히 측정하는가를 검사하는 것이다

- **구인 타당도(construct validity):** 변인들 사이의 논리적 관계에 기초하고 있고, 측정도구가 전반적인 이론적 틀에 비추어 적절한 관련성을 갖는가를 검사하는 것이다.

(3) 신뢰도와 타당도의 관계

신뢰도와 타당도는 연관이 있으며, 신뢰도는 그림 2.7과 같이 타당도를 부여하는 필요조건이지 충분조건이 아니다. 달리 말하면 신뢰할만한 측정이라고 해서 반드시 타당도를 가진다고 볼 수 없다. 반면에 타당한 자료는 신뢰도를 가진다고 볼 수 있다.

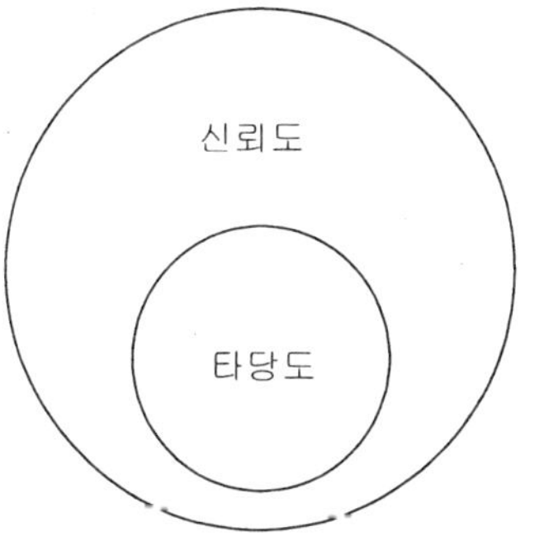

그림 2.7: 신뢰도와 타당도의 포함관계

신뢰도와 타당도를 별개의 개념으로 살펴보았지만 그들 간에는 상호관련이 있다. 신뢰도와 타당도 간의 관계를 도식화하면 그림 2.8과 같다.

- **신뢰할 수 없고 타당하지도 않다.** 신뢰도의 부족이란 그림 2.8(a)에서와 같이 가끔은 정확한 측정값을 갖지만(즉, 타당하지만) 또 다른 측정에서는 정확하지 않은(즉, 타당하지 않은) 측정값이 나오는 경우가 된다.

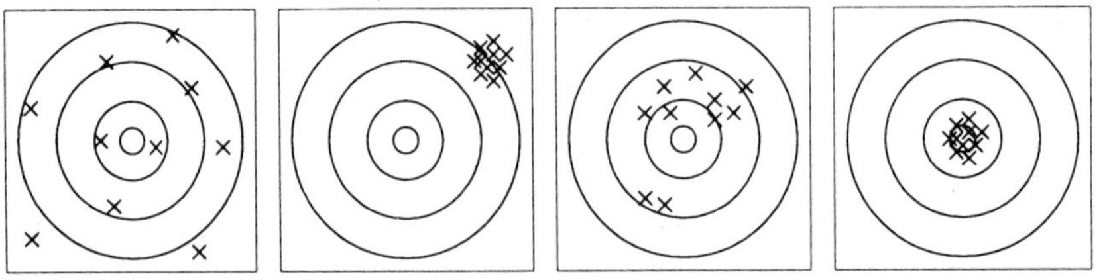

(a) 비신뢰, 비타당 (b) 신뢰, 비타당 (c) 비신뢰, 타당 (d) 신뢰, 타당

그림 2.8: 신뢰도와 타당도의 관계에 대한 도식화[5, 9]

- **신뢰할 수 있으나 타당하지 않다.** 그림 2.8(b)와 같이 측정이 개념을 지속적으로 부정확하게 이루어져 측정값은 유효하지 못하나(즉, 타당하지는 않지만) 신뢰성은 있다.

- **신뢰할 수 없으나 타당하다.** 신뢰할 수 없는 측정값들이 전반적으로 유용한 범위 내에 퍼져있는 경우가 있다. 즉, 그림 2.8(c)와 같이 측정할 때마다 측정값은 변하지만 전체 측정값에 대한 평균은 항상 일정함을 유지한다.

- **신뢰할 수 있고 타당하다.** 이는 연구자가 원하는 것으로 정확하게 현상을 반영하는, 즉 그림 2.8(d)와 같이 측정 시점이 다르더라도 항상 동일한 측정값을 제시해준다.

제 4 절 연구설계

연구주제를 확정하고, 연구 내 이론의 역할을 분명히 한 후 개념설계를 할 수 있다. 그 이후에 제기되는 질문은 다음과 같은 두 가지 것이 된다.

- 연구질문에 답하기 위해 내가 수집해야 할 자료는 무엇인가?
- 이러한 자료를 수집하기 위한 최선의 방법은 무엇인가?

자료를 수집하는 방법은 두 가지로서, 첫 번째 방법은 장소와 시간을 불문하고 자료가 있는 모든 곳 또는 시간이 있을 때마다 자료를 수집하는 것이다. 이는 마치 가능할듯이 보이나 현실에서는 그러하지 못하다. 두 번째 방법으로는 신뢰도와 타당도를 극대화하면서 조심스레 체계적으로 자료를 모을 수 있는 방법을 고려하는 것이다.

자료를 수집하는 계획을 위해 연구설계를 해야 한다. 연구설계는 연구자가 자료표집 단계로 가는 전반적인 청사진이 된다. 일반적으로 연구설계를 다음과 같이 7개로 구분되어진다[15].

- 실험적(experimental) 연구설계
- 횡단적 또는 공시적(cross-sectional) 연구설계
- 시계열적(time series) 연구설계
- 종단적 또는 통시적(longitudinal) 연구설계
- 사례연구(case study)를 위한 연구설계
- 근거이론(grounded theory)을 위한 연구설계
- 민족지학적(ethnographic) 연구설계

가. 연구설계의 유형

(1) 실험적 연구설계

실험적 연구설계는 일반적으로 독립변인이 선택된 종속변인에 영향을 미치는가를 확인하는데 사용된다. 그림 2.9에서와 같이 한 개의 그룹(종속변인)으로부터 한 변인의 값인 $X1$을 측정한 후, 그 그룹에 특별처리(즉, 독립변인을 적용)를 한다. 이후에 초기 변인을 재측정하여 변인의 값인 $X2$를 측정한다.

다음으로 $X1$과 $X2$의 차를 검토하여 이 차를 특별처리인 독립변인의 영향으로 간주한다. 이 차가 현저하다면, 즉 유의(significant)하다면 독립변인은 종속변인에 영향을 미친다고 말할 수 있으며, 차이가 현저하지 않다면, 즉 유의하지 않다면 독립변인은 종속변인에 영향을 미치는 것이 아닌 것으로 간주한다. 예를 들어, 농구

그림 2.9: 실험적 연구설계 흐름도

선수에 대해 "자유슈팅 전 마음의 준비가 슈팅점수에 영향을 미치는가?"라는 연구를 위해, 농구 선수에게 20개의 자유슛을 쏠 수 있는 기회를 주기로 하자. 처음에는 20개의 자유슛을 그냥 쏘게 하여 득점한 점수를 $X1$이라고 하자. 다음으로 자유슛을 쏠 때 마다 마음의 준비가 되었는가를 물어본 후, 자유슛을 쏘게하여 득점한 점수를 $X2$라고 하자. 이후 실제 득점한 $X1$과 $X2$의 점수가 각각 12, 15로 나왔을 때, 마음의 준비로 인한 차이는 $3(= 15 - 12)$이 된다. 이와 같은 방법을 통해 독립변인인 '마음의 준비'가 과연 종속변인인 '점수'에 영향을 미치는 가를 검정할 수 있다.

(2) 횡단적 연구설계

횡단적 연구설계는 아마도 가장 많이 사회과학, 특히 스포츠 관련 연구에서 통용되는 연구설계이다. 횡단적 연구설계는 한 시점을 기점으로 연구되는 설계가 되므로 시간의 흐름에 따른 변화를 관찰할 수 없다. 주로 인터뷰나 설문조사를 통해 모집단으로부터 횡단적 자료를 추출하고, 추출된 자료로부터 관계를 확인한 후 모집단의 특성을 살피는 것이다. 예를 들어, '성별에 따른 스포츠 참여도'를 조사하는 경우, 독립변인인 성별을 연구자가 인위적으로 조작할 수가 없기 때문에 실험적 연구설계를 할 수 없다. 그러므로 이 경우 횡단적 설계를 적용할 수 있다. 모집단으로부터 횡단적 표본이 추출되고, 관계는 통계분석을 통해 평가가 된다.

표 2.3과 같은 성별에 따른 팀스포츠와 개별스포츠의 선호도를 살펴보면, 여성이 팀스포츠를 몹시 선호하는 반면에 남성은 팀스포츠와 개별스포츠에 대한 선호도의 차가 거의 없음을 알 수 있다. 이와같이 횡단적 연구설계의 장점은 한정된 자원으로 연구를 수행할 수 있다는 것이다.

	팀스포츠 선호도	개별스포츠 선호도
남성	49%	51%
여성	86%	14%

표 2.3: 교차분석표

(3) 시계열적 연구설계

시계열적 연구설계는 장시간에 걸쳐 독립변인의 영향에 대한 사전관찰과 사후관찰을 실시하는 것이다. 예를 들어, '월드컵 축구대회 이후의 축구에 대한 열의도'를 조사하는 경우, 연구자는 가설을 "월드컵 축구대회 텔레비젼 중계 이후 더 많은 사람들이 축구에 참여한다"라고 세울 수가 있다. 이 경우 그림 2.10과 같이 월드컵 전의 참여도와 월드컵 이후의 축구의 참여도를 조사해야 한다.

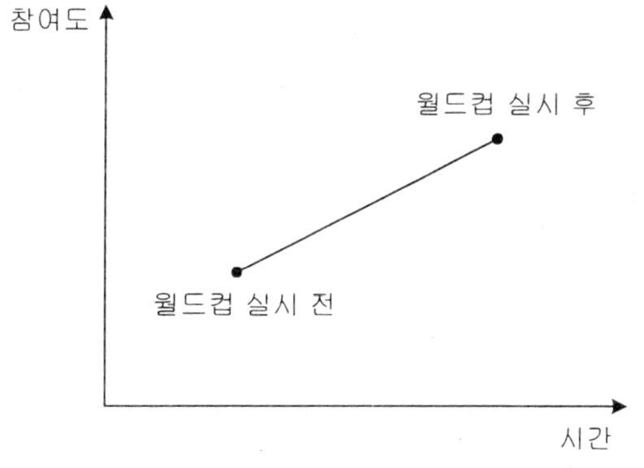

그림 2.10: 시계열적 연구결과

시계열적 연구설계는 행사의 시작 전과 시작 후의 변화를 살피기에는 좋으나, 장시간이 소요된다는 단점이 있다. 일반적으로 학생들이 실시하는 연구프로젝트에서 2차자료를 사용하지 않는다면 적절치 못한 연구설계가 된다.

(4) 종단적 연구설계

종단적 연구설계는 동일한 표본그룹을 사용하며, 장시간에 걸쳐 특정변인을 측정하는 것이다. 예를 들어, '신기법으로 훈련된 선수들의 운동실력'을 조사하는 경우, 그림 2.11에서 보듯이 신기법이 도입 전의 운동실력 $X1$, 도입 직후의 운동실력 $X2$, 일정시간이 흐른 뒤의 운동실력 $X3$ 등을 측정해야 한다.

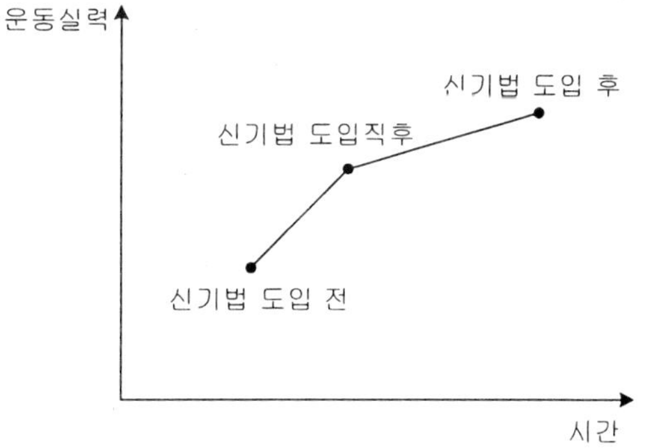

그림 2.11: 종단적 연구결과

종단적 연구설계는 횡단적 연구설계에 비해 많은 시간과 자원이 필요로 한다. 또한 한 표본그룹에 대해 조사를 해야하기 때문에 표본그룹의 감소 및 변화 등으로 인한 문제가 항상 발생되기 마련이다. 이러한 문제를 해결하기 위한 한 가지 방법은 표본그룹에 대해 횡단적 연구설계를 이용한 종단적 연구설계를 하는 방법이다. 이는 표본집단에 대해 예전의 태도나 습성, 현재의 태도나 습성, 미래의 태도나 습성에 대한 답을 구하는 것으로, 시간이 제약된 경우나 표본집단의 변화가 확실시되는 경우에 사용할 수 있다.

(5) 사례연구를 위한 연구설계

사례연구 방법은 특별한 사례에 대해 강도높은 조사를 하는 것이다. 현실에서 벌어지는 사건에 대하여 연구자가 통제를 가하지 않고 '어떻게' 혹은 '왜'라는 문제에 촛점을 맞추어 연구의 결과를 자세히 기록하는 것으로 새로운 해석과 의미를 얻어내고 싶을 때 실시하는 것이다. 예를 들어, 조직, 스포츠 팀, 학교, 개인에 대한 사례연구를 할 수 있다. 사례연구 방법의 단점은 연구자의 편견이 개입되어 결과의 객관성을 유지하기 어렵고, 표본의 대표성이 없기 때문에 일반화하기가 쉽지 않다.

(6) 근거이론을 위한 연구설계

근거이론은 귀납적 접근과 연관이 있다. 사전적인 이론이나 아이디어를 갖고 접근하는 것이 아니라 일반적인 아이디어를 통해 연구의 결과를 분석하는 것이다. 이론은 중요하나 사전에 결정된 가설을 검정하기 보다는 초기 자료수집으로부터 개발이 되어진다. 이러한 이론은 검증이 되어지고 수정이 되어진다. 또 다른 자료에 대해 실험을 재차 반복함으로서 자료 내에 숨어있는 있는 이론을 찾아내는 것이다. 이는 장시간을 요구하며 잘못하면 시간 낭비가 될 수 있으니, 특히 학생들이 연구하기에는 적절치 못한 방법이다.

(7) 민족지학적 연구설계

사회연구에서 쓰여진 민족지학적 연구가 스포츠에도 점차 사용되고 있다. 민족지학적 연구는 연구자가 장시간에 걸쳐 연구대상자의 문화공간에 들어가 거주하며 깊이있는 연구를 하는 것을 말한다. 민족지학적 연구의 목적은 연구대상 그룹의 습성이나 문화를 이해하는 것이다.

나. 표본상의 문제

어떠한 자료를 얻을 것인가를 결정하고, 자료를 추출하기 위하여 자료수집에 대한 설계를 마친 후에는 어디에서 그러한 자료를 수집할 것인가를 확인해야 한다. 모집단이란 연구자에 의해 정의된 연구에 연관이 있는 특성을 갖는 모든 사람을 말한다. 조사되는 대부분의 모집단은 너무 방대해서 자료를 수집할 수가 없어 표본을 택해야 한다. 표본이란 특수한 모집단의 부분집합이다. 수집된 표본이 외적 타당도(external validity)[ix]를 갖는다면, 이를 전체 모집단에 적용시킬 수가 있다.

(1) 표본선택

표본선택에 있어 첫 번째 단계는 모집단을 정의하는 것이다. 모집단은 연구자가 관심이 있는 특성을 갖고 있는 개별 케이스로 구성되어 있다. 두 번째 단계는 표본추출방법을 정하는 것이다. 대부분 연구자의 목적은 모집단을 대표할 수 있는 표본을 추출하는 것이다. 여러 종류의 표본추출방법이 사용되나, 정량적 연구를 위한 표본추출로 다음과 같은 방법을 주로 사용하고 있다[4].

- **임의추출(random sampling):** N개의 원소로 구성되어 있는 모집단에서 n개의 표본을 추출하는 경우, n개의 표본이 추출될 가능성을 동일하게 해주는 표본추출 방법이다. 이 방법에서는

  (1) 모집단의 모든 요소가 동일한 추출 기회를 가지며,

  (2) 어떤 요소의 추출이 다른 요소의 추출 기회에 영향을 주지 말아야 한다.

  일반적으로 난수표를 이용하여 표본추출을 한다. 단순임의추출은 매우 간단하며 모든 원소들이 표본으로 추출될 가능성이 동일하다는 장점이 있다. 그러나 현실에서는 모집단이 매우 큰 경우 모든 원소에 일련번호를 부여하는 점과 추출된 원소를 찾는 것이 쉬운 일이 아니다.

- **계통추출(systematic sampling):** 임의추출의 현실적인 어려움을 감안하여 변형된 형태가 계통추출법이다. 이는 모집단의 요소의 목록표를 이용하여 매 n번째의 요소를 표본으로 추출하는 방법이 된다.

- **층화임의추출(stratified random sampling):** 모집단이 상당히 이질적인 요소로 구성되어 있을 때, 모집단을 좀 더 동질적인 몇 개의 층(strata)으로 나누고 각 층에서 임의추출을 하는 방법이다.

- **군집추출(cluster sampling):** 모집단으로부터 군(cluster)을 임의로 추출한 다음, 추출된 군에서 일정한 수의 요소를 표본으로 추출하는 방법이다.

예제 2.1 100명의 체육부 학생 중에서 5명을 표본추출코자 한다. 부록 D에 있는 난수표를 이용하여 5명의 명단을 작성해 보시오.

[ix] 외적 타당도는 특정 실험에서 얻어진 연구결과가 다른 상황에서도 얼마나 잘 일반화되느냐에 대한 개념으로 '연구결과에 대한 일반화 가능성의 정도'를 의미한다. 반면에 내적 타당도(internal validity)는 '특정변인의 처치 또는 조작이 가외변인(extraneous variable)이 아닌 종속변인에 실제로 유의적인 영향을 끼쳤는가의 정도'를 말한다.

예제 2.1 예시답안 우선 모집단인 100명에 대해 1번부터 100번까지 번호를 부여한 다음 난수표를 이용하여 추출하는 방법은 다음과 같다.

(1단계: 임의의 출발점을 선택) 표 2.4에서 보듯이 만약 부록 D에 있는 난수표 내의 10번째 줄의 5번째 열에 있는 값인 45424를 출발점으로 임의로 선택했다고 가정하자. 이 경우 다섯개 숫자 중 맨 왼쪽에 있는 두 글자인 45를 선택하게 되면 첫 번째 표본값은 45가 된다.

Column \ Line	1	2	3	4	5	6	7	8	9	10
6	12359	46569	11050	90529	49289	94545	02258	20678	18898	50931
7	57132	49387	74792	50937	62339	43401	82825	03692	37836	68752
8	71239	49511	07466	15364	86050	31093	16730	73587	79875	43576
9	03935	83975	28893	66615	14015	22410	90938	35961	36373	84810
10	72801	73777	79101	26592	45424	00899	78462	74336	60478	13852
11	44336	05322	04540	75989	51385	52279	16661	91446	48811	25346
12	52930	61970	05808	22807	85460	22723	61318	23281	63426	69030
13	50436	54490	50650	59386	25572	23267	44039	08759	33702	34580
14	24980	54548	49428	91704	86913	92940	86923	22428	47877	20510
15	94186	95540	75071	10076	10263	27664	98534	81171	61507	74976

표 2.4: 난수표 일부

(2단계: 연속되는 표본 선택) 연속되는 표본값을 난수표의 밑으로 이동하면서 선택한다고 하면, 두 번째 표본값은 51385의 51이 된다. 같은 방법으로 세 번째 표본값은 85460의 85가 된다. 이와 같은 방법을 계속 적용하여 구하고자 하는 난수를 추출하면 된다. 만약 연속되는 표본값을 추출시 중복되는 값이 발생되는 경우에는 이를 배제하고 또 다른 난수를 구하면 된다.

위와 같은 방법으로 표본추출을 시행하는 경우, 부록 D에 있는 난수표를 이용하여 추출되는 5명에 대한 표본의 값은 다음과 같다.

45, 51, 85, 25, 86

□□□

예제 2.2 체육학부 학생 20명의 학번이 다음과 같이 주어졌다고 하자. 이 중 5명의 학생을 계통추출법을 이용하여 표본추출하시오.

1, 5, 7, 9, 13, 14, 16, 18, 19, 21, 23, 25, 28, 29, 30, 31, 32, 33, 34, 36

예제 2.2 예시답안　계통추출법을 적용하기 위해서는 우선 모집단을 n개의 구간으로 나누어야 한다. 20명 중에서 5명을 표본추출하는 것이니 모집단을 다음과 같이 $5(=\frac{20}{4})$개의 구간으로 나눈다.

$$\{1,5,7,9\},\ \{13,14,16,18\},\ \{19,21,23,25\},\ \{28,29,30,31\},\ \{32,33,34,36\}$$

이후 계통추출법을 적용하여 표본추출을 하는 방법은 다음과 같다.

(1단계: 임의의 출발점을 선택) 만약 제1구간에서 3번째 요소를 임의로 선택했다고 가정하자. 이 경우 첫 번째 표본값은 7이 된다.

(2단계: 연속되는 표본선택) 두 번째 표본값은 제2구간에서의 3번째 요소인 16이 된다. 같은 방법으로 세 번째 표본값은 제3구간에서의 3번째 요소인 23이 된다. 이와같은 방법을 적용하여 난수를 추출한다.

위와 같은 방법으로 표본추출을 시행하는 경우, 추출되는 표본의 값은 다음과 같다.

$$7,\quad 16,\quad 23,\quad 30,\quad 34$$

□□□

예제 2.3　모 체육대학에는 세 개의 체육학과인 A, B, C학과가 있다. A학과의 운동선수는 100명이고, B학과의 운동선수는 60명이며, C학과의 운동선수는 40명이다. 개교 기념일을 맞아 10명의 운동선수에게 임의로 표창장을 주고 싶을 때 표창을 받을 10명을 표본추출해 보시오.

예제 2.3 예시답안　표본추출을 위해 임의추출을 적용할 경우 운동선수가 상대적으로 많은 A학과가 표창장을 독식할 우려가 있다. 이를 방지하기 위해 층화추출법을 이용하면 다음과 같은 표본을 추출할 수 있다.

(1단계: 층의 크기에 따른 표본의 수를 결정) 전체의 운동선수의 수가 200명이니 각 학과의 운동선수 수를 고려하여 표본의 수를 할당하면 다음과 같다.

$$A\text{학과:}\quad 10\text{명} \times \frac{100}{200} = 5\text{명}$$
$$B\text{학과:}\quad 10\text{명} \times \frac{60}{200} = 3\text{명}$$
$$C\text{학과:}\quad 10\text{명} \times \frac{40}{200} = 2\text{명}$$

결국 표본의 수는 A학과가 5명, B학과가 3명, C학과가 2명이 된다.

(2단계: 임의추출을 적용) 각 층에 대한 표본의 수가 결정되었으니, 각 층에 대해 임의추출을 적용하여 최종 표본의 요소들을 추출하면 된다.

□□□

한편 정성적 연구를 하는 연구자에게 흥미를 끌 수 있는 표본추출법은 비확률적 표본추출법(non-probability sampling method)이 된다. 이러한 추출법에서는 표본이라는 용어가 적절치 않으며 오히려 선택이 더 중요하게 다루어 진다. 일반화가 주 목적이 아니기 때문에 추출되는 표본은 현상을 잘 묘사하고 설명하면 된다. 정성적 연구를 위한 표본추출법은 다음과 같다[15].

■ **누적표본추출(snowball sampling):** 초기 연구대상자를 설정한 후, 그 연구대상자를 통해 제2의 연구대상자를 물색한다. 이후 제2의 대상자를 통해 제3의 대상자를 추출하는 방법이 된다. 예를 들어, 불법체류자나 범죄자들을 표본으로 사용할 때 유용하다.

■ **이론적 표본추출(theoretical sampling):** 특정한 이론을 잘 반영해 줄 케이스를 연구자가 선정하는 표본추출이 된다. 예를 들어, '올림픽에 참가하는 선수들의 성향'을 알고 싶은 경우, 올림픽 선수들이 주로 사용하는 한국 태능 선수촌에 대해 조사를 하면 된다. 이는 선수들이 있는 모든 스포츠 기관에 조사하는 것보다 더 생산적이다.

■ **전형적 케이스(typical cases):** 특정 이론에 맞는 전형적인 표본을 추출하는 방법이다.

■ **극한적 케이스(extreme cases):** 이론의 극한적 케이스를 선택하는 경우가 된다. 예를 들어, 엘리트 육상종목의 개인적 특성을 연구하는 경우, 올림픽 수상자를 대상으로 하는 경우가 된다.

■ **기회주의적 케이스(opportunistic cases):** 기대되지 않은 기회의 장점을 살리면서 현상이 일어날 때마다 추출하는 방법이 된다.

■ **편의(convenience):** 시간, 장소 등을 고려하여 편의적으로 추출하는 방법이 된다.

■ **주요 정보제공자 기술(key informant technique):** 특수한 지식을 갖고 있는 개인들을 추출하는 방법이 된다. 예를 들어, 조사 대상자는 조직내 특수한 위치에 있거나 책임자가 될 것이다.

이러한 방법들을 사용하게 되면 가끔 피할 수 없는 표본편향(sampling bias)을 맞게 된다. 그러므로 연구보고서 내에 이러한 편향에 대한 언급 및 연구결과에 어떤 영향을 미쳤는가를 기술해야 한다.

(2) 표본크기

표본의 크기를 얼마나 해야하는가에 대한 정확한 답은 없다. 될 수 있으면 시간과 경비를 고려하여 표본의 크기를 충분히 크게 하는 것이 좋다. 기본적인 기술통계에서의 최소 표본의 크기는 30이 된다. 또한 상세 추리통계에서 요구되는 표본의 최소 크기는 그룹 당 30개의 객체가 된다. 그러므로 남성과 여성을 비교하는 경우, 전반적인 표본의 크기는 60명 이상이 된다. 표본을 선택 시 표본과 모집단의 연관에 대한 잘못된 이해는 다음과 같다[15].

- 잘못된 이해의 첫 번째는 표본이 모집단의 일정 비율이 되어야 한다는 생각이다. 현실에서는 그러한 비율이 없으며, 단지 표본의 크기가 중요하다는 것만 알려주는 것이다. 그러므로 표본의 크기가 100인 경우, 모집단의 크기가 5,000이건 50,000이건 간에 정확한 결과를 낸다.

- 잘못된 이해의 두 번째는 표본이 전반적인 모집단의 사실을 표현한다는 것이다. 표본은 결코 모집단의 특성을 정확하게 표현하는 것은 아니다. 단지 모집단의 특성이 어떤 범위 내에 있을 것이라는 것만 알려주는 것이다.

표 2.5는 95%의 신뢰수준에서 표본의 크기와 실제값이 놓일 서로 다른 범위(신뢰구간)을 보여주고 있다.

표본의 크기	표본으로부터의 결과		
	10% 또는 90%	30% 또는 70%	50%
50	±8.3	±12.7	±13.9
100	±5.9	±9.0	±9.8
1000	-	-	±3.1

표 2.5: 95% 신뢰수준에서의 표본크기와 표준오차[26]

예를 들어, 표본의 크기가 50인 경우에 대해 50%가 반응을 보였다고 하자. 이 경우 실제로 반응을 보인 것은 36.1%(= 50 − 13.9)에서 63.9%(= 50 + 13.9) 사이가 되어, 두 값에 대한 간격이 대략 30%가 된다. 만약 표본의 크기가 100인 경우에 대해 50%가 반응을 보였다고 하자. 이는 실제로 반응을 보인 것은 40.2%(= 50 − 9.8)에서 59.8%(= 50 + 9.8) 사이가 되며, 대략 20%의 간격을 갖게된다. 또한 표본의 크기가 1,000인 경우에 대해 50%가 반응을 보였다면, 이는 실제로 46.9%(= 50 − 3.1)에서 53.1%(= 50 + 3.1) 사이가 되어, 두 값에 대한 간격은 대략 6%가 됨을 알 수 있다. 결국 표본의 크기가 커짐에 따라 어떤 반응에 대한 오차 범위가 작아짐을 알 수 있다.

표본의 표준오차는 표본의 크기와 밀접한 관계를 갖고 있으며, 주어진 신뢰수준에서 표준오차를 이용하면 최소한으로 요구되는 표본의 크기를 산출할 수 있다. 참고로 표본의 크기를 n, 모비율을 $\widehat{p}$, 표본비율을 $\widehat{s}$, 신뢰수준을 95%(즉, $Z = 1.96$)이라고 하면 표본표준오차를 구하는 식은 다음과 같다.

$$\sigma_{\overline{X}} = \frac{\sigma}{\sqrt{n}} = \sqrt{\frac{\widehat{p}(1-\widehat{p})}{n}}$$

그러므로 위 식으로 부터 다음과 같이 표본의 크기를 산출해낼 수 있는 식을 유도할 수 있다.

$$\begin{aligned} \widehat{p} &= \widehat{s} \pm Z \times \sigma_{\overline{X}} = \widehat{s} \pm Z\sqrt{\frac{\widehat{p}\,(1-\widehat{p})}{n}} \\ (\widehat{p}-\widehat{s})^2 &= Z^2 \times \frac{\widehat{p}\,(1-\widehat{p})}{n} \\ \therefore \quad n &= Z^2 \times \frac{\widehat{p}\,(1-\widehat{p}))}{(\widehat{p}-\widehat{s})^2} \end{aligned}$$

예제 2.4 체육부 학생 90%가 경기 중 핸드폰 사용을 원하는지를 표본조사하고 싶다. 신뢰수준이 95%이고 표본의 표준오차가 ±5.9%인 경우, 표본조사를 위한 최소한의 학생의 수를 계산해 보시오. 또한 표 2.5에 있는 표본의 크기값과 어떤 연관관계가 있는가를 보이시오.

예제 2.4 예시답안 모비율 $\widehat{p} = 0.9$, 95% 신뢰수준에서의 $Z = 1.96$, 표준오차 $\sigma_{\overline{X}} = 5.9$이니, 이를 위에 있는 식에 대입을 하게 되면 표본의 크기 n을 구할 수 있다.

$$n = Z^2 \times \frac{\widehat{p}\,(1-\widehat{p})}{(\widehat{p}-\widehat{s})^2} = 1.96^2 \times \frac{0.9\,(1-0.9)}{0.059^2} \simeq 99.3$$

즉, 99.3명 이상인 대략 100명의 학생이 최소 표본크기가 되며, 이 값은 표 2.5에 있는 표본의 크기 100명과 일치함을 알 수 있다.

□□□

(3) 표본추출방법

지금까지 연구설계에 대해 설명을 했고, 자료수집에 따른 전반적인 틀을 고려했으며, 표본에 대해 논의해왔다. 마지막 논의는 어떻게 그러한 자료를 어떻게 수집할 것인가에 대한 논의이다. 자료를 수집하는 방법은 다음과 같다[15].

- **설문지(questionnaire):** 설문지 조사방법은 다수의 응답자를 대상으로 비교적 짧은 기간에 적은 노력과 비용으로 자료수집이 가능하다. 우편을 통한 설문지 조사방법을 실시하게 되면

(1) 최소의 비용과 노력으로 광범위한 조사가 가능하며,

(2) 전화조사에 비해 문항이 많거나 전문적인 문항이 포함된 조사가 가능하며,

(3) 응답자로 하여금 충분한 시간을 줄 수 있기 때문에 신뢰성이 높은 응답을 얻어낼 수 있다.

한편 설문지 조사방법의 단점으로는

(1) 회수율이 현저히 낮으며(보통 25% 이하),

(2) 응답자가 질문문항에 대한 질의를 할 수 없다.

■ **면접(interviews):** 면접 조사자가 직접 응답자를 방문하여 조사하는 방식으로 조사원의 영향이 크다. 면접조사의 장점으로는

(1) 응답률이 높고,

(2) 신뢰성이 높은 응답을 얻어낼 수 있다.

반면에 면접조사의 단점으로는

(1) 조사원의 영향이 크며,

(2) 시간 및 비용면에서 비효율적이다.

■ **관찰(observation):** 관찰은 연구대상의 행위나 현상에 대한 체계적인 관찰을 통해 필요한 정보를 얻는 것을 말한다. 관찰은 참여관찰(participant observation)과 비참여관찰(non-participant observation)로 구분이 된다.

- 참여관찰은 연구대상 현장에 직접 참가하여 관찰, 면접, 조사 등을 통해 자료를 수집하는 조사 방법이다.
- 반면에 비참여관찰은 연구자가 연구대상 현장에 직접 참여하지 않고 연구문제의 현상을 바깥에서 살펴보는 것이다.

■ **내용분석(content analysis):** 내용분석은 통화내용을 분석하는 것이다. 연구자가 텔레비전 프로그램, 신문, 스포츠 자서전, 라디오 등과 같은 시청각 매체를 통해 보도내용에 있는 개념이나 단어들의 현주소, 의미, 관련성 등을 분석하는 것이다.

제 5 절 자료수집

앞에서 문헌을 읽고 비판함으로서 연구 프로젝트를 수행하는 배경에 살펴 보았으며, 아울러 이론의 역할, 개념 틀과 연구디자인에 대해서도 살펴 보았다. 대부분의 경우에 있어 그 다음 단계는 가설을 검정하기 위하여 1차자료를 수집하거나 연구질문에 답하는 것이 된다.

가. 설문조사

설문조사(questionnaires)는 스포츠 관련 연구에 있어 가장 많이 사용되는 방법이 된다. 설문을 단순히 정의하면 설문은 '객체로 부터 정보를 얻기 위한 표준적인 질문의 집합'이 된다[15]. 설문조사는 일반적으로 다음과 같은 4가지 범주로 나누어 진다[15].

- **우편 설문(postal questionnaire):** 표본으로 선정된 개인들에게 설문지를 보낸 후, 응답자의 답변을 우편으로 반송하도록 하는 방식이다.

- **온라인 설문(online questionnaire):** 설문지를 이메일과 같은 전자메일을 활용하여 발송한 후, 응답자의 답변을 다운로드 받는 방식이 된다.

- **전화 설문(telephone questionnaire):** 전화를 이용하여 질문을 한 후, 응답자의 답변을 기록하는 형식이 된다.

- **면대면 설문(face-to-face questionnaire):** 일정한 장소에서 조사자와 응답자가 만나 질문을 하고 응답을 작성하는 방식이 된다.

설문조사의 장점은 다음과 같이 접근성(accessibility), 편향 감소(potential reduction in bias), 익명성(anonymity), 구조적인 자료(structured data), 충분한 응답시간 제공(increased time for respondents) 등이 된다[15].

- **접근성:** 우편 및 온라인 설문은 동일 규모의 표본을 조사하는데 인터뷰보다 경비가 적게 든다. 또한 동일한 설문지를 활용하면 되기 때문에 대규모의 표본집단에 대해서도 조사를 할 수 있다.

- **편향 감소:** 잘 설계된 설문지는 인터뷰와는 달리 응답결과가 편향되는 것을 감소시킨다. 반면에 잘못 설계된 설문지는 그 결과가 편향되기 때문에 자료의 편향성은 설문지의 질에 달려있다. 주의할 점은 설문지를 이용한다고 해서 자료가 편향되지 않는다는 것은 아니다.

- **익명성:** 연구자는 간혹 예민한 문제에 조사하는 경우가 있다. 예를 들면, 경기자 폭행, 약물 남용, 승부조작 등이 된다. 우편설문은 익명성을 보장하기 때문에 특정 사례에 대해서는 응답결과의 유용성을 높일 수가 있다.

- **구조적인 자료:** 설문은 구조적으로 구성이 되어있기 때문에 조사되는 그룹과 장시간에 걸친 유사한 형태의 그룹과를 쉽게 비교할 수 있다. 또한 이러한 자료는 곧바로 도표나 그림으로 변환이 될 수 있으며, 통계적으로 쉽게 분석을 할 수 있다.

- **충분한 응답시간 제공:** 응답자는 시간의 여유를 갖고 설문에 임할 수 있으며, 만약 이미 작성된 답에 대해 수정이 필요한 한 경우 이를 수정할 수 있다.

반면에 설문조사의 단점은 다음과 같다[15].

- **복잡한 질문에 대한 문제:** 설문에 수록된 내용은 이해하기 쉽게 작성이 되어져야 한다. 복잡한 문제에 대해 설문대상자는 기입을 회피할 수가 있다. 만약 복잡한 문제인 경우에는 이에 대한 예를 제시하면서 실문의 내용을 확실히 이해할 수 있게 해야 한다.

- **응답자에 대한 통제 불가:** 설문대상자가 누구인가를 정확히 파악한 후 설문조사를 실시해야 한다. 만약 설문대상자의 성향을 모른 상태에서 설문조사를 실시하게 되면 신뢰할 수 없는 답변이 나올 수 있다.

- **증명방법 부재:** 일단 설문을 작성하게 되면 누가 이를 작성했는지 알 수 있는 방법이 없다.

- **응답률 저조:** 설문을 통한 응답률은 매우 저조하여 최악의 경우에는 전체 조사자의 5% 미만 정도의 응답률을 보이는 경우가 있다. 저조한 응답률은 연구의 신뢰도에 심각항 영향을 미치고 있으며, 이에 대한 대응방안이 논의되고 있다. 스포츠산업연구센터(SIRC: Sport Industry Research Centre)는 다음과 같이 응답률을 높이는 대안책을 제시하고 있다.
  - 사전계획: 응답률이 높은 집단체를 설문조사를 하기 전에 선택하여, 응답률을 높이도록 노력을 한다.
  - 수집: 설문지를 우편으로 발송한 후 응답지를 기다리기보다는 대상자를 직접 찾아가 설문지를 전달한 후, 응답을 기다리는 방법이 있다. 스포츠 경기에 참여한 관중에 대한 설문을 하는 경우에 자주 쓰는 방법으로 [21]이 제시한 방법은 다음과 같다. 일반적으로 대회에 직접 참여를 하여 설문지를 관중들에게 배포한 후, 이를 회수하는 것은 관중들이 경기 내용에 집중하기 때문에 설문지의 회수율이 현저히 떨어질 수가 있다. 이를 방지하기 위하여 [21]은 관중들을 임의로 선택을 한 다음, 그들에게 차후 설문지를 보내겠다는 약속을 한 후, 경기가 끝난 후 설문지를 발송하여 응답지를 회수하는 방법으로 높은 회수율을 실제 보이고 있다.
  - 미응답자에 대한 재연락: 설문지 회수일이 완료되면, 미응답자에 대해 재차 연락을 취해 응답지를 회수하는 방법이 된다.

일단 적절한 자료수집 방법이 결정되었으면 설문지에 대한 작성을 실시해야 된다. 설문지를 작성하기 전에 고려되어야 할 사항은 다음과 같다[15].

- 연구질문에 답할 자료는 무엇인가?
- 분석시 그러한 자료를 제공하기 위해서는 무슨 질문을 해야 하나?
- 어떻게 자료를 분석하여 연구질문에 적합한 답을 줄 수 있는가?

다음으로 고려되는 사항은 어떠한 형태의 설문지를 작성하느냐이다. 설문지 형태는 여러가지가 있으나 많이 쓰는 방법은 '개방형 및 폐쇄형(open and closed questions)', '척도형(scales)', '기타형(others)' 등이 있다[15].

(1) **개방형 및 폐쇄형:** 폐쇄형은 연구자가 작성한 답을 고르는 형태가 되며, 폐쇄형의 한 예는 그림 2.12와 같다.

설문 예제 1: 당신은 1년에 몇번 정도 경기장에 가십니까?

(1) 20번 이상
(2) 10-20번 정도
(3) 10번 미만

그림 2.12: 폐쇄형 설문예

한편 개방형은 연구자가 다양한 답을 제시 못하는 경우나 응답자로 부터 직접 답을 요구하는 경우 사용되며, 개방형의 한 예는 그림 2.13과 같다.

설문 예제 2: 당신은 어떤 종류의 스포츠를 좋아하십니까?

____

그림 2.13: 개방형 설문예

또 다른 방법으로는 폐쇄형과 개방형을 혼합하는 형태가 되며, 한 예는 그림 2.14와 같다.

설문 예제 3: 당신은 어떤 종류의 스포츠를 좋아하십니까?

(1) 야구 ☐
(2) 축구 ☐
(3) 농구 ☐
(4) 기타 (   )

그림 2.14: 혼합형 설문예

간혹 폐쇄형과 개방형 중 어느 것을 사용해야 할지 결정을 내야 하는 경우가 있다. 폐쇄형을 사용하는 경우는 다음과 같다.

- 정량적인 자료를 요구하는 경우
- 설문대상자에 대한 응답들이 명확하게 정해져 있는 경우
- 응답이 비교적 단순한 경우
- 연구자에 의해 사전 정의된 답인이 응답자에게 아주 중요한 경우

반면에 개방형을 사용하는 경우는 다음과 같다.

- 정성적인 자료를 요구하는 경우
- 설문대상자에 대한 응답들이 명확하게 정할 수 없는 경우
- 응답이 비교적 복잡한 경우
- 응답자가 제시한 답이 아주 중요한 경우

(2) **척도형:** 연구자는 가끔 척도를 이용하여 특정 개념에 대한 측정을 하고자 하는 경우가 발생된다. 척도는 개념의 단일 정도를 측정하기 위하여 설계된 일련의 질문이 된다. 그러므로 몇 개의 척도가 전반적인 점수를 측정하는데 기여하게 된다. 척도형에는 여러 종류의 형태가 있으나 다음과 같은 척도를 주로 사용한다.

- 리커트(Likert) 척도: 이는 성향을 판단하는데 많이 사용된다. 리커트 척도는 설문자에게 특정 질문에 대해 어느 정도 동의를 하느냐를 측정하는 것이다. 가장 간단한 리커트 척도 형태는 그림 2.15에서 보듯이 동의하느냐(찬성) 또는 동의하지 않느냐(반대)를 묻는 방식이 된다.

설문 예제 4: 현대 스포츠를 마인드스포츠, e-스포츠 등으로 세분화하는 것에 대해 당신은 어떻게 생각하십니까?

동의한다 □
동의하지 않는다 □

그림 2.15: 단순 리커트 척도형 설문예

- 의미(semantic) 척도: 의미 척도는 양극단치를 기준으로 척도를 등분하여 특정 개념에 대한 설문대상자의 반응을 살펴보는 방법이 되며, 한 예는 그림 2.16과 같다.

(3) **기타형:** 기타형으로는 '순위매기기 설문형', '연명부식 설문형', '여과식 설문형' 등이 있다.

> 설문 예제 5: 본인은 축구 경기를 시작하자마자 다음과 같은 상태가 된다.
>
> 흥분이 된다 □ □ □ □ □ 차분해진다

그림 2.16: 의미 척도형 설문예

- 순위매기기 설문형: 설문대상자에게 중요도의 순위를 물어보는 방식이 되며, 한 예는 그림 2.17과 같다. 순위매기기 설문형에서 주의할 점은 너무 많은 항목(예: 10개 이상)을 나열하여 순위를 매기는 것을 지양해야 한다. 이는 설문대상자에게 너무 짜증나는 일이 된다.

> 설문 예제 6: 당신은 어떤 종류의 스포츠를 우선적으로 좋아하십니까? 그 순위를 1, 2, 3, … 으로 표기해 주시기 바랍니다.
>
> (1) 야구 □
> (2) 축구 □
> (3) 농구 □
> (4) 수영 □
> (5) 배구 □
> (6) 스키 □

그림 2.17: 순위매기기 설문예

- 연명부식 설문형: 이 형태는 설문대상자에게 여러 개의 답을 요구하는 형태이며, 한 예는 그림 2.18과 같다.

> 설문 예제 7: 당신은 어떤 종류의 스포츠가 국위를 선양하고 있다고 생각하십니까? (해당사항에 모두 기입을 해 주시기 바랍니다.)
>
> (1) 야구 □
> (2) 축구 □
> (3) 농구 □
> (4) 수영 □
> (5) 배구 □
> (6) 스키 □

그림 2.18: 연명부식 설문예

- 여과식 설문형: 설문대상자에게 불필요한 질문을 삼가면서 해당사항만을 조사하는 방식이 되며, 한 예는 그림 2.19와 같다.

설문 예제 8: 당신은 생활체육을 하고 있습니까?

아니오 ☐ :12번째 설문으로 이동하시기 바랍니다.
예 ☐

만약 '예'라고 했으면 어떤 종류의 스포츠를 즐기십니까?

____

그림 2.19: 여과식 설문예

나. 인터뷰

인터뷰는 자료를 수집하는 방법이나 수집된 자료의 형태에 있어서 설문조사와는 사뭇 다르다. [26]은 언제 인터뷰를 사용해야하는가를 다음과 같이 제안하고 있다.

- 설문대상자의 숫자가 너무 적어 설문조사가 부적절한 상태에서의 정성분석을 하고자 하는 경우가 된다.

- 비교적 응답이 조사대상자에 의해 많은 변동이 생기고, 그러한 응답이 너무 복잡하기때문에 다른 방법으로 측정이 불가능한 경우에 적용한다.

- 탐사연구인 경우, 인터뷰는 향후 조사를 정제하고 개발하는데 사용되는 자료를 확인하는데 사용된다.

인터뷰는 일반적으로 5가지의 부류인 '구조적 인터뷰(structured interview)', '준 구조적 인터뷰(semi-structured interview)', '비구조적 인터뷰(unstructured interview)', '나래티브 인터뷰(narrative interview)', '포커스그룹(focus group) 또는 그룹(group) 인터뷰'로 구분이 된다[15].

(1) **구조적 인터뷰:** 이 방법은 설문조사와 유사한 형태가 되며, 연구자에 의해 이미 작성된 질문을 읽고 조사대상자의 반응을 메모하는 방식이 된다. 이 방법은 명확하지 않고 애매하게 될 질문들에 대해 명확히 함으로서 조사대상자에게 정확한 답을 기대할 수 있는 장점을 지니고 있다.

(2) **준 구조적 인터뷰:** 이는 질문이나 계획에 있어서 표준형태를 유지한다. 연구자는 탄력적으로 자료를 수집할 수 있고, 질문의 순서를 바꿀 수도 있고, 필요시 보조질문을 할 수도 있다.

(3) **비구조적 인터뷰:** 이 방법은 연구자가 주제에 대한 일반적인 아이디어만 갖고 조사대상자에게 질문을 하는 방식이 된다. 이 방법은 인터뷰 계획에 제한을 받지 않고 조사대상자의 관점에서의 답변을 유도하는 방식이 되나, 수집된 상당 자료가 연구 촛점에 벗어날 수 있는 단점을 안고 있다.

(4) **나래티브 인터뷰:** 이 방법은 조사대상자에게 시간을 주어 이야기를 서술하거나 진술하게 하여 자신의 경험담, 삶의 이야기 등을 말하게 함으로서 자료를 얻어내는 방식이 된다.

(5) **포커스그룹 인터뷰:** 이 방식은 일대일 접촉을 통한 인터뷰가 아니라 집단에 대한 인터뷰가 되며, 그룹내의 각 멤버간의 상호작용이 자료를 얻는데 중요한 역할을 한다. 포커스그룹 인터뷰는 준 구조적 인터뷰 방식을 따르는 경향이 있다.

정성분석을 하는 연구에서 사용되는 여러가지의 인터뷰 방식이 있으나, 인터뷰를 다음과 같은 상황에서 사용하게 되면 큰 장점을 얻어낼 수 있다[15].

■ 인터뷰 대상자는 자신의 말로 자신의 경험을 말할 수 있어, 특정 관심사나 중요도 있는 사안에 대해 심도있게 답변을 얻을 수가 있다.

■ 인터뷰는 다른 방식에 비해 좀더 내재적이다. 즉, 인터뷰는 연구자의 관점에서가 아니라 인터뷰 대상자의 관점에서 인식된 인과관계를 추론해준다. 이는 연구자가 바라는 것이며 귀납적 연구를 수행하는 경우에 특히 효율적이다.

■ 인터뷰는 예상치도 못한 답변을 제시하는 경우가 있다. 구조적 인터뷰에서 감히 얻지도 못할 답변을 비구조적 또는 준 구조적 인터뷰에서는 얻을 수가 있다.

■ 면대면 인터뷰는 인터뷰 대상자의 언어, 얼굴 표정, 음성의 강도 등을 살필 수가 있으며, 이는 간혹 유용하게 사용되곤 한다.

■ 조사되는 주제가 현안 사안이거나 예민한 경우, 인터뷰를 통해 조사자는 자신의 주제의 취지, 진실성 등을 소개할 수가 있다.

■ 설문조사를 통해서는 조사가 쉽지 않은 그룹(예: 유소년, 노령인, 무식자 등)에 대해 인터뷰를 통해 자료를 수집할 수 있다.

■ 인터뷰는 단편적인 자료를 수집하기보다는 역사를 갖는, 즉 시간의 흐름에 따른 자료를 수집할 수 있다.

자료를 수집하는 방식에 있어 두말할 나위 없이 인터뷰는 많은 강점을 가지고 있으나, 인터뷰 방식 역시 잠재적인 약점을 갖고 있기 때문에 인터뷰를 실시 전에는 다음과 같은 사항들을 고려해야 한다.

■ 인터뷰는 설문조사에 비해 많은 자원이 필요로 한다. 시간이나 취재에 있어서 과다한 경비가 지출될 수 있다. 특히 제한된 예산이라면 대규모의 모집단 중에서 대표성이 있는 표본을 선발하는 것도 용이하지 않다.

- 질의자의 무의식적인 언어나 태도로 인해 인터뷰 대상자가 질의자의 호응에 편하는 주제와 벗어난 답을 하는 경우가 있다.
- 한 가지 위험요소로 인터뷰 대상자가 인터뷰의 방향을 이끌어갈 수가 있다. 이 경우 연구자는 인터뷰 대상자의 답변을 끊어 원래의 방향으로 되돌여야 한다.
- 자료의 분석이 용이하지 않다. 설문조사인 경우 비교적 곧 바로 자료를 분석할 수 있으나, 정성적인 연구의 인터뷰에서는 신뢰감이 있고 유용한 분석을 하기가 쉽지 않다.
- 자료의 질은 전적으로 인터뷰 대상자의 반응에 종속이 된다.

인터뷰를 위한 계획을 작성하는 경우에는 다음과 같은 몇 가지 사항을 고려해야 한다[15].

- 인터뷰를 하기 전에 인터뷰의 목적과 구조에 대해 소개를 하시오.
- 동일한 개념에 대해서는 일괄적으로 전체 대상자에게 질의를 하고, 순서에 의한 주제에 대한 질의를 해야되지, 좌충우돌식 주제 질의를 피해야 한다.
- 쉬운 질문부터 시작을 하여 답변자에게 긴장을 완화시켜 편안한 인터뷰가 되도록 노력을 해야 한다.
- 질문시에는 말로 표현하기 어렵거나, 불명료하고 이해하기 어려운 질문은 삼가야 한다.
- 사적인 질문이나 잠재적으로 예민한 질문은 인터뷰 말미에 하시오.

다. 기타 조사방법

설문조사와 인터뷰 외에도 '관찰과 내용분석'[x], '민족지학적 조사' 등이 있으나, [15]는 지난 20여년 간에 걸쳐 스포츠 관련 분석에 도입된 조사방법은 두 가지 방법인, 설문조사와 인터뷰가 주도적으로 행해져 왔다고 하며, [17]이 제안했듯이 이러한 현상은 두 조사방법이 명백하여 타인으로부터 자료를 쉽게 얻어낼 수 있다는 사실에 기인한다.

---

[x] 관찰과 내용분석 방법, 민족지학적 조사 방법에 대해서는 참고문헌 [15]에 세부적으로 잘 설명되어 있다.

제 6 절 자료분석

자료 그 자체는 연구질문에 대한 답이 될 수 없다. 자료는 해석되어지고 조직화되어 분석되어져야 한다. 이렇게 함으로서 자료는 연구질문에 대한 의미있는 답이 될 수 있다. 이러한 과정은 정량분석의 단계가 되며, 통계에 대한 이해가 부족한 연구자에게는 또 하나의 공포의 대상이 된다. 통계 분야는 폭넓고 복잡한 학문이어서 손쉽게 접근하기가 어렵다.

통계분석은 두 가지 형태인 기술(descriptive)통계와 추리(inference)통계로 나누어져 있다. 기술통계는 자료를 정리하는 형태가 된다. 예를 들면, 자료를 취합하여 빈도수를 계산한다든지 또는 평균 등을 구하는 방법이 된다. 반면에 추리통계는 2개 이상의 변수에 대해 연관관계나 차이 등을 구하는 방법이 된다. 자료분석을 위해 통계를 사용함에 있어 다음과 같은 질문을 하여야 한다[15].

- 연구질문에 답을 하기 위해 자료로 부터 무엇을 찾아야 하는가를 명확히 하시오.
- 어떠한 통계를 사용하여 이러한 답을 얻어낼 수 있는가를 고려하시오.
- 통계로부터 얻어낸 결과가 무엇을 의미하는 가를 파악하시오.

본 책에서는 주로 SPSS(제품명: PASW Statistics 18)를 활용하여 주로 정량분석과 정성분석에 대한 분석절차, 분석방법, 분석결과 해석 등을 위해서

- 7장에서 기술통계를,
- 8장에서 추리통계를,
- 9장에서 변량분석을,
- 10장에서 상관분석을,
- 11장에서 신뢰도분석을,
- 12장에서 비모수적 검정을 다루었다.

제 7 절 결론도출

결론도출은 연구질문과 연관이 되어져야 하며 연구질문에 대해 명확한 답을 제시해야 한다. 자료분석을 통해 결론을 도출시키는 방법이나 해석에 대해서는 7장에서 12장에 걸쳐 서술되었으며, 13장에서는 연구보고서 작성에 대해 상세히 서술하였다. 특히 연구보고서 작성에 있어

- 연구보고서 작성 요령
- 연구보고서 구성 형태
- 연구보고서 내 본문 작성시 주의사항

등을 서술하였다.

제 II 편

스포츠학 기초통계

"Statistics is a mathematical science which collects, analyzes, interprets or explains, and presents the raw data."- Netplaces.com

3

체육학 기초통계

제 1 절 통계학

통계학은 그림 3.1에서 보듯이 응용의 정도에 따라 수리통계학(pure statistics)과 응용통계학(applied statistics)으로 나누어지고, 응용통계학은 기술통계 (descriptive statistics)와 추리통계(inferential statistics)로 나누어진다. 또한 추리통계는 모수추정(parameter estimation)과 가설검정(hypothesis test)으로 구분되며, 가설을 어떤 통계적 방법으로 검정하느냐에 따라 모수적통계(parametric statistics)와 비모수적통계(non-parametric statistics)로 나누어진다.

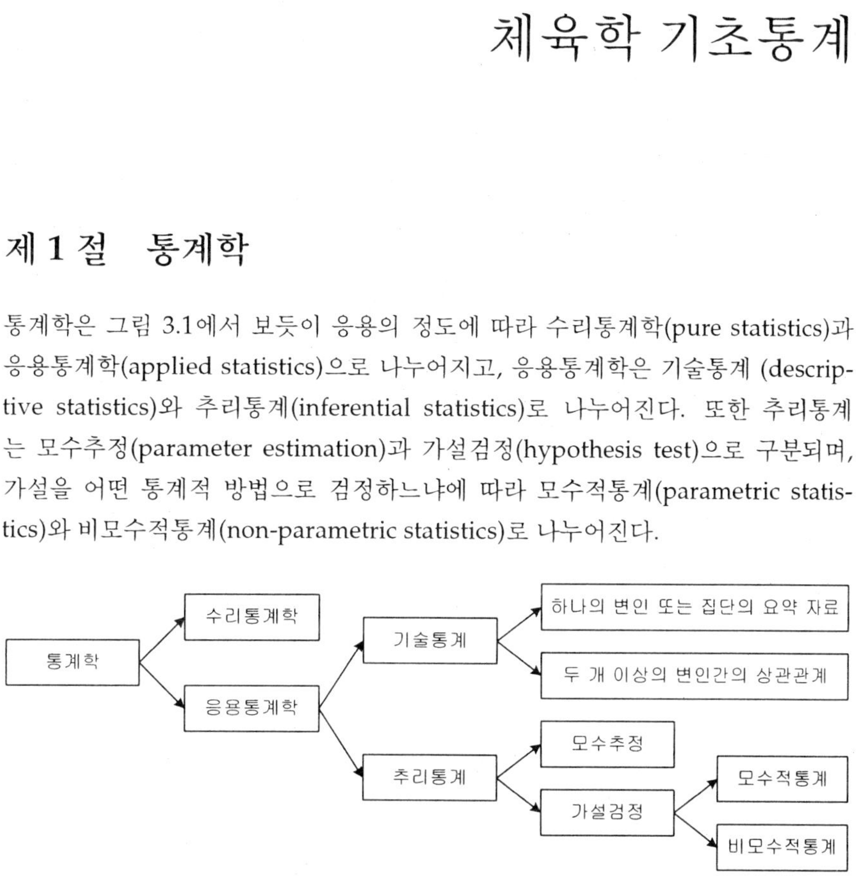

그림 3.1: 통계학의 분류[5]

기술통계는 모집단이 아닌 표본집단의 수량적 통계량인 평균, 분산 등을 알아보는 것이고, 추리통계는 모집단에서 추출한 표본을 갖고 모집단의 특성(모수: parameter)을 추정하거나 가설을 검정하는 통계기법이다.

가설검정은 모집단이 정규분포를 따른다는 가정하에 실시되는 모수적통계와 모집단이 정규분포를 따르지 않는다는 가정하에 실시되는 비모수적통계로 분류된다.

통계학은 주어진 자료를 근간으로 의사결정을 하기 위하여 자료를 모으고, 분석 및 추론하고 발표하는 데에 목적을 두고 있다. 이러한 이유로 자료를 모으는 방법, 분석 및 추론하는 방법, 발표하는 방법에 따라 그 통계 결과는 엄청난 차이를 보일 수 있다. 통계는 숫자적 양이 되며, 모집단으로부터 무작위로 선택된 표본집단 내의 자료로부터 계산되어진다. 표본집단 내 자료정보로부터, 통계학은 현실적으로 분석할 수 없는 모집단의 특성을 통계적으로 추론한다. 예를 들어, 표본집단의 평균, 분산 및 표준편차 등은 모집단의 특성을 추론하는데 중요한 통계적 양이 된다.

제 2 절 모집단과 표본

통계조사는 크게 전수조사(census)와 표본조사(sample survey)로 구분하며, 전수조사는 조사의 대상이 되는 모든 자료를 전부 다 조사하는 방법이며, 표본조사는 조사의 대상이 되는 모든 자료 중 일부 자료를 선택하여 조사하는 방법이다.

조사의 대상이 되는 자료 전체를 모집단(population)이라고 한다. 모집단 가운데 표본조사를 위해 뽑은 자료를 표본(sample)이라고 하며, 표본의 개수를 표본의 크기(sample size)라고 한다. 모집단의 특성을 수치로 나타낸 것을 모수(parameter)라고 하며 모평균(population mean), 모표준편차(population standard deviation) 등이 된다. 표본의 특성을 수치로 나타낸 것을 통계량(statistic)이라고 하며 표본평균(sample mean), 표본표준편차(sample standard deviation) 등이 된다.

통계량이란 모수를 추정하기 위한 데이터로서 모수를 정확히 추정하였음이 검정되었을 때 자료로서의 의미를 가지게 된다. 표본의 통계량, 추정치, 모집단의 모수와의 관계는 그림 3.2와 같다.

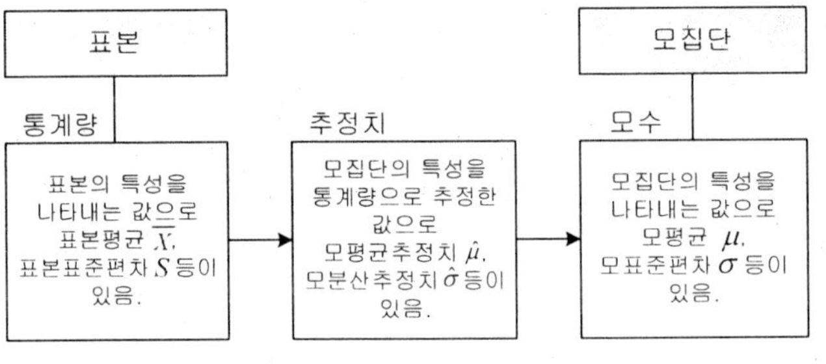

그림 3.2: 통계량과 모수의 관계[8]

통계분석은 그림 3.3에서 보듯이 크게 기술분석(descriptive analysis)과 추리분석(inferential analysis)으로 구분되어진다.

기술분석은 모집단이나 표본의 데이터를 통해 모수(모평균, 모표준편차) 또는 통계량(표본평균, 표본표준편차)과 같은 특성을 살피는 것이고, 추리분석은 표본자료 분석을 통해 얻어진 통계량을 갖고 모집단의 특성을 추론하는 것이다.

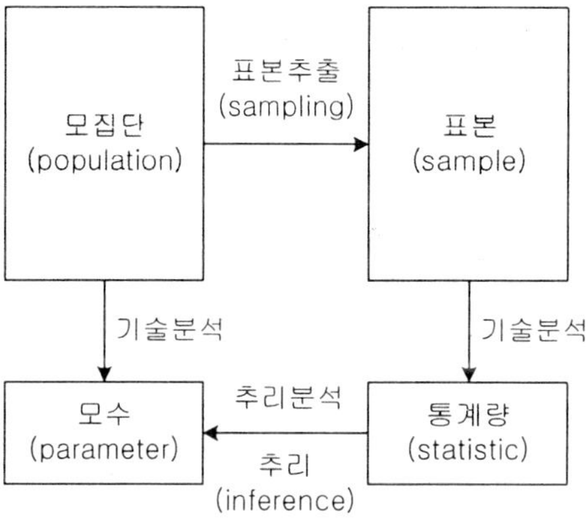

그림 3.3: 기술분석과 추리분석

모수적통계는 모집단의 분포가 정규분포라는 가정이 필요하고, 비교적 표본의 크기가 커야하며, 주로 연속자료를 분석한다. 비모수적통계는 모집단의 분포에 대한 가정이 필요 없고, 표본의 크기가 작아도 되며, 주로 질적자료나 이산자료에 적용이 되어진다. 비모수적통계는 모수적통계에 비해 사용하기가 쉬우나 모수를 추정하는데 신뢰도가 떨어지기 때문에 모수적통계를 선호한다.

제 3 절 이산자료와 연속자료

자료는 그림 3.4에서 보듯이 크게 양적자료(quantitative data)와 질적자료 (qualitative data)로 분류가 된다.

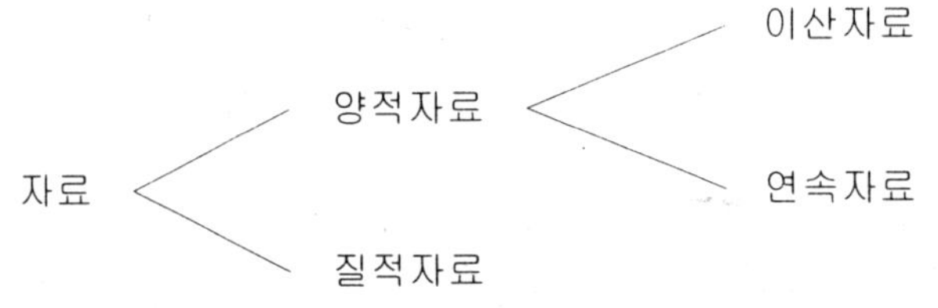

그림 3.4: 자료의 분류

양적자료는 숫자로 표기가 된다. 예를 들어, 자동차의 수, 학생의 몸무게, 섭씨 온도 등이 된다. 질적자료는 숫자로 표현을 할 수가 없어 언어학적 표현으로 해야 한다. 예를 들어, 학생들이 선호하는 색상, 마시는 음료수의 맛, 국가의 경제 상황 등이 된다. 통계학에서 주로 다루는 자료는 양적자료가 된다.

한편 양적자료는 그림 3.4에서 보듯이 이산(불연속)자료(discrete data)와 연속자료(continuous data)로 구분된다. 이산자료는 그 값이 셀 수 있는 값으로 표현되어 있다. 즉, 이산자료는 그 값이 뚜렷하기 때문에 오차를 감안하여 측정할 필요가 없다. 예를 들어, 학급 내에 있는 학생 수가 된다. 이는 학생 수가 뚜렷하기 때문에 2명 또는 3명이 되지, 2.5명 또는 3.73명과 같은 학생 수는 나타나지 않는다. 반면에 연속자료는 주어진 구간 내에서 얻어지는 숫자값이 된다. 예를 들면, 학생의 키높이가 된다. 이는 키높이가 뚜렷하지 않기 때문에 키높이를 잴 수 있는 측정기구를 활용해야 되고, 이때 측정기구로 인해 정확한 값을 얻기가 어렵다. 예를 들어, 자신의 키높이가 173cm라고 말한다면, 이는 오차범위를 고려하여 실제 키높이가 172.5cm와 173.5cm 사이에 있다는 것을 의미하지 정확한 값은 알 수가 없다.

제 4 절 변인

변인(variable)은 자료를 언어학적으로 표현하는 이름이 된다. 양적자료에 대한 변인을 양적변인(quantitative variable)이라고 하고 질적자료에 대한 변인을 질적변인(qualitative variable)이라고 한다. 같은 방법으로 이산자료에 대한 변인을 이산변인(discrete variable)이라고 하고 연속자료에 대한 변인을 연속변인(continuous variable)이라고 한다.

변인를 분류하는 또 다른 방법은 영향이 미치는 방향에 따라 독립변인 (independent variable)과 종속변인(dependent variable)으로 구분한다.

- 독립변인은 '다른 변인에 영향을 주거나 시간적으로 선행하는 변인'을 말한다. 한 예로, 과격한 운동의 관중태도에 대해 성별 차이가 있는 경우 '성별'이 독립변인이 된다.

- 종속변인은 '다른 변인으로부터 영향을 받거나 시간적으로 후행하는 변인'을 말한다. 한 예로, 과격한 운동의 관중태도에 대해 성별 차이가 있는 경우 '관중태도의 정도'가 종속변인이 된다. 독립변인과 종속변인을 정확하게 판단하는 일은 중요하다. 그렇지 않으면 무의미한 결과를 도출할 수가 있다. 한 예로, '농구 선수와 그들의 신장의 관계'에 대해 조사하고자 하는 경우, '농구 선수'를 독립변인으로 하고 그들의 '신장'을 종속변인이라고 하자. 이는 "농구를 하는 것이 개인의 신장을 평균신장 보다 크게 한다"라는 엉뚱한 결과를 유도할 수 있다. 이보다는 '신장'을 독립변인으로 하고 '농구선수 여부'를 종속변인이라고 하면 "신장이 평균보다 큰 선수는 아마도 농구선수이다"라는 상식적인 결과를 유도할 수 있다.

- 종속변인에 영향을 미치는 독립변인외의 제3의 변수들을 조절변인 (moderating variable) 또는 가외변인(extraneous variable)이라고 한다.

- 매개변인(intervening variable)은 말 그대로 독립변인과 종속변인을 매개하는 변인을 말한다.

제 5 절 대푯값

대푯값(representative value)은 자료 집합의 특징을 하나의 수로 나타낸 값이 되며, 평균값(mean), 중앙값(median), 최빈값(mode)이 된다. 평균값은 자료의 총합을 자료의 개수로 나눈 값인 산술평균(arithmetic mean)을 일반적으로 지칭한다. 중앙값은 자료를 크기 순으로 늘어 놓을 때 중앙에 놓이는 값을 말하며, 최빈값은 자료 중에서 가장 많이 출현한 값을 말한다.

예제 3.1 다음의 자료들의 중앙값을 구하시오.

(a) 1, 8, 6, 4, 5 (b) 7, 3, 5, 4

예제 3.1 예시답안

(a) 주어진 자료를 오름차순으로 순서 배열하게 되면 1, 4, 5, 6, 8이 되니, 중앙값은 5가 된다.

(b) 주어진 자료를 오름차순으로 순서 배열하게 되면 3, 4, 5, 7가 된다. 주어진 자료의 갯수가 짝수이기 때문에 중앙값은 4와 5의 중간이 된다. 결국 중앙값은 $4.5\left(=\frac{4+5}{2}\right)$가 된다.

□□□

예제 3.2 다음의 자료에서 최빈값을 구하시오.

(a) 7, 6, 1, 2, 1, 3 (b) 3, 7, 8, 4, 2, 6, 5, 4, 3, 9

예제 3.2 예시답안

(a) 자료 내에 두 개의 1이 있기 때문에 최빈값은 1이 된다.

(b) 자료 내에 3과 4가 두 개씩 있기 때문에 최빈값은 3과 4가 된다.

□□□

가. 평균

평균(mean)은 크게 산술평균(arithmetic mean), 기하평균(geometric mean), 조화평균(harmonic mean)으로 구분이 되며, 우리가 일반적으로 사용하고 있는 평균은 산술평균이 된다.

모평균을 μ, 표본평균을 $\overline{X}$, 모집단내 자료의 개수를 N, 표본집단내 자료의 개수를 n이라고 했을 때, 모평균은

$$\mu = \frac{x_1 + x_2 + \ldots + x_N}{N} = \frac{1}{N}\sum_{i=1}^{N} x_i$$

가 되며, 표본평균은

$$\overline{X} = \frac{x_1 + x_2 + \ldots + x_n}{n} = \frac{1}{n}\sum_{i=1}^{n} x_i$$

가 된다. 위의 평균값들은 빈도수가 1인 경우를 고려하여 계산을 한 것이고, 만약 i번째 자료의 빈도수가 f_i인 경우의 모평균은

$$\mu = \frac{x_1 f_1 + x_2 f_2 + \ldots + x_i f_i + \ldots + x_K f_K}{f_1 + f_2 + \ldots + f_i + \ldots + f_K} = \frac{\sum_{i=1}^{K} x_i f_i}{\sum_{i=1}^{K} f_i} = \frac{\sum_{i=1}^{K} x_i f_i}{N}$$

가 되며, 표본평균은

$$\overline{X} = \frac{x_1 f_1 + x_2 f_2 + \ldots + x_i f_i + \ldots + x_k f_k}{f_1 + f_2 + \ldots + f_i + \ldots + f_k} = \frac{\sum_{i=1}^{k} x_i f_i}{\sum_{i=1}^{k} f_i} = \frac{\sum_{i=1}^{k} x_i f_i}{n}$$

가 된다.

예제 3.3 다음 자료의 평균값을 구하시오.

49, 49, 50, 51, 51

예제 3.3 예시답안 주어진 문제에 대한 평균값을 다음과 같이 3가지 방법으로 구할 수가 있다.

(1) 일반적인 방법: 변량값을 모두 더해 전체 빈도수로 나누어 평균값을 구한다.

$$\mu = \frac{1}{N}\sum_{i=1}^{N} x_i = \frac{49 + 49 + 50 + 51 + 51}{5} = 50$$

(2) 빈도수를 이용하는 방법: 변량에 대한 빈도수를 이용하여 평균값을 구한다.

$$\mu = \frac{\sum_{i=1}^{K} x_i f_i}{\sum_{i=1}^{K} f_i} = \frac{49 \times 2 + 50 \times 1 + 51 \times 2}{2 + 1 + 2} = 50$$

(3) 가평균을 이용하는 방법: 가평균 $\hat{\mu} = 50$이라고 간주하면 주어진 변량값들은 다음과 같은 새로운 변량값 $\hat{x}_i = x_i - \hat{\mu}$로 변환이 된다.

$$-1, \quad -1, \quad 0, \quad +1, \quad +1$$

이제 가평균과 빈도수를 이용하면 다음과 같이 평균값을 구할 수가 있다.

$$\mu = \hat{\mu} + \frac{\sum_{i=1}^{K} \hat{x}_i f_i}{\sum_{i=1}^{K} f_i} = 50 + \frac{-1 \times 2 + 0 \times 1 + 1 \times 2}{2 + 1 + 2} = 50$$

□□□

산술평균의 장점은 계산의 용이성에 있으나, 극단치에 평균값이 부정확하지 않는 경우가 발생된다. 이를 위해 절사평균(trimmed mean)을 사용하곤 한다. 일반적으로 10%의 절사평균을 많이 사용하고 있는데, 이는 자료 중에서 상위 5%, 하위 5%를 걸러낸 후 산술평균을 내는 방법이 된다. 다음에 있는 자료의 산술평균을 구해보자.

$$10, \quad 20, \quad 20, \quad 30, \quad 10000$$

산술평균 $\mu = \frac{10+20\times2+30+10000}{5} = 2,016$의 값은 그 신뢰성에 의심이 간다. 왜냐하면 자료 중에 있는 값인 10,000이라는 값이 너무나 크기 때문에, 과연 5개의 자료에 대한 평균값인 2,016을 대푯값으로 인정해야 되는 문제가 있다.

한 예로, 위에 있는 자료에 대해 40% 절사평균을 적용하게 되면 5개의 자료 중 상위 20%(1개 자료), 하위 20%(1개 자료)를 절사한 결과가 된다. 결국 5개의 자료 중 2개를 배제한 3개의 자료인 20, 20, 30에 대한 산술평균의 값 $23.3(= \frac{20+30+20}{3})$이 40% 절사평균의 값이 된다. 이 값은 대표성이 있는 값으로 인정할만하다.

예제 3.4 올림픽 경기 중 체조는 주심 1명이 경기를 진행하고, B심 6명이 채점을 한다. 다음은 2004년 아테네 올림픽 경기때 양태영 선수가 뛰틀 경기에서 B심으로

받은 채점표이다.

9.10, 9.10, 8.80, 8.90, 9.30, 9.50

이 경우 양태영 선수가 받은 최종 점수는 얼마가 될까?

예제 3.4 예시답안 체조의 채점 방법은 절사평균을 따른다. 즉, 6명의 B심이 채점한 결과에서 최고치와 최저치를 뺀 나머지 4개의 점수로 최종 점수를 산출한다. 양태영 선수가 받은 점수 중 최고치인 9.5와 최저치인 8.8을 뺀 나머지 4개의 점수에 대한 산술평균을 적용하면

$$\frac{9.1 + 9.1 + 8.9 + 9.3}{4} = 9.1$$

이 된다. 결국 양태영 선수가 받은 최종 점수는 9.1이 된다. 이는 B심의 편파 판정을 배제하려는 취지이다.

□□□

기하평균(geometric mean)은 시간에 따른 인구변동률, 물가상승률과 같이 변화하는 비율을 나타낼 때 주로 이용된다. 예를 들어, 1년차에 연봉 1억을 받는 사람이 2년차에 2억(1년차의 2배)을 받고, 3년차에는 16억(2년차의 8배 또는 1년차의 16배)을 받았을 경우, 이 사람에 대한 연봉 평균증가율을 산술평균으로 적용하여 계산해 보면

$$\frac{2+8}{2} = 5$$

가 되어, 해마다 평균 5배씩 증가되는 꼴이 된다. 이를 1년차 연봉을 기준하여 다시 계산해 보자. 1년차에 1억을 받으니 2년차에는 5억(= 1억 × 5)을 받게 되고, 3년차에는 25억(= 5억 × 5)이 되어 그 값이 실제 16억에 비해 너무 크다는 것을 알 수 있다. 그러나 연봉 평균증가율을 기하평균으로 계산해 보면

$$\sqrt[2]{2 \times 8} = 4$$

가 되어, 해마다 평균 4배씩 증가되는 꼴이 된다. 이를 1년차 연봉을 기준하여 다시 계산해 보자. 1년차에 1억을 받으니 2년차에는 4억(= 1억 × 4)을 받게 되고, 3년차에는 16억(= 4억 × 4)이 되어 실제 값인 16억과 같음을 알 수 있다. 즉, 기하평균은 시간에 따른 변화율을 산출할 때 사용된다. n개의 자료에 대한 기하평균은 다음과 같이 계산이 된다.

$$G = \sqrt[n]{a_1 \times a_2 \times \ldots \times a_n}$$

여기서 $a_1, a_2, \ldots, a_n$은 변화율이다.

예제 3.5 정부가 발표한 2003년부터 2010년에 걸친 연도별 경제성장률이 표 3.1과 같았다.

연도	2003	2004	2005	2006	2007	2008	2009	2010
경제성장률 (%)	2.8	4.6	4.0	5.2	5.1	2.2	0.2	6.2

표 3.1: 연도별 경제성장률

연도별 평균 경제성장률은 얼마이며, 위의 자료를 근거로 2011년의 경제성장률은 얼마가 될 것인가?

예제 3.5 예시답안 연도별 평균 경제성장률인 기하평균은 다음과 같이 계산되어진다.

$$\sqrt[8]{2.8 \times 4.6 \times 4.0 \times 5.2 \times 5.1 \times 2.2 \times 0.2 \times 6.2} \approx 2.8\ (\%)$$

즉, 2011년 경제성장률은 2010년 대비 2.8% 증가한 6.37%(= 6.2% × 1.028)가 될 것으로 예측된다.

□□□

조화평균(harmonic mean)은 주어진 자료에 대한 역수의 산술평균으로 정의되며, 속력처럼 상대적인 비(속력 = 일정 시간에 이동된 거리)를 갖는 단위의 평균을 계산하는데 유용하다. 예를 들어, 그림 3.5와 같이 전체 거리의 절반을 80km/h, 나머지 절반을 100km/h로 이동을 하였을 경우 평균속력은 과연 얼마가 될까?

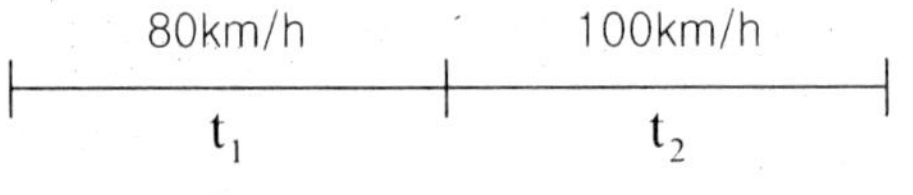

그림 3.5: 평균속력

이를 산술평균으로 계산을 하게되면 90km/h$\left(= \frac{80+100}{2}\right)$가 되나, 이는 옳지 않다. 그 이유를 살펴보기 위하여 전체의 거리를 a라고 하자. 속력은 거리를 소요시간으로 나눈 값이 되니, 절반을 가는데 소요되는 시간을 t_1, 나머지 절반을 가는데 걸리는 시간을 t_2라고 하자. 이 경우 전체 거리 a를 가는데 t시간(= $t_1 + t_2$)이 소요되었으니, 우리가 구하는 평균속력은

$$\overline{v} = \frac{a}{t} = \frac{a}{t_1 + t_2}$$

가 된다. 우선 t_1, t_2의 값을 구해 보자. 절반을 가는데 걸린 시간 t_1은 절반의 거리인 $\frac{a}{2}$를 속력 80km/h로 나눈 값이 되고, 나머지 절반을 가는데 걸린 시간 t_2는 절반

의 거리인 $\frac{a}{2}$를 속력 100km/h로 나눈 값이 되기 때문에 다음과 같다.

$$t_1 = \frac{a/2}{80} = \frac{a}{2 \times 80}, \qquad t_2 = \frac{a/2}{100} = \frac{a}{2 \times 100}$$

그러므로 구하고자 하는 평균속력은 다음과 같다.

$$\overline{v} = \frac{a}{t} = \frac{a}{t_1 + t_2} = \frac{a}{\frac{a}{2\times 80} + \frac{a}{2\times 100}} = \frac{2 \times 80 \times 100}{80 + 100} = 88.9 \text{ (km/h)}$$

즉, 거리의 절반을 80km/h, 나머지 절반을 100km/h로 이동을 하였을 경우의 평균속력은 90km/h가 아닌 88.9km/h가 된다. n개의 자료에 대한 조화평균은 다음과 같이 계산이 된다.

$$H = \frac{n}{\frac{1}{a_1} + \frac{1}{a_2} + \ldots + \frac{1}{a_n}}$$

예제 3.6 만약 전체 소요 시간의 절반을 80km/h, 나머지 절반의 소요 시간을 100km/h로 이동한 경우의 평균 속력은 얼마가 되는가?

예제 3.6 예시답안 전체 이동거리 및 소요시간을 각각 a, t라고 하자. 80km/h로 간 거리를 a_1, 100km/h로 간 거리를 a_2라고 하면 전체 거리 a는 다음과 같이 표기가 된다.

$$a = a_1 + a_2 = 80 \times \frac{t}{2} + 100 \times \frac{t}{2} = \frac{t}{2}(80 + 100)$$

그러므로 우리가 구하는 평균속력은

$$\overline{v} = \frac{a}{t} = \frac{\frac{t}{2}(80 + 100)}{t} = \frac{80 + 100}{2} = 90 \text{ (km/h)}$$

가 되어 산술평균의 값 $90\left(= \frac{80+100}{2}\right)$km/h가 된다.

□□□

참고로 두 양의 정수 a, b에 대한 산술평균, 기하평균, 조화평균의 관계는 다음과 같다.

$$\frac{a+b}{2} \geq \sqrt{ab} \geq \frac{2ab}{a+b}$$

단, $a = b$인 경우 등호가 성립한다.

나. 산포

어떤 자료집단의 특징을 하나의 수로 나타낸 값을 대푯값이라 한다. 대푯값으로는 주로 평균을 이용하지만 평균은 데이터 전체의 흩어져 있는 정도, 즉 산포(spread)의 정도를 알아보기에는 불충분한 값이다. 따라서 자료들이 흩어져 있는 정도를 알아볼 수 있는 값이 필요하다. 즉, 퍼짐(산포)의 정도를 하나의 수로 나타낸 값을 산포도(dispersion)라 한다. 달리 말해, 중앙경향치(central tendency)를 나타내는 대푯값(중앙값, 최빈값, 평균값)과 더불어 분포의 형태를 나타내는 중요한 측도로서 퍼짐의 정도(산포도)를 생각해야 한다.

서로 다른 집단의 자료의 대푯값은 같더라도 자료의 분포형태는 아주 다를 수 있기 때문이다. 자료의 산포도를 측정하는 방법으로 범위(range), 분산(variance), 표준편차(standard deviation) 등이 있다.

범위를 측정하는 방법으로는 범위(range)와 사분위 범위(interquartile range)가 있으며, 범위는 자료의 최댓값(top)과 최솟값(bottom)의 차이를 이용하여 구해진다. 즉, 범위는

$$\text{범위} = \text{최댓값} - \text{최솟값}$$

이 되며, 반면에 사분위 범위는 사분위수(quartile)를 이용하여 범위를 구하게 된다.

예제 3.7 다음의 자료에 대한 범위를 구하시오.

$$1,\ \ 2,\ \ 3,\ \ 4,\ \ 5$$

예제 3.7 예시답안 최댓값이 5이고 최솟값이 1이니, 5개의 자료에 대한 범위는 4(= 5 − 1)가 된다.

□□□

사분위수를 구하는 방법은 다음과 같다. 우선 자료를 그림 3.6과 같이 중앙값을 중심으로 균등하게 사등분을 한다.

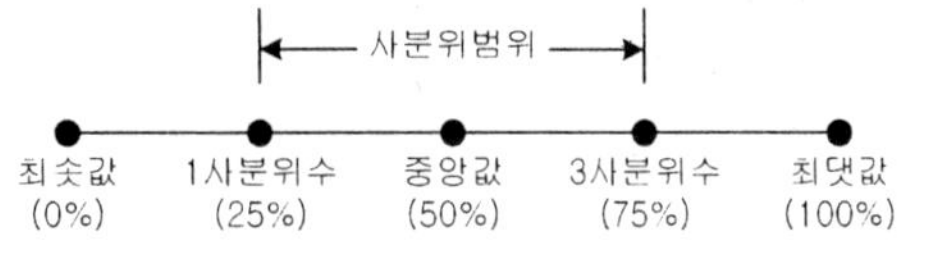

그림 3.6: 사분위수

이때 최솟값과 중앙값의 중간에 있는 값을 하부 사위수(제1사분위수 또는 LQ: lower quartile)라고 호칭하며, 최댓값과 중앙값의 중간에 있는 값을 상부 사위수(제3사분위수 또는 UQ: upper quartile)라고 부른다. 한 예로, 5개의 자료를 순서 배열하여

$$1, \quad 2, \quad 3, \quad 4, \quad 5$$

인 경우 최댓값은 5가 되고, 최솟값은 1이 된다. 한편 중앙값은 전체 자료 수의 50%가 되는 3번째 자료인 3이 된다. 제1사분위는 전체 자료의 25%가 되는 2번째 자료인 2가 된다. 또한 제3분위수는 전체 자료의 75%가 되는 4번째 데이터인 4가 된다.

사분위수는 상자수염도(box-and-whisker plot)로 표현이 된다. 참고로 최솟값이 14.40, 제1사분위수가 16.70, 중앙값이 17.35, 제3사분위수가 18.30, 최댓값이 21.30이고 산술평균값이 17.50인 경우의 상자수염도는 그림 3.7과 같다.

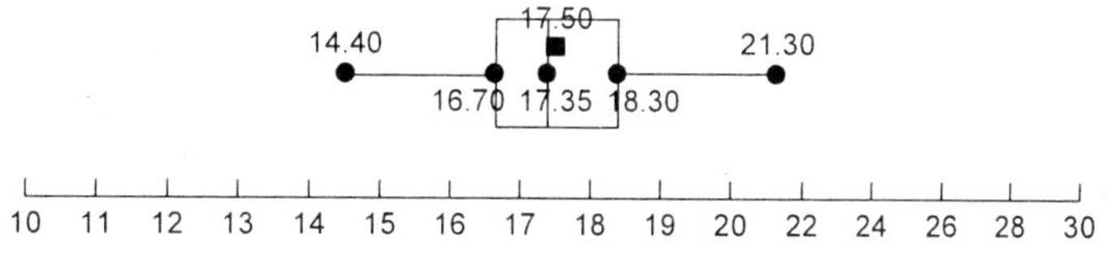

그림 3.7: 상자수염도

사분위수를 이용한 범위를 사분위범위(IQR: interquartile range)라 하며, 그 값은 그림 3.6에서 보듯이

$$\text{사분위범위(IQR)} = \text{제3사분위수(UQ)} - \text{제1사분위수(LQ)}$$

가 된다. 사분위수를 이용하여 그림 3.7과 같은 상자수염도를 그리는 순서는 다음과 같다.

(1 단계) 최솟값과 최댓값을 살펴본 후 일정 간격으로 된 수평축인 x축(또는 수직축인 y축)을 그린다.

(2 단계) 최솟값과 최댓값을 표시한다.

(3 단계) LQ, UQ의 값을 이용하여 네모상자를 그린다.

(4 단계) 중앙값을 기준으로 네모상자 내에 수직선을 그린다. 만약 산술평균값을 알고 있으면 이 값을 표시한다.

다. 분산

일반적으로 산포도에 대한 대푯값으로 분산(variance)과 표준편차(standard deviation)가 있으며, 이는 편차(= |변량 − 평균값|)의 제곱의 합을 이용하여 구해진다. 자료집단에 대한 "분산 또는 표준편차의 값이 크다"라는 의미는 "데이터들이 넓게 퍼져있다"라는 것을 의미한다. 반대로 "분산 또는 표준편차의 값이 작다"라는 의미는 "데이터들이 좁게 퍼져있다"라는 것을 의미한다. 아울러 '표준편차가 0'인 경우는 집단내 자료들이 "하나도 퍼져있지 않고 한 개의 값으로만 이루어져 있다"라는 의미가 된다. 어떤 학급에 세 사람 *A*, *B*, *C*에 대한 국어, 영어, 수학 성적에 대한 순서쌍이 다음과 같다고 하고, 이를 도식화하면 그림 3.8과 같다.

A(50, 50, 50), B(40, 50, 60), C(0, 50, 100)

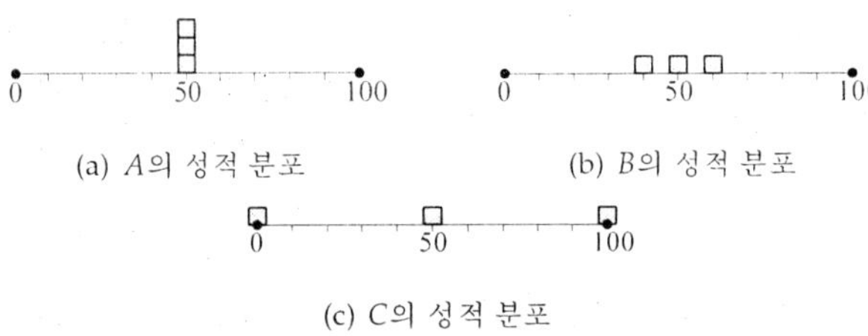

그림 3.8: *A*, *B*, *C* 세 사람에 대한 성적 분포[4]

이 경우 세 사람에 대한 산술평균을 구해보면 모두가 50점이 된다. 즉, 세 집단에 대한 특성을 분석하기 위하여 단순히 평균값인 50만을 알고 있는 경우에는 세 집단의 형태가 *A*형태인지, *B*형태인지, 또는 *C*형태인지 도통 감을 잡을 수가 없다. 즉, 세 집단의 특성을 분석하기 위해서는 평균이 아닌 또 다른 대푯값, 즉 퍼짐의 정도(산포도)가 필요하다.

평균은 자료들이 모여있는 중심 위치를 나타내는 유용한 정보지만, 자료의 분포 상태를 보여주지 못하기때문에 범위를 이용하여 자료의 분포 상태를 파악해 보았다. 단순한 범위로는 자료가 이상한 극단값을 갖고 있는 경우 대처하기가 난감하며, 사분위 범위는 범위보다는 유용하나 평균과의 관계를 갖고 맺지 못하는 단점을 갖고 있다. 결국 자료의 분포상태를 파악하기 위해서는 중심 위치를 나타내는 평균과 관련이 있는 또 다른 대푯값이 절실히 필요한 셈이다. 분산과 표준편차는 평균값으로부터 자료들이 떨어진 거리로서 자료의 흩어진 정도를 나타낸다. 즉, 모집단과 표본집단의 자료에 따른 분산인 모분산과 표본분산은 다음과 같다.

- 모분산: $\sigma^2 = \dfrac{1}{N}\sum_{i=1}^{N}(x_i - \mu)^2 = \dfrac{1}{N}\sum_{i=1}^{N}x_i^2 - \mu^2$
- 표본분산: $S^2 = \dfrac{1}{n-1}\sum_{i=1}^{n}(x_i - \overline{X})^2 = \dfrac{1}{n-1}\left(\sum_{i=1}^{n}x_i^2 - n\cdot\overline{X}^2\right)$

여기서 N은 모집단의 크기, n은 표본집단의 크기, μ는 모평균, $\overline{X}$는 표본평균이 된다. 표본분산인 경우 분모값이 n이 아닌 $n-1$임을 주의해야 한다. 이 $n-1$을 자유도(degree of freedom)[xi]라고 부른다. 결국 모분산에서는 모집단 자유도인 N으로 나눈 형태가 되며, 표본분산에서는 표본분산의 자유도인 $n-1$로 나눈 형태가 된다.

이를 A, B, C 세 집단에 적용해 보면 다음과 같은 분산값을 얻을 수가 있다.

$$A: \quad S^2 = \frac{(50-50)^2 + (50-50)^2 + (50-50)^2}{3} = 0$$

$$B: \quad S^2 = \frac{(40-50)^2 + (50-50)^2 + (60-50)^2}{3} = 66.7$$

$$C: \quad S^2 = \frac{(0-50)^2 + (50-50)^2 + (100-50)^2}{3} = 1666.7$$

A, B, C 세 집단의 모분산을 살펴보면, 집단 A는 모분산 값이 0이기 때문에 하나도 흩어져 있지 않고, 집단 C의 모분산 값이 여타 집단의 모분산 값보다 크기 때문에 가장 많이 흩어져 있음을 알 수 있다. 또한 집단 B와 C를 비교하면 집단 B의 모분산 값이 집단 C의 모분산 값보다 작기 때문에, 집단 B의 자료들이 집단 C의 자료들보다 덜 흩어져 있음을 알 수 있다.

예제 3.8 그림 3.9는 A, B 두 사격선수가 올림픽 국가 대표 선발전에서 표적에 10발의 사격을 한 모습이다.

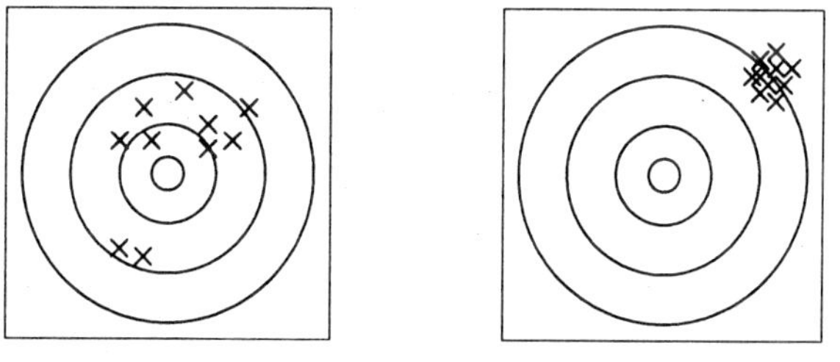

(a) A의 표적지 (b) B의 표적지

그림 3.9: 사격용 표적지

탄환이 뚫고 지나간 지점들의 분포를 보고 두 선수 A, B의 사격 실력평가에 대한 다음 질문에 답하시오.

(1) 누가 더 표적에 가깝게 더 많은 탄환을 명중시켰는가?

(2) 탄환의 명중 지점의 편차가 적은 사람은 누구인가?

[xi] 자유도는 '집단내 원소들의 자유로운 정도'를 말한다. 표본집단에서는 표본평균을 알고 있고 편차의 합이 0이 되기때문에 $n-1$개의 편차를 알게 되면 나머지 한 개의 편차를 알 수 있다. 결국 표본집단의 자유도는 n이 아닌 $n-1$이 된다.

(3) 만약 당신이 국가 대표를 선발하는 사람이라면, 누구를 선택할 것이며 그 이유는 무엇인가?

예제 3.8 예시답안

(1) 표적의 중심에서 명중 지점까지의 거리의 합을 구해 보면, A가 B보다 값이 작기 때문에 A가 표적에 더 가깝게 명중시켰음을 알 수 있다.

(2) 명중 지점들의 위치들의 평균을 구한 후, 평균으로부터 각 명중 위치의 편차를 구해 보면 A는 편차가 크고 B는 작음을 알 수 있다. 즉, 명중 지점들 사이의 편차가 작은 사람은 B가 된다.

(3) 의사 결정을 위해서는 자료의 평균과 산포도라는 개념과 연관지어야 한다. 표적의 중심으로 부터 명중 지점까지의 거리를 변량으로 하자. 단순하게 변량의 합이 작은 선수를 국가 대표로 뽑는다면 A를 뽑아야 할 것이다. 그러나 A의 명중 지점은 편차가 크다. 이렇게 변량의 편차가 큰 경우에는 좋은 성적을 기대하기 어렵다. 즉, 일관된 점수를 기대하기 어렵기 때문에 일관된 성적을 못내는 A는 대표 선수로서의 자격이 부적합하다.

반면에 B의 변량의 합은 A의 변량의 합보다 크지만 변량의 편차가 작다. 이는 조준 방향에 어느 정도 수정을 가한다면(예를 들어, 총에 대한 영점조준) 고르게 표적의 중심에 가깝게 명중하게 될 것이다. 또는 현재 사격용 총 자체의 결함이 있어 이러한 결과가 나왔을 수도 있다. 따라서 조준선을 조정하거나, 또는 제대로 된 사격용 총을 사용한다면 B의 변량은 고르게 표적 중앙을 중심으로 한 편차가 작은 값들을 나타나게 되어 일관된 성적을 기대할 수가 있다. 결국 일관된 좋은 성적을 기대할 수 있는 선수는 B이기 때문에 B를 국가 대표로 선발하는 것이 바람직하다.

□□□

분산값의 제곱근을 표준편차(standard deviation)라고 한다. 즉, 모집단과 표본집단의 자료에 따른 편차인 모표준편차, 표본표준편차는 다음과 같다.

- 모표준편차: $\sigma = \sqrt{\frac{1}{N}\sum_{i=1}^{N}(x_i-\mu)^2} = \sqrt{\frac{1}{N}\sum_{i=1}^{N}x_i^2-\mu^2}$

- 표본표준편차: $S = \sqrt{\frac{1}{n-1}\sum_{i=1}^{n}(x_i-\overline{X})^2} = \sqrt{\frac{1}{n-1}\left(\sum_{i=1}^{n}x_i^2-n\cdot\overline{X}^2\right)}$

여기서 N은 모집단의 크기, n은 표본집단의 크기, μ는 모평균, $\overline{X}$는 표본평균이 된다.

이를 A, B, C 세 모집단에 적용해 보면 다음과 같은 표준편차 값을 구할 수가 있다.

$$\text{A:} \quad S = \sqrt{\frac{(50-50)^2+(50-50)^2+(50-50)^2}{3}} = 0.0$$
$$\text{B:} \quad S = \sqrt{\frac{(40-50)^2+(50-50)^2+(60-50)^2}{3}} = 8.2$$
$$\text{C:} \quad S = \sqrt{\frac{(0-50)^2+(50-50)^2+(100-50)^2}{3}} = 40.8$$

집단 A에 대한 표준편차 값이 0이 되기 때문에 집단 A에 있는 모든 자료는 모평균을 중심으로 하나도 흩어져 있지 않음을 알 수 있다. 집단 B의 자료들이 만약 균질적으로 분포되어 있다면, 집단 B의 자료들은 모평균을 중심으로 대략 반경 8.2 주위에 자료들이 분포되어 있음을 알 수 있다. 또한 집단 C의 자료들이 만약 균질적으로 분포되어 있다면, 집단 C의 자료들은 모평균을 중심으로 대략 반경 40.8 주위에 자료들이 분포되어 있음을 알 수 있다.

라. 정규분포

연속확률변수 X의 확률밀도함수가 $f(x) = \frac{1}{\sigma\sqrt{2\pi}} e^{-\frac{1}{2}\left(\frac{x-\mu}{\sigma}\right)^2}$ 일 때, 연속확률변수 X는 "평균 μ와 분산 σ^2인 정규분포를 따른다"라고 말하며 다음과 같이 표기를 한다.

$$X \sim N(\mu, \sigma^2)$$

여기서 e와 π는 상수로서 각각 근사값인 2.72와 3.14가 된다. 또한 μ와 σ는 모집단에 대한 모수(parameter)로서 각각 X의 평균과 표준편차, 즉 모평균, 모표준편차가 된다. 그림 3.10은 모평균이 2이고, 모표준편차가 각각 0.5, 1.0, 2.0인 정규분포를 보여주고 있다.

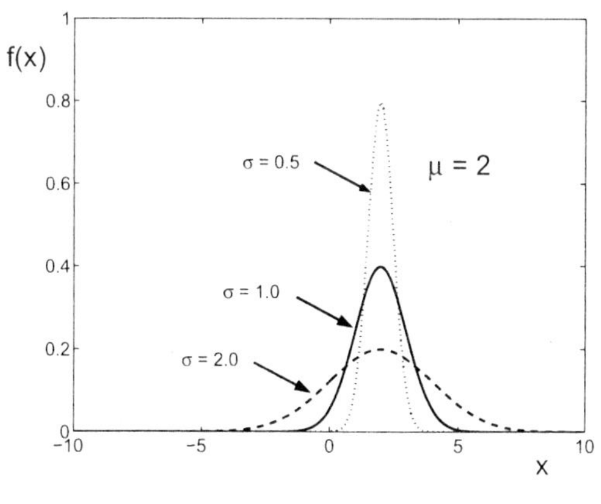

그림 3.10: 평균 $\mu = 2$인 정규분포

평균이 μ, 표준편차가 σ(또는 분산이 σ^2)인 정규분포를 $N(\mu, \sigma^2)$로 표기하며, 정규분포의 성질을 살펴보면 다음과 같다.

(1) 직선 $x = \mu$에 대칭인 종(bell) 모양의 곡선이고, 점근선은 x축이 된다.

(2) 곡선과 x축 사이의 전체 넓이는 일정한 값인 1이 된다.

(3) 곡선의 넓이가 일정하기 때문에, 그림 3.10에서 보듯이 평균이 일정한 경우 표준편차 σ가 클수록 곡선의 높이는 낮아지고 폭이 넓어지며, σ가 작을수록 높이는 높아지고 폭은 좁아진다.

(4) 표준편차 σ가 일정할 때, 평균 μ의 값이 변하면 대칭축의 위치는 바뀌지만 곡선의 모양은 같다. 즉, 곡선의 평행이동이 된다.

(5) 곡선에 대한 평균값, 최빈값, 중앙값은 같다.

그림 3.11은 모평균과 모표준편차 사이에 놓인 모집단의 %를 보여주고 있다.

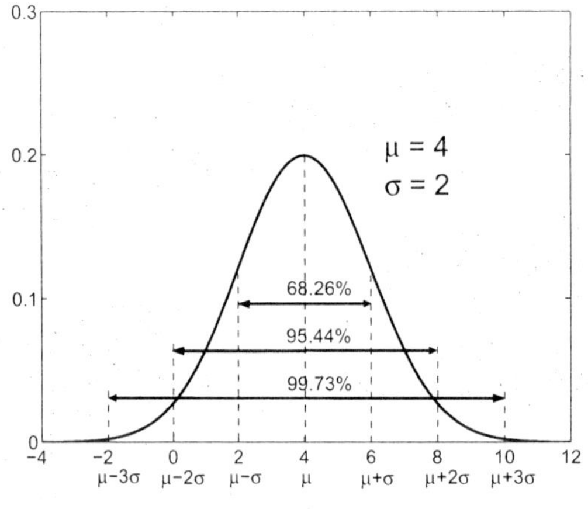

그림 3.11: 모집단의 %

정규분포에서 모집단의 68.26%는 $(\mu - \sigma, \mu + \sigma)$ 사이에 놓이게 되며, 모집단의 95.44%는 $(\mu - 2\sigma, \mu + 2\sigma)$ 사이에 놓이게 된다. 또한 모집단의 99.73%는 $(\mu - 3\sigma, \mu + 3\sigma)$ 사이에 놓이게 된다. 이와 같은 정규분포의 성질을 종합하여 정리하면 다음과 같다.

> "정규분포는 종 모양의 좌우 대칭인 곡선으로 확률변수 X의 범위가 실수인 연속형 분포를 말하며, 평균 근처에서 확률변수값이 출현할 확률이 높고 평균에서 멀어질수록 그 확률값은 점차 감소된다"

그림 3.12에서 보듯이 평균이 0이고, 표준편차가 1(또는 분산이 1)인 정규분포 $N(0,1)$을 표준정규분포라고 하며, 그 확률밀도함수 $f(z)$는 다음과 같다.

$$f(z) = \frac{1}{\sqrt{2\pi}} e^{-\frac{z^2}{2}}$$

여기서 $-\infty < z < \infty$이다.

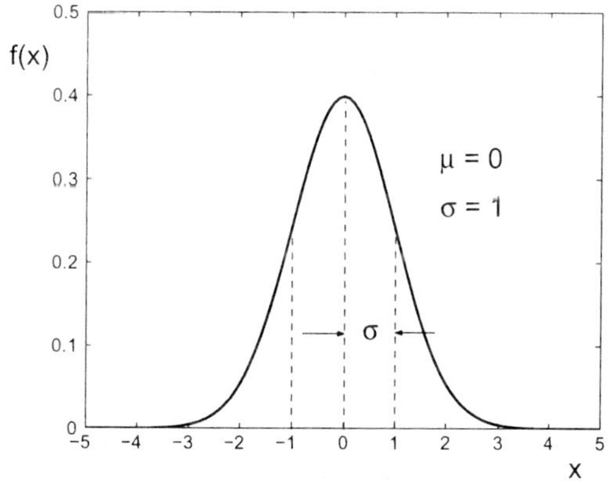

그림 3.12: 표준정규분포 $N(0,1)$

확률변수 X가 정규분포 $\mathrm{N}(\mu,\sigma^2)$을 따를 때, 즉 $X \sim N(\mu,\sigma^2)$인 경우 확률값 $P(X_1 < X < X_2)$는

$$\mathrm{P}(\mu-\sigma < X < \mu+\sigma) = 68.26\ \%$$
$$\mathrm{P}(\mu-2\sigma < X < \mu+2\sigma) = 95.44\ \%$$
$$\mathrm{P}(\mu-3\sigma < X < \mu+3\sigma) = 99.73\ \%$$

가 됨을 알고 있다. 확률변수 Z가 표준정규분포 $N(0,1)$을 따를 때, 즉 $Z \sim N(0,1)$인 경우 평균 $\mu = 0$이고 표준편차 $\sigma = 1$이니,

$$\mu-\sigma = -1, \qquad \mu-\sigma = 1$$
$$\mu-2\sigma = -2, \qquad \mu-2\sigma = 2$$
$$\mu-3\sigma = -3, \qquad \mu-3\sigma = 3$$

이 된다. 그러므로 위에 있는 확률값은 다음과 같이 변환이 된다.

$$\mathrm{P}(-1 < Z < 1) = 68.26\ \%$$
$$\mathrm{P}(-2 < Z < 2) = 95.44\ \%$$
$$\mathrm{P}(-3 < Z < 3) = 99.73\ \%$$

예제 3.9 부록 E에 있는 표준정규분포표를 이용하여 그림 3.13에 있는 표준정규분포의 회색 부분의 넓이가 .477임을 보이시오.

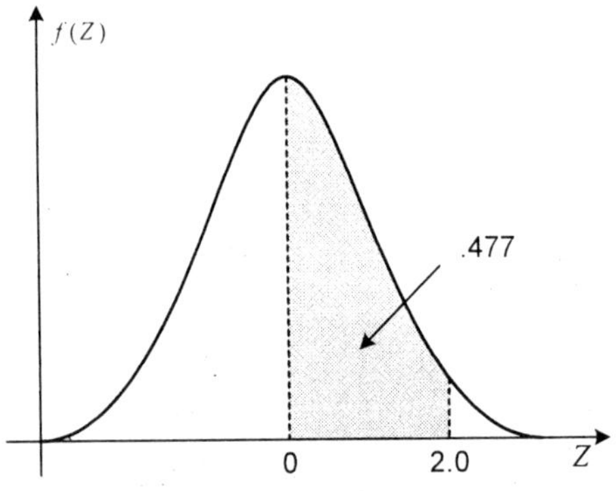

그림 3.13: 확률값 $P(0 < Z < 2)$

예제 3.9 예시답안 표준정규분포 $N(0, 1)$에서 $P(0 < Z < 2)$인 확률값을 찾기 위해서는 표 3.2에서 보듯이 맨 왼쪽열 2.0이 있는 행과 맨 위의 행 .00이 있는 열과의 교차되는 부분의 값인 .4772를 찾으면 된다.

z	.00	.01	.02	.03	.04	.05	.06	.07	.08	.09
1.5	0.4332	0.4345	0.4357	0.4370	0.4382	0.4394	0.4406	0.4418	0.4429	0.4441
1.6	0.4452	0.4463	0.4474	0.4484	0.4495	0.4505	0.4515	0.4525	0.4535	0.4545
1.7	0.4554	0.4564	0.4573	0.4582	0.4591	0.4599	0.4608	0.4616	0.4625	0.4633
1.8	0.4641	0.4649	0.4656	0.4664	0.4671	0.4678	0.4686	0.4693	0.4699	0.4706
1.9	0.4713	0.4719	0.4726	0.4732	0.4738	0.4744	0.4750	0.4756	0.4761	0.4767
2.0	**0.4772**	0.4778	0.4783	0.4788	0.4793	0.4798	0.4803	0.4808	0.4812	0.4817
2.1	0.4821	0.4826	0.4830	0.4834	0.4838	0.4842	0.4846	0.4850	0.4854	0.4857
2.2	0.4861	0.4864	0.4868	0.4871	0.4875	0.4878	0.4881	0.4884	0.4887	0.4890
2.3	0.4893	0.4896	0.4898	0.4901	0.4904	0.4906	0.4909	0.4911	0.4913	0.4916
2.4	0.4918	0.4920	0.4922	0.4925	0.4927	0.4929	0.4931	0.4932	0.4934	0.4936

표 3.2: 확률값 $P(0 < Z < 2)$

□□□

마. 표준정규분포

정규분포 $N(\mu, \sigma^2)$을 따르는 확률변수 X를 표준정규분포를 따르는 확률변수 $Z = \frac{X-\mu}{\sigma}$로 변환시키는 것을 표준화(standardization)라고 한다. 즉, 확률변수 X가 정규분포 $N(\mu, \sigma^2)$을 따를 때, 확률변수 $Z = \frac{X-\mu}{\sigma}$는 표준정규분포 $N(0, 1)$을 따른다.

즉,

$$Z = \frac{X-\mu}{\sigma} \sim N(0,1)$$

$$\therefore \quad P(X_1 \le X \le X_2) = P\left(\frac{X_1-\mu}{\sigma} \le Z \le \frac{X_2-\mu}{\sigma}\right)$$

가 된다. 그림 3.14는 정규분포 $N(4,2^2)$를 표준정규분포 $N(0,1)$로 변환하는 그림이다. 정규분포에서 표준정규분포로 변환하는 이유는 부록 E에 있는 표준정규분포표를 이용할 수 있는 계산의 용이성에 있다.

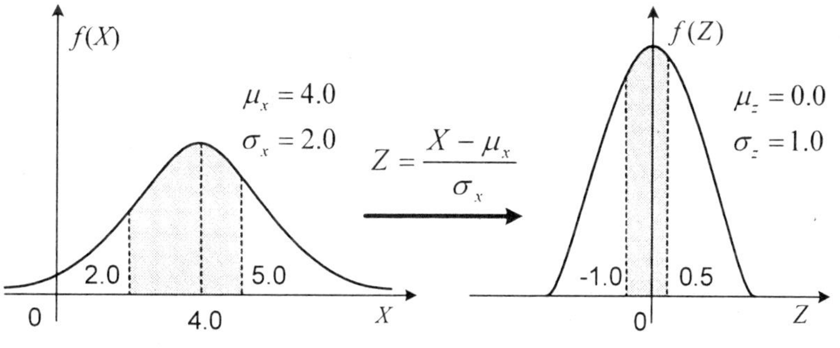

그림 3.14: 정규분포에서 표준정규분포로의 전환

정규분포의 확률변수 X는 다음과 같은 식에 의거하여 표준정규분포의 확률변수 Z로 변환이 된다.

$$Z = \frac{X-\mu_X}{\sigma_X}$$

이를 달리 말하면 다음과 같이 표현할 수 있다.

> "확률변수 X가 평균 μ이고 분산 σ^2인 정규분포를 따를 때, 즉 $X \sim N(\mu,\sigma^2)$일 때 확률변수 $Z = \frac{X-\mu}{\sigma}$이라고 놓으면 Z는 표준정규분포를 따른다." 즉, 다음과 같다.

$$Z \sim N(0,1)$$

한 예로, 그림 3.14에서 보듯이 정규분포 상의 확률 $P(2.0 < X < 5.0)$는 $Z-$변환을 통해 표준정규분포 상의 확률 $P(-1.0 < Z < 0.5)$로 변환되었음을 보여주고 있다. 실제 $Z-$변환을 통해 정규분포 상의 확률 $P(2.0 < X < 5.0)$의 값을 구하는 과정은 다음과 같다.

$$
\begin{aligned}
P(2.0 < X < 5.0) &= P\left(\frac{2.0-4.0}{2} < Z < \frac{5.0-4.0}{2}\right) \\
&= P(-1.0 < Z < .5) \\
&= P(-1.0 < Z < 0) + P(0 < Z < .5) \\
&= P(0 < Z < 1.0) + P(0 < Z < .5) \\
&= .3413 + .1915 \\
&= .5328
\end{aligned}
$$

여기서 대칭성에 의거하여

$$P(-1.0 < Z < 0) = P(0 < Z < 1.0)$$

가 되며, 부록 E에 있는 표준정규분포표에 의거하여

$$P(0 < Z < 1.0) = .3413, \qquad P(0 < Z < .5) = .1915$$

가 된다. 즉, 정규분포확률 $P(2.0 < X < 5.0)$은 표준정규분포확률 $P(-1.0 < Z < .5)$와 같으며, 그 확률값은 각각 그림 3.14의 회색으로 칠한 부분이 된다.

예제 3.10 부록 E를 활용하여 정규분포 $N(75, 10^2)$을 따르는 확률 $P(80 < X < 90)$과 표준정규분포 $N(0,1)$을 따르는 확률 $P(0 < Z < .5)$의 합을 구하시오. 즉, $P(80 < X < 90) + P(0 < Z < .5)$의 확률값을 구하시오.

예제 3.10 예시답안 예제에서 정규분포 $N(75, 10^2)$을 따르는 확률변수 X에 대한 평균은 $\mu = 75$, 표준편차는 $\sigma = 10$이니, 확률변수 $X = 80$, $X = 90$에 대한 $Z-$값은 다음과 같이 계산이 된다.

$$
\begin{aligned}
X = 80: &\qquad Z = \frac{X-\mu}{\sigma} = \frac{80-75}{10} = .5 \\
X = 90: &\qquad Z = \frac{X-\mu}{\sigma} = \frac{90-75}{10} = 1.5
\end{aligned}
$$

결국 확률변수 X에 대한 확률 $P(80 < X < 90) = P(.5 < Z < 1.5)$가 되니 구하고자 하는 두 확률의 합은 다음과 같다.

$$
\begin{aligned}
P(80 < X < 90) + P(0 < Z < .5) &= P(.5 < Z < 1.5) + P(0 < Z < .5) \\
&= P(0 < Z < .5) + P(.5 < Z < 1.5) \\
&= P(0 < Z < 1.5) \\
&= .4332
\end{aligned}
$$

□□□

바. 모집단의 추정

모집단의 평균, 분산, 표준편차를 각각 모평균, 모분산, 모표준편차라고 하며, 표본집단의 평균, 분산, 표준편차를 표본평균, 표본분산, 표본표준편차라고 부른다. 그림 3.15에서 보듯이 '표본에서 얻은 통계량(statistic: 표본평균 $\overline{X}$과 표본표준편차 S)를 이용하여, 모집단의 모수(parameter: 모평균 μ와 모표준편차 σ)를 추정하는 것'을 모집단에 대한 추정(estimation)이라고 한다.

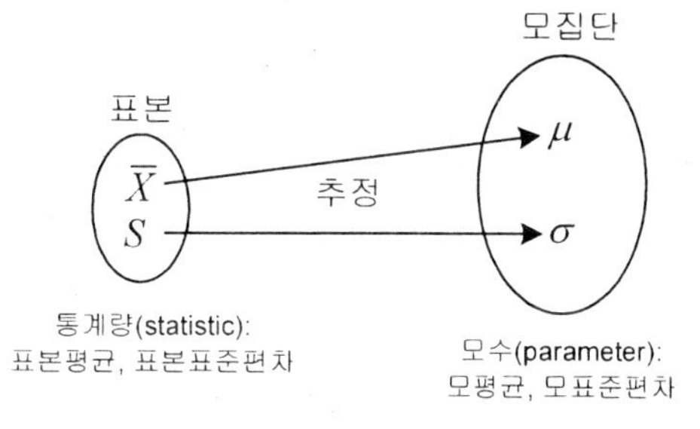

그림 3.15: 모집단의 추정

추정에는 점추정(point estimation)과 구간추정(interval estimation)으로 구분하며, 점추정은 '모집단에서 얻은 표본을 통하여 미지의 모수를 하나의 점(또는 값)으로 추정하는 것'을 말하며, 구간추정은 '모집단에서 얻은 표본을 통하여 미지의 모수를 구간으로 추정하는 것'을 말한다. 예를 들어, 모집단이 1,000명인 회사에 대해 직원들이 출근을 위해 소요되는 평균 출근 소요시간을 구하려고 하는 경우, 가장 정확한 방법은 1,000명에 대해 출근 소요시간을 조사하여 평균값을 내면 된다. 즉, 전수조사를 하면 되나, 이는 비경제적이고 직원 수가 적은 경우에만 가능하다. 만약 직원 수가 천문학적으로 많은 경우에는 이러한 전수조사 방법으로 모집단에 대한 모수를 구해낼 수가 없다. 결국 표본조사를 하게 되며, 표본조사에서 구한 표본평균과 표본표준편차를 이용하여 모집단의 모평균에 대한 점추정 또는 구간추정을 한다. 예를 들어, 점추정으로 모평균을 추정하게 되면 그 값이 60분이 될 수가 있으며, 구간추정으로 모평균을 추정하게 되면 50~70분이 될 수가 있다.

표본조사에서 얻어진 어떤 수치가 모집단의 어떤 구간에 있을 것이라고 추정할 수 있을 때, 이 추정이 적중할 확률을 그 추정의 신뢰도(confidence)라고 하며, 그 구간을 신뢰구간(confidence interval)이라고 한다.

앞서 보인 1,000명인 회사의 출근을 위한 평균 소요시간 μ를 구간추정하는 문제를 생각해 보자. 모집단에서 3개의 표본을 추출하였으며, 1개의 표본 당 표본의 크기를 50명으로 하였다고 가정해 보자. 그리고 3개의 표본에 대한 표본평균값이 모두가 60분이어서, 다음과 같이 3개의 구간추정을 하였다고 가정해 보자.

$$
\begin{aligned}
\text{A:} &\quad \mu_A = (60 \pm 1) = (59, 61) \\
\text{B:} &\quad \mu_B = (60 \pm 5) = (55, 65) \\
\text{C:} &\quad \mu_C = (60 \pm 10) = (50, 70)
\end{aligned}
$$

A, B, C를 살펴보면 A의 신뢰구간폭이 B, C의 신뢰구간폭에 비해 제일 작다는 것을 알 수 있다.

사. 신뢰도

신뢰도는 추정의 정확도를 말하며, "신뢰도가 높다"라는 말은 "틀릴 확률이 적다"는 것이고, 반면에 "신뢰도가 낮다"라는 말은 "틀릴 확률이 높다"는 것이다. 결국 그림 3.16에서 보듯이 위에 있는 구간추정 A, B, C들을 살펴 보면 C의 구간추정이 가장 신뢰도가 높고, A의 구간추정이 가장 신뢰도가 낮게 된다.

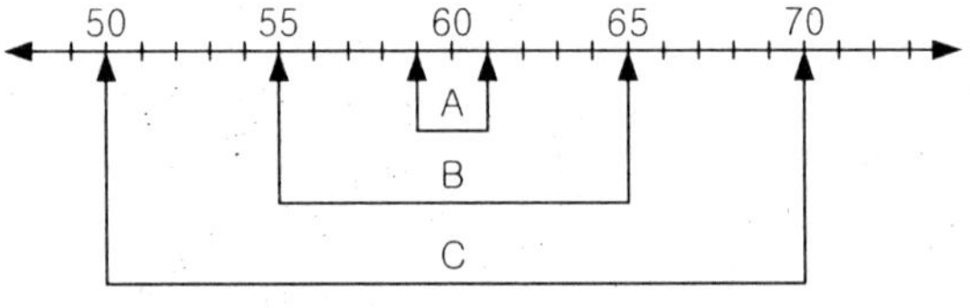

그림 3.16: 신뢰구간들

이와 같이 신뢰구간의 폭을 넓히면 신뢰도는 높으나, 자료로서의 값어치가 떨어진다. 일반적으로 우리가 선호하는 형태는 C의 형태가 아니라 A의 형태가 될 것이다. 즉, 만족스러운 신뢰구간을 얻기 위해서는 어느 정도의 틀릴 확률을 감래해야 되는데, 이를 위해서는 틀릴 확률(유의수준: significance level)을 적당히 조율할 필요가 있다.

아. 신뢰구간

신뢰구간을 살펴보기에 앞서 표본집단에서 추출된 표본평균 $\overline{X}$의 분포에 대해 살펴보자.

- 모집단이 정규분포를 따를 때, 표본평균 $\overline{X}$의 분포는 표본의 크기 n에 상관없이 정규분포를 따른다. 즉, 표본으로 부터 추출된 $\overline{X}$들의 평균은 모집단의 평균 μ와 동일하다. 또한 $\overline{X}$들의 표준편차는 모표준편차 σ를 $\sqrt{n}$로 나눈 값이 된다.

$$\mu_{\overline{X}} = \mu, \qquad \sigma_{\overline{X}} = \frac{\sigma}{\sqrt{n}}$$

■ 모집단의 분포가 정규분포를 따르지 않더라도, 표본의 크기가 충분히 클 때(즉, 표본의 크기 $n \geq 30$), 표본평균 $\overline{X}$들의 분포는 중앙극한정리(Central Limit Theorem)에 의거 근사적으로 정규분포를 따른다. 즉, 표본으로부터 추출된 $\overline{X}$들의 평균은 모집단의 평균 μ와 동일하다. 또한 $\overline{X}$들의 표준편차는 모표준편차 σ를 $\sqrt{n}$로 나눈 값이 된다.

$$\mu_{\overline{X}} = \mu, \qquad \sigma_{\overline{X}} = \frac{\sigma}{\sqrt{n}}$$

결국 우리가 향후 다루는 모집단은 (1) 정규분포를 이루는 경우와 (2) 모집단의 분포형태는 모르나 표본의 크기가 상당히 큰 경우($n \geq 30$)에 한하여 살펴보는 것이다.

중앙극한정리는 "모집단의 분포가 정규분포를 따르지 않더라도, 표본의 크기가 충분히 큰 경우, 표본평균 $\overline{X}$들의 분포는 근사적으로 정규분포를 따른다"이다. 이를 살펴보기 위하여 주사위를 5번 던지는 실험을 50회 반복해 보자. 즉, 표본의 크기를 5개로 하고 표본의 개수를 50개로 하여 표본평균이 어떻게 분포되는가를 살펴보자. 그림 3.17은 50개 표본의 일부를 보여주고 있다.

G2 | f_x =SUM(B2:F2)/5

	A	B	C	D	E	F	G
1	시행수	1번	2번	3번	4번	5번	평균
2	1회	1	3	3	4	5	3.2
3	2회	2	2	6	6	4	4.0
4	3회	3	5	4	3	1	3.2
5	4회	4	2	3	4	1	2.8
6	5회	1	2	5	6	1	3.0
7	6회	6	5	2	1	2	3.2
8	7회	1	3	4	5	1	2.8
9	8회	3	5	5	6	2	4.2
10	9회	2	4	2	2	5	3.0
11	10회	3	4	4	3	2	3.2
12	11회	4	5	3	1	4	3.4

그림 3.17: 엑셀로 본 50개 표본의 일부

생성된 50개 표본에 대한 각각의 평균값은 그림 3.17의 G열에 나타나 있다. 이제 그림 3.17에 있는 평균값을 이용하여 히스토그램을 그린 후, 정규분포도와 비교해 보면 그림 3.18과 같다. 그림 3.18에서 보듯이 각 표본의 개수를 상당히 크게하면 표본평균의 분포가 정규분포를 따름을 유추할 수 있다

신뢰구간은 '알려져 있지 않은 모평균을 일정한 신뢰도를 내는 어떤 구간을 설정하는 것'이다. 예를 들어, 95%의 신뢰구간이란 '모평균이 그 신뢰구간 안에 놓일 확률이 95%라는 것'을 의미한다. 좀 더 자세히 말해, 95% 신뢰구간의 의미는 "가령 100회의 표본추출로부터 구한 100개의 신뢰구간 중에서 95개 정도는 실제로 그

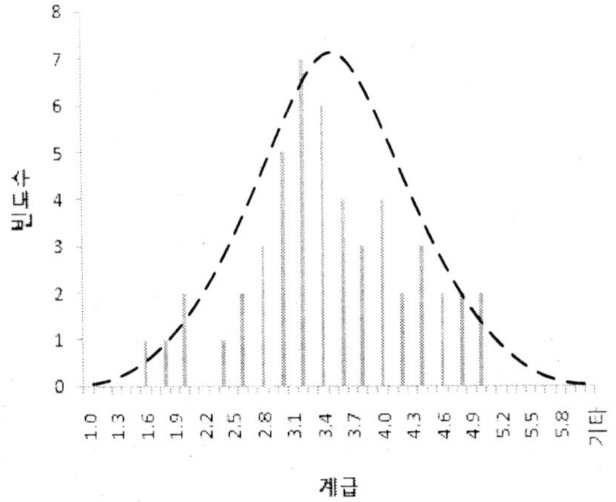

그림 3.18: 히스토그램과 정규분포도와의 비교도[4]

신뢰구간에 모평균이 포함된다"라는 의미가 된다. 그림 3.19는 모집단으로부터 표본의 크기가 일정한 표본들을 20회 무작위로 추출하여, 각각의 표본으로부터 계산된 20개의 신뢰구간을 보여주고 있다.

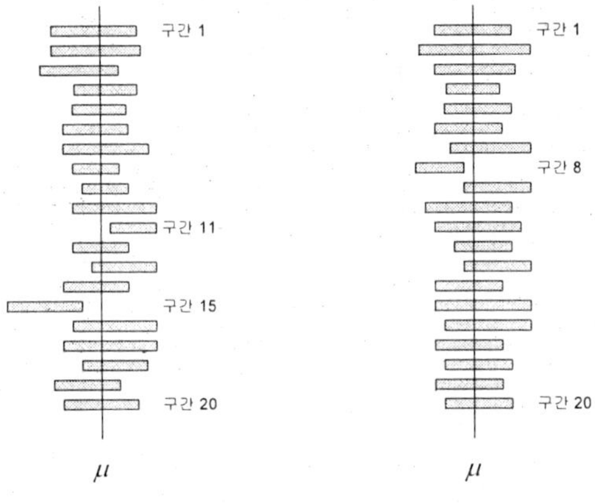

(a) 90% 신뢰구간　　(b) 95% 신뢰구간

그림 3.19: 모평균과 표본추출된 20개의 신뢰구간[4]

그림 3.19(a)는 90%의 신뢰구간을 보여주고 있으며, 이는 "20개의 신뢰구간들 중에서 18개까지는 모평균을 포함하고 있다"는 뜻이 된다. 달리 말해, 20개의 신뢰구간들 중 신뢰구간 11, 15와 같이 "어떤 두 개의 신뢰구간은 모평균 μ을 포함한다고 확신을 할 수 없다"라고 보는 것이다. 반면에 그림 3.19(b)는 95%의 신뢰구간을 보여 주고 있으며, 이는 "20개의 신뢰구간들 중에서 19개까지는 모평균을 포함하고

있다"라는 뜻이 된다. 달리 말해, "20개의 신뢰구간들 중 신뢰구간 8과 같이 어떤 한 개의 신뢰구간은 모평균 μ를 포함한다고 확신을 할 수 없다"라고 보는 것이다. 참고로 각 표본에 대한 신뢰구간의 폭이 서로 다른 이유는 각 표본의 표준편차가 서로 다르기 때문이다. 또한 실제로 여러 개의 표본을 무작위로 추출하는 것이 아니라 한 개의 표본을 무작위로 추출하기 때문에, 95%의 신뢰구간의 의미는 '그 신뢰구간에 대해 모평균이 95%의 확률로 포함될 수 있음'을 말해준다.

표본으로 산출된 통계량인 표본평균 $\overline{X}$와 표본평균의 표준오차 $\sigma_{\overline{X}}$로부터 모평균에 대한 신뢰구간은 다음과 같이 계산이 된다.

$$\overline{X} - Z \cdot \sigma_{\overline{X}} < \mu < \overline{X} + Z \cdot \sigma_{\overline{X}}$$

여기서 μ는 모평균, $\sigma_{\overline{X}}$는 표본평균의 표준오차로 $\sigma_{\overline{X}} = \frac{\sigma}{\sqrt{n}}$가 된다. 또한 Z는 상수값으로 90% 신뢰도에 대해서는 $Z = 1.645$, 95% 신뢰도에 대해서는 $Z = 1.960$, 99% 신뢰도에 대해서는 $Z = 2.576$이 된다.

한편 $Z \cdot \sigma_{\overline{X}}$는 허용오차(margin of error)로 모평균과 표본평균의 오차의 한계가 되며, 이는 그림 3.20에서 보듯이 신뢰구간의 중심인 $\overline{X}$로부터 신뢰구간의 끝값(즉, 상한계와 하한계)의 폭이 된다.

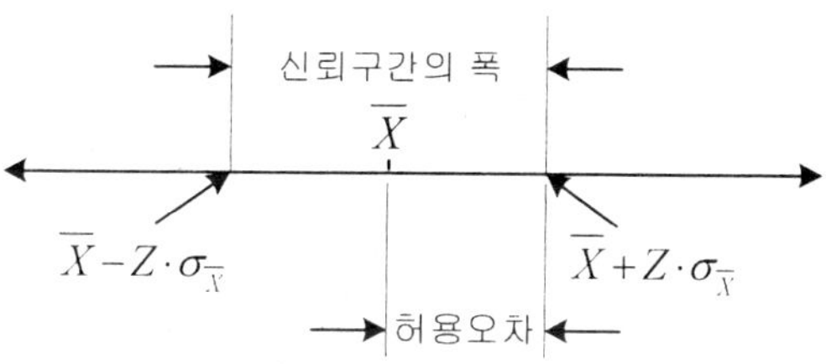

그림 3.20: 신뢰구간의 폭[4]

모평균의 신뢰구간폭은 그림 3.20에서 보듯이 신뢰구간의 상한계와 하한계를 뺀 차가 된다.

$$\text{신뢰구간폭} = 2 \times \text{허용오차} = 2 \times Z \cdot \sigma_{\overline{X}} = 2 \times Z \cdot \frac{\sigma}{\sqrt{n}}$$

그림 3.21은 신뢰도에 따른 신뢰구간을 보여주고 있다. 한 예로, 그림 3.21(a)는 모평균에 대한 90% 신뢰구간인

$$\begin{aligned}
P(-1.645 < Z < 1.645) &= P\left(-1.645 < \frac{\overline{X} - \mu}{\frac{\sigma}{\sqrt{n}}} < 1.645\right) \\
&= P\left(-1.645 \times \frac{\sigma}{\sqrt{n}} < \overline{X} - \mu < 1.645 \times \frac{\sigma}{\sqrt{n}}\right) \\
&= P\left(\overline{X} - 1.645 \times \frac{\sigma}{\sqrt{n}} < \mu < \overline{X} + 1.645 \times \frac{\sigma}{\sqrt{n}}\right) \\
&= .9
\end{aligned}$$

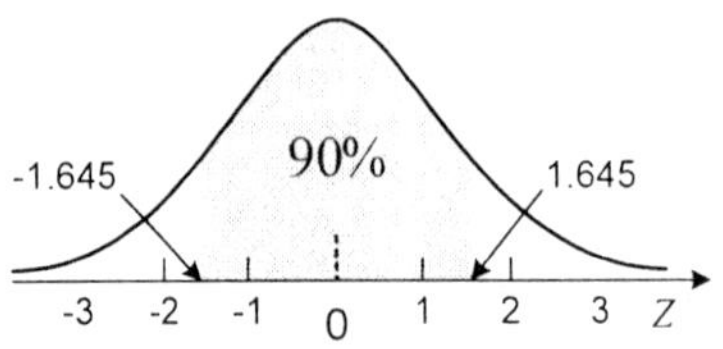

(a) 90% 신뢰도

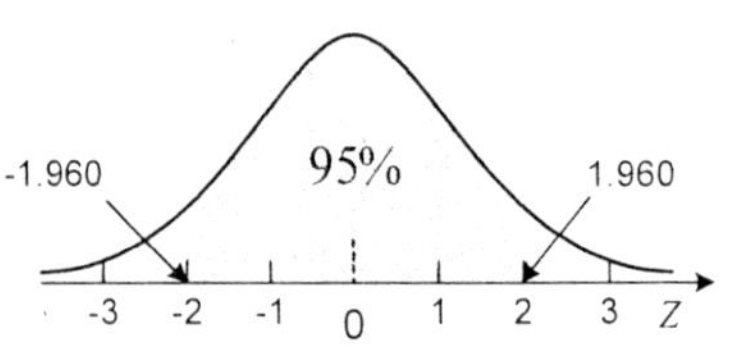

(b) 95% 신뢰도

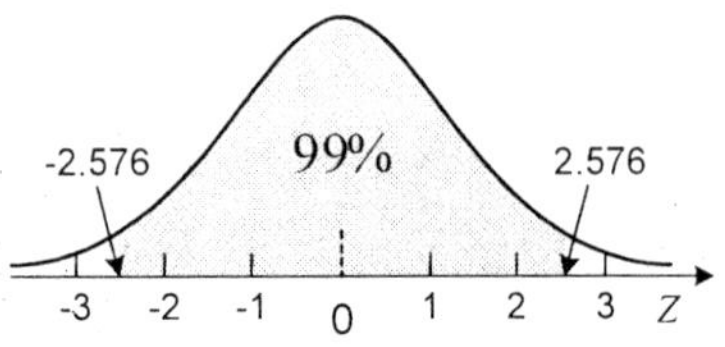

(c) 99% 신뢰도

그림 3.21: 신뢰도에 따른 Z값[4]

를 보여주고 있다. 이는 모든 표본의 90%가 임의구간 $\left(\overline{X} - 1.645\frac{\sigma}{\sqrt{n}}, \overline{X} + 1.645\frac{\sigma}{\sqrt{n}}\right)$ 사이에 있는 모평균 μ를 포함하고 있음을 의미한다. 모평균의 신뢰구간 추정은 모분산이 알려진 경우와 모분산이 알려지지 않은 경우가 있다.

- 모분산이 알려진 경우: 모평균의 신뢰구간을 구하기 위해서는 (1) 모집단이 정규분포를 따르거나 (2) 모집단이 정규분포를 따르지 않더라도 표본의 크기가 커야 한다. 이 경우, 모분산 σ^2으로부터 모표준편차 σ를 구할 수 있다. 표본의 크기 n, 표본평균 $\overline{X}$, 모표준편차 σ, 상수값 Z를 알고 있으니 다음과 같이 모평균의 신뢰구간을 추정할 수 있다.

$$\overline{X} - Z \cdot \frac{\sigma}{\sqrt{n}} < \mu < \overline{X} + Z \cdot \frac{\sigma}{\sqrt{n}}$$

- 모분산이 알려지지 않은 경우: 모집단이 정규분포를 따르는지 모르거나 또는 정규분포를 따르지 않는 경우에 있어 모평균의 신뢰구간을 구하기 위해서는 중앙극한정리를 적용해야 한다. 즉, 모평균의 신뢰구간을 구하기 위해서는 표본의 크기가 상당히 커야 한다($n \geq 30$). 이 경우, 모분산 σ^2을 모르고 있기 때문에 모표준편차 σ를 구할 수가 없다. 그러나 중앙극한정리에 의거 모표준편차 σ 대신에 표본표준편차 S를 적용할 수 있다. 결국 표본의 크기 n, 표본평균 $\overline{X}$, 표본표준편차 S, 상수값 Z를 알고 있어 다음과 같이 모평균의 신뢰구간을 추정할 수 있다.

$$\overline{X} - Z \cdot \frac{S}{\sqrt{n}} < \mu < \overline{X} + Z \cdot \frac{S}{\sqrt{n}}$$

결국 모집단이 어떠한 분포를 따르는지 모르는 경우, 표본의 크기가 크다면 모표준편차 σ 대신에 표본표준편차 S를 사용하면 된다.

예제 3.11 학생들이 통학을 위해 소요되는 시간이 정규분포를 따르고, 모표준편차가 15분이라고 가정하자. 표본의 크기가 100명이고 표본평균이 60분일 때, 모평균의 신뢰도구간을 90%신뢰도로 추정하시오.

예제 3.11 예시답안 모표준편차 $\sigma = 15$분, 표본의 크기 $n = 100$명, 표본평균 $\overline{X} = 60$분이니, 신뢰도 90%로 모평균 μ의 신뢰구간을 추정하면

$$\overline{X} \pm Z \cdot \frac{\sigma}{\sqrt{n}} = 60 \pm 1.645 \times \frac{15}{\sqrt{100}} = 60 \pm 2.467 = (57.533, 62.467)$$

$$\therefore \quad 57.533 \leq \mu \leq 62.467$$

가 되어, 신뢰도 90%인 모평균 μ의 신뢰도 구간은 57.533분 이상 62.467분 이하가 된다.

□□□

예제 3.12 학생들이 통학을 위해 소요되는 시간이 정규분포를 따르는지 모른다. 통학을 위해 소요되는 모평균의 신뢰도구간에 대한 시간을 산출하기 위해 어느날 표본조사를 실시했다. 표본조사를 한 결과 표본의 크기가 100명, 표본평균이 60분, 표본표준편차가 10분이 되었다. 이때 모평균의 신뢰도구간을 95%신뢰도로 추정하시오.

예제 3.12 예시답안 모집단이 정규분포를 따르는지를 모르지만 표본의 크기가 충분히 크기 때문에($n = 100 \geq 30$), 모표준편차 σ대신에 표본표준편차 S를 사용할 수 있다. 즉, 표본표준편차 $S = 10$분, 표본의 크기 $n = 100$명, 표본평균 $\overline{X} = 60$분이니, 신뢰도 95%로 모평균 μ의 신뢰구간을 추정하면

$$\overline{X} \pm Z \cdot \frac{S}{\sqrt{n}} = 60 \pm 1.960 \times \frac{10}{\sqrt{100}} = 60 \pm 1.960 = (58.040, 61.960)$$

$$\therefore \quad 58.040 \leq \mu \leq 61.960$$

가 되어, 신뢰도 95%인 모평균 μ의 신뢰도 구간은 58.040분 이상 61.960분 이하가 된다.

□□□

예제 3.13 학생들이 통학을 위해 소요되는 시간이 정규분포를 따르고, 모표준편차가 15분이라고 가정하자. 모평균에 대한 신뢰도 95%인 신뢰구간의 폭이 4분 이내가 되게 하려면 표본의 크기는 얼마로 해야 되는지를 산출하시오.

예제 3.13 예시답안 신뢰구간의 폭$\left(= 2 \times Z \cdot \frac{\sigma}{\sqrt{n}}\right)$이 4분 이내이니, 표본의 크기 n은 다음과 같이 구할 수 있다.

$$
\begin{aligned}
& 2 \times Z \cdot \frac{\sigma}{\sqrt{n}} \leq 4 \\
\therefore \quad & 1.960 \times \frac{15}{\sqrt{n}} \leq 2 \\
\therefore \quad & n \geq 216.09 \text{ (명)}
\end{aligned}
$$

결국 모평균에 대한 신뢰도 95%인 신뢰구간의 폭이 4분 이내가 되게 하려면 표본의 크기는 217명 이상이 되어야 한다.

□□□

자. t−분포

표본의 크기가 작거나 모집단이 어떤 분포를 따르는지 모르는 경우에 t−분포[xii]를 사용한다. t−분포는 그림 3.22에서 보듯이 0을 중심으로 좌우대칭이며 표준정규분포보다 두터운 꼬리를 가지고 있다. t−분포의 모양은 자유도($d.f.$: degree of freedom)에 영향을 받으며, 그림 3.22에서 보듯이 자유도가 무한히 커지면 표준정규분포와 같아진다. t−분포의 자유도 값은 표본의 크기가 n일때 $n-1$이 된다.

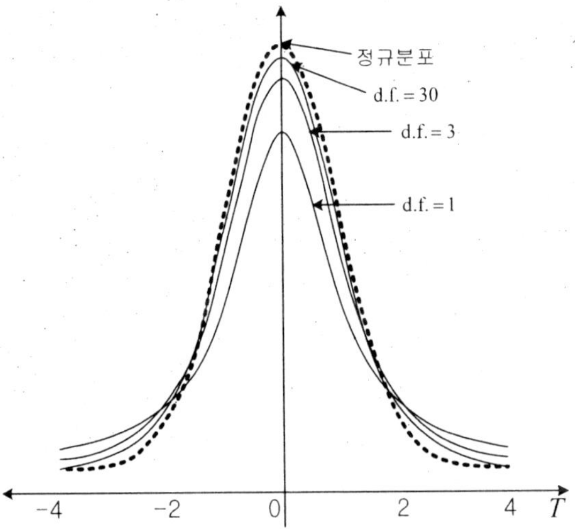

그림 3.22: 자유도에 따른 t−분포 곡선

[xii] t−분포에 대한 이론은 영국의 William Gosset(1876-1937)가 'Student'라는 필명으로 논문을 발표하였기 때문에 'Student t−분포'라는 이름으로도 불리운다.

모평균 μ와 모분산 σ^2을 갖는 정규분포인 모집단 $N(\mu, \sigma^2)$으로부터 표본의 크기가 n인 표본 $(X_1, X_2, \ldots, X_n)$을 추출했을 때, 표본평균 $\overline{X}$ 및 표본분산 S^2은 다음과 같이 계산되어진다.

$$\overline{X} = \frac{1}{n}\sum_{i=1}^{n} X_i, \qquad S^2 = \frac{1}{n-1}\sum_{i=1}^{n}(X_i - \overline{X})^2$$

모집단의 분포가 정규분포를 이루고 있으니, 표본평균 $\overline{X}$의 분포는 평균 μ와 분산 $\sigma^2_{\overline{X}}\left(=\frac{\sigma^2}{n}\right)$을 갖는 정규분포를 따른다.

$$\overline{X} \sim N\left(\mu, \frac{\sigma^2}{n}\right)$$

결국 표본평균 $\overline{X}$가 정규분포를 따르기때문에, 평균 μ와 분산 $\frac{\sigma^2}{n}$을 이용한 확률변수 Z역시 표준정규분포를 따르게 된다.

$$Z = \frac{\overline{X} - \mu}{\left(\frac{\sigma}{\sqrt{n}}\right)} \sim N(0, 1)$$

만약 모평균 μ와 모분산 σ^2을 알게 되면 위 식을 이용하여 쉽게 Z의 값을 구할 수 있다. 그러나 현실에서는 모평균 μ와 모분산 σ^2을 알 수가 없다. 그러한 이유로 모표준편차 σ대신에 표본표준편차 S를 사용하게 된다.

$$T = \frac{\overline{X} - \mu}{\left(\frac{S}{\sqrt{n}}\right)} \sim t_{n-1}$$

결국 표준정규분포에서 Z대신에 T를, σ 대신에 S를 사용한 것이 $t-$분포가 된다. $t-$분포의 형태는 표본의 크기 n(또는 자유도 $n-1$)에 따라 달라지게 되는데, n의 값이 30이상인 경우 $t-$값의 분포는 표준정규분포를 따른다.

예제 3.14 부록 F에 있는 $t-$분포표를 이용하여 그림 3.23에서 보듯이 자유도가 29인 $t-$분포에서 $t_\alpha-$값(임계값)이 각각 t_α = 1.311, 1.699, 2.045, 2.462, 2.756일 때 그에 해당하는 오른쪽 단측검정용 $t-$분포의 확률값 α를 구하시오.

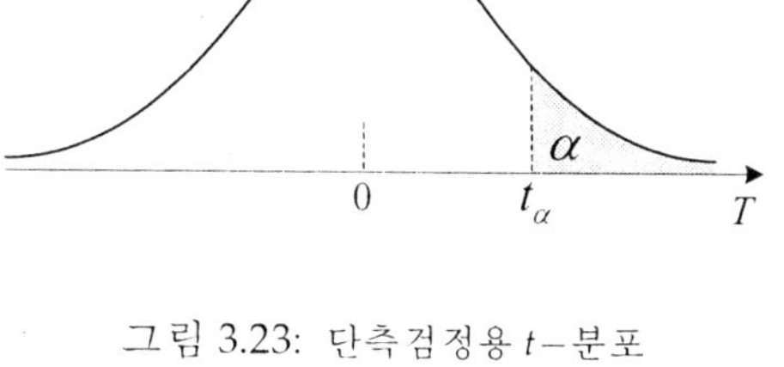

그림 3.23: 단측검정용 $t-$분포

예제 3.14 예시답안 부록 F에 있는 $t-$분포표를 참조하여 자유도 $d.f. = 29$인 확률 $P(T \geq t_\alpha)$의 값을 구하면 다음과 같다.

$$P(T \geq t_{.100}) = 1.311 \quad \therefore \quad \alpha = .100$$
$$P(T \geq t_{.050}) = 1.699 \quad \therefore \quad \alpha = .050$$
$$P(T \geq t_{.025}) = 2.045 \quad \therefore \quad \alpha = .025$$
$$P(T \geq t_{.010}) = 2.462 \quad \therefore \quad \alpha = .010$$
$$P(T \geq t_{.005}) = 2.756 \quad \therefore \quad \alpha = .005$$

□□□

예제 3.15 부록 F에 있는 $t-$분포표를 이용하여 그림 3.23에서 보듯이 자유도가 29인 $t-$분포의 오른쪽 꼬리부분 확률값이 각각 $\alpha = .100, .050, .025, .010, .005$가 되는 임계값 $t_\alpha-$값을 구하시오.

예제 3.15 예시답안 부록 F에 있는 $t-$분포표를 참조하여 자유도 $d.f. = 29$인 임계값 $t_\alpha-$값을 구하면 다음과 같다.

$$P(T \geq 1.311) = .100 \quad \therefore \quad \alpha = .100\text{에 대해 } t_\alpha = 1.311$$
$$P(T \geq 1.699) = .050 \quad \therefore \quad \alpha = .050\text{에 대해 } t_\alpha = 1.699$$
$$P(T \geq 2.045) = .025 \quad \therefore \quad \alpha = .025\text{에 대해 } t_\alpha = 2.045$$
$$P(T \geq 2.462) = .010 \quad \therefore \quad \alpha = .010\text{에 대해 } t_\alpha = 2.462$$
$$P(T \geq 2.756) = .005 \quad \therefore \quad \alpha = .005\text{에 대해 } t_\alpha = 2.756$$

□□□

예제 3.16 학생들의 통학시간을 알아보기 위해 20일 동안 조사해 본 결과 표본평균이 60분이고 표본표준편차가 10분이었다. 이때 모평균 μ의 신뢰구간을 95%신뢰도로 추정하시오.

예제 3.16 예시답안 표본의 크기가 작기때문에($n = 20 < 30$) 표본집단을 정규분포로 간주할 수가 없어 $t-$분포로 간주해야 한다. 표본평균 $\overline{X} = 60$, 표본표준편차 $S = 10$이고, 표본의 크기가 $n = 20$이니 자유도는 $d.f. = 19(= 20 - 1)$가 된다.

이때 신뢰도 95%로 모평균 μ의 신뢰구간을 추정해 보면

$$\overline{X} \pm t_{\alpha/2} \cdot \frac{S}{\sqrt{n}} = 60 \pm 2.093 \times \frac{10}{\sqrt{20}} = 60 \pm 4.7 = (55.3, 64.7)$$
$$\therefore \quad 55.3 \leq \mu \leq 64.7$$

가 된다. 참고로 $t_{\alpha/2}$ 값은 그림 3.24에서 보듯이 자유도가 $d.f. = 19$이고 신뢰수준이 95%이니 부록 F에 있는 $t-$분포표를 참조하면 $t_{\alpha/2} = 2.093$이 된다.

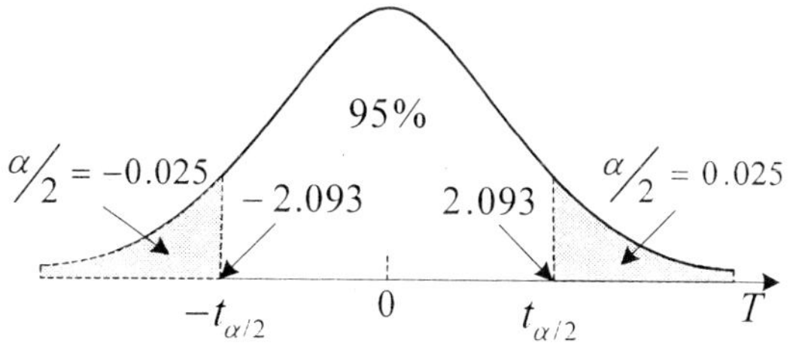

그림 3.24: 양측검정용 $t-$분포의 확률값과 임계값

결국 신뢰도 95%로 추정된 모평균 μ의 신뢰도 구간은 55.3~64.7분이 된다.

□□□

차. χ^2-분포

정규분포로부터 유도된 확률분포로 $t-$분포와 함께 중요한 분포가 χ^2-분포이다. $t-$분포는 모평균의 추정량인 표본평균 $\overline{X}$의 분포를 구하는데 사용되는 것에 반하여, χ^2-분포는 모분산의 추정량인 표본분산 S^2을 구하는데 사용된다.

χ^2-분포는 '표준정규분포변수의 제곱합으로 얻어지는 이론적인 분포'이다. 즉, 모집단이 $N(\mu, \sigma^2)$일 때, 이 모집단으로 부터 추출된 n개의 표본 $(X_1, X_2, \ldots, X_n)$에 대해 다음과 같은 식이 성립이 된다.

$$S^2 = \frac{1}{n-1} \sum_{i=1}^{n} (X_i - \overline{X})^2$$
$$\therefore \quad \frac{(n-1) \cdot S^2}{\sigma^2} = \sum_{i=1}^{n} \left(\frac{X_i - \overline{X}}{\sigma} \right)^2$$
$$\therefore \quad \frac{(n-1) \cdot S^2}{\sigma^2} \sim \chi^2_{n-1}$$

즉, $\frac{(n-1) \cdot S^2}{\sigma^2}$은 자유도 $n-1$인 χ^2-분포를 따르게 된다. 그림 3.25는 자유도 $d.f.$가 각각 1, 3, 6에 따른 χ^2-분포도를 보여주고 있다.

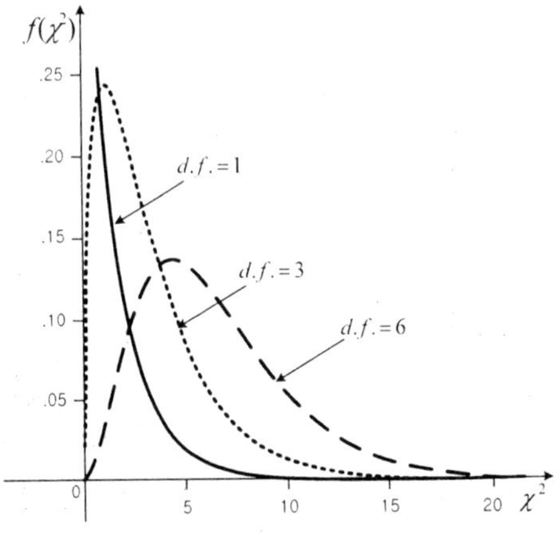

그림 3.25: 자유도에 따른 χ^2−분포도

예제 3.17 부록 G에 있는 χ^2−분포표를 이용하여 그림 3.26에서 보듯이 자유도가 6인 χ^2−분포에서 임계값 χ^2_α−값이 각각 .676, .872, 1.237, 1.635, 12.592일 때 그에 해당하는 χ^2−분포의 확률값 α를 구하시오.

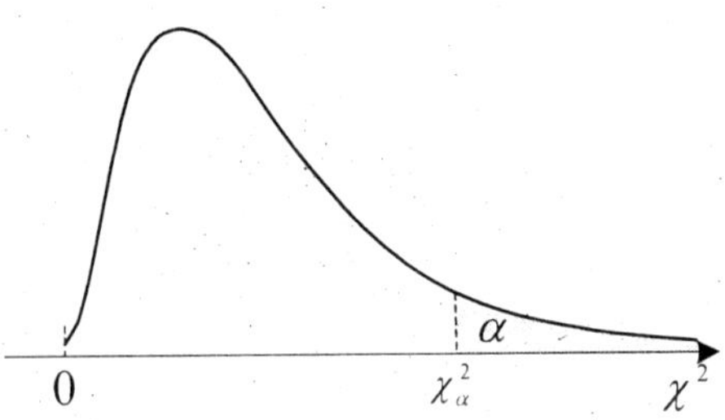

그림 3.26: 단측검정용 χ^2−분포의 확률값 α와 임계값 χ^2_α

예제 3.17 예시답안 부록 G에 있는 χ^2−분포표를 참조하여 자유도 $d.f. = 6$인 확률 $P\left(\chi^2 \geq \chi^2_\alpha\right)$의 값을 구하면 다음과 같다.

$$P\left(\chi^2 \geq \chi^2_{.995}\right) = .676 \qquad \therefore \alpha = .995$$
$$P\left(\chi^2 \geq \chi^2_{.990}\right) = .872 \qquad \therefore \alpha = .990$$
$$P\left(\chi^2 \geq \chi^2_{.975}\right) = 1.237 \qquad \therefore \alpha = .975$$
$$P\left(\chi^2 \geq \chi^2_{.950}\right) = 1.635 \qquad \therefore \alpha = .950$$
$$P\left(\chi^2 \geq \chi^2_{.050}\right) = 12.592 \qquad \therefore \alpha = .050$$

□□□

예제 3.18 부록 G에 있는 χ^2-분포표를 이용하여 그림 3.26에서 보듯이 자유도가 6인 χ^2-분포의 오른쪽 꼬리부분 확률값이 각각 $\alpha = .995, .990, .975, .950, .050$이 되는 임계값 $\chi^2_\alpha-$값을 구하시오.

예제 3.18 예시답안 부록 G에 있는 χ^2-분포표를 참조하여 자유도 $df = 6$인 임계값 $\chi^2_\alpha-$값을 구하면 다음과 같다.

$$P(\chi^2 \geq .676) = .995 \quad \therefore \quad \alpha = .995\text{에 대해 } \chi^2_\alpha = .676$$
$$P(\chi^2 \geq .872) = .990 \quad \therefore \quad \alpha = .990\text{에 대해 } \chi^2_\alpha = .872$$
$$P(\chi^2 \geq 1.237) = .975 \quad \therefore \quad \alpha = .975\text{에 대해 } \chi^2_\alpha = 1.237$$
$$P(\chi^2 \geq 1.635) = .950 \quad \therefore \quad \alpha = .950\text{에 대해 } \chi^2_\alpha = 1.635$$
$$P(\chi^2 \geq 12.592) = .050 \quad \therefore \quad \alpha = .050\text{에 대해 } \chi^2_\alpha = 12.592$$

□□□

예제 3.19 분산이 10이고 정규분포를 따르는 모집단으로부터 20개의 표본을 추출했을 때, 표본분산이 15.86보다 클 확률을 구하시오.

예제 3.19 예시답안 모분산 $\sigma^2 = 10$이고 표본의 크기 $n = 20$이다. 모집단이 정규분포를 따르고 있으니 확률변수 $\frac{(n-1)\cdot S^2}{\sigma^2}$은 다음과 같이 자유도가 $n-1$인 χ^2-분포를 따른다.

$$\frac{(n-1)\cdot S^2}{\sigma^2} \sim \chi^2_{n-1}$$

우리가 구하고자 하는 확률값은 자유도 19에 대한 확률 $P(S^2 > 15.86)$의 값이 되니 다음과 같은 식을 얻을 수가 있다.

$$\begin{aligned} P\left(S^2 > 15.86\right) &= P\left(\frac{(20-1)\cdot S^2}{10} > \frac{(20-1)\times 15.86}{10}\right) \\ &= P\left(\chi^2_{19} > 30.144\right) \\ &= .050 \end{aligned}$$

여기서 확률 $P\left(\chi^2_{19} > 30.144\right)$의 값은 부록 G에 의거 자유도가 19이고 임계값($\chi^2_\alpha-$값)가 30.144인 확률값 $\alpha = .050$이 된다. 결국 정규분포를 따르는 모집단으로부터 20개의 표본을 추출했을 때, 표본분산이 15.86보다 클 확률은 5%가 된다.

□□□

카. $F-$분포

$F-$분포($F-$distribution)는 '두 개의 독립인 χ^2-분포의 비율에 의해 정의되는 확률분포'이다. 두 개의 동일한 정규모집단(또는 분산이 같은 두 개의 정규분포집단)에서 추출된 두 개의 표본의 크기가 각각 n_1, n_2인 경우, 자유도는 $\nu_1(= n_1 - 1)$, $\nu_2(= n_2 - 1)$가 된다. 두 확률변수 V_1, V_2가 서로 독립인 χ^2-분포를 따른다고 할 때, 즉 $V_1 \sim \chi^2_{\nu_1}$, $V_2 \sim \chi^2_{\nu_2}$인 경우, 다음과 같이 정의된 확률변수 F로서 자유도가 (ν_1, ν_2)인 $F-$분포를 따른다.

$$F = \frac{V_1/\nu_1}{V_2/\nu_2} \sim F_{(\nu_1,\nu_2)}$$

다시 말해 확률변수 F는 두 개의 독립인 χ^2-확률변수를 각각의 자유도로 나눈 값에 대한 비율이 된다.

$$F = \frac{\chi^2_{\nu_1}/\nu_1}{\chi^2_{\nu_2}/\nu_2}$$

$F-$분포는 비대칭이며 분포의 형태는 분자의 자유도 ν_1과 분모의 자유도 ν_2에 의해 결정된다. $F-$값이 $F-$분포도의 어디에 위치하느냐에 따라 두 개의 분산이 같으냐 여부를 판단하게 된다. 만약 $F-$값이 $F-$분포의 중앙부에 위치한다면 동일한 분산이라고 말할 수 있으며, 반면에 $F-$분포의 양쪽 끝에 위치하게 되면 두 개의 분산이 같다고 볼 수가 없다.

두 모분산의 동일성에 대한 검정은 두 모집단이 서로 독립인 정규분포를 따른다는 가정에서 실시된다. 두 모집단의 정규분포를 각각 $N(\mu_1, \sigma_1^2)$, $N(\mu_2, \sigma_2^2)$이라고 하고, 추출된 표본의 크기를 각각 n_1, n_2, 표본분산을 각각 S_1^2, S_2^2이라고 하면, S_1^2과 S_2^2은 서로 독립이며 다음과 같이 확률변수 V_1, V_2는 χ^2-분포를 따른다.

$$V_1 = \frac{(n_1 - 1)\cdot S_1^2}{\sigma_1^2} \sim \chi^2_{n_1-1}, \qquad V_2 = \frac{(n_2 - 1)\cdot S_2^2}{\sigma_2^2} \sim \chi^2_{n_2-1}$$

위에 있는 식을 변형을 하게 되면 다음과 같은 식을 얻는다.

$$F = \frac{V_1/(n_1 - 1)}{V_2/(n_2 - 1)} = \frac{\frac{(n_1-1)\cdot S_1^2}{\sigma_1^2}/(n_1 - 1)}{\frac{(n_2-1)\cdot S_2^2}{\sigma_2^2}/(n_2 - 1)} = \frac{S_1^2/\sigma_1^2}{S_2^2/\sigma_2^2} \sim F_{(n_1-1,n_2-1)}$$

예제 3.20 부록 H에 있는 $F-$분포표를 이용하여 유의수준 $\alpha = .05$, 자유도가 (12, 17)인 단측검정용 임계값인 $F-$값을 구하시오.

예제 3.20 예시 답안 표 3.3에 있는 $F-$분포표에서 보듯이 분자 자유도 $\nu_1 = 12$, 분모 자유도 $\nu_2 = 17$, 유의수준 $\alpha = .05$인 $F-$값은 2.38이 된다.

분자 자유도 \ 분모 자유도	12	15	20	24	30	40	60	120	∞
16	2.42	2.35	2.28	2.24	2.19	2.15	2.11	2.06	2.01
17	**2.38**	2.31	2.23	2.19	2.15	2.10	2.06	2.01	1.96
18	2.34	2.27	2.19	2.15	2.11	2.06	2.02	1.97	1.92
19	2.31	2.23	2.16	2.11	2.07	2.03	1.98	1.93	1.88
20	2.28	2.20	2.12	2.08	2.04	1.99	1.95	1.90	1.84

표 3.3: 유의수준 $\alpha = .05$인 $F-$분포의 임계값 x^2_α

□□□

타. 가설검정

통계적 추리는 표본 관찰을 통해 모집단의 특성에 대한 어떤 결론을 유도할 수 있는 통계적 분석 방법이라 할 수 있다. 또한 통계적 추리는 모수추정(parameter estimation)과 가설검정(testing hypothesis)으로 나눌 수 있다.

- 모수추정은 표본관찰을 통해 모집단의 모수가 어떤 특정한 값이라고 추정(즉, 점추정)하거나, 어떤 특정 구간 안에 있을 가능성을 제시(즉, 구간추정)하는 통계적인 분석이며,

- 가설검정은 모집단의 특성에 대한 어떤 가설을 설정한 후, 표본관찰을 통해 그 가설의 채택의 진위여부를 결정하는 통계적 분석 방법으로 자료 분석에 있어 아주 중요한 통계 이론이 된다.

통계자료의 분석에서 모집단이 정규분포 $N(\mu, \sigma^2)$를 이룬다는 가정 하에서, 모평균 μ와 모분산 σ^2에 대한 추정 및 검정을 실시한다. 만약 모집단의 분포가 정규분포를 이루지 않는 경우(또는 정규분포인지 여부를 모르는 경우)에도 표본의 크기가 $n > 30$일 때 중심극한정리에 의거 표본평균 $\overline{X}$는 정규분포를 따르는 성질을 이용하여 모평균 μ와 모분산 σ^2에 대한 추정 및 검정을 실시한다.

가설검정에서 가장 기본적인 사항은 검정하고자 하는 모집단의 모수(모평균과 모표준편차)에 대해 가설을 설정하는 것이다. 가설(hypothesis)은 귀무가설[xiii](null hypothesis; H_0)과 대립가설(alternative hypothesis; H_1)로 설정을 한다. 결국 가설검정이란 '표본관찰을 통해 귀무가설과 대립가설 중 하나를 선택하는 절차'이다. 일반적으로 '간단하고 구체적인 표현'을 귀무가설로 설정한다.

[xiii] 귀무가설을 '영가설'이라고도 하며, 대립가설을 '연구가설'이라고도 한다.

예제 3.21 다음의 경우에 대해 귀무가설과 대립가설을 설정하시오.

(1) 대한민국은 여성과 남성의 수가 같다.

(2) 현재 체육부 학생들이 공부에 대한 열정이 10년보다 증가하였다.

예제 3.21 예시답안

(1) μ_1을 남성의 수, μ_2를 여성의 수라고 하면, $\mu_1 = \mu_2$인지 또는 $\mu_1 \neq \mu_2$인가를 판단하는 것이니, 귀무가설 H_0와 대립가설 H_1은 다음과 같다.

$$H_0 : \mu_1 = \mu_2 \quad (\text{즉, 같다})$$
$$H_1 : \mu_1 \neq \mu_2 \quad (\text{즉, 같지 않다})$$

즉, 단순가설이므로 양측검정이 된다.

(2) 현재 체육부 학생들의 공부에 대한 열정도를 μ_1, 10년전 체육부 학생들이 공부에 대한 열정도를 μ_2라고 하면, 귀무가설 H_0와 대립가설 H_1은 다음과 같다.

$$H_0 : \mu_1 = \mu_2 \quad (\text{즉, 같다})$$
$$H_1 : \mu_1 > \mu_2 \quad (\text{즉, 증가했다})$$

즉, 단순가설이 아니므로 오른쪽 단측검정이 된다.

□□□

검정에 이용되는 통계량을 검정통계량(test statistics)이라 하고, 검정통계량의 분포는 항상 가설에서 주어지는 모수의 분포(예: 정규분포, $t-$분포 등)를 따른다.

가설검정이란 '귀무가설이 옳다는 전제 하에 검정통계량을 구한 후, 이 값이 나타날 가능성의 크기를 갖고 귀무가설의 채택 여부를 결정하는 것'이다. 정규분포를 따르는 모집단의 모평균 μ가 귀무가설에서 특정값 μ_0으로 주어진 경우, 검정통계량 $T(X)$는 다음과 같이 계산되어진다.

$$T(X) = \frac{\overline{X} - \mu_0}{\sigma/\sqrt{n}} \sim N(0,1)$$

여기서 $\overline{X}$는 표본평균, μ는 모평균, σ는 모표준편차, n은 표본의 크기가 된다.

예제 3.22 정규분포를 따르는 모집단의 모평균이 142, 모분산이 100, 표본평균이 145, 표본의 크기가 500인 경우 검정통계량 $T(X)$의 값을 구하시오.

예제 3.22 예시답안 $\mu_0 = 142$, $\overline{X} = 145$, $n = 500$이고, 모분산이 $\sigma^2 = 100$이니 모표준편차 $\sigma = 10$이 된다. 그러므로 검정통계량 $T(X)$의 값은 다음과 같이 계산된다.

$$T(X) = \frac{\overline{X} - \mu_0}{\sigma / \sqrt{n}} = \frac{145 - 142}{10 / \sqrt{500}} = 6.7$$

이 값은 귀무가설이 옳다라는 전제 하에 구한 검정통계량이고, 이 $T(X)$의 값은 표준정규분포 $N(0,1)$을 따르고 있다. 그림 3.27에서 보듯이 표준정규분포에서 $T(X) = 6.7$이 나타날 가능성, 즉 확률값 $P(6.7)$은 거의 0과 같으므로, 귀무가설이 옳다고 보기가 어렵다. 이러한 이유로 귀무가설은 기각되며, 대신 대립가설이 채택된다.

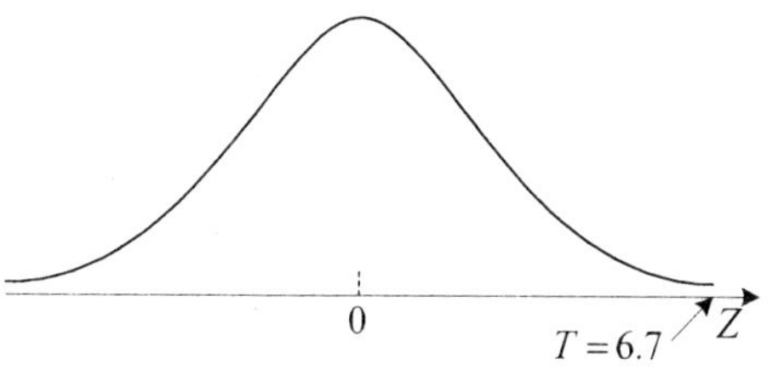

그림 3.27: 표준정규분포 $N(0,1)$를 따르는 검정통계량 T

□□□

가설검정 과정에서 검정통계량이 나타날 가능성이 큰 경우에는 귀무가설을 채택하고, 가능성이 작은 경우에는 귀무가설을 기각하고 대립가설을 채택한다. 여기서 "가능성이 크다 또는 작다"의 판단 기준을 유의수준(significance level; α)이라고 한다. 일반적으로 유의수준 α는 1%, 5%, 10% 등을 사용한다. 예를 들어, 유의수준 $\alpha = .05$인 경우, 귀무가설 하에서 구한 검정통계량의 값이 나타날 가능성이 5%이하이면 귀무가설을 기각하고, 5%이상이면 귀무가설을 채택한다.

기각역(critical region)이란 '귀무가설이 옳다는 전제 하에서 구한 검정통계량의 분포에서 확률값이 유의수준 α인 부분'을 말한다. 다시 말해, 기각역이란 그림 3.28에서 보듯이 '검정통계량 분포의 일부 영역으로 귀무가설이 옳다는 전제 하에서 검정통계량이 기각역에 속할 확률이 α인 영역'이다.

검정통계량의 분포에서 유의수준 α에 의해 기각역의 크기가 결정되며, 기각역의 위치는 대립가설 H_1의 형태에 의해 결정된다. 대립가설의 형태는 가설검정의 목적에 의해 결정되는데, 가설검정은 다음과 같이 대립가설의 형태에 따라 양측검정과 단측검정으로 나누어지고, 단측검정은 다시 왼쪽 단측검정과 오른쪽 단측검정으로 나누어진다.

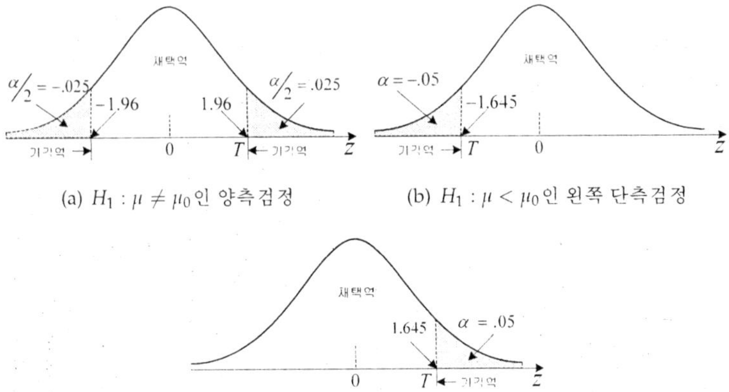

(a) $H_1 : \mu \neq \mu_0$인 양측검정 (b) $H_1 : \mu < \mu_0$인 왼쪽 단측검정

(c) $H_1 : \mu > \mu_0$인 오른쪽 단측검정

그림 3.28: 대립가설에 따른 가설검정의 종류($\alpha = .05$)

$$
\begin{aligned}
&H_0 : \mu = \mu_0, \quad && H_1 : \mu \neq \mu_0 \quad && \text{(양측검정)} \\
&H_0 : \mu = \mu_0, \quad && H_1 : \mu < \mu_0 \quad && \text{(왼쪽 단측검정)} \\
&H_0 : \mu = \mu_0, \quad && H_1 : \mu > \mu_0 \quad && \text{(오른쪽 단측검정)}
\end{aligned}
$$

유의확률($p-$값)은 '검정통계량의 유의성(significance)의 정도를 확률적으로 나타낸 것'이다. 즉, 그림 3.29에서 보듯이 유의확률 $p-$값은 '검정통계량의 관측값 $T(X)$에 따라 귀무가설을 채택하느냐 또는 기각하느냐하는 최소의 유의수준을 나타내는 확률'을 말한다.

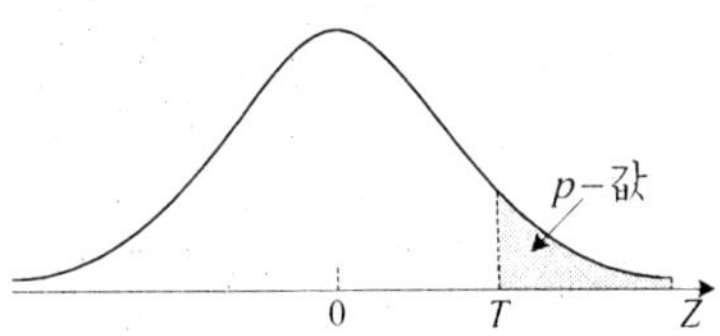

그림 3.29: 유의확률($p-$값)

가설검정에서 유의확률 $p-$값을 사용하여 귀무가설의 채택 여부에 대한 판단은 다음과 같다.

- 그림 3.30(a)와 같이 $p-$값 $> \alpha$이면 유의수준 α에서 귀무가설 H_0을 채택하며,

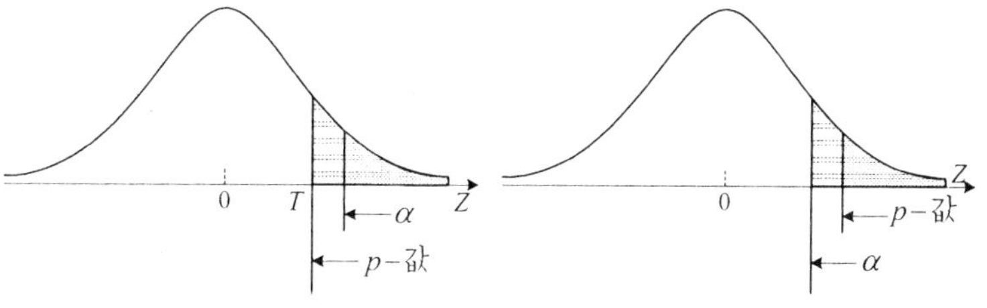

(a) 귀무가설 채택 (b) 귀무가설 기각

그림 3.30: 유의확률 $p-$값에 따른 오른쪽 단측검정용 귀무가설 채택 여부

- 그림 3.30(b)와 같이 $p-$값 $\leq \alpha$이면 유의수준 α에서 귀무가설 H_0을 기각하고 대립가설 H_1을 채택한다.

가설검정 과정에서 귀무가설을 기각하기 위한 유의수준을 결정할 때 제1종 오류(type I error)와 제2종 오류(type II error)라는 두 가지의 오류가 있음을 유의해야 한다.

- 제1종 오류: 표 3.4에서 보듯이 채택해야할 귀무가설을 기각하는 오류를 말하며 α-오류라고도 한다.

	귀무가설이 사실	귀무가설이 거짓
귀무가설 채택	옳은 결정($1-\alpha$)	제2종 오류(β-오류)
귀무가설 기각	제1종 오류(α-오류)	옳은 결정($1-\beta$)

표 3.4: 제1종 오류와 제2종 오류

- 제2종 오류: 표 3.4에서 보듯이 기각되어야할 귀무가설을 채택하는 오류를 말하며 β-오류라고도 한다.

제1종 오류나 제2종 오류가 발생할 경우는 선택된 유의수준에 달려있다. 만약 유의수준을 .1로 채택하게 되면 제1종 오류가 발생할 확률이 크며, 반면에 유의수준을 .01로 채택하게 되면 제2종 오류가 발생할 확률이 크다[15]. 또한 통계적 분석을 통해 발생될 수 있는 오류로서 다음과 같은 오류들이 있다[1, 16].

- 제3종 오류: 잘못된 가설이나 문제에 대한 옳은 답을 얻는 오류가 된다. 즉, 실험설계에 맞지않는 통계기법을 적용하는 경우가 된다.
- 제4종 오류: 얻은 답이 마치 작동될 것 같이 믿는 오류가 된다. 즉, 통계기법은 맞지만 해석을 잘못하는 경우가 된다.
- 제5종 오류: 문제가 있는지를 모르는 오류가 된다.

제1종 오류와 제2종 오류는 모두 중요하지만 보통 관심의 대상이 되는 것은 제1종 오류이다. 제1종 오류의 확률을 줄이기 위해서는 연구자가 유의도 수준을 0에 가깝게 설정할 때 제1종 오류를 범할 확률을 줄일 수가 있다. 하지만 유의수준을 지나치게 강조함으로서 귀중한 연구결과를 성급하게 무의미한 것으로 해석해버리는 잘못을 저질러서는 안 된다. 통계적으로 검증한 연구가설이 기각되어야 하는 결론에 도달하였다고 해서 그 연구가 무의미하다고 판단하는 것은 아니며, 유의적이지 못한 관계도 검증이 가능하다는 사실을 인식해야 한다[5]. 가설검정의 현실 적용을 위해 다음과 같은 검정을 실시해 보자.

- 단일집단의 모평균의 검정
- 두 모평균의 동일성($\mu_1 = \mu_2$) 검정
- 대응표본의 모평균에 대한 검정
- 단일집단의 모분산에 대한 검정
- 두 모분산의 동일성($\sigma_1^2 = \sigma_2^2$)에 대한 검정

제 6 절 실전을 통한 검정 예

가. 단일집단의 모평균의 검정

단일집단의 모평균 μ에 대한 검정은 모집단의 분포가 모평균 μ와 모분산 σ^2을 갖는 정규분포 $N(\mu,\sigma^2)$을 따른다는 것을 전제로 한다. 검정을 하기 위해 추출된 표본을 $(X_1, X_2, \ldots, X_n)$이라 할 때, $(X_1, X_2, \ldots, X_n)$은 $N(\mu,\sigma^2)$으로부터 추출된 확률표본이며, 모평균 μ에 대한 검정과정은 다음과 같다.

(1단계: 가설의 설정) 귀무가설 H_0와 대립가설 H_1을 다음과 같이 설정한다.

$$H_0 : \mu = \mu_0$$
$$H_1 : \mu \neq \mu_0 \quad (\text{양측검정용})$$
$$\mu < \mu_0 \quad (\text{또는 } \mu > \mu_0) \quad (\text{단측검정용})$$

여기에서 μ_0는 구체적으로 주어지는 특정한 값이며, H_1에 주어지는 세 가지 다른 가설은 가설 검정에서 알고자하는 목적에 따라 결정된다.

(2단계: 검정 통계량과 분포) 표본평균 $\overline{X}$와 표본분산 S^2을 각각

$$\overline{X} = \frac{1}{n}\sum_{i=1}^{n} X_i, \qquad S^2 = \frac{1}{n-1}\sum_{i=1}^{n}(X_i - \overline{X})^2$$

일 때 표준화한 $\overline{X}$의 분포는 다음과 같다.

- 모분산 σ^2이 알려져있는 경우: 검정통계량의 분포는 다음과 같이 근사적으로 표준정규분포를 따른다.

$$T(X) = \frac{\overline{X} - \mu_0}{\sigma/\sqrt{n}} \sim N(0,1)$$

- 모분산 σ^2이 알려져있지 않은 경우: 표본의 크기 n의 값에 따라 검정통계량의 분포는 다음과 같이 표준정규분포 또는 $t-$분포를 따른다.

  (i) $n \geq 30$인 경우:

$$T(X) = \frac{\overline{X} - \mu_0}{S/\sqrt{n}} \sim N(0,1)$$

  (ii) $n < 30$인 경우:

$$T(X) = \frac{\overline{X} - \mu_0}{S/\sqrt{n}} \sim t_{n-1}$$

결국 모분산 σ^2이 알려져있는 경우 또는 σ^2이 알려져있지는 않으나 $n \geq 30$인 경우에는 검정통계량의 분포가 근사적으로 표준정규분포를 따르므로 표준정규분포표를 이용해 검정을 실시하면 된다. 반면에 모분산 σ^2이 알려

져있지는 않거나 또는 표본의 크기 $n < 30$인 경우에는 자유도가 $n-1$인 $t-$분포를 이용해 검정을 실시하면 된다. 이러한 이유로 $t-$분포를 이용한 검정을 $t-$검정이라고도 한다.

(3단계: 검정) 유의수준 α를 정하고, 검정의 종류(단측검정 또는 양측검정)에 따라 기각역을 설정한다. 귀무가설 하에서 구한 다음과 같은 검정통계량의 값

$$T(X) = \frac{\overline{X} - \mu_0}{\sigma/\sqrt{n}} \qquad (\sigma^2\text{이 알려져있는 경우})$$
$$T(X) = \frac{\overline{X} - \mu_0}{S/\sqrt{n}} \qquad (\sigma^2\text{이 알려져있지 않은 경우})$$

을 구해, 이 값이 기각역에 속하면 귀무가설 H_0를 기각하고, 기각역에 속하지 않으면 귀무가설 H_0를 채택한다.

예제 3.23 정규분포를 따르는 체육부 학생 중 100명을 임의로 추출하여 신장을 측정해 보니 176센티미터, 표준편차가 6센티미터이다. "체육부 전체 학생의 평균신장이 전국 학생들의 평균신장 174센티미터보다 크다"라고 볼 수 있는가? 유의수준 5%로 이를 검정하시오.

예제 3.23 예시답안

(1단계: 가설의 설정) "체육부 전체 학생의 평균신장이 전국 학생들의 평균신장보다 크다"라고 볼 수 있는가에 대한 검정이니 귀무가설 H_0와 대립가설 H_1은 다음과 같다.

$$H_0: \quad \mu = 174 \quad (\text{즉, 같다})$$
$$H_1: \quad \mu > 174 \quad (\text{즉, 크다})$$

귀무가설은 단순가설이 아닌 오른쪽 단측검정이 된다.

(2단계: 검정통계량과 분포) 표본의 크기 $n = 100 \geq 30$이니 검정통계량 $T(X)$의 분포는 표준정규분포를 따른다. 즉,

$$T(X) \sim N(0,1)$$

주어진 조건이 $\overline{X} = 176$, $S = 6$, $\mu_0 = 174$이니, 귀무가설 하에서의 검정통계량의 값 $T(X)$는 다음과 같다.

$$T(X) = \frac{\overline{X} - \mu_0}{S/\sqrt{n}} = \frac{176 - 174}{6/\sqrt{100}} = 3.333$$

(3단계: 검정) 유의수준 $\alpha = .05$이니 부록 E에 있는 표준정규분포표에서

$$P(Z > 1.640) = .4495, \qquad P(Z > 1.650) = .4505$$

이니 $P(Z \geq 1.650) \approx .05$가 된다. 그러므로 기각역은 그림 3.31의 회색 부분인 $P(T \geq 1.650) = .05$이 된다.

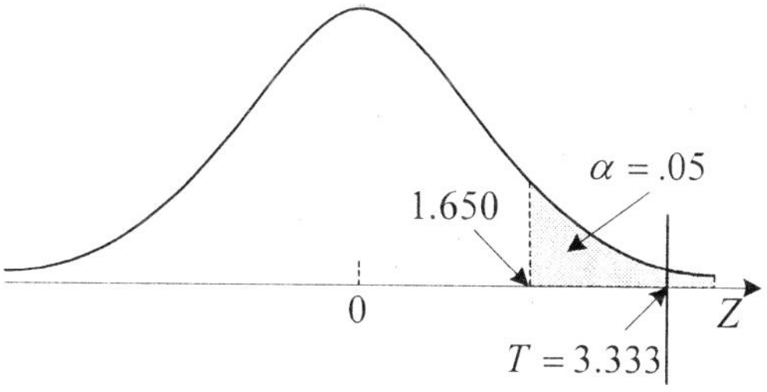

그림 3.31: 유의수준 $\alpha = .05$인 표준정규분포도

그림 3.31에서 보듯이 검정통계량 $T(X) = 3.333$은 기각역에 속하므로 귀무가설 H_0는 기각되고 대립가설을 채택한다. 결국 유의수준 5%라는 전제에서 가설을 검정할 때 "체육부 전체 학생의 평균신장은 전국 학생들의 평균신장보다 크다"라고 볼 수 있다.

□□□

나. 두 모평균의 동일성 검정

모평균 μ_1, 모표준편차 σ_1인 모집단으로부터 추출된 표본의 크기 n_1의 표본평균을 $\overline{X_1}$, 표본표준편차를 S_1이라고 하고, 모평균 μ_2, 모표준편차 σ_2인 모집단으로부터 추출된 표본의 크기 n_2의 표본평균을 $\overline{X_2}$, 표본표준편차를 S_2라고 하자. 이때 두 모집단의 표본평균의 차 $\overline{X_1} - \overline{X_2}$의 분포에서의 평균, 분산, 표준오차는 다음과 같다.

$$\text{평균:} \quad \mu_{\overline{X_1}-\overline{X_2}} = \mu_1 - \mu_2$$

$$\text{분산:} \quad \sigma^2_{\overline{X_1}-\overline{X_2}} = \frac{\sigma_1^2}{n_1} + \frac{\sigma_2^2}{n_2}$$

$$\text{표준오차:} \quad \sigma_{\overline{X_1}-\overline{X_2}} = \sqrt{\frac{\sigma_1^2}{n_1} + \frac{\sigma_2^2}{n_2}}$$

두 모집단의 평균차이에 대한 검정통계량의 분포는

(1) 두 모집단의 분산을 알고 있는 경우와

(2) 두 모집단의 분산을 모르는 경우로 나누어 생각할 수 있다.

■ 두 모집단의 분산을 알고 있는 경우: 두 모집단의 평균차이에 대한 검정통계량은 다음과 같다.

$$Z = \frac{(\overline{X_1} - \overline{X_2}) - (\mu_1 - \mu_2)}{\sigma_{\overline{X_1} - \overline{X_2}}} = \frac{(\overline{X_1} - \overline{X_2}) - (\mu_1 - \mu_2)}{\sqrt{\frac{\sigma_1^2}{n_1} + \frac{\sigma_2^2}{n_2}}} \sim N(0,1)$$

이때 Z의 표본분포는 평균 0, 표준편차 1인 표준정규분포 $N(0,1)$을 따른다.

예제 3.24 두 대학의 한달 용돈을 비교하고자 한다. 임의로 추출된 A대학 40명의 월평균 용돈이 18만원이고, B대학 50명의 월평균 용돈이 17만원이었다. A대학 전체 학생의 월평균 용돈의 분산은 5천원이고, B대학 전체 학생의 월평균 용돈의 분산은 1만원이다. 두 대학 학생들의 월평균 용돈의 차이가 있는지를 유의도 $\alpha = .05$ 수준에서 검정하시오.

예제 3.24 예시답안 A대학의 $n_A = 40$, $\overline{X_A} = 180000$, $\sigma_A^2 = 5000$이고, B대학의 $n_B = 50$, $\overline{X_B} = 170000$, $\sigma_B^2 = 10000$이 된다.

(1단계: 가설의 설정) 두 대학 학생들의 월평균 용돈의 차이가 있는지에 대한 검정을 하기 위한 귀무가설 H_0와 대립가설 H_1은 다음과 같다.

$$H_0 : \mu_A = \mu_B \quad (\text{즉, 차이가 없다})$$
$$H_1 : \mu_A \neq \mu_B \quad (\text{즉, 차이가 있다})$$

귀무가설은 단순가설이므로 양측검정이 된다.

(2단계: 검정통계량과 분포) 검정통계량 Z는 다음과 같은 함수식에 의해 구해진다.

$$\begin{aligned} Z &= \frac{(\overline{X_A} - \overline{X_B}) - (\mu_A - \mu_B)}{\sigma_{\overline{X_1} - \overline{X_2}}} = \frac{(\overline{X_A} - \overline{X_B}) - (\mu_A - \mu_B)}{\sqrt{\frac{\sigma_A^2}{n_A} + \frac{\sigma_B^2}{n_B}}} \\ &= \frac{(180000 - 170000) - (0)}{\sqrt{\frac{5000}{40} + \frac{10000}{50}}} \\ &= 554.7 \end{aligned}$$

여기서 귀무가설인 $(\mu_A - \mu_B) = 0$이 된다.

(3단계: 검정) 유의수준 $\alpha = .05$인 양측검정을 위해 부록 E를 참고하면 다음과 같은 값을 얻을 수가 있다.

$$P(-1.96 \leq z_{\alpha/2} \leq 1.96) = .95\ (= 1 - 2 \times .025)$$

따라서 기각역은 그림 3.32의 회색 부분이며, 귀무가설 하에서의 검정통계량 $Z = 554.7$은 기각역에 속하므로 귀무가설은 기각되고 대립가설이 채택된다.

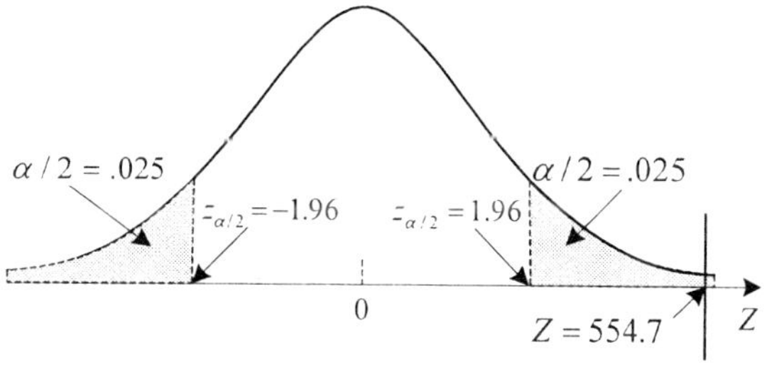

그림 3.32: 유의수준 $\alpha = .05$인 양측검정용 $Z-$분포도

결국 유의도 $\alpha = .05$ 수준에서 "두 대학 학생들의 월평균 용돈의 차이가 있다"가 된다.

□□□

■ 두 모집단의 분산을 모르는 경우: 두 모집단의 분산을 모르는 경우에는 표본의 크기가 (1) 큰 경우와 (2) 작은 경우로 나누어서 검정을 해야한다. 표본의 크기가 큰 경우는 정규분포를 적용하면 되고, 표본의 크기가 작은 경우는 $t-$분포를 적용하면 된다.

(a) 표본의 크기가 큰 경우: 두 모집단의 평균차이에 대한 검정을 위해 표본의 크기가 큰 경우($n \geq 30$)는 정규분포를 적용하면 된다. 두 모집단의 평균차이의 검정통계량은 모표준편차 $\sigma_{\overline{X_1}-\overline{X_2}}$ 대신 표본표준편차 $S_{\overline{X_1}-\overline{X_2}}$을 대입하여 다음과 같이 계산된다.

$$Z = \frac{(\overline{X_1} - \overline{X_2}) - (\mu_1 - \mu_2)}{S_{\overline{X_1}-\overline{X_2}}} = \frac{(\overline{X_1} - \overline{X_2}) - (\mu_1 - \mu_2)}{\sqrt{\frac{S_1^2}{n_1} + \frac{S_2^2}{n_2}}} \sim N(0,1)$$

이때 검정통계량 Z의 표본분포는 표준정규분포 $N(0,1)$을 따른다.

예제 3.25 체육부 학생들의 대다수가 시합을 하기 전에 몸풀기 운동을 하는 것이 경기승률에 좋다고 생각하고 있다. 이를 검정하기 위하여 선수 250명을 임의로 추출을 하여 100명에게는 운동을 하기 전에 몸풀기를 하게 했고, 150명에게는 몸풀기를 하지 않은 상태에서 경기에 임하게 하였다. 경기는 각 선수 당 10게임을 치루게 했고, 몸풀기를 한 학생들과 몸풀기를 안 한 학생들의 승률수를 조사해 보았다. 조사 결과 몸풀기를 한 학생들은 10게임 중 평균 7.6게임의 승률이 있었고 분산은 1.6이었다. 반면에 몸풀기를 안 한 학생들은 10게임 중 평균 7.4게임의 승률이 있었고 분산은 1.4가 되었다. 이 경우 시합을 하기 전에 "몸풀기 운동을 하는 것이 승률에 좋다"라고 생각할 수 있는가를 유의도 $\alpha = .05$ 수준에서 검정하시오.

예제 3.25 예시답안 예제를 살펴보면 몸풀기를 한 표본의 크기는 $n_1 = 100$, 표본평균은 $\overline{X_1} = 7.6$, 표본분산은 $S_1^2 = 1.6$이고, 몸풀기를 안 한 표본의 크기는 $n_2 = 150$, 표본평균은 $\overline{X_2} = 7.4$, 표본분산은 $S_2^2 = 1.4$가 된다.

(1단계: 가설의 설정) 몸풀기 운동을 하는 것이 승률이 좋다고 생각할 수 있는 가에 대한 검정을 하기 위한 귀무가설 H_0와 대립가설 H_1은 다음과 같다.

$$H_0 : \mu_1 = \mu_2 \quad (\text{즉, 승률이 같다})$$
$$H_1 : \mu_1 > \mu_2 \quad (\text{즉, 승률이 좋다})$$

귀무가설은 단순가설이므로 오른쪽 단측검정이 된다.

(2단계: 검정통계량과 분포) 검정통계량 Z는 다음과 같은 함수식에 의해 구해진다.

$$Z = \frac{(\overline{X_1} - \overline{X_2}) - (\mu_1 - \mu_2)}{\sqrt{\frac{S_1^2}{n_1} + \frac{S_2^2}{n_2}}} = \frac{(7.6 - 7.4) - (0)}{\sqrt{\frac{1.6}{100} + \frac{1.4}{150}}} = 1.257$$

여기서 귀무가설인 $(\mu_1 - \mu_2) = 0$이 된다.

(3단계: 검정) 유의수준 $\alpha = .05$인 오른쪽 단측검정을 위해 부록 E를 참고하면 다음과 같은 값을 얻을 수가 있다.

$$P(z_\alpha \geq 1.65) = .95$$

따라서 귀무가설 하에서의 검정통계량의 값 $Z = 1.257$은 그림 3.33에서 보듯이 채택역에 속하므로 귀무가설은 채택이 된다.
결국 유의도 $\alpha = .05$ 수준에서 "시합을 하기 전에 몸풀기를 하는 것은 승률에 지장을 주지 않는다"가 된다.

□□□

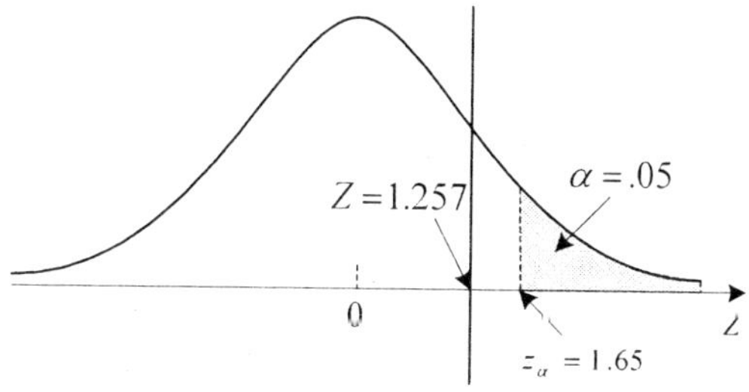

그림 3.33: 유의수준 $\alpha = .05$인 오른쪽 단측검정용 $Z-$분포도

(b) 표본의 크기가 작은 경우: 두 모집단의 평균차이에 대한 검정을 위해 표본의 크기가 작은 경우($n < 30$)는 $t-$분포를 적용하면 된다. 표본 1, 2의 분산을

$$S_1^2 = \frac{\sum (X_1 - \overline{X_1})^2}{n_1 - 1}, \qquad S_2^2 = \frac{\sum (X_2 - \overline{X_2})^2}{n_2 - 1}$$

이라고 할 때, 합동표준편차[xiv] S_p 및 합동분산 S_p^2은 다음과 같다.

$$\begin{aligned} S_p &= \sqrt{\frac{(n_1-1)S_1^2 + (n_2-1)S_2^2}{(n_1-1)+(n_2-1)}} \\ &= \sqrt{\frac{\sum\left[(X_1-\overline{X_1})^2 + (X_2-\overline{X_2})^2\right]}{n_1+n_2-2}} \\ S_p^2 &= \frac{(n_1-1)S_1^2 + (n_2-1)S_2^2}{(n_1-1)+(n_2-1)} \\ &= \frac{\sum\left[(X_1-\overline{X_1})^2 + (X_2-\overline{X_2})^2\right]}{n_1+n_2-2} \end{aligned}$$

이때 S_p를 이용하여 모집단의 평균차이에 대한 가설검정을 위해서는 자유도가 $n_1 + n_2 - 2$인 $t-$분포를 이용하며, 두 모집단의 평균차이의 검정통계량은 다음과 같다.

$$T = \frac{(\overline{X_1} - \overline{X_2}) - (\mu_1 - \mu_2)}{S_p\sqrt{\frac{1}{n_1} + \frac{1}{n_2}}} \sim t_{n_1+n_2-2}$$

예제 3.26 ○○대학 체육부 학생들의 주말 여가 활동 중의 하나인 인터넷 활용시간을 조사하였다. 표본조사된 남학생의 수는 20명이었고, 여학생의 수는 15명이었다. 남학생은 주말에 평균 17.5시간, 분산

[xiv] 합동표준편차는 '가중평균화된 표준편차'를 말한다.

9.0시간으로 인터넷을 사용하였으며, 여자는 19.7시간, 분산 13.0시간으로 인터넷을 사용하였다. 두 모집단의 분산이 같다고 가정할 때 남학생과 여학생의 인터넷 사용시간은 차이가 있는가를 유의수준 $\alpha = .05$ 수준으로 검정하시오.

예제 3.26 예시답안

(1단계: 가설의 설정) 남학생과 여학생의 인터넷 사용시간이 차이가 있는가에 대한 검정을 하기 위한 귀무가설 H_0와 대립가설 H_1은 다음과 같다.

$$H_0 : \mu_1 = \mu_2 \quad (\text{즉, 차이가 없다})$$
$$H_1 : \mu_1 \neq \mu_2 \quad (\text{즉, 차이가 있다})$$

귀무가설은 단순가설이므로 양측검정이 된다.

(2단계: 검정통계량과 분포) 합동분산 S_p^2은 다음과 같은 함수식에 의해 구해진다.

$$\begin{aligned} S_p^2 &= \frac{(n_1-1)S_1^2 + (n_2-1)S_2^2}{(n_1-1)+(n_2-1)} = \frac{(20-1)\times 9.0 + (15-1)\times 13.0}{(20-1)+(15-1)} \\ &= 10.697 \end{aligned}$$

그러므로 검정통계량 T는 다음과 같은 함수식에 의해 구해진다.

$$\begin{aligned} T &= \frac{(\overline{X_1}-\overline{X_2})-(\mu_1-\mu_2)}{S_p\sqrt{\frac{1}{n_1}+\frac{1}{n_2}}} = \frac{(17.5-19.7)-(0)}{\sqrt{10.697}\times\sqrt{\frac{1}{20}+\frac{1}{15}}} \\ &= -1.969 \end{aligned}$$

여기서 귀무가설인 $(\mu_1 - \mu_2) = 0$이 된다.

(3단계: 검정) 자유도 $d.f. = 20 + 15 - 2 = 33$이고 유의수준 $\alpha = .05$인 양측검정을 이용하면 $t_{\alpha/2}-$값은 다음과 같다.

$$P(-2.035 \leq t_{\alpha/2} \leq 2.035) = .950\ (= 1 - 2 \times .025)$$

따라서 귀무가설 하에서의 검정통계량 $T = -1.969$는 그림 3.34에서 보듯이 채택역에 속하므로 귀무가설은 채택이 된다.
결국 유의도 $\alpha = .05$ 수준에서 "남학생과 여학생의 주말 인터넷 사용시간은 차이가 없다"가 된다.

□□□

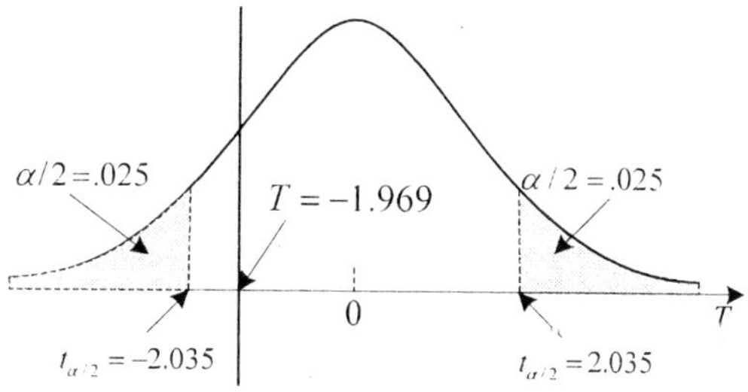

그림 3.34: 유의수준 $\alpha = .05$인 양측검정용 $t-$분포도

다. 대응표본의 모평균에 대한 검정

대응표본(paired-samples)[XV] $t-$검정은 특정집단 내에서 사전검사와 사후검사의 평균차를 비교하는 분석기법이다. 두 집단의 평균차를 비교하는 독립표본 $t-$검정과 달리, 대응표본 $t-$검정은 한 집단의 평균차를 비교하는 기법이다. 결국 집단의 수는 다르지만 두 개의 평균을 비교한다는 의미에서 $t-$검정의 일종으로 본다. 대응표본 $t-$검정은 한 집단 내 두 평균을 비교하는 것이므로 시차에 따른 사전평균과 사후평균이 존재한다.

사전표본 X와 사후표본 Y의 관찰값 $\{(x_1, y_1), (x_2, y_2), \cdots, (x_n, y_n)\}$으로 부터 다음과 같은 관찰값의 차인 $d_1, d_2, \cdots, d_n$을 구한다.

$$d_1 = x_1 - y_1, \quad d_2 = x_2 - y_2, \quad \cdots, \quad d_n = x_n - y_n$$

대응표본 $t-$검정은 사전표본과 사후표본으로부터의 평균을 사용하지 않고, 위에서 보듯이 사전표본과 사후표본 내에 있는 관찰값의 차인 d_i의 평균 $\bar{d}$를 사용한다.

(1단계: 가설의 설정) 관찰값의 차 $D = X - Y$이니 대응표본에 의한 두 모집단의 동일성에 대한 귀무가설 H_0와 대립가설 H_1을 다음과 같이 설정한다.

$$H_0 : \mu_D = 0$$
$$H_1 : \mu_D \neq 0 \quad (\text{양측검정용})$$
$$\mu_D < \mu_0 \quad (\text{또는} \quad \mu_D > \mu_0) \quad (\text{단측검정용})$$

여기에서 μ_0는 구체적으로 주어지는 특정한 값이며, H_1에 주어지는 세 가지 다른 가설은 가설 검정에서 알고자하는 목적에 따라 결정된다.

(2단계: 검정통계량과 분포) 관찰값의 차 D의 표본평균 $\bar{d}$와 표본분산 S_D^2을 각각

$$\bar{d} = \frac{1}{n}\sum_{i=1}^{n} d_i, \qquad S_D^2 = \frac{1}{n-1}\sum_{i=1}^{n}\left(d_i - \bar{d}\right)^2$$

[XV] 대응표본을 '짝진표본'이라고도 부른다.

일 때 표준화한 표본평균 $\bar{d}$의 분포는 다음과 같다.

(a) $n \geq 30$인 경우:

$$T(X) = \frac{\bar{d} - \mu_0}{S_D/\sqrt{n}} \sim N(0,1)$$

(b) $n < 30$인 경우:

$$T(X) = \frac{\bar{d} - \mu_0}{S_D/\sqrt{n}} \sim t_{n-1}$$

(3단계: 검정) 유의수준 α를 정하고, 검정의 종류에 따라 기각역을 설정한다. 귀무가설 하에서의 검정통계량을 구해, 이 값이 기각역에 속하면 귀무가설 H_0를 기각하고, 기각역에 속하지 않으면 귀무가설 H_0를 채택한다. 귀무가설($\mu_D = 0$, 즉 $\mu_0 = 0$) 하에서의 검정통계량은 다음과 같이 표본 내 대응쌍의 수 n에 따라 구분이 된다.

$$T(X) = \frac{\bar{d}}{S_D/\sqrt{n}} \sim N(0,1) \quad (n \geq 30\text{인 경우})$$
$$T(X) = \frac{\bar{d}}{S_D/\sqrt{n}} \sim t_{n-1} \quad (n < 30\text{인 경우})$$

예제 3.27 5명의 운동선수에게 다이어트 프로그램을 한달동안 실시한 후 몸무게의 변화를 살펴보았더니 표 3.5와 같았다.

운동선수	다이어트 전	다이어트 후	변화량
A	70	61	9
B	77	63	14
C	91	92	-1
D	58	56	2
E	88	86	2

표 3.5: 다이어트 프로그램 전후의 몸무게(단위: 킬로그램)

다이어트 프로그램이 운동선수의 몸무게를 줄이는데 기여했는지를 유의수준 5%에서 검정해 보시오.

예제 3.27 예시답안

(1단계: 가설의 설정) 다이어트 프로그램이 프로그램을 통해 체중을 줄이는데 기

여를 했는지를 검정하기 위한 귀무가설 H_0와 대립가설 H_1은 다음과 같다.

$$H_0 : \mu_D = 0 \quad (\text{즉, 줄이지 못했다})$$
$$H_1 : \mu_D < 0 \quad (\text{즉, 줄였다})$$

귀무가설은 단순가설이 아닌 왼쪽 단측검정이 된다.

(2단계: 검정통계량과 분포) 표 3.5에 있는 자료로부터 변화량 D의 표본평균 $\overline{d}$와 표본표준편차 S_D는 다음과 같다.

$$\overline{d} = \frac{1}{n}\sum_{i=1}^{n} d_i = 5.2$$
$$S_D = \sqrt{\frac{1}{n-1}\sum_{i=1}^{n}\left(d_i - \overline{d}\right)^2} = \sqrt{8.5} = 2.92$$

귀무가설 하에서의 검정통계량 $T(X)$는 다음과 같은 함수식에 의해 구해진다.

$$T(X) = \frac{\overline{d}}{S_D/\sqrt{n}} = \frac{5.2}{2.92/\sqrt{5}} = .8$$

(3단계: 검정) 자유도 $d.f. = 5 - 1 = 4$이고 유의수준 $\alpha = .05$인 단측검정을 위해 부록 F에 있는 $t-$분포표를 참고하면 임계값 $t_\alpha = -2.132$를 얻을 수가 있다. 따라서 기각역은 그림 3.35의 회색 부분이며, 귀무가설 하에서의 검정통계량 $T(X) = .8$은 채택역에 속하므로 귀무가설은 채택된다.

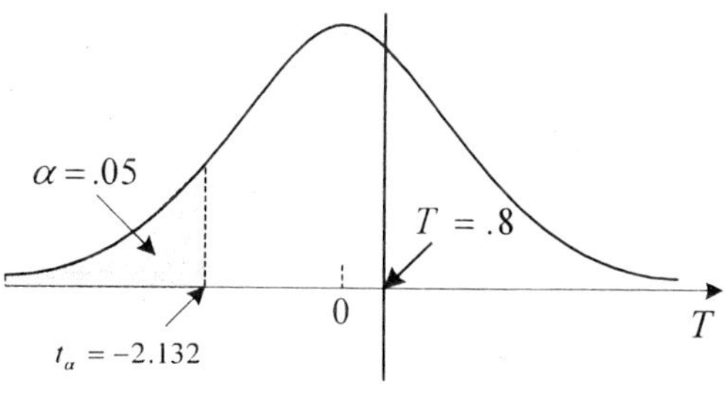

그림 3.35: 유의수준 $\alpha = .05$인 단측검정용 $t-$분포도

결국 유의도 $\alpha = .05$ 수준에서 5명의 운동선수에게 다이어트 프로그램을 한 달동안 실시한 후 몸무게를 줄이는데 기여를 못했다. 즉, "다이어트 프로그램을 실행하기 전후의 몸무게의 변화는 없다"가 된다.

□□□

라. 단일집단의 모분산에 대한 검정

단일집단의 모분산 σ^2에 대한 검정은 모집단의 분포가 정규분포 $N(\mu, \sigma^2)$를 따른다는 가정하에, 모분산 σ^2이 특정값 σ_0^2과 같은가에 대한 검정이 된다.

단일집단의 모분산에 대한 검정에 있어 검정통계량은 표본분산 S^2을 이용한다. χ^2−분포에서 설명했듯이 모집단이 $N(\mu, \sigma^2)$일 때, 이 모집단으로부터 n개의 표본 $(X_1, X_2, \ldots, X_n)$에 대해 다음과 같은 식이 성립이 된다.

$$S^2 = \sum_{i=1}^{n} \frac{(X_i - \overline{X})^2}{n-1}$$

$$\therefore \quad \frac{(n-1)S^2}{\sigma^2} = \sum_{i=1}^{n} \left(\frac{X_i - \overline{X}}{\sigma} \right)^2 \sim \chi^2_{n-1}$$

즉, $\dfrac{(n-1)S^2}{\sigma^2}$은 자유도 $n-1$인 χ^2−분포를 따르게 된다. 모분산 σ^2에 대한 검정은 검정통계량이 표본분산 S^2이며, 이 검정통계량이 χ^2−분포를 따른다는 사실을 제외하고는 단일집단의 모평균 μ에 대한 검정과 같다. 모분산 σ^2에 대한 검정 과정은 다음과 같다.

(1단계: 가설의 설정) 귀무가설 H_0와 대립가설 H_1을 다음과 같이 설정한다.

$$H_0 : \sigma^2 = \sigma_0^2$$
$$H_1 : \sigma^2 \neq \sigma_0^2 \quad \text{(양측검정용)}$$
$$\sigma^2 < \sigma_0^2 \quad (\text{또는} \quad \sigma^2 > \sigma_0^2) \quad \text{(단측검정용)}$$

여기에서 σ_0^2는 구체적으로 주어지는 특정한 값이며, H_1에 주어지는 세 가지 다른 가설은 가설 검정에서 알고자하는 목적에 따라 결정된다.

(2단계: 검정통계량과 분포) 표본분산 S^2으로 부터 다음과 같은 식이 성립된다.

$$S^2 = \frac{1}{n-1} \sum_{i=1}^{n} (X_i - \overline{X})^2, \qquad \frac{(n-1)S^2}{\sigma^2} \sim \chi^2_{n-1}$$

그러므로 귀무가설 $(\sigma^2 = \sigma_0^2)$하에서의 검정통계량 $T(X)$는 다음과 같이 되니,

$$T(X) = \frac{(n-1)S^2}{\sigma^2} \sim \chi^2_{n-1}$$

즉, 검정통계량 $T(X)$가 χ^2_{n-1}−분포를 따르고 있으니 χ^2− 검정이 된다.

(3단계: 검정) 유의수준 α를 정하고, 검정의 종류에 따라 기각역을 설정한다. 귀무가설 하에서 구한 검정통계량의 값을 이용하여, 이 값이 기각역에 속하면 귀무가설 H_0를 기각하고, 기각역에 속하지 않으면 귀무가설 H_0를 채택한다.

예제 3.28 바둑돌은 흑돌과 백돌이 있으며, 바둑돌의 직경은 평균 20밀리미터이고 두께는 7밀리미터 이상인 8~8.5밀리미터가 된다. 흑돌 181개, 백돌 180개를 1세트로 하여 시중에서 판매를 하고 있다. 일반적으로 흑돌의 직경이 백돌보다 0.2밀리미터 더 크다.

어느 문구점에서 바둑돌을 구입하여 흑돌 20개에 대한 직경을 조사한 후, 표본분산을 계산하였더니 .09밀리미터로 조사되었다. 바둑돌의 직경의 분산이 1밀리미터 이하이면 바둑돌을 구입하려고 하는데, 이에 대한 구입여부를 유의수준 5% 수준에서 결정하시오.

예제 3.28 예시답안

(1단계: 가설의 설정) 모분산 σ^2이 1밀리미터 이하인가를 검정하는 것이니, 귀무가설 H_0와 대립가설 H_1을 다음과 같이 설정한다.

$$H_0 : \sigma^2 = 1 \quad (\text{즉, 분산이 1밀리미터이다})$$
$$H_1 : \sigma^2 > 1 \quad (\text{즉, 분산이 1밀리미터 초과이다})$$

귀무가설은 단순가설이 아닌 오른쪽 단측검정이 된다.

(2단계: 검정통계량과 분포) $n = 20$에 대한 표본분산 $S^2 = .09$이니, 검정통계량은 다음과 같이 계산되어진다.

$$T(X) = \frac{(n-1)S^2}{\sigma^2} = \frac{(20-1) \times .09}{1} = 1.71$$

(3단계: 검정) 자유도 $d.f. = 20 - 1 = 19$이고 유의수준 $\alpha = .05$이니 부록 G에 있는 χ^2−분포표에서 유의확률은

$$P(\chi^2_\alpha \geq 30.144) = .05$$

이니, 기각역은 그림 3.36의 회색 부분인 $P(\chi^2 \geq 30.144) = .05$이 된다.

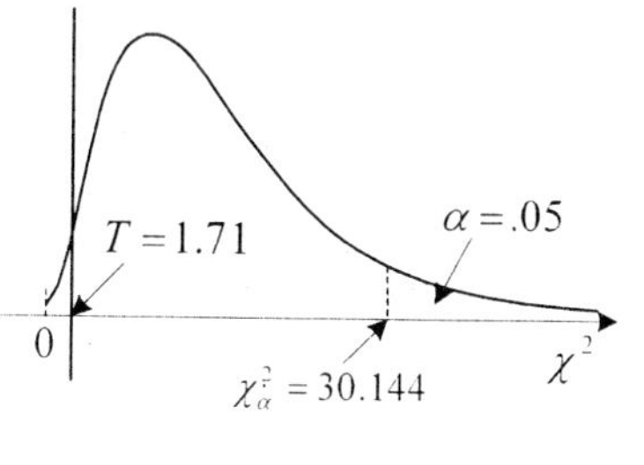

그림 3.36: 유의수준 $\alpha = .05$인 오른쪽 단측검정용 χ^2−분포도

그림 3.36에서 보듯이 $T(X) = 1.71$은 채택역에 속하므로 귀무가설 H_0를 채택한다. 결국 유의수준 5%라는 전제에서 결정할 때 모분산이 1밀리미터로 추정되니 "현재의 문구점에서 바둑돌을 구입하면 된다"가 된다.

□□□

마. 두 모분산의 동일성에 대한 검정

F−분포는 '두 개의 독립된 χ^2−분포의 비율에 의해 정의되는 확률분포'이며, 두 모분산의 동일성에 대한 검정에서의 검정통계량 F는 F−분포를 따른다.

$$F = \frac{S_1^2/\sigma_1^2}{S_2^2/\sigma_2^2} \sim F_{(n_1-1,n_2-1)}$$

두 표본분산에 의해 정의된 확률변수 F가 $F_{(n_1-1,n_2-1)}$을 따른다는 사실을 제외하고는 여타 검정과 유사하며, 두 모분산의 동일성에 대한 검정과정은 다음과 같다.

(1단계: 가설의 설정) 귀무가설 H_0와 대립가설 H_1을 다음과 같이 설정한다.

$$\begin{aligned} H_0 &: \sigma_1^2 = \sigma_2^2 \\ H_1 &: \sigma_1^2 \neq \sigma_2^2 \quad (\text{양측검정용}) \\ &\quad \sigma_1^2 > \sigma_2^2 \quad (\text{단측검정용}) \end{aligned}$$

여기에서 단측검정용 $\sigma_1^2 < \sigma_2^2$은 고려하지 않는다. 그 이유는 표본분산 S_1^2, S_2^2에서 큰 값을 분자에 두기 때문에, 즉 $\sigma_1^2 > \sigma_2^2$을 전제로 한 것이기 때문에 $\sigma_1^2 < \sigma_2^2$인 경우는 고려하지 않는다[2].

(2단계: 검정통계량과 분포) 두 표본분산 S_1^2, S_2^2으로 부터 다음과 같은 식이 성립된다.

$$F = \frac{S_1^2/\sigma_1^2}{S_2^2/\sigma_2^2} \sim F_{(n_1-1,n_2-1)}$$

그러므로 귀무가설 $(\sigma_1^2 = \sigma_2^2)$하에서의 검정통계량 F는 다음과 같다.

$$F = \frac{S_1^2}{S_2^2} \sim F_{(n_1-1,n_2-1)}$$

즉, 검정통계량 F는 자유도가 $(n_1 - 1, n_2 - 1)$인 F−분포를 따른다.

(3단계: 검정) 유의수준 α를 정하고, 검정의 종류에 따라 기각역을 설정한다. 귀무가설 하에서 구한 검정통계량의 값을 이용하여, 이 값이 기각역에 속하면 귀무가설 H_0를 기각하고, 기각역에 속하지 않으면 귀무가설 H_0를 채택한다.

예제 3.29 두 문구점 A, B에서 바둑돌을 각각 10, 11세트를 구입하여 흑돌 20개에 대한 직경을 조사한 후, 표본분산을 계산하였더니 $S_A^2 = .025$, $S_B^2 = .095$가 되었다. 이 경우 두 문구점에서 구입한 흑돌의 분산이 같다고 말할 수 있는지를 유의수준 10%에서 검정하시오.

예제 3.29 예시답안

(1단계: 가설의 설정) 두 모분산 σ_A^2, σ_B^2이 같은지를 검정하는 것이니, 양측검정용 귀무가설 H_0와 대립가설 H_1을 다음과 같이 설정한다.

$$H_0 : \sigma_A^2 = \sigma_B^2 \quad \text{(즉, 같다)}$$
$$H_1 : \sigma_A^2 \neq \sigma_B^2 \quad \text{(즉, 같지 않다)}$$

(2단계: 검정통계량과 분포) $S_A^2 = .025$, $S_B^2 = .095$이니 검정통계량은 다음과 같이 계산되어진다.

$$F = \frac{S_1^2}{S_2^2} = \frac{.095}{.025} = 3.8$$

(3단계: 검정) 유의수준 $\alpha = .10$에서의 양측검정이니, 부록 H에서 자유도 $(n_B - 1, n_A - 1) = (10, 9)$인 $F-$분포표에서의 유의확률은

$$P(F > 3.02) = .05\,(= \alpha/2)$$

이니, 기각역은 그림 3.37의 회색 부분이 된다.

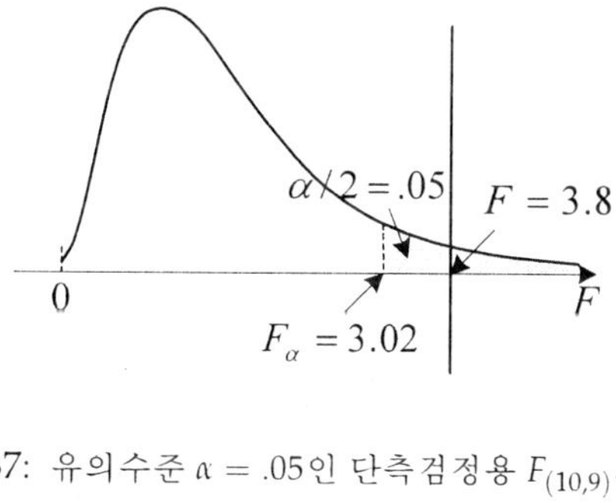

그림 3.37: 유의수준 $\alpha = .05$인 단측검정용 $F_{(10,9)}$의 분포도

그림 3.37에서 보듯이 $F = 3.8$은 기각역에 속하므로 귀무가설 H_0는 기각되고 대립가설 H_1은 채택된다. 결국 유의수준 10%라는 전제에서 결정할 때 "두 문구점에서 구입한 흑돌의 분산은 같지 않다"라고 볼 수 있다.

□□□

제 III 편

PASW 18.0 활용 통계분석

"PASW Statistics is a tool which enhances the power of advanced statistical analysis in your hands."- software.informer.

4

PASW 개요

PASW(Predictive Analytics SoftWare) 18.0은 예전 SPSS(Statistical Package for the Social Sciences)를 지칭하며, 체육학을 포함한 사회과학을 연구하는 사람들에게 필요한 통계 분석과 다양한 옵션을 포괄적으로 제공하는 통계 프로그램이다.

제 1 절 SPSS 창과 파일의 종류

SPSS의 창(window)은 그림 4.1에서 보듯이 화면 상단에 있는 '메뉴표시줄'을 공통으로 포함하는 3개의 창인 (1) 데이터편집창(Data Editor), (2) 출력결과창 (Output Viewer), (3) 명령편집창(Syntax Editor)으로 구성되어 있다. 참고로 그림 4.1은 PASW 18.0의 [데이터편집] 창을 보여주고 있다.

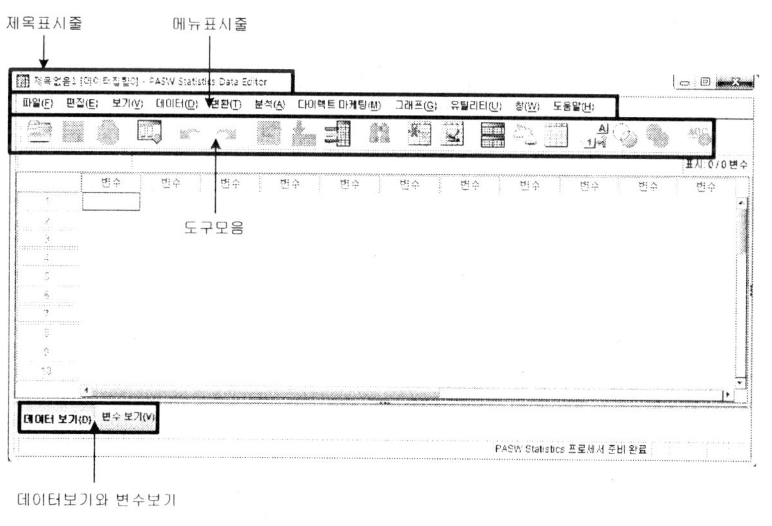

그림 4.1: PASW 18.0 내의 [데이터편집] 창

가. [데이터편집] 창

[데이터편집] 창은 데이터를 열람, 수정, 삭제 및 추가하는데 사용된다. 편집하고자 하는 SPSS 데이터 파일을 불러온 후의 [데이터편집] 창에 보이는 파일은 임시 파일이 되며, [파일]→[저장(또는 다른이름으로저장)]을 클릭하여 파일이 저장되기 전까지 편집된 내용은 자동으로 저장되지 않는다. 참고로 데이터 파일의 확장자는 .sav가 된다.

[데이터편집] 창에서 여러 종류의 파일들을 불러오기 위해서는 [파일]→[열기]→[데이터]를 클릭하면 된다. 즉, 확장자가 .sav가 아닌 파일(예: Excel, Stata 또는 SAS 파일 등)들도 불러올 수 있다. 또한 SPSS에서 여러 파일을 동시에 불러올 수 있다.

(1) 제목표시줄

현재 활성화된 파일의 이름이 표시되며, 처음으로 PSAW를 기동하는 경우에는 '제목없음1'로 표시된다. 만약 작업하고자 하는 기존의 데이터 파일을 불러온 경우에는 해당 파일이 제목표시줄에 표시가 된다.

(2) 메뉴표시줄

[데이터편집] 창은 그림 4.2에서 보듯이 파일, 편집, 보기, 데이터, 변환, 분석, 다이렉트마케팅, 그래프, 유틸리티, 창, 도움말의 메뉴로 구성되어 있다.

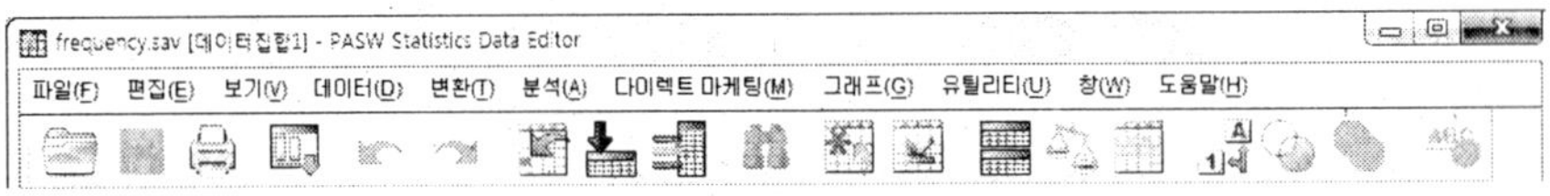

그림 4.2: [데이터편집] 창의 메뉴들

각 메뉴들의 기능은 다음과 같다[6].

- 파일(File): 새로운 파일을 만들거나 기존의 파일을 불러올 수 있다. 또한 .sav의 형식이 아닌 다른 파일도 불러올 수 있으며, 통계처리 결과를 출력하거나 또 다른 형식의 파일로 변환할 수 있다.
- 편집(Edit): 데이터를 편집(즉, 삭제, 수정, 삽입, 추가 등)할 수 있다.
- 보기(View): 데이터편집창 내에 있는 상태표시줄, 도구모음, 글꼴, 격자선 등을 설정하거나 해제할 수 있으며, 변수값 설명이나 데이터 설명에 대한 출력을 제어할 수 있다.
- 데이터(Data): 변수명과 변수의 종류를 설정하거나 변경할 수 있으며, 여러 파일을 하나로 병합할 수도 있다.

- 변환(Transform): 데이터 파일의 변수를 변경하거나 새로운 변수를 생성할 수 있다.
- 분석(Analyze): 각종 통계기법을 이용하여 데이터 파일을 통계분석할 수 있다.
- 다이렉트 마케팅(Direct Marketing): 고객관계 관리에서 복잡한 분석(예: RFM, 군집분석, 잠재고객 프로파일링 분석, 우편번호 응답비율 등)을 손쉽게 수행할 수 있게 해준다.
- 그래프(Graphs): 막대그래프, 파이그래프, 히스토그램 등의 그래프를 작성할 수 있다.
- 유틸리티(Utilities): 데이터 파일이나 변수에 대한 정보를 확인할 수 있다.
- 창(Window): 여러 개의 SPSS 파일을 동시에 불러내어 볼 수가 있다.
- 도움말(Help): SPSS 분석기법이나 SPSS 프로그램에 대한 정보를 대화상자를 통해 얻어낼 수 있다.

(3) 도구모음

자주 사용하는 메뉴들을 모아놓은 곳으로, 간단하게 마우스를 클릭하여 해당 메뉴를 수행할 수 있다.

(4) 데이터보기와 변수보기

데이터보기는 PSAW를 시작할때 보여주는 기본창으로 데이타 파일의 내용을 볼 수 있다. 변수보기는 각 변수들의 변수값, 변수값에 대한 설명, 변수의 형식 등을 보여주며, 필요시 이를 수정할 수가 있다.

나. [출력결과] 창

[출력결과] 창은 통계분석의 결과가 화면에 출력되는 창으로 통계분석을 하게 되면 자동으로 그림 4.3과 같은 [출력결과] 창이 화면에 나타나게 된다. 참고로 출력결과 파일의 확장자는 .spo가 된다.

(1) 제목표시줄

현재 활성화된 출력결과 파일의 이름이 표시되며, 처음으로 출력을 하게 되면 '*출력결과1'로 표시된다. 필요시 출력결과 파일을 원하는 이름으로 저장할 수 있다.

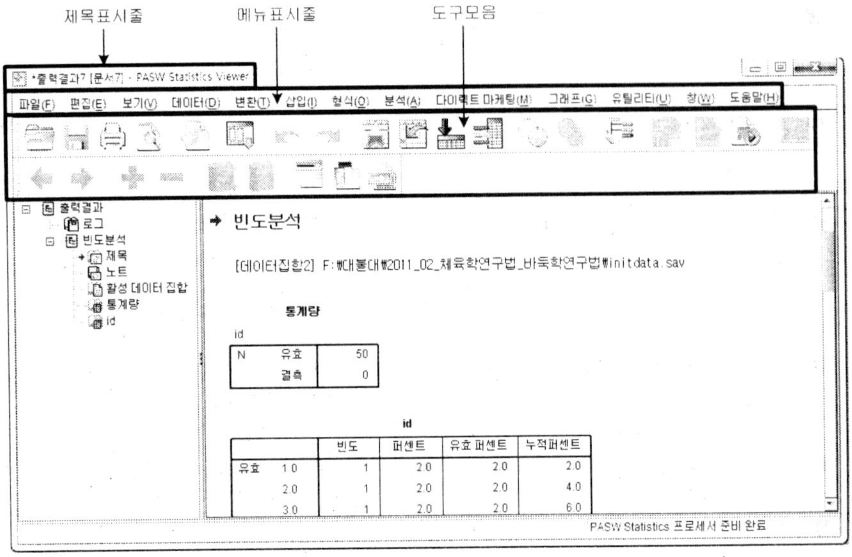

그림 4.3: PASW 18.0 내의 [출력결과] 창

(2) 메뉴표시줄

[출력결과] 창은 그림 4.4에서 보듯이 [데이터편집] 창이 보유하고 있지 않는 삽입, 형식 메뉴를 포함하고 있으며, 반면에 [데이터편집] 창에 있는 데이터, 변환 메뉴를 포함하고 있지 않다.

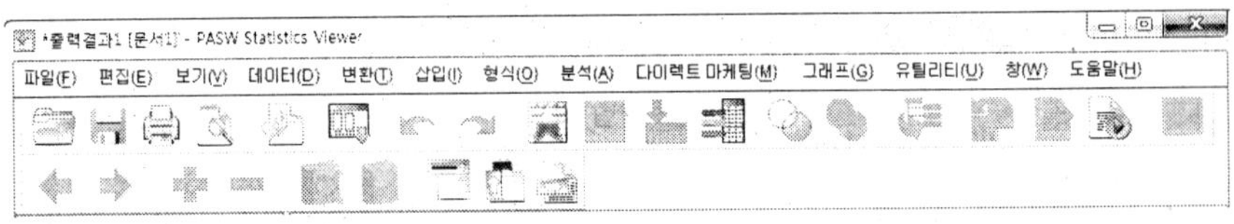

그림 4.4: [출력결과] 창의 메뉴들

삽입, 형식 메뉴의 기능은 다음과 같다.

- 삽입(Insert): 머리말, 표에 대한 설명, 그래프 등을 삽입할 때 사용된다.
- 형식(Format): 프린터로 출력을 하는 경우 표가 위치하는 자리를 지정할 수 있다.

(3) 도구모음

[데이터편집] 창과 같이 자주 사용하는 메뉴들을 모아놓은 곳으로, 간단하게 마우스를 클릭하여 해당 메뉴를 수행할 수 있게 해 놓았다.

다. [명령편집] 창

[명령편집] 창은 메뉴방식으로 통계처리하는 것을 지양하고 그림 4.5에서 보듯이 명령문으로 통계처리를 할 수 있게 해준다. 참고로 명령편집 파일의 확장자는 .sps가 된다.

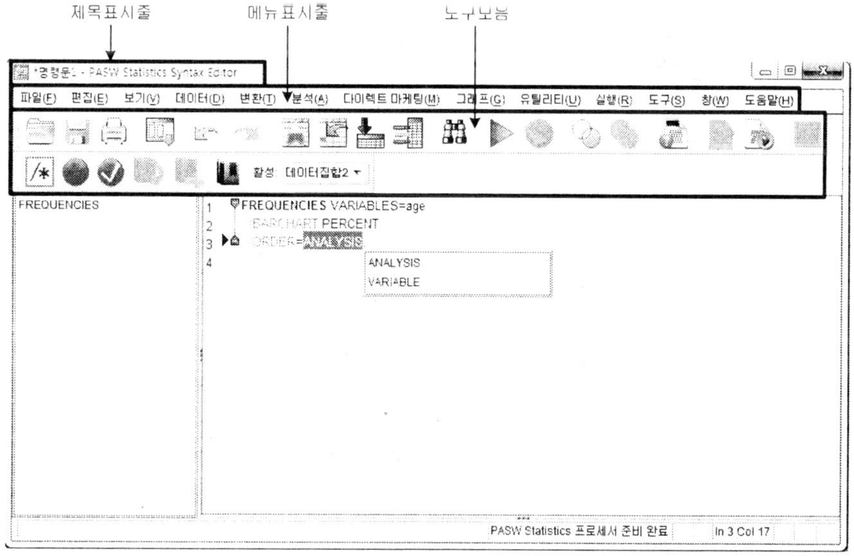

그림 4.5: PASW 18.0 내의 [명령편집] 창

(1) 제목표시줄

현재 활성화된 명령편집 파일의 이름이 표시되며, 처음으로 출력을 하게 되면 '*명령문1'로 표시된다. 명령편집 파일을 원하는 이름으로 저장을 할 수 있다.

(2) 메뉴표시줄

[명령편집] 창은 그림 4.6에서 보듯이 [데이터편집] 창이 보유하고 있지 않는 실행, 도구 메뉴를 포함하고 있다.

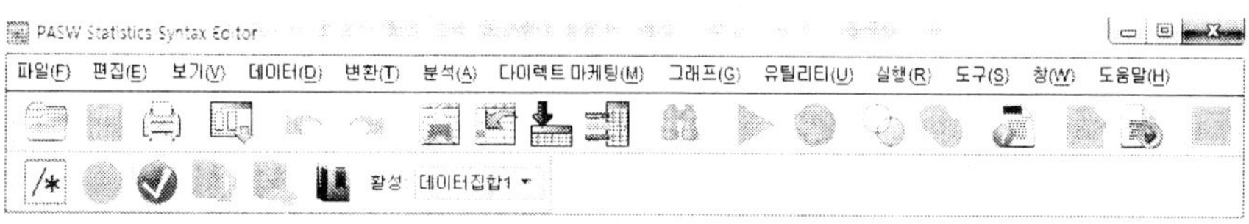

그림 4.6: [명령편집] 창의 메뉴들

실행, 도구 메뉴의 기능은 다음과 같다.

- 실행(Run): 명령문을 실행시켜준다.
- 도구(Tools): 명령문에 대한 편집을 위한 도구가 제공된다.

(3) 도구모음

[데이터편집] 창, [출력결과] 창과 같이 자주 사용하는 메뉴들을 모아놓은 곳으로, 간단하게 마우스를 클릭하여 해당 메뉴를 수행할 수 있다.

5

데이터 입력

통계분석을 하기 위해서는 통계분석할 데이터가 있어야 한다. 데이터는 주로 설문조사를 통해 얻어지는데, 이 데이터를 통계프로그램이 해석할 수 있는 값으로 변환하는 작업을 코딩(coding)이라고 한다. 코딩 과정에서 각 변수에 대한 변수값을 할당하고 결측값(누락값: missing value)에 대한 처리를 해야 한다.

제 1 절 설문지 작성

다음은 데이터 입력을 위해 작성된 설문지의 한 예가 되며, 설문지의 내용은 다음과 같이 설문의 목적, 최소한의 설문항목을 수록하여야 한다.

> **대학생 용돈 및 소비현황 조사**
>
> 안녕하십니까? 저희는 ○○대학교 □□학과 학생입니다.
> 우리대학교 대학생 용돈 및 소비현황에 관한 설문조사를 하오니, 바쁘시더라도 잠시만 시간을 내어주시면 고맙겠습니다.
> 귀하께서 응답하신 답변은 컴퓨터를 이용하여 통계 자료만으로 사용되며, 절대 외부에는 알려지지 않습니다.(솔직한 의견과 성실한 답변을 부탁 드립니다.)
>
> 2012년 05 월 16일
>
> ○○대학교 □□학과
> 문의 전화: ☏ 010-1234-5678

1. 귀하의 성별은 무엇입니까? ① 남자 ② 여자

2. 귀하는 몇 학년입니까? ( )학년

3. 귀하는 무슨 학과에 재학 중에 있습니까? (학과)

4. 귀하의 월평균 용돈은 얼마입니까?
① 10만원 미만 ② 10~20만원 ③ 20~30만원 ④ 30~40만원 ⑤ 40만원 초과

5. 용돈은 어떻게 마련하고 계십니까?
① 전액 부모님으로 부터 ② 전액 아르바이트로 ③ 부모님과 아르바이트로

6. 자신의 용돈에 비해 소비하는 지출의 정도는 어떻다고 생각하십니까?
① 지출이 더 많다 ② 적당하다 ③ 지출이 더 적다

7. 귀하는 주로 용돈을 어디에 사용하십니까?
① 식비 ② 유흥비 ③ 여가활동비 ④ 통신비 ⑤ 쇼핑 ⑥ 기타(교통, 도서비 등)

8. 귀하는 용돈액수에 만족하십니까?
① 매우 만족 ② 만족 ③ 보통 ④ 불만 ⑤ 매우 불만

9. 귀하는 저축을 하고 계십니까? ① 한다 ② 안 한다

□ 설문에 응해주셔서 감사합니다.

제 2 절 데이터 코딩

수집된 설문조사의 데이터 코딩을 하기 위해서는 각 변수에 대한 변수명 및 응답내용에 따른 코드값을 다음과 같은 예로 정의할 수 있다.

순번	설문내용	변수명	응답내용에 따른 코드값
1	성별	Sex	1:남자, 2:여자
2	학년	Year	1:1학년, 2:2학년, 3:3학년, 4:4학년
3	학과	Dept	1:간호학, 2:경찰학, 3:체육학, 4:물리치료학, 5:뮤지컬학, 6:언어청각학, 7:영어교육학
4	용돈액수	Amount	1:<10만원, 2:10∼20만원, 3:20∼30만원, 4:30∼40만원, 5:>40만원
5	조달방법	Supply	1:전액 부모, 2:전액 알바, 3:부모 및 알바
6	지출정도	Extent	1:더 많다, 2:적당하다, 3:더 적다
7	사용처	Usage	1:식비, 2:유흥비, 3:여가활동비, 4:통신비, 5:쇼핑비, 6:기타
8	만족도	Satisfy	1:매우만족, 2:만족, 3:보통, 4:불만, 5:매우불만
9	저축여부	Saving	1:한다, 2:안 한다

참고로 ○○대학교 학생(전체 약 4,000여명)중 60명(남 19명, 여 41명)을 무작위로 표본추출하였더니, 설문에 응한 학년은 1학년 21명, 2학년 8명, 3학년 12명, 4학년 19명이었으며, 학과는 간호학과 5명, 경찰학과 12명, 체육학과 21명, 물리치료학과 9명, 뮤지컬학과 1명, 언어청각학과 10명, 영어교육학과 2명이 되었다. 회수된 설문지를 근거로 엑셀의 워크시트에 표 5.1, 5.2와 같이 작성하였다.

ID	Sex	Year	Dept	Amount	Supply	Extent	Usage	Satisfy	Saving
1	1	4	2	3	3	2	1	3	1
2	1	4	2	3	3	1	3	2	2
3	1	1	2	3	3	2	1	2	1
4	1	3	2	4	3	2	3	3	2
5	2	1	2	4	1	2	1	3	1
6	2	1	2	3	1	1	1	4	2
7	2	1	2	4	1	1	1	4	2
8	2	1	2	3	1	1	1	4	2
9	2	3	2	4	1	2	3	2	2
10	1	1	7	5	3	1	3	2	2
11	2	4	6	3	1	2	1	2	1
12	2	4	6	2	1	1	1	4	2
13	2	4	6	5	3	2	6	2	2
14	2	4	6	4	1	1	1	4	2
15	2	2	6	5	3	1	1	3	2
16	2	1	6	2	1	2	1	2	2
17	2	1	6	1	1	2	1	3	2
18	2	1	6	1	1	2	1	2	1
19	2	1	6	5	1	1	0	1	2
20	2	1	6	1	3	3	6	1	1

표 5.1: 통계분석을 위한 코딩자료 1

ID	Sex	Year	Dept	Amount	Supply	Extent	Usage	Satisfy	Saving
21	2	1	3	3	1	2	0	3	1
22	2	2	3	4	1	1	4	3	2
23	2	1	3	4	1	1	2	1	2
24	2	1	3	1	1	1	2	3	2
25	2	1	3	1	1	1	6	3	2
26	2	4	3	2	3	2	0	3	1
27	1	4	7	3	1	2	1	3	2
28	2	1	3	2	3	1	0	5	2
29	2	2	3	3	3	2	5	4	2
30	2	2	3	4	1	1	0	0	2
31	1	4	3	4	2	3	3	2	1
32	1	4	3	3	1	2	3	2	2
33	1	3	3	1	2	3	6	3	1
34	2	3	3	2	1	1	0	3	2
35	1	4	3	4	2	1	6	3	2
36	2	2	3	5	1	1	0	1	2
37	2	4	2	3	1	1	1	4	2
38	1	1	3	3	1	1	6	3	2
39	1	4	2	3	3	1	3	3	2
40	2	1	3	3	1	2	1	2	2
41	1	3	4	3	2	1	3	4	2
42	2	3	4	3	1	1	3	3	2
43	2	3	4	2	1	3	1	3	1
44	2	3	4	3	1	1	1	4	2
45	2	3	4	3	3	1	0	2	1
46	2	3	4	4	2	2	3	2	1
47	2	3	4	2	3	3	1	3	1
48	2	4	1	3	3	1	1	4	2
49	2	4	1	4	1	2	6	2	1
50	2	4	1	3	1	1	5	3	2
51	2	1	5	0	1	3	1	1	1
52	1	2	4	4	1	1	1	1	2
53	1	2	3	4	1	1	3	1	2
54	2	4	1	3	1	2	0	2	2
55	2	1	3	4	3	2	5	3	2
56	1	3	4	2	3	2	3	3	2
57	2	4	1	3	1	1	5	3	2
58	1	2	3	3	1	1	3	3	2
59	1	4	3	1	2	2	1	3	2
60	1	1	7	4	1	1	1	4	2

표 5.2: 통계분석을 위한 코딩자료 2

참고로 설문항목에 표기를 안한 경우나 잘못 표기한 경우에는 코드값을 ‘0’ 으로 처리하였다.

제 3 절 [데이터편집] 창에서 직접 입력

데이터의 양이 적은 경우에는 [데이터편집] 창에서 데이터를 직접 입력하는 것이 효율적이다. 한 예로, 어느 학급의 A, B, C 세 학생의 국어, 영어, 수학의 성적이 다음과 같은 경우, 이를 [데이터편집] 창에서 직접 입력해 보자.

$$A(50, 50, 50), \qquad B(40, 50, 60), \qquad C(0, 50, 100)$$

가. 데이터 입력

그림 5.1에서 보듯이 [데이터편집] 창을 열고 입력코자하는 셀을 선택한 후 해당 데이터를 입력하면 된다.

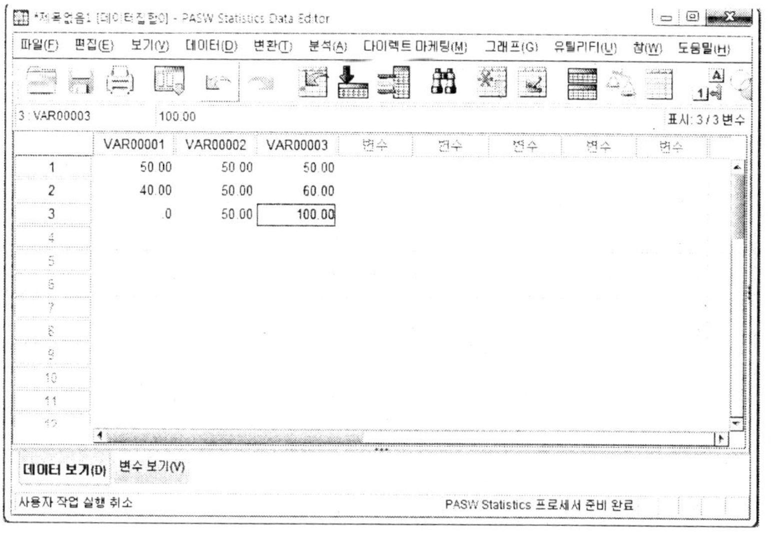

그림 5.1: [데이터편집] 창을 이용한 데이터 입력 장면

첫 번째 열에 데이터를 입력하게되면 자동적으로 'VAR00001'이라는 변수명이 생성이 되며, 그 다음 열의 변수명은 'VAR00002'가 된다. 참고로 행에 있는 숫자는 입력된 데이터의 개수가 된다.

데이터 파일은 케이스(또는 행)와 변수(또는 열)들로 구성되어 있다. 한 예로, 그림 5.1에 있는 데이터를 살펴보면 케이스 1, 2, 3은 설문에 응한 세 명의 학생인 A, B, C가 되며, 변수는 설문의 각 문항인 국어, 영어, 수학에 해당되는 VAR00001, VAR00002, VAR00003이 된다.

나. 데이터 저장

데이터의 입력이 끝난 후 그림 5.2에서 보듯이 메뉴의 [파일]→[저장]을 클릭하여 대화상자가 나타나면 저장위치 및 파일이름을 설정하여 입력된 데이터를 저장하면 된다.

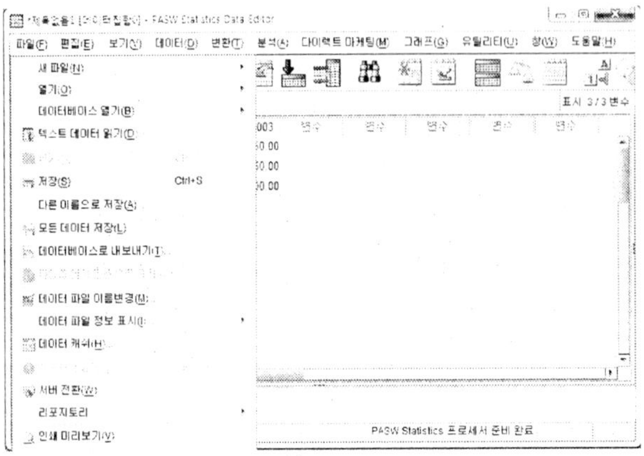

그림 5.2: [데이터편집] 창을 이용한 데이터 저장 장면

참고로 [데이터편집] 창에서 데이터를 직접 입력하여 저장하게 되면 데이터 파일의 확장자는 .sav가 된다.

다. 데이터 불러오기

데이터 파일의 확장자가 .sav인 데이터를 불러오기 위해서는 그림 5.3에서 보듯이 메뉴의 [파일]→[열기]→[데이터]를 클릭하면 대화상자가 나타나게 되는데, 이때 데이터가 있는 위치 및 불러올 파일을 선택하여 불러오면 된다.

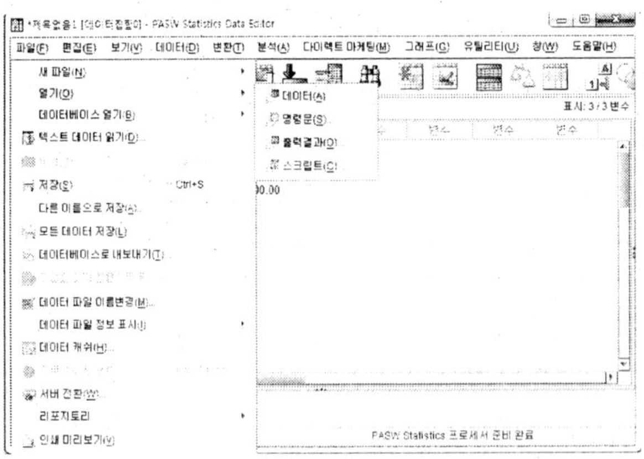

그림 5.3: 확장자가 .sav인 데이터 불러오기

제 4 절 엑셀, 문서편집, 엑세스 등의 데이터 입력

데이터의 양이 비교적 많은 경우에는 [데이터편집] 창에서 데이터를 직접 입력하는 것보다 엑셀 또는 문서편집기 등을 활용하는 것이 효율적이다.

가. 엑셀 또는 문서편집기에서 데이터 입력

그림 5.4는 엑셀을 이용하여 데이터를 입력하는 장면을 보여주고 있다.

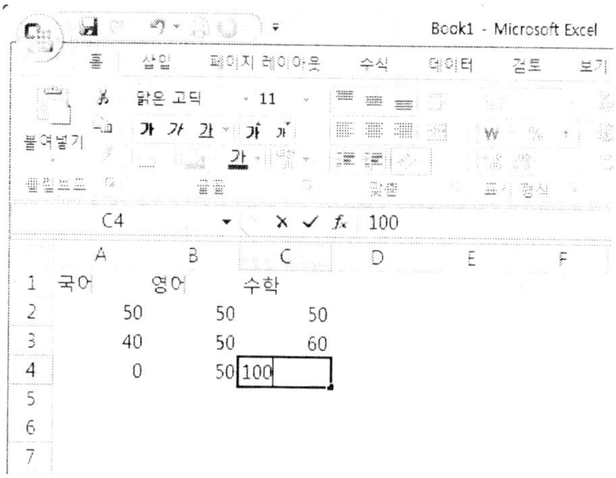

그림 5.4: 엑셀을 이용한 데이터 입력

엑셀을 실행한 후 그림 5.4에서 보듯이 첫 번째 행에서 변수명[xvi]을 입력한다. 이후 변수에 해당되는 값들을 입력하게 되면 된다. 참고로 그림 5.5는 메모장(Notepad)이라는 문서편집기에서 탭(tab)[xvii] 키를 이용하여 데이터를 입력한 장면이 된다.

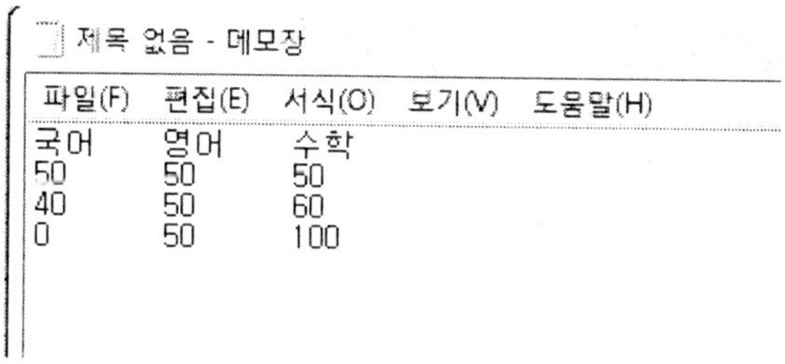

그림 5.5: 메모장을 이용한 데이터 입력

[xvi]SPSS에서 이를 '열머리글(column headings)'이라고 하며, 엑셀에서 데이터 입력시 반드시 입력을 해야 할 필수사항은 아니다. [xvii]일반적으로 변수값들의 분리를 위해 주로 탭 또는 콤마(comma)를 사용한다.

나. 데이터 저장

엑셀 또는 문서편집기에서 데이터의 입력이 끝나면 메뉴의 [파일]→[저장]을 클릭하여 저장 위치 및 파일 이름을 설정한 후 입력된 데이터를 저장하면 된다. 참고로 엑셀에서 생성된 데이터 파일의 확장자는 .xlsx가 되며, 문서편집기에서 생성된 데이터 파일의 확장자는 .txt가 된다.

다. 데이터 불러오기

[데이터편집] 창에서 직접 입력된 데이터가 아닌 엑셀로 생성된 데이터 파일을 불러올 수 있다. 메뉴에서 [파일]→[열기]→[데이터]를 클릭한 후, 대화상자를 통해 그림 5.6에서 보듯이 확장자 .xlsx인 해당 파일을 선택한다.

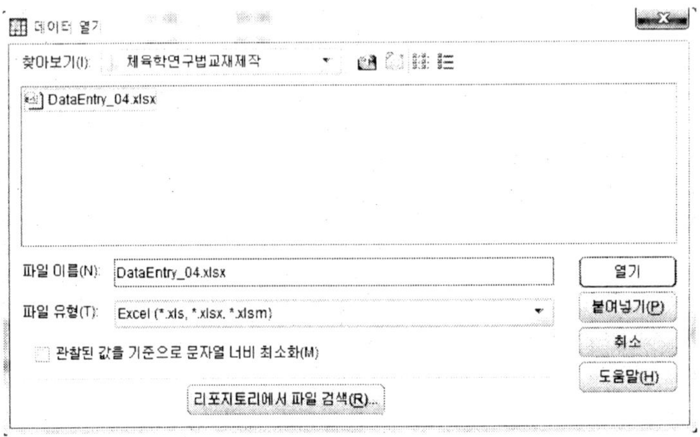

그림 5.6: 엑셀로 생성된 데이터 파일 불러오기

해당 파일을 선택하게 되면 그림 5.7과 같은 [Excel 데이터 소스 열기]라는 대화상자가 나타나게 된다.

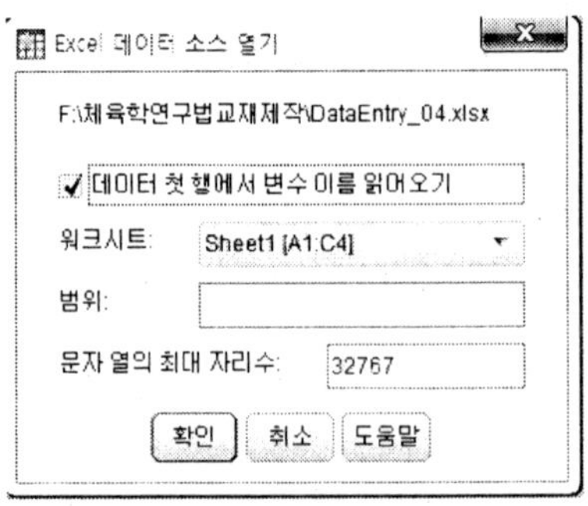

그림 5.7: [Excel 데이터 소스 열기] 대화상자

이 대화상자에서 불러올 셀들을 지정할 뿐만 아니라, 데이터 파일 내 첫 행에 변수명이 포함되었는지 유무를 지정할 수 있다. 또한 엑셀 95이상의 버전에서는 불러올 워크시트를 지정할 수 있다. 만약 워크시트 내에 있는 셀들 중에서 일부 셀을 불러오고 싶은 경우에는 대화상자 내 [범위] 난에서 셀의 범위를 지정해 주면 된다. 대화상자에서 선택사항을 확인한 후 [확인]을 클릭하게 되면 그림 5.8과 같이 엑셀에서 작성된 데이터가 [데이터편집] 창으로 불러오게 된다.

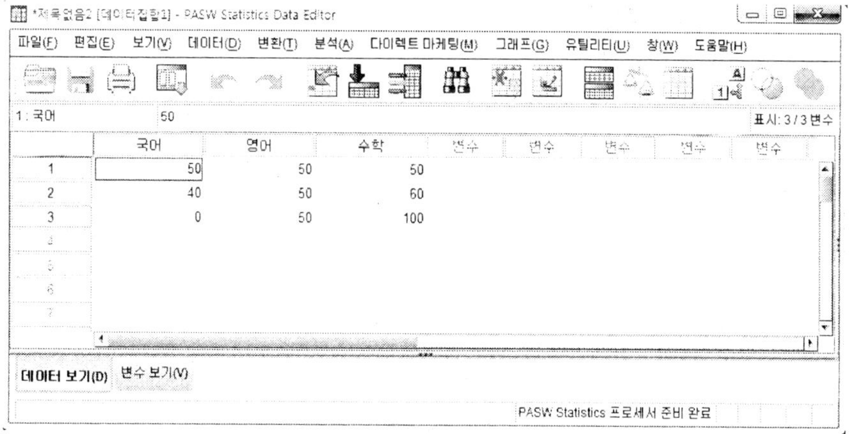

그림 5.8: 엑셀 파일을 [데이터편집] 창으로 불러오기

그림 5.8에서 보듯이 엑셀에서 작성된 열머리글이 변수명으로 변환된 것을 확인할 수 있다. 엑셀로 생성된 데이터 파일이 아닌 텍스트 파일도 [데이터편집] 창으로 불러올 수 있다. 메뉴에서 [파일]→[텍스트 데이터 읽기]를 클릭한 후, 그림 5.9와 같은 [데이터열기] 대화상자를 통해 확장자 .txt인 해당 파일을 선택한다.

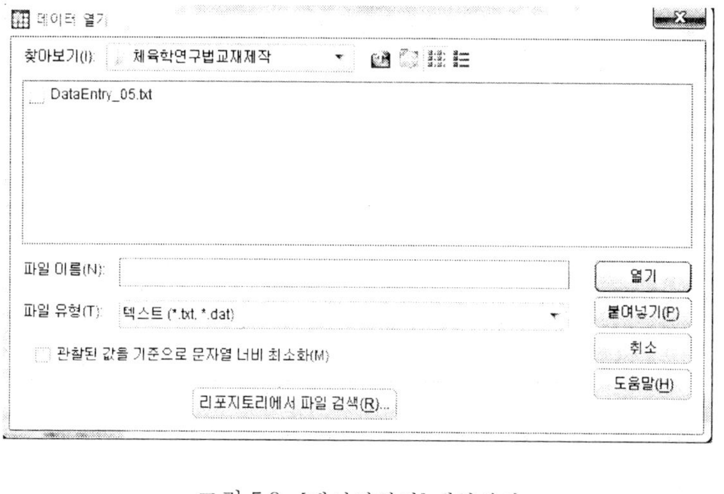

그림 5.9: [데이터열기] 대화상자

[데이터열기] 대화상자에서 해당 파일을 선택한 후, [열기]를 클릭하면 그림 5.10과 같은 [텍스트 가져오기 마법사 - 6단계 중 1단계] 대화상자가 나타나게 된다.

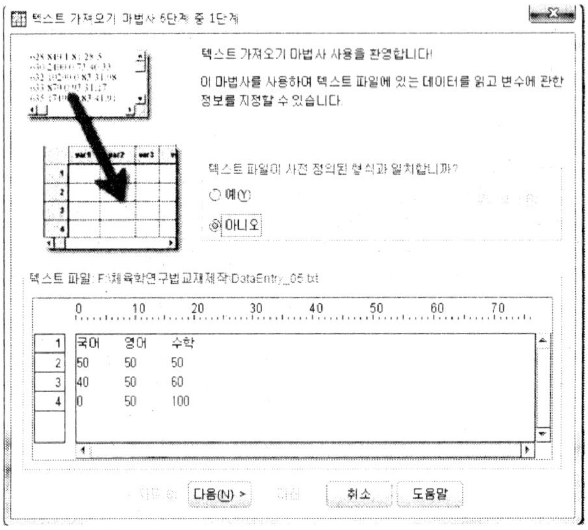

그림 5.10: [텍스트 가져오기 마법사 6단계 중 1단계] 대화상자

1단계에서는 '이미 정해진 형식'이나 '새로운 형식'을 선택할 수 있다. 일반적으로 형식을 지정해주지 않기 때문에 그림 5.10에서 보듯이 '아니오'를 선택한 후, [다음]을 클릭하면 그림 5.11과 같은 2단계 대화상자가 화면에 나타난다.

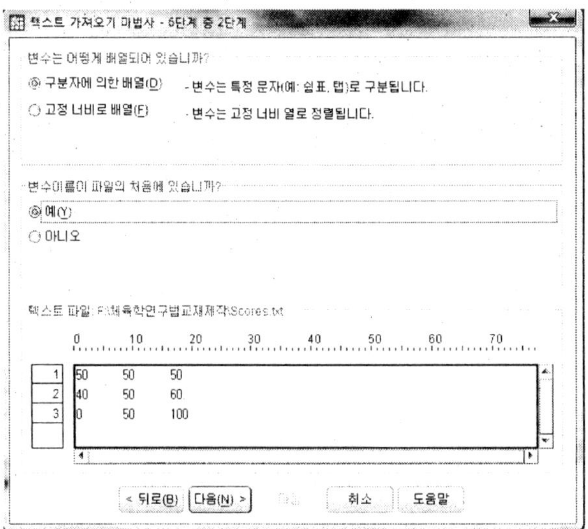

그림 5.11: [텍스트 가져오기 마법사 6단계 중 2단계] 대화상자

메모장으로 생성된 텍스트 파일을 자유형(즉, 탭으로 구분된 형식)이기 때문에 '구분자에 의한 배열'을 선택하고, 변수명이 파일의 맨 상단에 있기 때문에 '예'를 선택한 후, [다음]을 클릭하면 그림 5.12와 같은 3단계 대화상자가 나타난다.

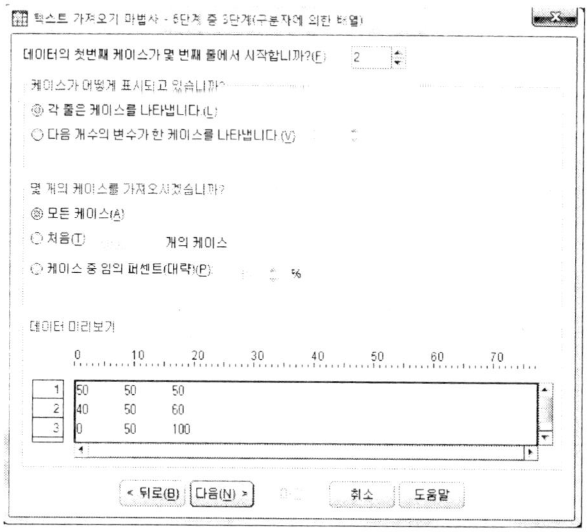

그림 5.12: [텍스트 가져오기 마법사 6단계 중 3단계] 대화상자

텍스트 파일 내의 2번째 행부터 통계 처리할 데이터가 시작되기 때문에 '2'를 선택하고, 나머지 항목은 기본값을 선택한 후 [다음]을 클릭하면 그림 5.13과 같은 4단계 대화상자가 화면에 나타나게 된다.

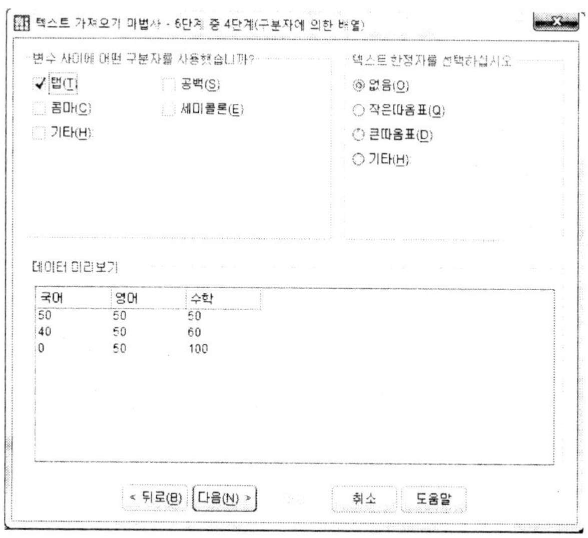

그림 5.13: [텍스트 가져오기 마법사 6단계 중 4단계] 대화상자

4단계 대화상자는 불러올 데이터가 적절하게 읽혀졌는지를 보여준다. '탭'을 선택하고 나머지 선택사항은 선택을 하지 않은 상태에서 [다음]을 클릭하게 되면 그림 5.14와 같은 5단계 대화상자가 화면에 나타나게 된다.

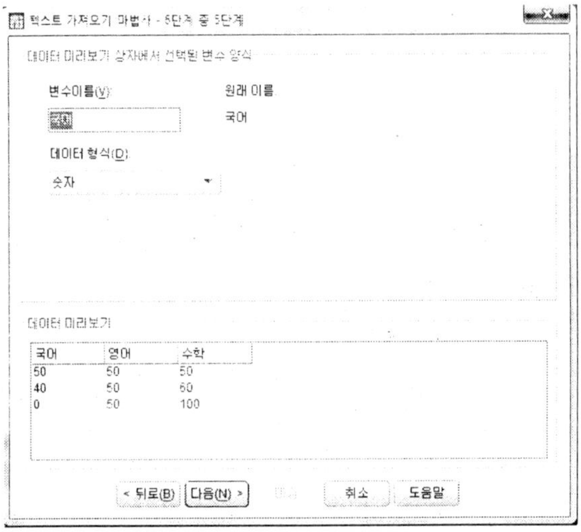

그림 5.14: [텍스트 가져오기 마법사 6단계 중 5단계] 대화상자

길이에 제한을 받아 변수명이 짤리는 경우에는 [변수이름] 상자에서 이를 수정할 수 있다. 또한 [데이터 형식]에서 데이터형(예: 숫자, 문자열, 날짜/시간, 달러, 콤마, 점)도 정의할 수 있다. [다음]을 클릭하게 되면 그림 5.15와 같은 6단계 대화상자가 나타난다.

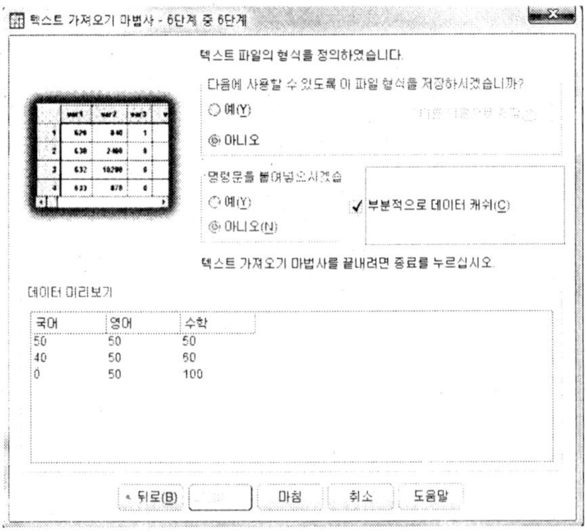

그림 5.15: [텍스트 가져오기 마법사 6단계 중 6단계] 대화상자

대화상자에서 기본값을 유지시킨채 [마침]을 클릭하게 되면 데이터 불러오기 작업이 끝나게 된다.

엑셀 또는 텍스트 파일뿐만 아니라 데이터베이스 내에 있는 데이터도 [데이터베이스 마법사]를 이용하여 쉽게 불러올 수 있다. ODBC(Open Database Connectivity)를 사용하는 모든 데이터베이스는 컴퓨터에 드라이버가 설치된 이후 직접 불러올 수 있다. 가장 많이 사용하는 데이터베이스는 MS Access가 되며 이를 불러오기 위해서는 [파일]→[데이터베이스 열기]→[새 쿼리]를 클릭하면 되고, 클릭한 후의 [데이터베이스 마법사]의 초기 화면은 그림 5.16과 같다.

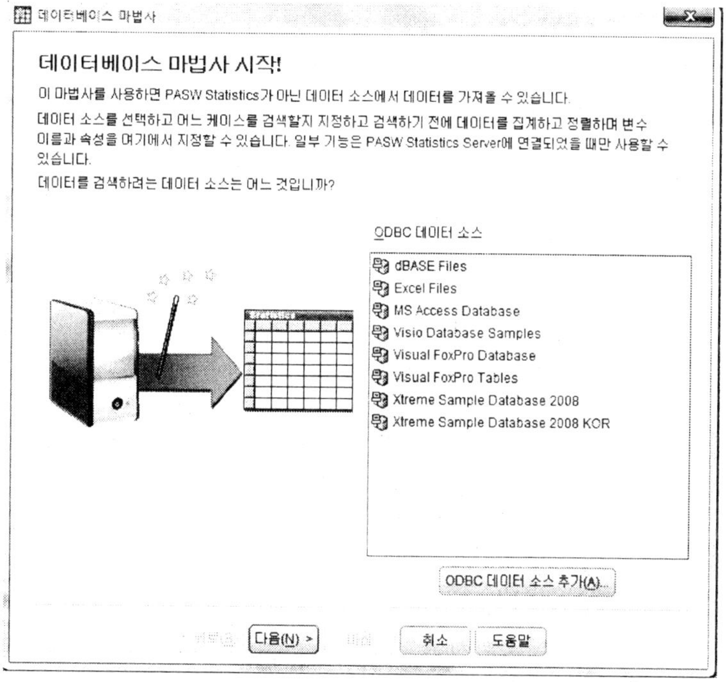

그림 5.16: [데이터베이스 마법사] 초기 화면

6
[데이터편집] 창

[데이터 편집] 창은 활성화된 파일의 내용을 보여주며, [데이터편집] 창 내의 정보는 변수와 케이스로 구성되어 있다.

- 그림 6.1(a)에서 보듯이 [데이터보기] 창에서 열은 변수(variable)들을 나타내며, 행은 케이스(case)들을 나타낸다.

- 그림 6.1(b)에서 보듯이 [변수보기] 창에서 각 행은 각각의 변수가 되며, 각 열은 각 변수와 연관된 속성(attribute)들이 된다.

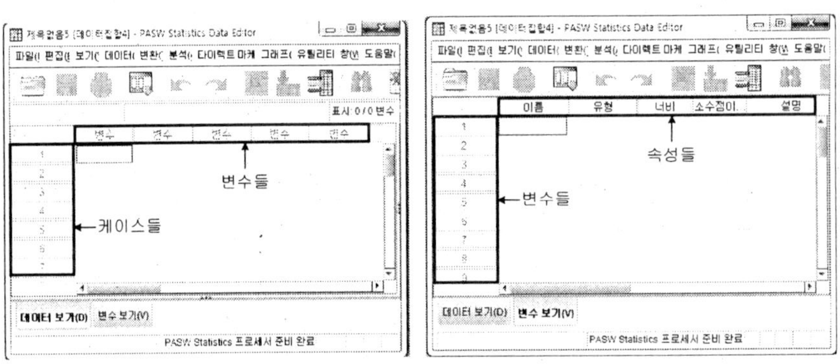

(a) 데이터보기 창　　　　(b) 변수보기 창

그림 6.1: [데이터편집] 창내의 [데이터보기] 탭과 [변수보기] 탭

변수는 모아놓은 데이터의 여러 형태를 표현하는데 사용된다. 설문조사에 있어 각 설문항목은 변수가 되며, 각 변수는 여러가지 형태(예: 숫자, 문자열, 환율, 날짜 등)로 표기를 할 수 있다.

제 1 절 숫자 입력

소량의 데이터나 대량의 데이터의 일부를 수정하는 경우 [데이터편집] 창을 활용하면 된다. [데이터편집] 창을 연 후, 하단에 있는 [변수보기] 탭을 클릭한다. 데이터 입력을 위한 한 예로 3개의 변수(성별, 학년, 용돈액수)만을 다루도록 하자.

그림 6.2에서와 같이 첫 번째 행의 첫 번째 열에서 '성별', 두 번째 행에서 '학년', 세 번째 행에서 '용돈액수'를 변수명('이름')에 입력해 보자.

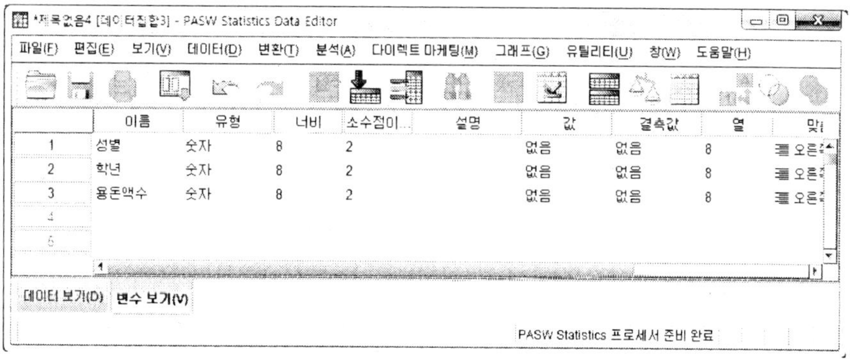

그림 6.2: [변수보기]에서 변수명 입력

새로운 변수명을 입력하게 되면 '유형'은 자동적으로 '숫자'형식으로 지정이 되어진다. 만약 변수명을 입력하지 않는 경우에는 유일한 변수명이 자동적으로 부여된다. 이어서 실제 데이터 값을 입력하기 위해 [데이터보기] 탭을 클릭하게 되면, [변수보기]에 있던 변수명이 [데이터보기]의 첫 번째 행의 제목으로 나타나고 있음을 그림 6.3을 통해 알 수 있다.

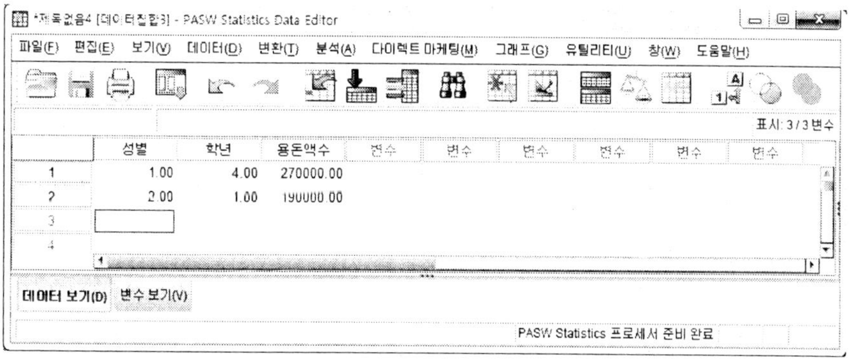

그림 6.3: [데이터보기]에서 데이터 입력

그림 6.3에서와 같이 첫 번째 열에 있는 데이터를 입력하기 위하여 '성별' 행에서 '1', '학년' 행에서 '4', '용돈액수' 행에서 '270000'을 각각 입력해 보자. 이어 두

번째 열에서 '2', '1', '190000'을 순차적으로 입력해 보자. 그림 6.3의 '성별', '학년', '용돈액수' 행을 살펴보면 데이터 값에 필요없는 소수점이 붙어 있는 것을 볼 수 있다. 이를 제거하여 정수로 처리하기 위해서는 그림 6.4에서 보는바와 같이 [변수보기] 탭을 클릭한 후, '소수점이하자리' 열에 있는 숫자값을 '2'에서 '0'으로 변경을 시켜주면 된다. 이는 소숫점 두자리까지 표기를 소숫점없이 데이터 값을 표기하려는 것이다.

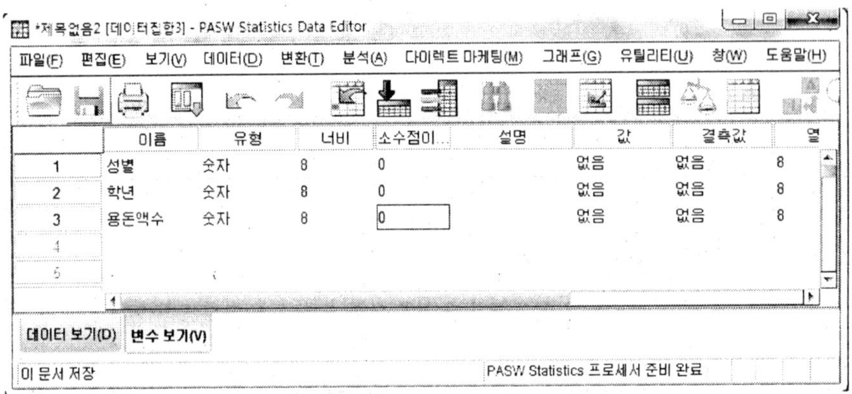

그림 6.4: [변수보기]에서 속성 변경

이후 [데이터보기] 탭을 클릭하여 데이터를 살펴보면 그림 6.5와 같이 '성별', '학년', '용돈액수' 행에 있는 데이터가 소수점이 없는 값으로 변경되어 있음을 알 수 있다.

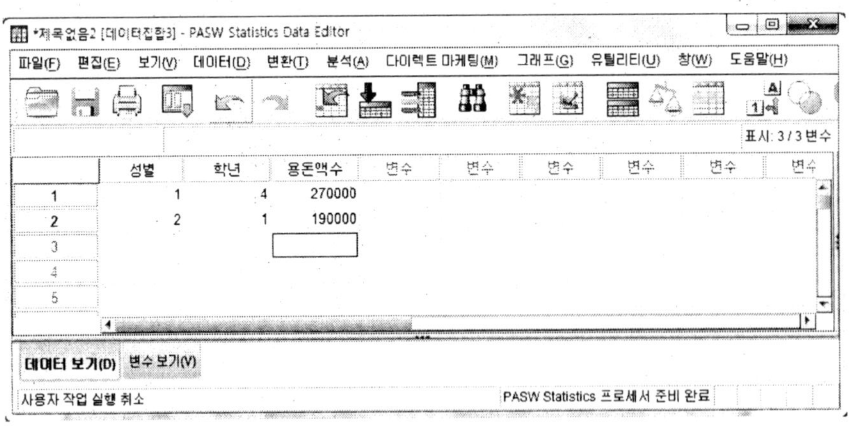

그림 6.5: [데이터보기]로 변경된 데이터 살펴보기

제 2 절 문자열 입력

숫자데이터가 아닌 문자열도 [데이터편집] 창에서 입력을 할 수 있다. 한 예로, 변수 '학과'를 문자열로 처리하여 입력하도록 해 보자. [데이터편집] 창에서 [변수보기] 탭을 클릭한 후, 4번째 행에서 변수명 '학과'를 입력하고, '유형' 셀을 클릭한 후 오른쪽 버튼을 클릭하게 되면 그림 6.6과 같은 [변수유형] 대화상자가 나타난다

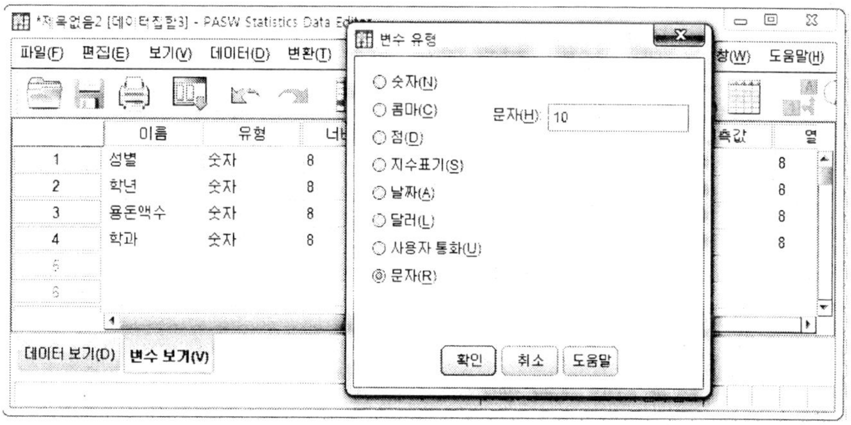

그림 6.6: 문자열 입력을 위한 [변수유형] 대화상자

이때 변수유형을 문자열로 지정하기 위하여 '문자'를 선택하고, 문자열의 크기를 기본값 '8'에서 '10'으로 수정한 후 [확인]을 클릭하여 [데이터편집] 창으로 되돌아가면 문자열을 입력할 수가 있다.

제 3 절 데이터 정의

[변수보기] 탭을 클릭하게 되면 앞서 설명한 데이터 유형을 정의하는 것 이외에도, 다음과 같은 변수명과 데이터 값에 대해 서술적인 변수 설명(label)과 값 설명 등을 정의할 수 있다.

- 이름: 변수명을 지정
- 유형: 데이터의 형식을 지정
- 너비: 변수의 크기를 지정
- 소수점이하자리: 데이터의 소수점 자리수를 지정
- 설명: 변수가 어떠한 것인가를 설명
- 값: 변수값이 의미하는 것이 무엇인가를 설명
- 결측값: 결측값을 적는 부분으로 설문에 응답을 안했거나 무의미한 변수값에 대한 처리
- 열: 기본값은 8이 된다.
- 맞춤: 오른쪽, 왼쪽, 가운데 맞춤이 있다.
- 측도: 척도, 순서, 명목이 된다.
- 역할: 입력, 대상, 모두, 없음, 분할이 된다.

가. 변수 유형과 형식 변경

[유형]은 각 변수에 대한 현재 데이터 유형을 보여준다. 일반적으로 데이터의 유형은 숫자나 문자열이 되나 그림 6.6에서 보듯이 여러가지 유형을 지원을 해 준다.

나. 변수 설명 추가

[설명]은 변수를 서술해 준다. 일반적으로 이러한 서술은 변수명의 길이보다 길기 때문에 255 바이트까지 사용이 가능하다. [데이터편집] 창에서 [변수보기] 탭을 클릭한 후, '성별', '학년', '용돈액수', '학과명'의 [설명] 열에서 각각 '1:남자, 2:여자', '1, 2, 3, 4학년', '1달 용돈의 규모(원)', '소속 학과명'을 그림 6.7에서 보듯이 입력해 보자.

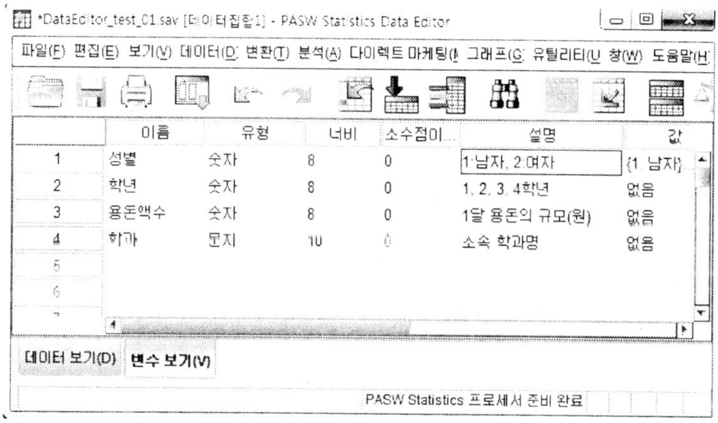

그림 6.7: [변수보기]로 본 [변수설명]

다. 숫자값에 대한 값 설명 추가

[숫자값설명]은 숫자값을 문자열로 변경해 주는 기능이 된다. 그림 6.7에 있는 [성별]은 2가지의 값이 된다. 즉, '1'인 경우에는 '남자'를, '2'인 경우에는 '여자'를 지칭하기로 하자. 이를 위해 [성별] 행의 [값] 셀을 클릭한 후, 셀의 오른쪽 버튼을 클릭하여 [변수값 설명] 대화상자를 그림 6.8과 같이 나타나게 한다.

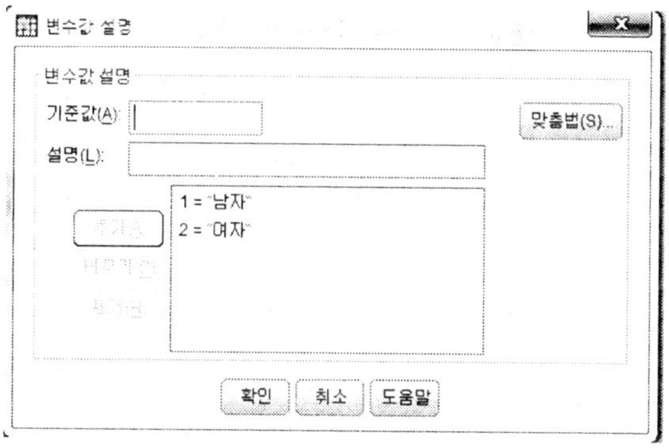

그림 6.8: 숫자 변수값의 설명을 추가하는 [변수값 설명] 대화상자

[기준값]은 실제 숫자값을 나타내며, [설명]은 [기준값]이 한정지어지는 문자열이 된다. [기준값] 난에 '1'을 입력하고, [설명] 난에 '남자'를 입력한 후 [추가]를 클릭한다. 같은 방법으로 [기준값] 난에 '2'를 입력하고, [설명] 난에 '여자'를 입력한 후 [추가]를 클릭하고 최종적으로 [확인]을 클릭한다. 이후 [데이터보기] 탭을 클릭하고, 메뉴에서 [보기]→[변수값설명]을 선택한 후 변경된 내용을 살펴보면 그림 6.9와 같이 [성별] 열의 값이 숫자 '1', '2'가 아닌 '남자'와 '여자'로 변경되었음을 알 수 있다.

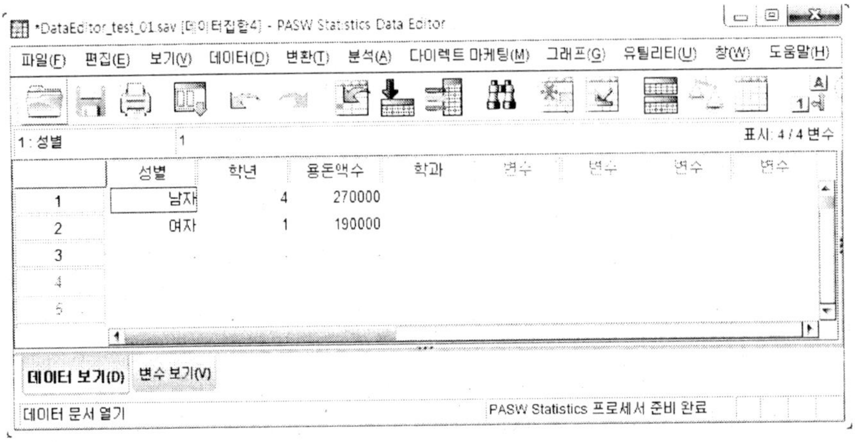

그림 6.9: [데이터보기]에 나타난 [숫자값설명]

라. 문자값에 대한 값 설명 추가

문자값에 대해서도 값 설명을 사용할 수 있다. 한 예로, 성별을 구별하기 위하여 문자 'M', 'F'를 사용한 경우, 'M'을 'Male'로 'F'를 'Female'로 지정하여 사용할 수 있다.

마. 데이터 입력을 위한 값 설명 사용

데이터 입력을 위해 값 설명을 사용할 수 있다. [데이터보기] 탭을 클릭한 후 그림 6.10에서 보듯이 성별 셀에서 오른쪽부분의 버튼을 클릭하고, 드롭다운 리스트를 이용하여 '남자', '여자'를 선택할 수 있다.

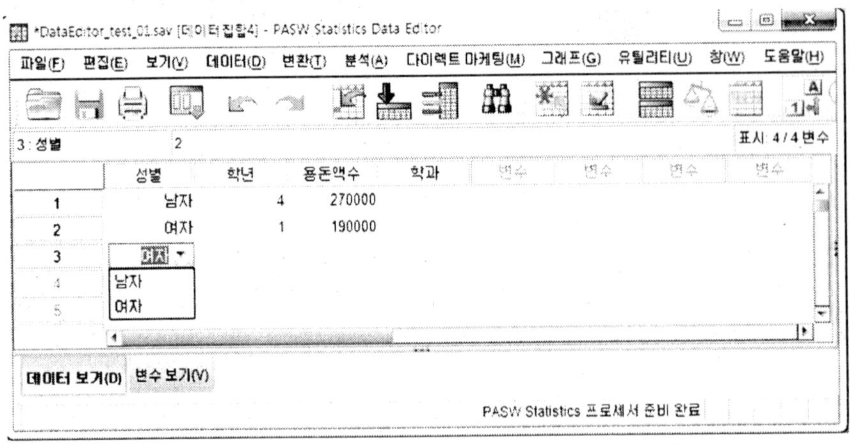

그림 6.10: 변수값 설명을 이용한 데이터 입력

바. 결측값 처리

설문자가 기록을 안한 데이터나 잘못 기록한 데이터에 대한 처리를 적절하게 하여야 엉뚱한 통계 결과를 방지할 수 있다. 결측값 처리를 위해 그림 6.11에서 보듯이 해당 변수에 대한 [결측값]을 선택한 후, 셀 오른쪽의 버튼을 클릭하여 그림 6.11과 같은 [결측값] 대화상자를 불러온다.

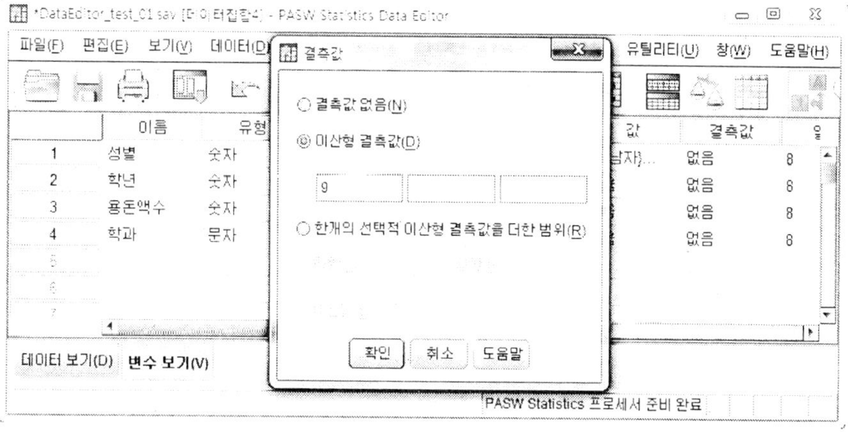

그림 6.11: 결측값 처리를 위한 [결측값] 대화상자

그림 6.11에서 보듯이 대화상자를 통해 '결측값 없음'을 선택하여 결측값 처리를 안할 수가 있고, '이산형 결측값'을 선택하여 3개까지 이산형 결측값을 정의할 수도 있고, 더 많은 결측값이 있는 경우에는 '한개의 선택적 이산형 결측값을 더한 범위'를 선택한 후 결측값의 범위와 1개의 이산형 결측값을 추가할 수 있다. 그림 6.11과 같이 '이산형 결측값'을 선택하고, 첫 번째 텍스트 상자에서 '9'를 입력한 후 나머지 2개의 텍스트 상자는 그냥 나둔다. 이 경우 만약 설문자가 성별을 기입 안한 경우에는 '9'로 처리가 된다. 이와 같은 방법으로 이름, 설명, 값, 결측값 등을 변경하고 저장하면 SPSS에서의 변수 정의는 모두 끝나게 된다.

"Descriptive statistics is the discipline of quantitatively describing the main features of a collection of data."- Wikipedia.

7

기술통계

통계분석을 위해 사용되는 방법은 기술통계(descriptive statistics)와 추리통계 (inferential statistics)가 있다. 기술통계는 수치자료를 체계적으로 정리/요약해 주며, 주요 요약 내용으로는 빈도분포, 중앙경향치, 분산도 등이 있다. 반면에 추리통계는 표본으로부터 2개 이상의 변수들의 연관(association)과 차(difference)를 이용하여 모집단의 특성을 추론해 준다.

제 1 절 OLAP 큐브

OLAP(Online Analytical Processing) 큐브는 통계자료에 대한 요약보고서(예: 평균, 표준편차, 최대/최소값 등)를 출력해 준다. 한 예로, 그림 7.1에서 보듯이 A, B, C 세 집단의 국어, 영어, 수학 성적 데이터에 대한 요약보고서를 작성해 보자.

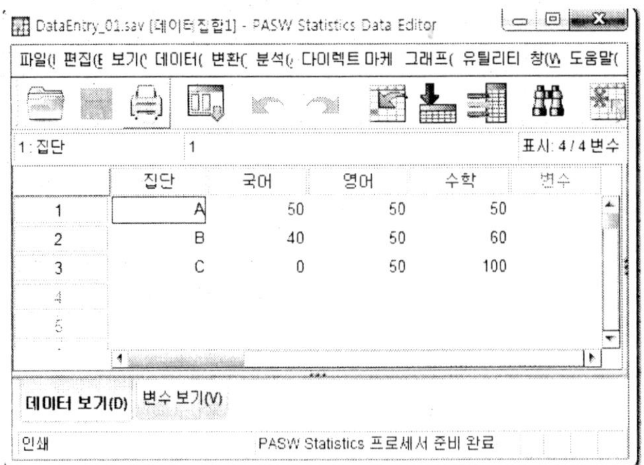

그림 7.1: [데이터보기]로 본 [데이터편집] 창

참고로 그림 7.2의 상단부는 요약보고서를 작성키 위한 변수들의 속성을 [변수보기]로 본 [데이터편집] 창이 된다.

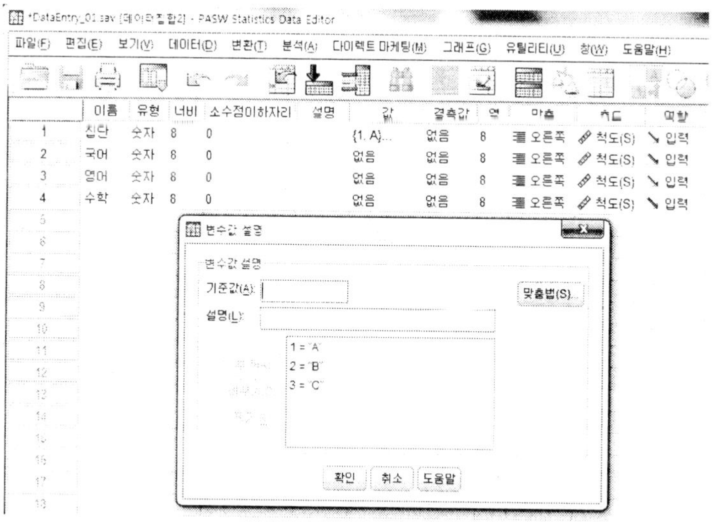

그림 7.2: [변수보기]로 본 [데이터편집] 창

또한 그림 7.2의 하단부는 집단 1, 2, 3의 숫자값에 대한 값 설명추가를 위한 [변수값 설명] 창이 된다. [기준값] 상자에 '1'과 [설명] 상자에 'A'를 입력한 후, [추가]를 클릭한다. 같은 방법으로 [기준값] 상자에 '2'와 [설명] 상자에 'B'를 입력한 후, [추가]를 클릭하게 되면 그림 7.2의 [변수값 설명] 창에 있는 내용을 만들 수가 있다.

가. 작업절차

OLAP 큐브를 이용하여 통계자료를 출력시키는 절차는 그림 7.3과 같다.

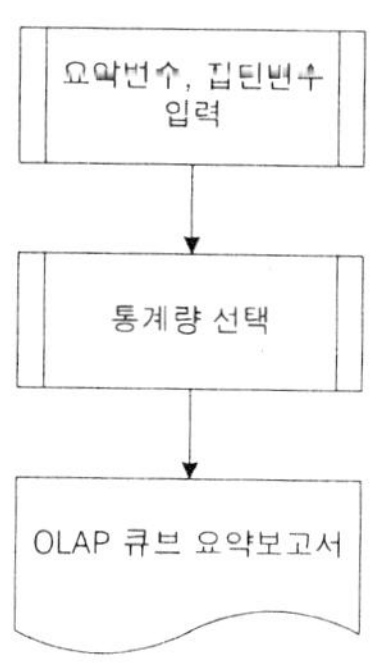

그림 7.3: OLAP 큐브 업무 흐름도

이산형변수를 [요약변수]에, 범주형변수를 [집단변수]에 옮겨다 놓고, 요약하고자 하는 통계량을 선택을 한 후, 보고서를 출력하면 된다.

나. OLAP 큐브 적용사례

그림 7.3에 있는 절차로 그림 7.1에 있는 데이터에 대한 요약보고서를 출력해 보자.

(1단계: 변수입력) [데이터편집] 창에서 [분석]→[보고서]→[OLAP 큐브]를 클릭하면 그림 7.4과 같은 [OLAP 큐브] 창이 나타나게 한다.

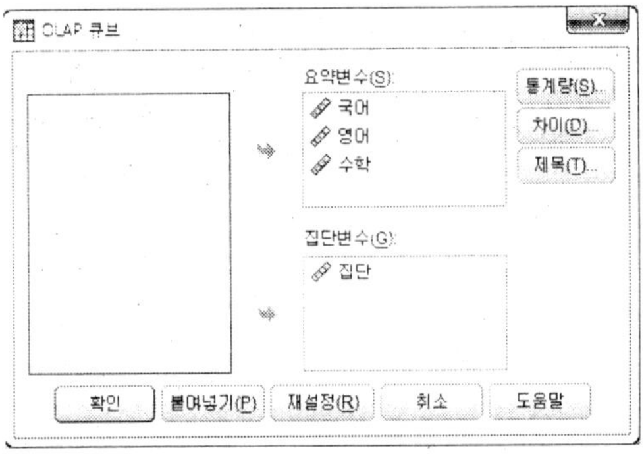

그림 7.4: [OLAP 큐브] 창

요약보고서 작성을 위해 [요약변수] 상자에 이산형변수 '국어', '영어', '수학'을 옮겨다 놓고, [집단변수] 상자에 범주형변수 '집단'을 옮겨다 놓는다.

(2단계: 통계량 선택) 이후 [통계량]을 클릭하여 나타난 그림 7.5와 같은 [OLAP 큐브: 통계량] 창에서 [셀 통계량] 상자에 요약보고를 할 '평균', '표준편차', '최소값', '최대값'을 옮겨다 놓은 후 [계속]을 클릭한다.

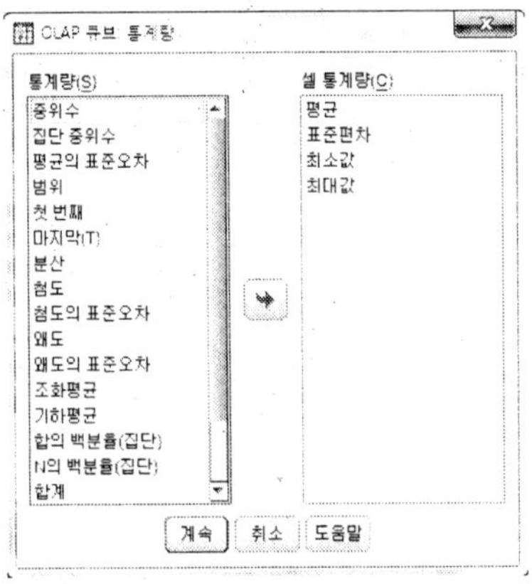

그림 7.5: [OLAP 큐브: 통계량] 창

(3단계: 통계량 출력) [OLAP 큐브] 창에서 [확인]을 클릭하게 되면 표 7.1과 같은 요약보고서를 화면에 출력시킬 수가 있다.

OLAP 큐브

집단:합계

	평균	표준편차	최소값	최대값
국어	30.00	26.458	0	50
영어	50.00	.000	50	50
수학	70.00	26.458	50	100

표 7.1: OLAP 큐브를 이용한 요약보고서

표 7.1에서 보듯이 *A*, *B*, *C* 세 집단 전체에 대한 국어, 영어, 수학의 평균, 표준편차, 최솟값, 최댓값을 볼 수 있으며, 개별 그룹에 대한 결과를 보기 위해서는 표 7.1 내의 [집단:합계] 항목을 동시에 두 번 눌러 활성화시킨 후, 드롭리스트를 이용하면 각 그룹 *A*, *B*, *C*에 대한 개별 결과를 살펴볼 수 있다.

제 2 절 빈도분석

빈도분석(frequency analysis)을 통해 변수들에 대한 기술통계량을 구할 수가 있다.

가. 작업절차

빈도분석을 수행하는 절차는 그림 7.6과 같다.

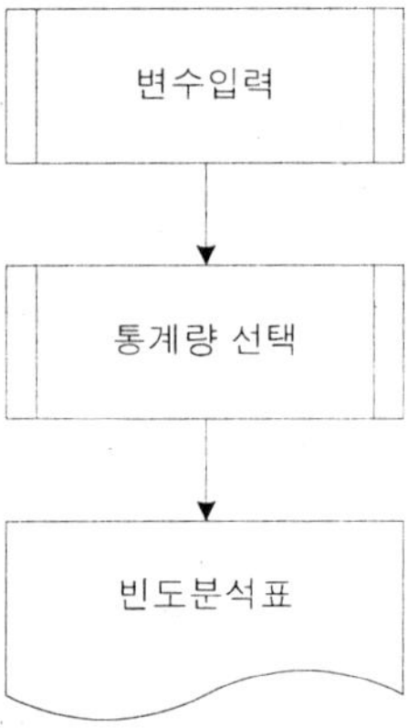

그림 7.6: 빈도분석 업무 흐름도

분석코자하는 변수를 [변수]에 옮겨다 놓고, 분석하고자 하는 통계량을 선택을 한 후, 보고서를 출력하면 된다.

나. 빈도분석 적용사례

그림 7.6에 있는 절차로 그림 7.1에서 보인 *A*, *B*, *C* 세 집단의 국어, 영어, 수학 성적 데이터에 대한 빈도분석을 해 보자.

(1단계: 변수입력) [데이타편집] 창에서 [분석]→[기술통계량]→[빈도분석]을 클릭한 후, 그림 7.7과 같은 [빈도분석] 창에서 이산형변수 '국어', '영어', '수학'을 [변수] 상자에 옮겨다 놓는다.

(2단계: 통계량 선택) 이후 [통계량]을 클릭하여 그림 7.8과 같은 [빈도분석: 통계량] 창에서 [중심경향] 상자 내의 '평균'과 [산포도] 상자 내의 '표준편차', '최소값', '최대값'을 선택한다.

참고로 [산포도] 상자 내의 최솟값, 최댓값은 데이터 입력 상에 발생될 수 있는 실수(error)를 확인하는데 사용된다. 즉, 범위 내를 벗어나는 극단치를 찾아낼 수 있다. 또한 [분포] 상자 내에 있는 왜도(skewness)[xviii] 및 첨

[xviii] 평균에 대한 분포의 비대칭 정도

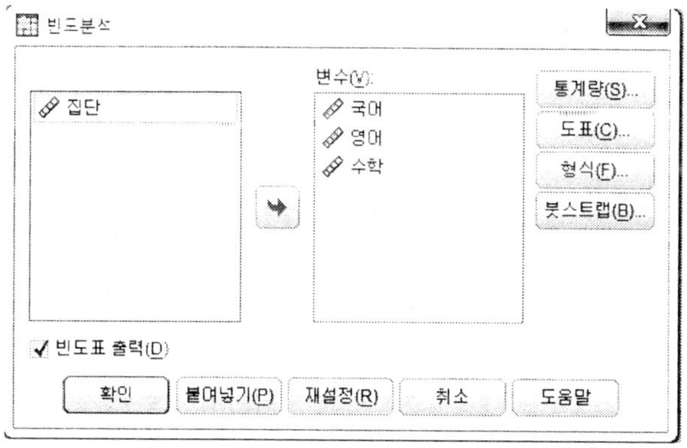

그림 7.7: [빈도분석] 창

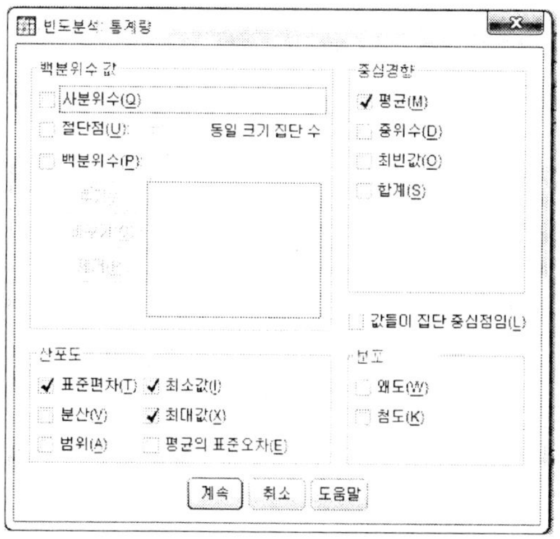

그림 7.8: [빈도분석: 통계량] 창

도(kurtosis)[xiv]는 데이터의 정규성(normality) 여부를 판단하는데 도움이 된다. 표준오차(standard error)[xx]에 대한 왜도 및 첨도의 비가 1.96을 초과하는 경우에는 주어진 데이터가 정규분포화되지 않았다고 할 수 있다[20].

(3단계: 빈도분석표 출력) 이후 [빈도분석: 통계량] 창에서 [계속]을 클릭하여 나타난 [빈도분석] 창에서 [확인]을 클릭하게 되면 표 7.2와 같은 빈도분석 통계량의 결과를 구할 수가 있다.

통계량

		국어	영어	수학
N	유효	3	3	3
	결측	0	0	0
평균		30.00	50.00	70.00
표준편차		26.458	.000	26.458
최소값		0	50	50
최대값		50	50	100

표 7.2: [빈도분석]을 통한 통계량

표 7.2에 있는 통계량의 결과를 살펴보면 유효 데이터의 개수는 각각 3개로 결측값이 하나도 없고, 통계량에 나타난 평균, 표준편차, 최솟값, 최댓값의 결과값이 표 7.1에 있는 결과값과 동일함을 알 수 있다.

예제 7.1 2009년 통계청 자료에 따르면 20대 미만 대학생의 주당 평균 인터넷 이용시간이 17.7시간이었다. ○○대학 체육부 학생들의 주당 평균 인터넷 이용시간이 이들과 다른지를 조사하기 위하여 20대 미만 대학생을 대상으로 무작위로 추출된 40명의 학생에 대한 주당 인터넷 평균 이용시간(단위: 시간)을 알아보니 표 7.3과 같았다.

15.7	16.4	18.6	20.1	15.8	17.4	18.2	16.2	18.3	17.3
14.4	16.8	19.2	21.3	15.2	17.5	18.1	15.4	17.3	16.7
18.3	17.2	18.4	18.1	16.7	18.2	17.3	16.9	18.6	16.4
16.6	17.8	18.9	20.4	17.5	18.5	17.9	16.7	17.0	16.8

표 7.3: ○○대학 체육부 학생 40명의 주당 인터넷 이용시간

표 7.3에 있는 데이터를 이용하여 빈도분석을 해 보시오.

---

xiv 데이터 분포의 뾰족한 정도 xx 표본의 평균값에서 벗어나 있는 정도

예제 7.1 예시답안 빈도분석을 통한 통계량을 구하는 절차는 다음과 같다.

(1단계: 데이터 입력) 우선 그림 7.9에서 보듯이 [데이터편집] 창에서 예제에서 제시된 40개의 데이터를 직접 입력한다.

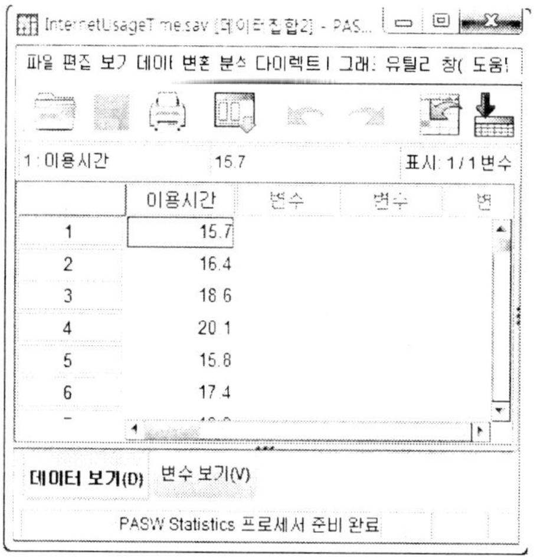

그림 7.9: [데이터편집] 창에서 원시데이터 입력

(2단계: 변수 이동 및 통계량 선택) [데이타편집] 창에서 [분석]→[기술통계량]→[빈도분석]을 클릭한 후, [빈도분석] 창에서 연속형변수 '이용시간'을 [변수] 상자에 옮겨 놓는다. 이후 [통계량]을 클릭하여 그림 7.10과 같은 [빈도분석: 통계량] 창에서 분석코자하는 항목을 선택한다.

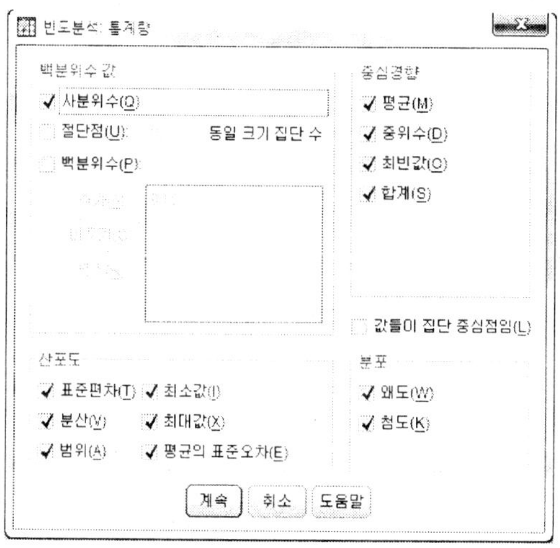

그림 7.10: [빈도분석: 통계량] 창

(3단계: 빈도분석표 출력) [빈도분석: 통계량] 창에서 [계속]을 클릭하여 나타난 [빈도분석] 창에서 [확인]을 클릭하게 되면 표 7.4와 같은 빈도분석 통계량의 결과를 구할 수가 있다.

통계량

주당 인터넷 이용시간

N	유효	40
	결측	0
평균		17.502
평균의 표준오차		.2207
중위수		17.350
최빈값		16.7[a]
표준편차		1.3961
분산		1.949
왜도		.401
왜도의 표준오차		.374
첨도		.769
첨도의 표준오차		.733
범위		6.9
최소값		14.4
최대값		21.3
합계		700.1
백분위수	25	16.700
	50	17.350
	75	18.300

a. 여러 최빈값이 있습니다. 가장 작은 값이 나타납니다.

표 7.4: [빈도분석]을 통한 통계량

표 7.4에 있는 각각의 통계량에 대해 좀 더 자세히 살펴보자.

- 유효 및 결측: 입력된 40개의 데이터 중 결측된 데이터가 하나도 없기 때문에 표 7.4의 통계량에는 유효 40, 결측 0으로 출력이 되었다.

- 평균 및 평균의 표준오차: 평균은 표본데이터 값 전체의 합을 데이터의 개수로 나눈 값이 되며, 표 7.4의 통계량에 나타난 표본평균 17.502(그림 7.11 참조)는 다음과 같이 계산되어진다.

$$\overline{X} = \frac{\sum_{i=1}^{k} x_i \cdot f_i}{\sum_{i=1}^{k} f_i}$$

  여기서 k는 동일하지 않은 표본데이터 값의 개수이며, x_i, f_i는 각각 i번째 표본데이터의 값, 빈도수가 된다.

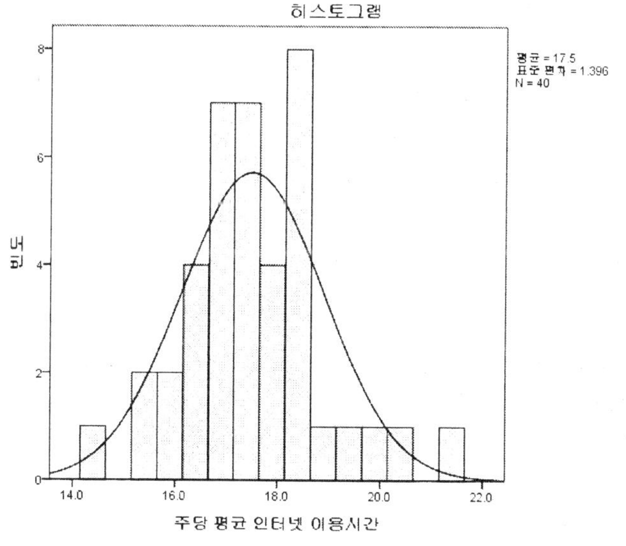

그림 7.11: 히스토그램: 변수값에 따른 빈도수

평균의 표준오차는 표본의 평균값에서 벗어나 있는 정도를 나타내며, 표 7.4의 통계량에 나타난 평균의 표준오차 .2207은 다음과 같이 계산되어진다.

$$\sigma_{\overline{X}} = \frac{\sigma}{\sqrt{n}} \simeq \frac{S}{\sqrt{n}} = \frac{1.3961}{\sqrt{40}} = .2207$$

여기서 n은 전체 표본데이터의 개수(즉, 표본의 크기), x_i는 i번째 표본데이터의 값, $\overline{X}$는 표본평균이 된다. 모표준편차 σ를 일반적으로 알 수 없기 때문에 표본의 크기가 큰 경우($n > 30$) 중앙극한정리에 의거 모표준편차 σ 대신에 표본표준편차 S로 대치하여 사용할 수 있다.

- 중위수: 중위수는 데이터를 크기 순으로 늘어놓을 때 중앙에 놓이는 값을 말한다. 중위수는 '중앙값'이라고도 불리우며, 사분위수의 제2사분위수의 값과 같다. 예제에서 제시된 데이터를 내림차순으로 정리해 보면 40개의 표본데이터 중 네이터 값 17.4가 20번째, 17.3이 21번째가 되니, 중위수 M_o는 다음과 같이 계산이 되어 표 7.4의 통계량에 17.350으로 나타난다.

$$M_o = \frac{17.4 + 17.3}{2} = 17.350$$

- 최빈값: 최빈값은 데이터 중에서 가장 많이 출현한 값을 말한다. 예제에서 제시된 데이터를 살펴보면 데이터 값 16.7과 17.3이 각각 3개씩 있으나, SPSS에서는 이 중 제일 작은 값인 16.7을 최빈값으로 택한다.

- 표준편차와 분산: 표준편차와 분산은 평균값으로부터 데이터가 떨어진 거리로서 데이터의 흩어진 정도를 나타낸다. 표준편차는 분산값의 제곱근이 되

며, 표본분산 S^2 및 표본표준편차 S는 다음과 같이 계산되어진다.

$$S^2 = \frac{1}{n-1}\sum_{i=1}^{n}(x_i - \overline{X})^2 = \frac{1}{n-1}\left(\sum_{i=1}^{n}x_i^2 - n\cdot\overline{X}^2\right)$$

$$S = \sqrt{\frac{1}{n-1}\sum_{i=1}^{n}(x_i - \overline{X})^2} = \sqrt{\frac{1}{n-1}\left(\sum_{i=1}^{n}x_i^2 - n\cdot\overline{X}^2\right)}$$

여기서 n은 표본데이터의 개수, x_i는 i번째 표본데이터의 값, $\overline{X}$는 표본평균이다.

■ 왜도와 왜도의 표준오차: 왜도는 평균에 대한 분포의 비대칭 정도를 나타내며, 왜도가 양수이면 분포의 비대칭 꼬리가 오른쪽으로 치우치며, 음수이면 왼쪽으로 치우친다.

- 왜도의 값이 -1.0보다 작거나 $+1.0$보다 크면 분포는 상당히 비대칭이며,
- 왜도의 값이 -1.0과 -0.5의 사이값 또는 $+0.5$과 $+1.0$의 사이값이면 분포는 다소 비대칭이며,
- 왜도의 값이 -0.5와 $+0.5$의 사이값이면 분포는 대칭에 가깝다.

비대칭 정도를 파악하는 왜도 G_1의 값을 구하는 식은 다음과 같다.

$$G_1 = \frac{n}{(n-1)(n-2)}\sum_{i=1}^{n}\left(\frac{x_i - \overline{X}}{S}\right)^3$$

여기서 n은 표본의 크기, $\overline{X}$는 표본평균, S는 표본표준편차가 된다.

표 7.4의 통계량에 나타난 왜도가 .401로 $-.5$와 $+.5$ 사이값을 취하고 있기때문에 데이터의 분포가 비교적 대칭성을 유지하고 있다. 한편 왜도의 표준오차(SES: standard error of skewness)는 다음과 같이 계산되어진다.

$$SES = \sqrt{\frac{6n(n-1)}{(n-2)(n+1)(n+3)}}$$

여기서 n은 표본의 크기이다.

한 예로, 표본의 크기가 40인 표 7.4의 통계량에 나타난 왜도의 표준오차를 구해보면 다음과 같다.

$$SES = \sqrt{\frac{6\times 40\times(40-1)}{(40-2)(40+1)(40+3)}} = .374$$

■ 첨도와 첨도의 표준오차: 표본데이터 분포의 뾰족한 정도를 정규분포와 비교하여 나타내는 것으로, 정규분포의 첨도는 0이 되고, 첨도의 값이 양수인 경

우에는 정규분포보다 상대적으로 더 뾰족하며 음수인 경우에는 덜 뾰족함을 나타낸다. 첨도 G_2를 구하는 식은 다음과 같다.

$$G_2 = \left[\frac{n(n+1)}{(n-1)(n-2)(n-3)} \sum_{i=1}^{n} \left(\frac{x_i - \overline{X}}{S}\right)^4\right] - \frac{3(n-1)^2}{(n-2)(n-3)}$$

여기서 n은 표본의 크기, $\overline{X}$는 표본평균, S는 표본표준편차가 된다.

표 7.4의 통계량에 나타난 첨도가 .769로 양수이기 때문에 정규분포에 비해 다소 뾰족함을 알 수 있다. 한편 첨도의 표준오차(SEK: standard error of skewness)는 다음과 같이 계산되어진다.

$$SEK = 2 \times SES \times \sqrt{\frac{n^2 - 1}{(n-3)(n+5)}}$$

여기서 SES는 왜도의 표준오차, n은 표본의 크기가 된다.

한 예로, 표본의 크기가 40인 표 7.4의 통계량에 나타난 첨도의 표준오차를 구해보면 다음과 같다.

$$SEK = 2 \times .374 \times \sqrt{\frac{40^2 - 1}{(40-3)(40+5)}} = .733$$

- 범위: 범위는 데이터의 최대값과 최소값의 차이가 된다. 즉, 다음과 같이 범위 R은 계산된다.

$$R = 최대값 - 최소값$$

한 예로, 표 7.4의 통계량에 나타난 범위는 최대값이 21.3이고 최소값이 14.4가 되니 다음과 같이 계산되어진다.

$$R = 21.3 - 14.4 = 6.9$$

- 최솟값과 최댓값: 데이터값 중 제일 작은값이 최솟값이 되고, 제일 큰값이 최댓값이 된다. 일반적으로 변수값은 일정 범위에 있어야 하기때문에 최솟값과 최댓값은 결측값을 찾아내는데 유용하게 사용된다.

- 합계: 전체 데이터 값의 합을 말하며 다음과 같이 계산되어진다.

$$Sum = \sum_{i=1}^{n} x_i$$

여기서 n은 표본의 크기, x_i는 i번째 표본데이터의 값이 된다.

- 백분위수: 백분위수는 중위수를 중심으로 균등하게 100등분한 것이다. 표 7.4의 통계량에 나타난 백위수는 25%, 50%, 75%가 되는 값을 보여주고 있다. 일반적으로 백분위수보다는 4분위수를 주로 사용한다. 4분위수는 중위

수를 중심으로 균등하게 4등분한 것이다. 즉, 백분위수의 25%에 해당되는 수가 제1사분위수(LQ: lower quartile)가 되며, 백분위수의 50%에 해당되는 수가 제2사분위수(중위수: median)가 되며, 백분위수의 75%에 해당되는 수가 제3사분위수(UQ: upper quartile)가 된다. 이를 도식화하면 그림 3.6과 같다.

한편 표 7.4의 통계량에 나타난 백분위수(25%, 50%, 75%)와 최솟값 14.40, 최댓값 21.30, 평균값 17.50으로 상자수염도(box-and-whisker plot)를 그려보면 그림 3.7과 같다.

예제 7.2 운동경기 중 득점 점수대에 따라 무작위로 추출된 빈도수가 표 7.5와 같은 빈도분포표로 주어진 경우, 이를 이용하여 평균, 왜도, 첨도를 구해보시오.

득점	빈도
0-2	3
3-5	5
6-8	6
9-11	1
계	15

표 7.5: 빈도분포표: 득점대에 따른 빈도

예제 7.2 예시답안 예제에서 주어진 빈도분포표를 이용하여 계급값(1, 4, 7, 10)을 부여한 후, 히스토그램을 그려보면 그림 7.12와 같다. 그림 7.12를 살펴보면 데이터가 대칭성을 이루지 못하고 왼쪽으로 치우쳐 있음을 알 수 있다. 즉, 왜도의 값이 음수가 됨을 짐작할 수 있다.

한편 표 7.5에 있는 빈도분포표를 이용하여 평균, 왜도, 첨도를 계산하기 위한 값들을 계산하면 표 7.6과 같다. 표 7.6을 이용하여 평균, 표준편차, 왜도, 첨도를

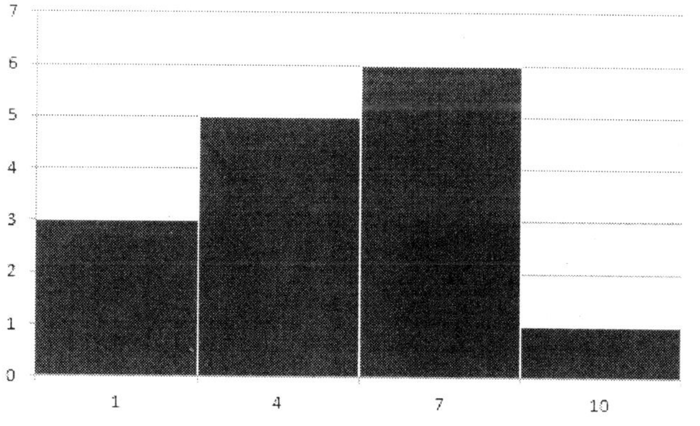

그림 7.12: 히스토그램: 대표값에 따른 빈도수

득점 x	계급값 x_i	빈도 f_i	$x_i f_i$	$(x_i - \bar{X})^2 f_i$	$\left(\frac{x_i - \bar{X}}{S}\right)^3 f_i$	$\left(\frac{x_i - \bar{X}}{S}\right)^4 f_i$
0-2	1	3	3	48	-9.76	14.47
3-5	4	5	20	5	-0.25	0.09
6-8	7	6	42	24	2.44	1.81
9-11	10	1	10	25	6.36	11.77
$\sum$		15	75	102	-1.22	28.15

표 7.6: 평균, 표준편차, 왜도, 첨도 계산을 위한 표

구하면 다음과 같다.

$$\overline{X} = \frac{\sum_{i=1}^{k} x_i \cdot f_i}{\sum_{i=1}^{k} f_i} = \frac{75}{15} = 5$$

$$S = \sqrt{S^2} = \sqrt{\frac{1}{n-1}\sum_{i=1}^{k}(x_i - \overline{X})^2 \cdot f_i} = \sqrt{\frac{1}{15-1} \times 102} = 2.70$$

$$\begin{aligned} G_1 &= \frac{n}{(n-1)(n-2)}\sum_{i=1}^{k}\left(\frac{x_i - \overline{X}}{S}\right)^3 \cdot f_i \\ &= \frac{15}{(15-1)(15-2)} \times (-1.22) \\ &= -.10 \\ G_2 &= \left[\frac{n(n+1)}{(n-1)(n-2)(n-3)}\sum_{i=1}^{k}\left(\frac{x_i - \overline{X}}{S}\right)^4 \cdot f_i\right] - \frac{3(n-1)^2}{(n-2)(n-3)} \\ &= \frac{15 \times (15+1)}{(15-1)(15-2)(15-3)} \times 28.15 - \frac{3 \times (15-1)^2}{(15-2)(15-3)} \\ &= -.68 \end{aligned}$$

위에 있는 결과값을 바탕으로 예제에서 제시된 데이터를 분석해 보면 평균값이 5, 표준편차는 2.70이 됨을 알 수 있으며, 왜도는 −.10으로 다소 왼쪽으로 치우쳐 있음을 알 수 있으며, 첨도는 −.68로 정규분포보다 덜 뾰족함을 알 수가 있다.

□□□

제 3 절 기술통계

기술통계(descriptive statistics)는 변수값을 갖고 이를 표준점수(standardized score: 표준값 또는 $Z-$값)로 변환하는데 사용된다.

가. 작업절차

기술통계를 수행하는 절차는 그림 7.13과 같다.

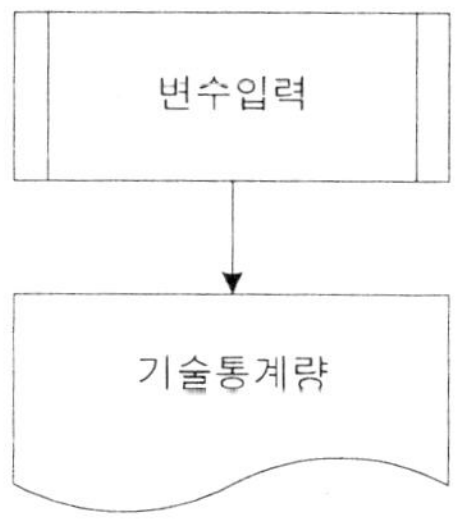

그림 7.13: 기술통계 업무 흐름도

분석코자하는 변수를 [변수]에 옮겨다 놓고, 보고서를 출력하면 된다.

나. 기술통계 적용사례

그림 7.13에 있는 절차로 그림 7.1에서 보인 A, B, C 세 집단의 국어, 영어, 수학 성적 데이터에 대한 $Z-$값을 구해보자.

(1단계: 변수입력) [데이타편집] 창에서 [분석]→[기술통계량]→[기술통계]를 클릭한 후, 그림 7.14와 같은 [기술통계] 창에서 이산형변수 '국어', '영어', '수학'을 [변수] 상자에 옮겨 놓는다.

(2단계: 기술통계량 출력) 이후 '표준화값을 변수로 저장' 항목을 선택한 후 [확인]을 클릭하게 되면 그림 7.15와 같은 [기술통계량] 보고서를 얻을 수가 있다.

그림 7.15에 있는 기술통계량 보고서를 살펴보면 세 변수 국어, 영어, 수학 데이터 각각에 대한 유효개수, 최소값, 최대값, 평균, 표준편차가 계산되어 출력되었음을 알 수 있다. 또한 [데이터편집] 창을 살펴보면 국어, 영어, 수학의 값이 표준화되어 그림 7.16에서 보듯이 'Z국어', 'Z영어', 'Z수학'이라는 새로운 변수로 생성되었음을 알 수 있다.

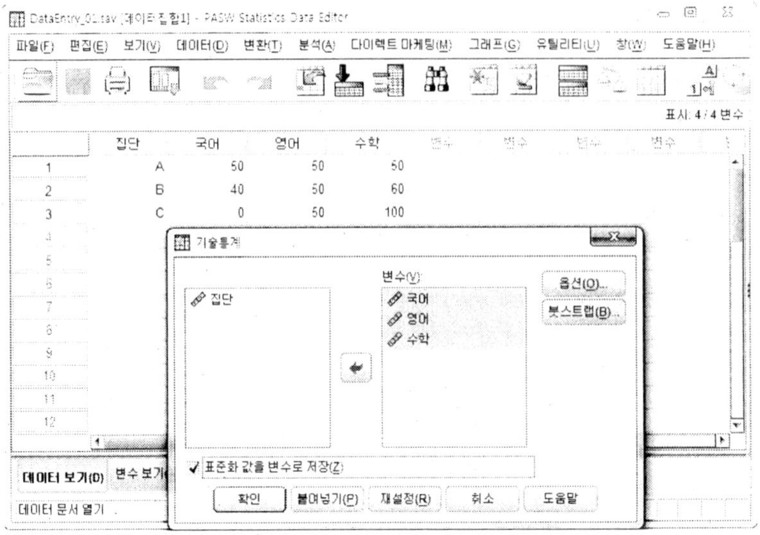

그림 7.14: [기술통계] 창

기술통계량

	N	최소값	최대값	평균	표준편차
국어	3	0	50	30.00	26.458
영어	3	50	50	50.00	.000
수학	3	50	100	70.00	26.458
유효수 (목록별)	3				

그림 7.15: [기술통계량] 보고서

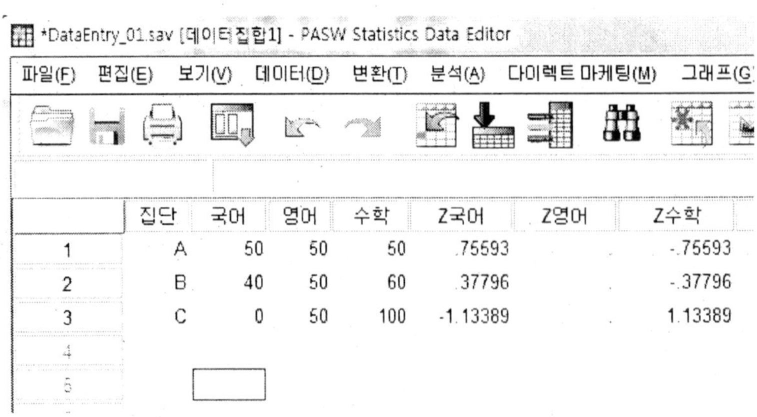

그림 7.16: [데이터편집] 창

참고로 그림 7.16에 있는 집단 A, B, C에 대한 표준값 Z국어$\left(= \frac{x_i - \overline{X}}{\sigma}\right)$는 다음과 같이 구해진다.

$$A\text{에 대한 } Z\text{국어}: \quad \frac{50-30}{26.458} = .75593$$

$$B\text{에 대한 } Z\text{국어}: \quad \frac{40-30}{26.458} = .37796$$

$$C\text{에 대한 } Z\text{국어}: \quad \frac{0-30}{26.458} = -1.13389$$

표 7.7은 2011년 저소득층 아동·청소년에 대한 '체육활동 희망 운동종목'을 조사한 데이터이다.

분류	수영	요가	축구	농구	헬스	기타
남자(719명)	9.6%	0.6%	15.4%	7.8%	6.5%	60.1%
여자(652명)	25.5%	15.2%	1.5%	1.1%	3.0%	53.7%
계(1,371명)	17.1%	7.5%	8.8%	4.6%	4.9%	57.1%

출처: [한국청소년정책연구원] 발행 2011년 '저소득층 아동•청소년의 체육활동 참여실태 연구'

표 7.7: 체육활동 희망 운동종목 분포표

기술통계의 또 다른 기능을 살펴보기 위하여 표 7.7에 있는 데이터를 [데이터편집] 창에서 그림 7.17과 같이 입력을 해보자.

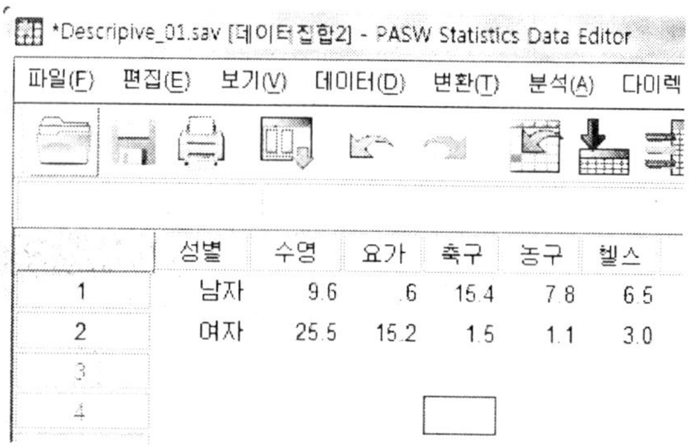

그림 7.17: [데이터편집] 창

표 7.7에 있는 데이터는 학생수에 대한 백분율(%)을 나타내고 있기 때문에, 이를 인원수로 변환시켜보자. 변환을 하기 위해서는 메뉴에서 [변환]→[변수계산]을 클릭하게 되면 그림 7.18과 같은 [변수 계산] 창이 나타난다.

[대상변수] 상자에 새로운 변수명인 '수영학생수'를 입력하고 [숫자표현식] 상자에 '학생수 * 수영 / 100'을 작성하기 위해 [유형 및 설명] 상자에 있는 '학생수'와 '수영'을 복사하여 [숫자표현식] 상자에 있는 숫자표현식을 작성한 후, [확인]을 클릭하면 새로운 변수 '수영학생수'가 그림 7.19에서와 같이 생성된다.

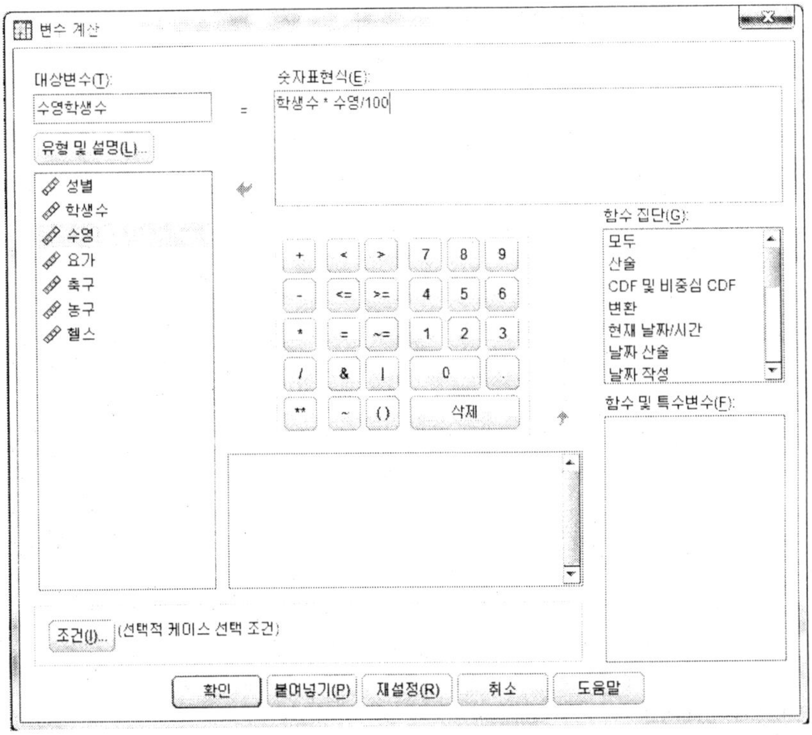

그림 7.18: [변수 계산] 창

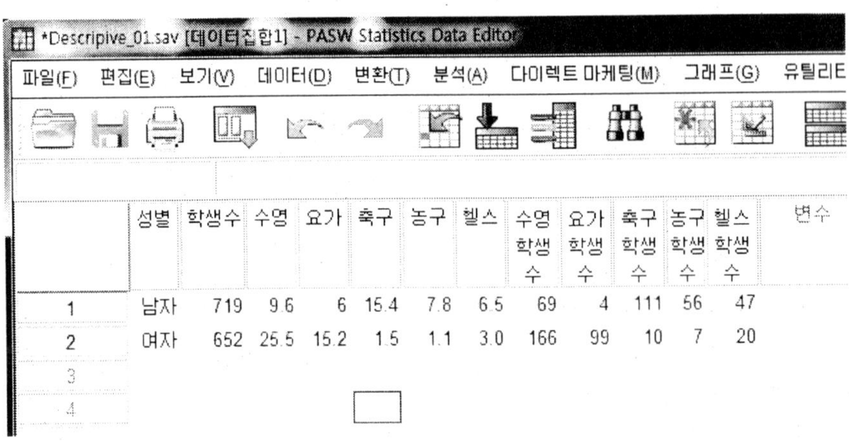

그림 7.19: [데이터편집] 창

참고로 새로운 변수 '수영학생수'에 있는 값 69와 166은 다음과 같이 계산되어졌다.

$$719 \times 9.6\% = 69.024 \approx 69$$
$$652 \times 25.5\% = 166.26 \approx 166$$

이와 같은 방법으로 새로운 변수 '요가학생수', '축구학생수', '농구학생수', '헬스학생수'를 생성한다. 이제 기술통계량을 출력하기 위해 메뉴에서 [분석]→[기술통계량]→[기술통계]를 클릭하면 그림 7.20과 같은 [기술통계] 창이 나타난다.

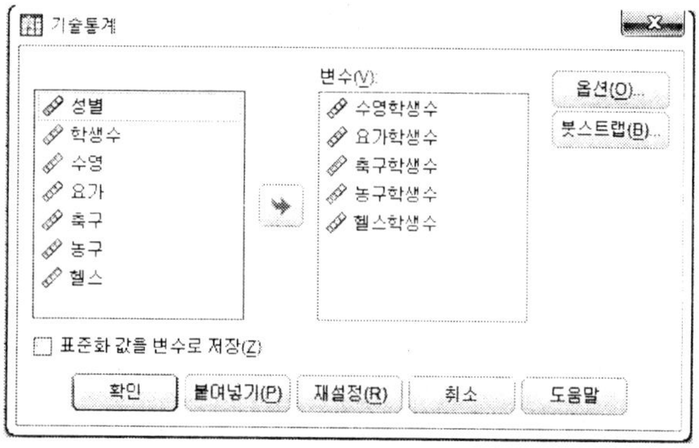

그림 7.20: [기술통계] 창

이후 왼쪽 상자에 있는 '수영학생수', '요가학생수', '축구학생수', '농구학생수', '헬스학생수'를 [변수] 상자로 옮겨놓은 후, [옵션]을 클릭하게 되면 그림 7.21과 같은 [기술통계: 옵션] 창이 나타난다.

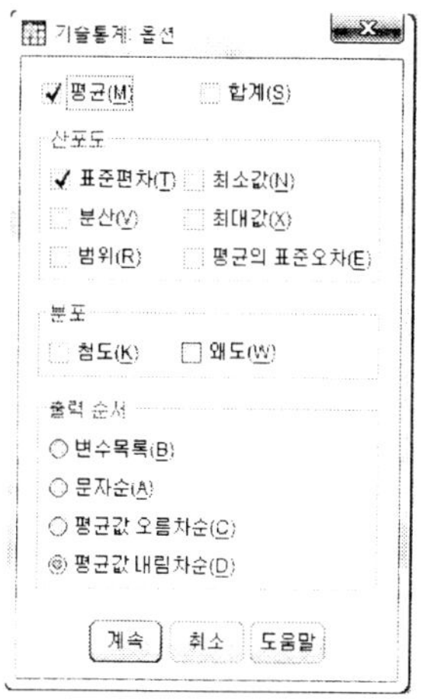

그림 7.21: [기술통계: 옵션] 창

[기술통계: 옵션] 창에서 '평균', '표준편차', '평균값내림차순'을 선택한 후 [계속]을 클릭하여 [기술통계: 옵션] 창으로 되돌아온다. [기술통계: 옵션] 창에서 [확인]을 클릭하게 되면 그림 7.22와 같은 [기술통계] 요약보고서를 얻게 된다.

기술통계량

	N	평균	표준편차
수영학생수	2	117.64	68.756
축구학생수	2	60.25	71.380
요가학생수	2	51.71	67.027
헬스학생수	2	33.15	19.216
농구학생수	2	31.63	34.585
유효수 (목록별)	2		

그림 7.22: [기술통계] 요약보고서

[기술통계] 요약보고서는 같은 척도로 측정된 변수들이 많이 있는 경우, 이들을 비교하는데 요긴하게 쓰인다. 그림 7.22에 있는 [기술통계] 요약보고서를 살펴보면 케이스는 $N = 2$가 되며, 각 케이스에 따른 평균과 표준편차가 출력되어졌다. 또한 [기술통계: 옵션] 창에서 '평균값내림차순'을 선택했기 때문에 변수에 따른 평균값들이 내림차순되어 출력되었다.

제 4 절 데이터탐색

통계분석을 수행하기 전 변수의 값들에 대한 범위와 값이나 또는 범위내에 있는 극단값을 찾아내고자 하는 경우 [데이터탐색]을 사용하면 된다.

가. 작업절차

데이터탐색을 수행하는 절차는 그림 7.23과 같다.

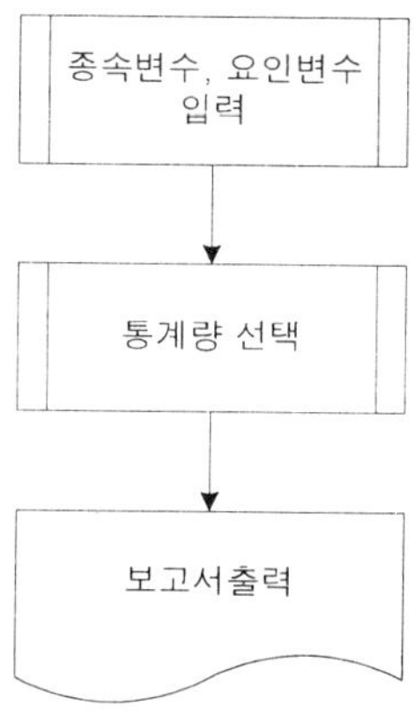

그림 7.23: 데이터탐색 업무 흐름도

분석코자하는 변수를 [종속변수]에 옮겨다 놓고, 범주변수를 [요인]에 옮겨다 놓는다. 이후 분석하고자 하는 통계량을 선택을 한 후, 보고서를 출력하면 된다.

나. 데이터탐색 적용사례

그림 7.23에 있는 절차로 표 5.1, 5.2에서 보인 데이터에 대한 [데이터탐색]을 해 보자.

(1단계: 변수입력) [분석]→[기술통계량]→[데이터탐색]을 클릭하여 그림 7.24와 같은 [데이터탐색] 창을 연다.

[데이터탐색]을 수행하기 위하여 표 5.1, 5.2에 있는 코딩자료를 대상으로 분석해보자. [데이터탐색] 창에서 분석하고자하는 변수를 선택하여 [종속변수] 상자에 갖다 놓는다. 만약 분석코자하는 변수를 요인(예: 남자와 여자)으로 분리하여 분석코자하는 경우에는 범주변수를 [요인] 상자에 갖다 놓는다. 즉, 그림 7.24에서 보듯이 '성별(Sex)에 따른 용돈금액(Amount)'을 분석하고자 하는 경우, [종속변수] 상자에 'Amount'를, [요인] 상자에 'Sex'를 갖다 놓으면 된다. 참고로 [요인] 상자에 변수를 갖다 놓지 않는 경우에는 모든 데이터

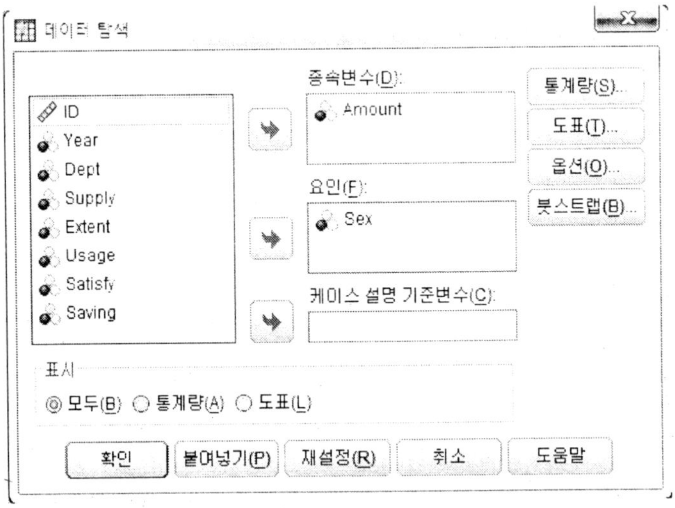

그림 7.24: [데이터탐색] 창

에 대한 통계량이 출력된다. 이후 [통계량]을 클릭하면 그림 7.25와 같은 [데이터탐색: 통계량] 창이 나타난다.

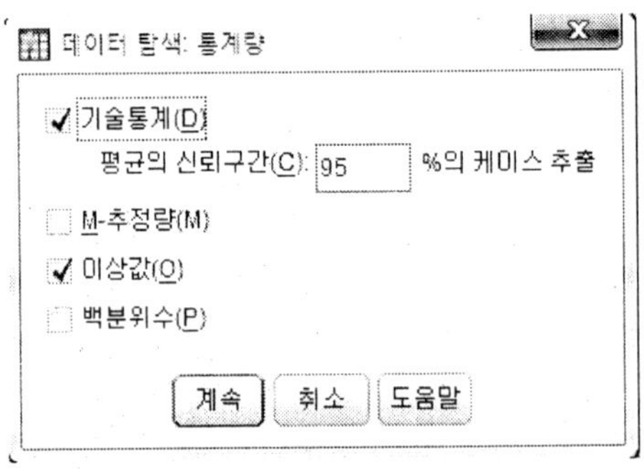

그림 7.25: [데이터탐색: 통계량] 창

(2단계: 통계량 선택) [데이터탐색: 통계량] 창에서는 그림 7.25에서와 같이 반드시 [이상값]을 선택하여야 원하는 범위외 값이나 극단값을 찾아낼 수 있다. [데이터탐색: 통계량] 창에서 [계속]을 클릭한 후 [데이터탐색] 창으로 되돌아온다. [데이터탐색] 창에서 [도표]를 클릭하여 그림 7.26에서와 같은 [데이터탐색: 도표] 창에서 [상자도표], [기술통계] 상자 내에 있는 내용을 선택할지 여부를 결정한다.

[상자도표]는 두 가지 방법으로 사용할 수 있다. 예를 들어, 출력할 상자도표가 2개(예: 남자, 여자)인 경우, 만약 '요인수준들과 함께'를 선택하게 되면 2개의 상자도표가 분리되어 2개의 화면에 나타나고, '종속변수들과 함께'를

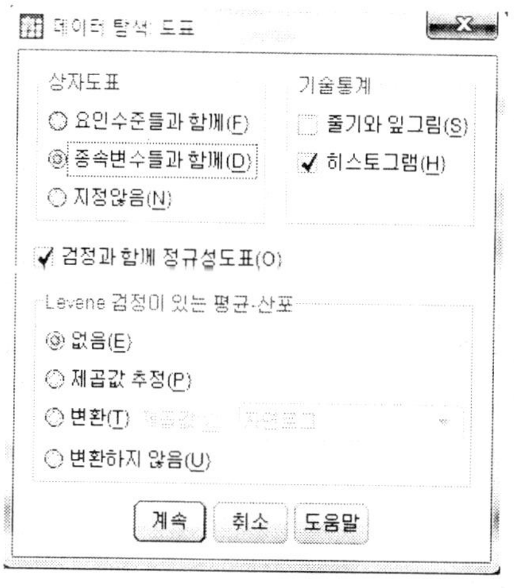

그림 7.26: [데이터탐색: 도표] 창

선택하게 되면 그림 7.27에서 보듯이 2개의 상자도표가 1개의 화면에 나타나게 된다.

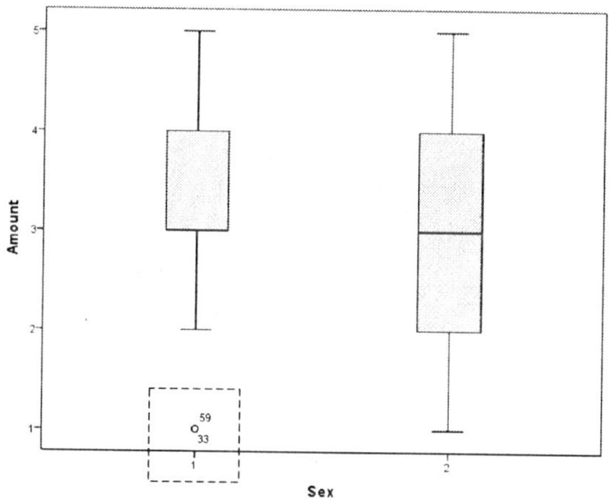

그림 7.27: 상자도표

(3단계: 보고서 출력) 이후 [데이터탐색] 창에서 [확인]을 클릭하여 케이스처리 요약, 기술통계량 등 각종 보고서를 출력할 수 있다.

그림 7.27에 있는 상자도표 내의 직사각형은 각 변수의 케이스에 대한 50% 범위를 보여준다. 상자 중앙에 있는 굵은 선은 변수의 중위수(중간값)를 나타내며, 수직선은 범위내 값인 최솟값, 최댓값까지 그려진다. 도표 맨 밑에 있는 원은 극단값(또는 이상치)을 나타내고 있다. 즉, 표 5.2를 살펴보면 남자인 케이스 33, 59의 Amount 값이 1임을 알 수 있다.(표 7.8 참조)

극단값

Sex				케이스 수	값
Amount	1	최대값	1	10	5
			2	4	4
			3	31	4
			4	35	4
			5	52	4[a]
		최소값	1	59	1
			2	33	1
			3	56	2
			4	58	3
			5	41	3[b]
	2	최대값	1	13	5
			2	15	5
			3	19	5
			4	36	5
			5	5	4[a]
		최소값	1	25	1
			2	24	1
			3	20	1
			4	18	1
			5	17	1

a. 값 4을(를) 가지는 케이스의 부분 목록만 상한 극단값 표에 표시됩니다.

b. 값 3을(를) 가지는 케이스의 부분 목록만 하한 극단값 표에 표시됩니다.

표 7.8: 상자도표

주어진 데이터가 정규분포를 따르는 가를 확인하는 방법을 살펴보자. Q-Q (Quantile-Quantile: 분위수대분위수) 도표는 주어진 데이터 분포의 분위수와 직선으로 표시된 정규분포를 비교하는 것이다. 그림 7.28에서 보듯이 원으로 표시된 분위수가 직선에 가까와질수록 주어진 데이터는 정규분포를 따른다고 할 수 있다.

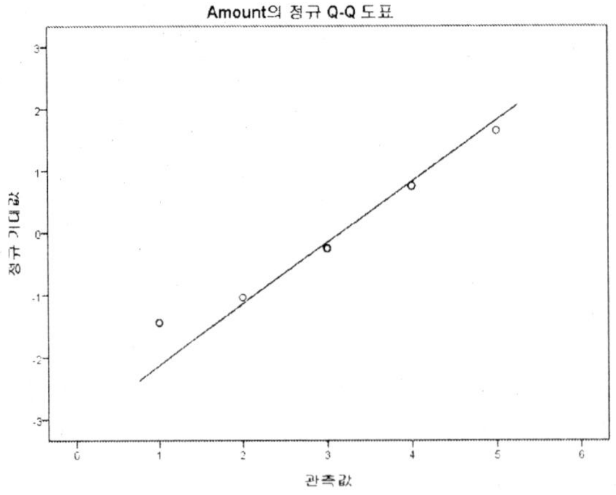

그림 7.28. 남자에 대한 Q-Q 도표

SPSS에서 정규성 여부를 확인할 수 있다. [분석]→[기술통계량]→[데이터탐색]을 통해 나타난 [데이터탐색] 창에서 [도표]를 클릭한 후, 그림 7.26과 같이 '검정과 함께 정규성도표'를 선택한다. 만약 표 7.9와 같은 Kolmogorov-Smirrnov 와 Shapiro-Wilk의 정규성 검정 결과가 유의하지 않다면 정규성이라 간주할 수 있다.

정규성 검정

	Sex	Kolmogorov-Smirnov[a]			Shapiro-Wilk		
		통계량	자유도	유의확률	통계량	자유도	유의확률
Amount	1	.280	19	.000	.862	19	.010
	2	.191	40	.001	.915	40	.006

a. Lilliefors 유의확률 수정

표 7.9: 정규성 검정

표 7.9를 살펴보면 유의수준 $\alpha = .05$에서 유의하지 않음을 알 수 있어(즉, 가장 큰 유의확률값인 $p = .006 < \alpha$), 주어진 데이터는 모두 다 정규성이라고 간주할 수 있다. 그러나 검정결과가 유의하더라도(즉, 정규가정이 틀리더라도) 표본의 크기가 작은 데이터에 대한 검정결과는 유의하지 않다는 것을 명심해야 한다. 반대로 표본의 크기가 매우 큰 경우, 단지 정규분포와 사소한 편차가 있더라도 검정결과는 유의할 것이다.

[데이터탐색] 창내의 [옵션]은 결측값에 대한 처리가 된다. [목록별 결측값 제외]를 선택하게 되면 결측값을 갖는 케이스들은 모든 분석에서 제외가 되며, [대응별 결측값 제외]를 선택하게 되면 결측값을 갖는 케이스들은 일부 분석에서 제외가 된다. [결측값 출력]을 선택하게 되면 결측값을 갖는 케이스를 별도로 처리를 하여 출력시킨다.

제 5 절 교차분석

교차분석(cross analysis)는 표본을 분리하여 살펴보는데 유용하다.

가. 작업절차

교차분석을 수행하는 절차는 그림 7.29와 같다.

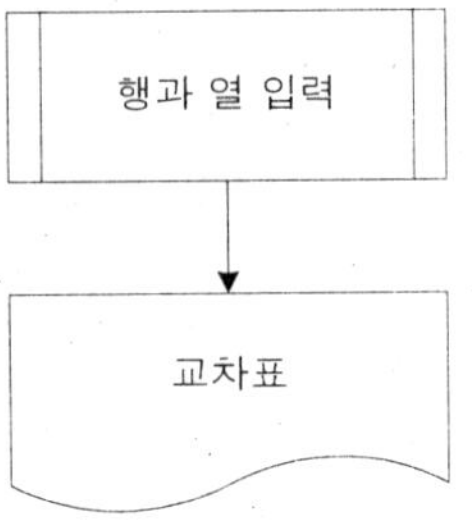

그림 7.29: 교차분석 업무 흐름도

분석코자하는 변수를 [행]과 [열]에 옮겨다 놓은 후, 교차표를 출력하면 된다.

나. 교차분석 적용사례

그림 7.29에 있는 절차로 표 5.1, 5.2에서 보인 데이터에 대한 교차분석을 해 보자. 즉, 표 7.10과 같이 '학년에 따른 성별' 상태를 파악해 보자.

Year * Sex 교차표

빈도

		Sex		전체
		1	2	
Year	1	4	17	21
	2	3	5	8
	3	4	8	12
	4	8	11	19
전체		19	41	60

표 7.10: 학년에 따른 성별 교차표

(1단계: 변수입력) [분석]→[기술통계량]→[교차분석]을 통해 나타난 [교차분석] 창에서 [행] 상자에 'Year', [열] 상자에 'Sex'를 옮겨다 놓는다.

(2단계: 교차표 출력) [교차분석] 창에서 [확인]을 클릭하게 되면 표 7.10과 같은 학년에 따른 성별 교차표를 출력시킬 수 있나.

[교차분석] 창에서 [수평누적막대도표 출력]을 선택하게 되면 그림 7.30과 같은 막대도표를 출력시킬 수 있다.

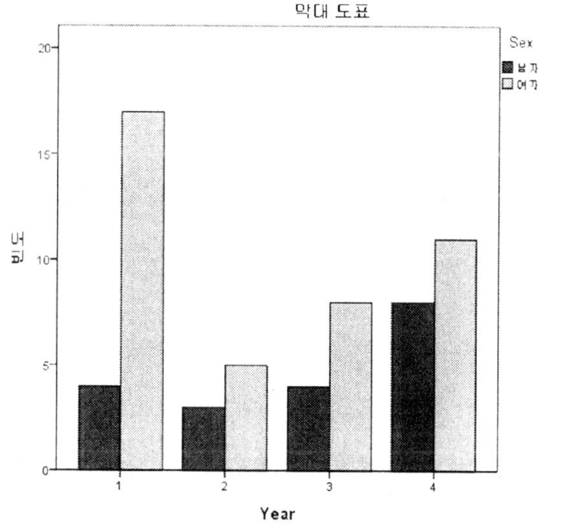

그림 7.30: 수평누적 막대도표

또한 [교차분석] 창에 있는 [형식]을 이용하여 주어진 데이터에 대한 정렬을 조정할 수도 있다.

제 6 절 평균비교

평균비교(mean comparison)는 1개 이상의 독립변수에 대해 종속변수의 평균이나 기술통계를 하는데 사용된다.

가. 작업절차

평균비교를 수행하는 절차는 그림 7.31과 같다.

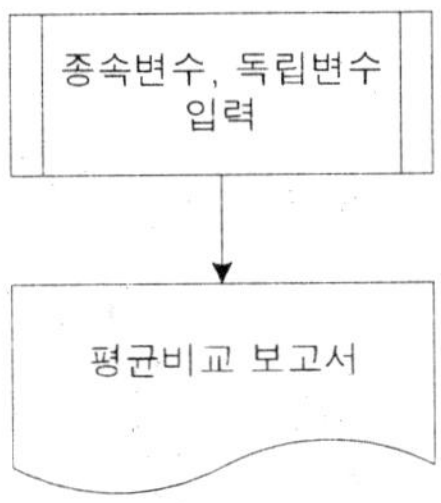

그림 7.31: 평균비교 업무 흐름도

평균비교하고자하는 변수를 [종속변수]와 [독립변수] 창에 옮겨다 놓은 후, 평균비교 보고서를 출력하면 된다.

나. 평균비교 적용사례

그림 7.31에 있는 절차로 표 5.1, 5.2에서 보인 데이터에 대한 평균비교를 해 보자. 즉, '학년에 따른 용돈의 만족도'를 알아보자.

(1단계: 변수입력) [분석]→[평균비교]→[집단별평균분석]을 통해 그림 7.32와 같은 [평균] 창에서 [종속변수] 상자에 'Satisfy'를 옮겨놓고, [독립변수] 상자에 'Year'를 옮겨다 놓는다.

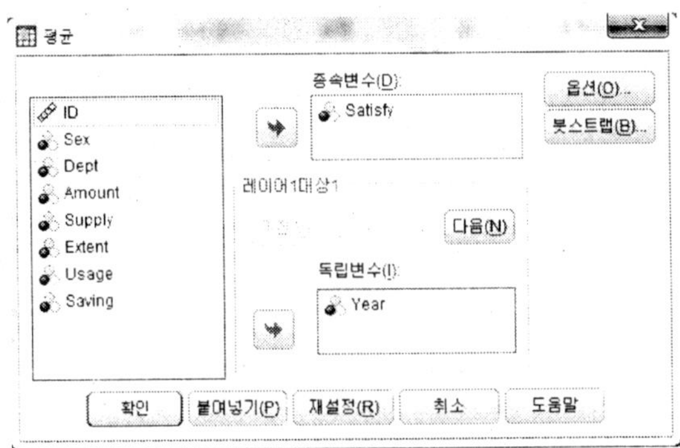

그림 7.32: [평균] 창에서 첫 번째 독립변수 입력

(2단계: 보고서 출력) 이 상태에서 [확인]을 클릭하게 되면 표 7.11과 같은 '학년별 용돈의 만족도'에 대한 평균분석 보고서를 출력할 수 있다.

보고서

Satisfy

Year	평균	N	표준편차
1	2.67	21	1.155
2	2.00	8	1.414
3	2.92	12	.669
4	2.84	19	.765
합계	2.68	60	1.017

표 7.11: 평균분석 보고서

이번에는 2개의 독립변수인 '학년별/성별에 따른 용돈의 만족도'를 알아보자.

(1단계: 변수입력) [분석]→[평균비교]→[집단별평균분석]을 통해 그림 7.32와 같은 [평균] 창에서 [종속변수] 상자에 'Satisfy'를 옮겨놓고, [독립변수] 상자에 'Year'를 옮겨다 놓는다. 그림 7.32와 같은 상태에서 [다음]을 클릭하여 그림 7.33과 같이 [독립변수] 상자에 또 다른 변수인 'Sex'를 옮겨다 놓으면 된다.

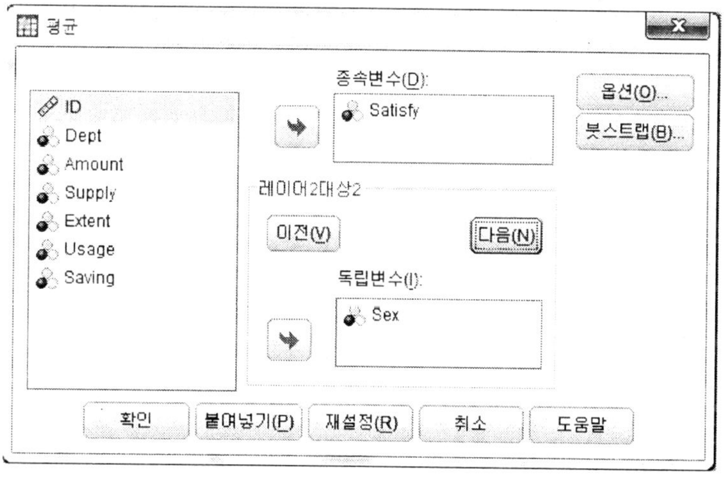

그림 7.33: [평균] 창에서 두 번째 독립변수 입력

(2단계: 보고서 출력) 이후 [평균] 창에서 [확인]을 클릭하게 되면 표 7.12와 같은 2개의 독립변수(학년별/성별)에 따른 '평균비교 보고서'를 얻을 수가 있다.

보고서

Satisfy

Year	Sex	평균	N	표준편차
1	1	2.75	4	.957
	2	2.65	17	1.222
	합계	2.67	21	1.155
2	1	1.67	3	1.155
	2	2.20	5	1.643
	합계	2.00	8	1.414
3	1	3.25	4	.500
	2	2.75	8	.707
	합계	2.92	12	.669
4	1	2.63	8	.518
	2	3.00	11	.894
	합계	2.84	19	.765
합계	1	2.63	19	.831
	2	2.71	41	1.101
	합계	2.68	60	1.017

표 7.12: 평균비교 보고서

표 7.12를 살펴보면 학년에 따른 남녀의 '용돈 만족도 통계량(평균, 표준편차)'을 알 수 있으며, 아울러 전학년에 대한 남녀의 '용돈 만족도 통계량'도 알 수 있다.

"Inferential statistics are used to draw conclusions and make predictions based on the analysis of numeric data."- Colorado State University.

8 추리통계

추리통계(inferential statistics)는 모집단에서 추출된 표본에서 나온 통계량(statistic)으로부터 모수(parameter)를 추정하거나 가설을 검정하는데 사용되는 통계적 방법이다. 기술통계가 주로 1개의 변수에 대한 분석이라고 한다면, 추리통계는 2개 이상의 변수간의 관계에 대한 분석이라고 할 수 있다. 즉, 추리통계는 독립변수와 종속변수간의 관계를 평가하는데 사용된다. 이는 1개의 종속변수에 따른 1개의 독립변수의 영향을 측정하는 이중변량(bivariate)과 2개 이상의 독립변수를 포함하는 다중변량(multivariate)으로 구분된다. 본 장에서는 주로 이중변량을 다룰 예정이며, 추리통계의 범주는 다음과 같이 두 가지로 구분이 된다.

(1) 모수적 검정(parametric tests)[xxi]: 이는 등간데이터나 비율데이터를 다루는데 사용이 된다. 모수적 검정은 "표본데이터가 정규분포로부터 추출되었고, 즉 데이터가 좌우 어느쪽에 치우쳐 있지 않고 중앙경향치 성격을 유지하며, 측정된 변수에 대한 분산(산포) 역시 동일한 분산을 유지한다"라는 가정에서 출발을 한다.

(2) 비모수적 검정(non-parametric tests): 이는 서열데이터나 명목데이터를 다루는데 사용이 된다. 또한 "표본데이터에 대한 어떠한 가정도 할 수 없다"라는 가정에서 출발을 한다.

추리검정은 소위 귀무가설(null hypothesis)에 대한 검정이다. 귀무가설이란 "분석코자하는 변수간에 어떠한 관련이 없다"는 것을 가설한다. 그러므로 변수간에 관계가 없다는 가정하에서 이 가설을 뒤집느냐 여부를 판단하는 것이 주요 임무이다.

일반적으로 통계학에서 두 집단의 평균을 비교하는 분석방법은 크게 $Z-$검정과 $t-$검정이다. 두 분석 방법 중 어느 방법을 적용하느냐 여부는 (1) 모집단 분산을 알

[xxi] 검정과 검증은 같은 의미로 사용되며, 통계학에서는 '검정'을 사회과학에서는 '검증'을 선호한다.

고 있는지 여부와 (2) 표본의 크기에 따라 분석 방법이 결정되어진다.

- Z−검정: 모집단의 분산을 아는 경우에 Z−검정을 사용한다. 또한 표본의 크기 $n \geq 30$일때 모집단의 분산을 모르더라도 중심극한정리에 의거 정규분포로 가정할 수 있으므로 Z−검정을 사용할 수 있다.

- t−검정: 표본의 크기 $n < 30$이며 모집단의 분산을 모르는 경우에 정규분포로 가정할 수 없기 때문에 t−검정을 사용한다.

t−검정은 평균을 이용하여 데이터를 분석하는 대표적인 도구이며, 독립된 두 표본 집단간의 평균차이를 검정하는 분석 방법이다. 즉, 두 집단간의 평균이 통계적으로 유의한지 여부를 파악할 때 쓰이는 기법이다. t−검정은 비교되는 표본의 종류에 따라 다음과 같이 구분이 되어진다.

- 일표본(또는 단일표본) 검정: '모집단의 평균을 알고 있고 연구자가 구해낸 표본집단의 평균을 이용해서 두 집단(모집단과 표본집단) 간의 평균차이를 비교하는 분석'이 된다. 예를 들어, 정부가 발표한 대한민국 국민전체의 평균소득을 알고 있고, 연구자가 구해낸 부산시민의 평균소득간에 차이가 있는지를 비교할 때 사용된다.

- 독립표본(또는 이표본) 검정: '연구자가 구해낸 두 표본집단간의 평균차이를 비교하는 분석'이 된다. 예를 들어, 부산시민의 평균소득과 광주시민의 평균소득에 차이가 있는지를 비교할 때 사용된다.

- 대응표본(또는 짝진표본) 검정: '동일한 표본집단에 대해 사전검정(pre-test)과 사후검정(post-test)을 통해 구해낸 두 표본집단간의 평균차이를 비교하는 분석'이 된다. 예를 들어, 주 5일제 근무를 실시하기 전의 부산시민의 평균소득과 5일제 근무를 실시한 후의 부산시민의 평균소득에 차이가 있는지를 비교할 때 사용된다.

일반적으로 독립변수가 명목척도이고 종속변수가 정규분포화된 등간척도 또는 비율척도이며, 상대적으로 작은 크기의 표본인 경우에는 t−검정과 단순분산분석(simple ANOVA)등의 통계분석을 실시하면 된다. t−검정을 위한 기본가정은 다음과 같다.

- 정규성: 두 집단의 독립변수값들은 정규분포이어야 한다.

- 동질성: 두 집단은 독립변수에 대한 분산이 근사적으로 동일해야 한다.

- 독립성: 두 집단은 서로 독립적이어야 한다.

- 모수성: 종속변수의 데이터는 모수적이어야 한다. 즉, 등간척도 또는 비율척도이어야 한다.

t – 검정을 위해 설정되는 가설은 다음과 같다.

- H_0(귀무가설 또는 영가설): 독립변수에 따른 종속변수는 같다.
- H_1(대립가설 또는 연구가설): 독립변수에 따른 종속변수는 다르다.

제 1 절 일표본 $t-$검정

일표본(단일표본) $t-$검정(one-sample t-test)은 그림 8.1에서 보듯이 표본평균을 갖고 모평균과의 차이를 비교하는 것이다. 즉, 모집단의 평균을 이미 알고 있는 상태에서 표본집단의 평균을 구한 후, 두 집단 간의 평균차이를 분석하는 것을 일표본 $t-$검정이라고 한다.

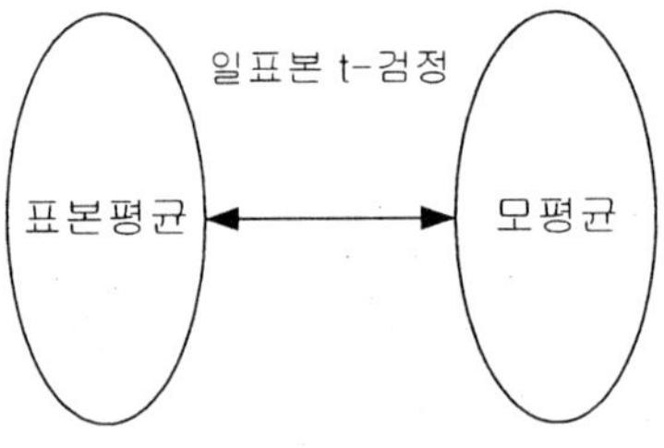

그림 8.1: 일표본 $t-$검정

일표본 $t-$검정을 수행하기 위해서는 다음과 같은 4가지의 전제 조건이 만족되어야 한다[27].

- 정규성: 두 집단은 각각 정규분포화되어야 한다.
- 동질성: 두 집단은 평균을 제외한 여러 특성이 동일해야 한다.
- 독립성: 측정된 두 집단의 데이터는 모두 독립적이어야 한다.
- 모수성: 종속변수의 데이터는 최소 등간척도 이상으로 측정되어야 한다.

가. 작업절차

일표본 $t-$검정을 실시하는 절차는 그림 8.2와 같다. 비교하고자하는 표본집단의 종속변수를 [검정변수]에, 모집단의 평균값을 [검정값]에 입력시킨후 실행을 하게 되면 일표본 검정보고서를 출력하게 된다.

일표본 검정 보고서에 있는 유의확률값이 유의하다면 "모평균과 표본평균값이 같다"라는 결론을 짓고, 반면에 유의하지 않다면 "모평균과 표본평균이 같지않다"라는 결론을 짓는다. 이후 최종 연구보고서에는 두 집단의 평균과 표준편차, 유의수준, 자유도와 유의확률을 포함한 $t-$값을 기술하면 된다.

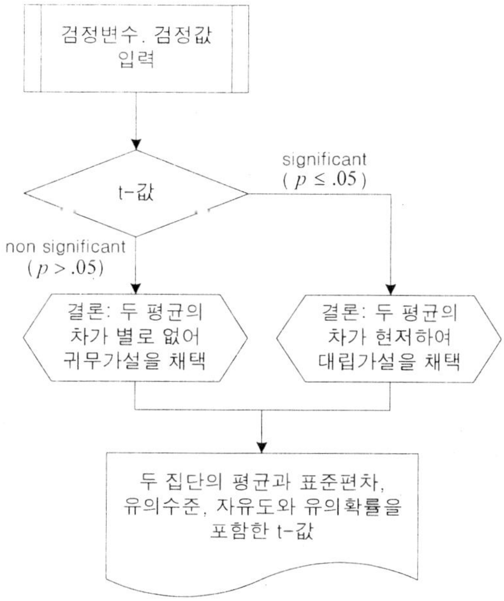

그림 8.2: 일표본 $t-$검정 업무 흐름도

나. 일표본 $t-$검정 적용사례

한 예로, 예제 7.1에 있는 데이터를 갖고 '전국 대학생의 주당 인터넷 평균 이용시간과 ○○대학 체육부 학생들의 주당 인터넷 평균 이용시간'을 비교해 보자. 즉, 표 7.3에 있는 표본데이터를 통해 ○○대학 체육부 학생들의 주당 평균 인터넷 이용시간이 모평균 17.7시간과 다른지를 유의도 5% 수준에서 $t-$검정을 해보자. 일표본 $t-$검정을 위해서는 다음과 같은 절차로 수행을 하면 된다.

(1단계: 가설의 설정) 표본집단의 주당 평균 인터넷 이용시간 μ가 모평균과 차이가 있는가에 대한 검정을 하기 위한 귀무가설 H_0와 대립가설 H_1은 다음과 같다.

$$H_0 : \mu = 17.7 \quad (\text{즉, 차이가 없다})$$
$$H_1 : \mu \neq 17.7 \quad (\text{즉, 차이가 있다})$$

귀무가설은 단순가설이므로 양측검정이 된다.

(2단계: 통계량과 검정보고서 출력) 메뉴에서 [분석]→[평균비교]→[일표본 T-검정]을 통해 그림 8.3과 같은 [일표본 T-검정] 창에서 비교하고자 하는 변수인 '주당 인터넷 이용시간'을 [검정변수] 상자로 이동시킨다.

이후 검정할 기준이 되는 모평균값 17.7을 [검정값] 상자에 입력을 한다. 또한 신뢰구간 퍼센트와 결측값 처리를 위해 [옵션]을 클릭한 후, [일표본 T-검정: 옵션] 창에서 신뢰구간 퍼센트가 '95%'로 설정되었는지를 확인하고,

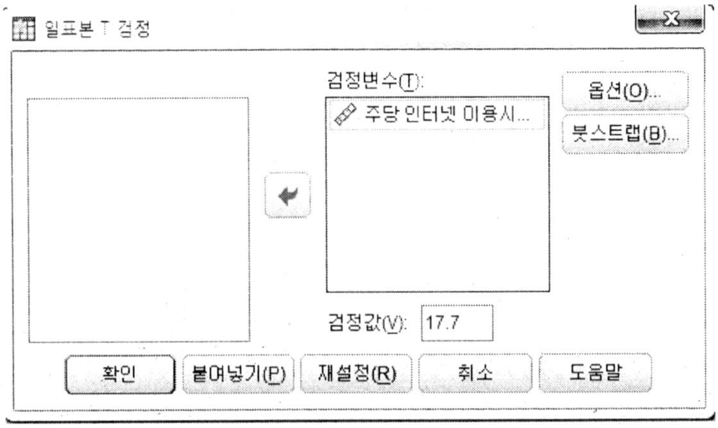

그림 8.3: [일표본 T-검정] 창

결측값 처리가 기본값인 '분석별 결측값 제외'로 설정되었는지를 확인한다. [계속]을 클릭한 후 [일표본 T-검정] 창에서 [확인]을 클릭하게 되면 표 8.1과 같은 '일표본 통계량' 보고서를 얻을 수가 있다.

일표본 통계량

	N	평균	표준편차	평균의 표준오차
주당 평균 인터넷 이용시간	40	17.502	1.3961	.2207

표 8.1: 일표본 통계량

표 8.1에 있는 일표본 통계량을 통해 표본의 크기, 표본평균, 표본표준편차, 표본평균의 표준오차를 알 수 있다. 정작 우리가 알고 싶어하는 두 그룹 간의 평균 비교는 표 8.2에 의해 수행된다.

일표본 검정

	검정값 = 17.7					
					차이의 95% 신뢰구간	
	t	자유도	유의확률 (양쪽)	평균차	하한	상한
주당 평균 인터넷 이용시간	-.895	39	.376	-.1975	-.644	.249

표 8.2: 일표본 검정

표 8.2를 살펴보면 검정값이 17.7로 나타나 있고, $t-$값은 $-.895$, 표본의 크기 $n = 40$에 대한 자유도는 $39(= 40 - 1)$, 양측검정용 $p-$값인 유의확률은 .376으로 나타나 있다. 하한 및 상한은 각각 평균차이의 하한값과 상한값을

나타낸다. 즉, 95%의 신뢰도 구간이 된다. 참고로 $t-$값은 표본평균 $\overline{X}$, 표본 표준편차 S, 모평균 μ에 의해 다음과 같이 구해진다.

$$T(X) = \frac{\overline{X} - \mu}{S/\sqrt{n}} = \frac{17.502 - 17.7}{1.3961/\sqrt{40}} \simeq -.895$$

결론적으로 양측검정용 $t-$검정을 위한 유의확률값 .376이 .05보다 크므로(즉, $p = .376 > .05$) 귀무가설은 채택된다.

이를 좀 더 자세히 살펴보자. 표본의 크기 $n = 40$이니, $n \geq 30$이 되어 정규분포로 간주하여 $Z-$검정으로 처리를 할 수 있다. 유의수준 $\alpha = .05$(신뢰구간 퍼센트 95%)인 양측검정용 $Z-$분포 내의 채택역과 기각역을 확인하기 위하여 부록 E에 있는 표준정규분포표에서 $P(0 < Z < z) = .475(= .5 - .025)$를 만족시키는 $z-$값을 찾게 되면 $z = 1.96$이 된다. 즉, 유의수준 $\alpha = .05$인 양측검정용 $Z-$분포 내의 채택역은 그림 8.4의 흰색 부분이 되며, 기각역은 회색 부분이 된다.

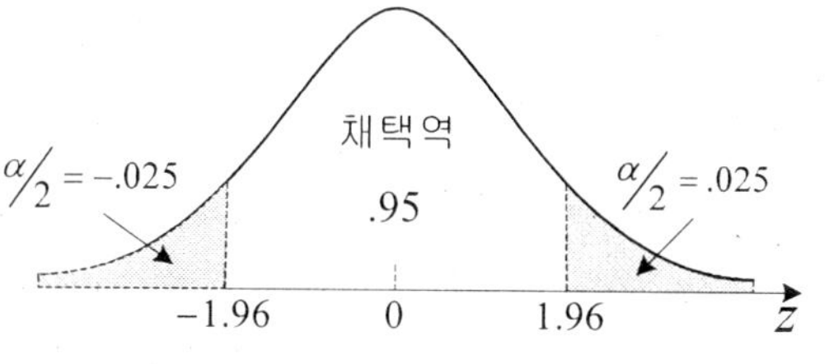

그림 8.4: 유의수준 $\alpha = .05$인 양측검정용 $Z-$분포도

그림 8.4를 살펴보면 $\alpha = .05$인 양측검정이기 때문에 검정통계량 $t-$값은 -1.96과 1.96이 된다. 또한 표 8.2에 있는 유의확률 $p-$값이 .376이기 때문에 $\frac{p}{2}$의 값은 .188이 된다. 부록 E에 있는 표준정규분포표에서 $P(0 < Z < z) = .312(= .5 - .188)$을 만족시키는 $z-$값을 찾게 되면 $z = .89$가 된다. 즉 그림 8.5에서 보듯이 $T(X)$의 값이 채택역에 있음을 알 수 있다.

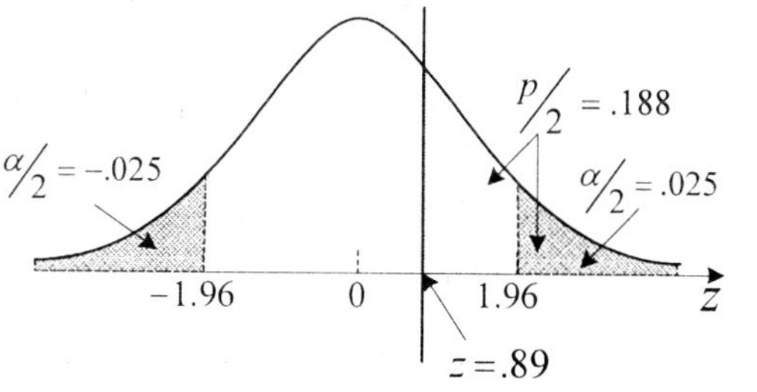

그림 8.5: 유의수준 $\alpha = .05$인 양측검정용 $Z-$분포도

(3단계: 결과 해석) 표 8.2에 있는 유의확률 .376이 유의수준 .05보다 크므로(즉, $p = .376 > .05$) 귀무가설은 채택된다. 즉, 유의도 $\alpha = .05$ 수준에서 "○○대학 체육부 학생들의 주당 평균 인터넷 이용시간은 일반 대학생의 주당 평균 인터넷 이용시간과 차이가 없다"가 됨을 알 수 있다.

예제 8.1 체육부 학생들의 간식으로 제공되는 식빵의 무게가 450그램이라고 제품 회사는 홍보하고 있다. 실제 체육부 학생들이 먹는 임의의 7개에 대한 무게(단위: 그램)를 달아보니 다음과 같았다.

440, 434, 450, 430, 458, 446, 422

이 경우 "식빵의 평균값이 450그램이다"라고 말할 수 있을까? 유의수준 α = 5%로 하여 검정을 해 보시오.

예제 8.1 예시답안 식빵 7개 무게에 대한 평균을 구해 모평균 450그램과 비교를 하는 일표본 $t-$검정[xxii]을 적용하면 된다.

(1단계: 가설의 설정) 시판되고 있는 식빵의 평균값이 450그램인지 아닌지를 판정하기 위해서 "식빵의 평균값이 450그램이다"라는 가설을 세우면 된다. 즉, 귀무가설 H_0와 대립가설 H_1은 다음과 같으며 양측검정이 된다.

$$H_0 : \mu = 450 \quad \text{(즉, 그렇다)}$$
$$H_1 : \mu \neq 450 \quad \text{(즉, 그렇지 않다)}$$

(2단계: 통계량과 검정보고서 출력) 표본데이터를 생성시키기 위해 [데이터 편집] 창에서 예제에서 제시된 식빵 7개의 무게를 그림 8.6과 같이 입력한다.

메뉴에서 [분석]→[평균비교]→[일표본 T-검정]을 통해 그림 8.7과 같은 [일표본 T-검정] 창에서 비교하고자 하는 변수인 '식빵 무게'를 [검정변수] 상자로 이동시킨다.

이후 검정할 기준이 되는 변수의 평균값 450을 [검정값] 상자에 입력을 한다. 또한 신뢰구간 퍼센트와 결측값 처리를 위해 [옵션]을 클릭한 후, [일표본 T-검정: 옵션] 창에서 신뢰구간 퍼센트가 '95%'로 설정되었는지를 확인하고, 결측값 처리가 기본값인 '분석별 결측값 제외'로 설정되었는지를 확인한다.

이후 [계속]을 클릭한 후 [일표본 T-검정] 창에서 [확인]을 클릭하게 되면 표 8.3과 같은 '일표본 통계량' 보고서를 얻게 된다.

[xxii] 표본의 크기가 $n = 7$개로 $n < 30$이니 정규분포(즉, $Z-$검정)를 적용할 수 없고, $t-$분포(즉, $t-$검정)를 적용해야 한다.

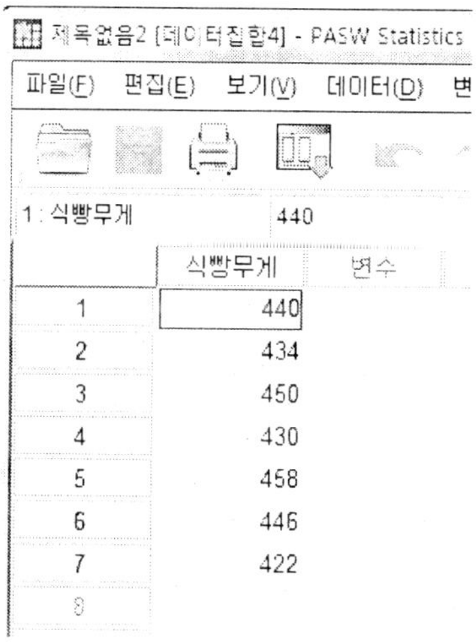

그림 8.6: [데이터 편집기] 창

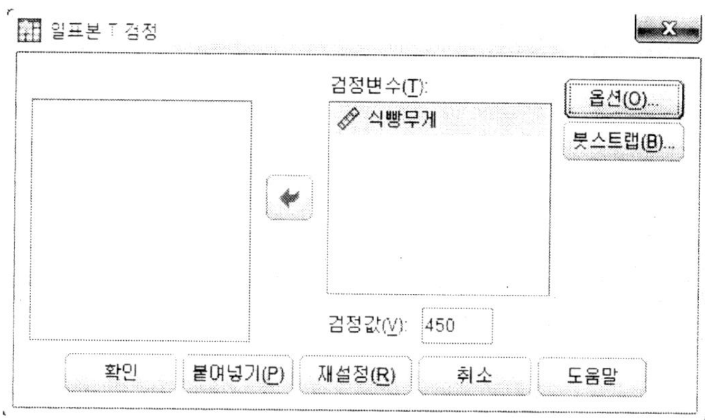

그림 8.7: [일표본 T-검정] 창

일표본 검정

	검정값 = 450					
					차이의 95% 신뢰구간	
	t	자유도	유의확률 (양쪽)	평균차	하한	상한
식빵무게	-2.137	6	.077	-10.000	-21.45	1.45

표 8.3: 일표본 검정

(3단계: 결과 해석) 표 8.3에 있는 유의확률 .077이 유의수준 .05보다 크므로(즉, $p = .077 > .05$) 귀무가설은 채택된다. 즉, 5%로 잘못 판단될 가능성을 전제로 할 때 "체육부 학생들이 먹는 식빵의 평균 무게는 450그램으로 볼 수 있다"가 된다.

참고로 표 8.4의 일표본 통계량과 표 8.3의 일표본 검정을 참고하여 유의수준 $\alpha = .05$인 양측검정용 $t-$분포도를 그려보자.

일표본 통계량

	N	평균	표준편차	평균의 표준오차
식빵무게	7	440.00	12.383	4.680

표 8.4: 일표본 통계량

표 8.4를 살펴보면 주어진 7개의 자료에 대한 표본평균, 표본표준편차는 다음과 같다.

$$\overline{X} = 440, \qquad S = 12.383$$

그러므로 귀무가설 하에서의 검정통계량의 값은 다음과 같으며, 이는 표 8.3에 있는 $t-$값 -2.137과 같다.

$$T(X) = \frac{\overline{X} - \mu}{S/\sqrt{n}} = \frac{440 - 450}{12.383/\sqrt{7}} = -2.137$$

표본의 크기가 작으니 (즉, $n = 7 < 30$)이므로 검정통계량 $T(X)$는 자유도가 $n - 1 = 6$인 $t-$분포를 따른다. 즉, 유의수준 $\alpha = .05$이고 자유도가 6이니, 양측검정을 이용하여 부록 F에 있는 $t-$분포표를 참고하면 그림 8.8에서 보듯이 다음과 같은 양측검정용 임계값 $t_{\alpha/2}$을 얻을 수가 있다.

$$P(-2.447 \le t_{\alpha/2} \le 2.447) = .95 \ (= 1 - .05)$$

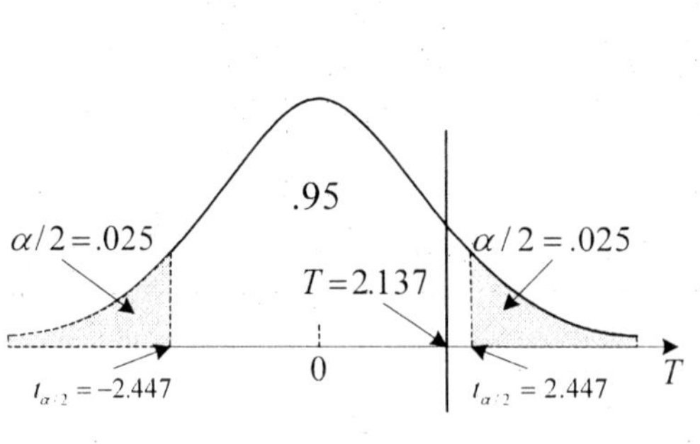

그림 8.8: 유의수준 $\alpha = .05$인 양측검정용 $t-$분포도

따라서 기각역은 그림 8.8의 회색 부분이 되며, 귀무가설 하에서의 검정통계량의 값 $T(X) = 2.137$은 채택역에 속하므로 귀무가설은 채택이 된다.

제 2 절 독립표본 $t-$검정

독립표본 $t-$검정(independent-samples $t-$test)[xxiii]은 그림 8.9에서 보듯이 주어진 변수에 대한 두 집단의 표본평균간의 차이를 비교하는데 사용한다.

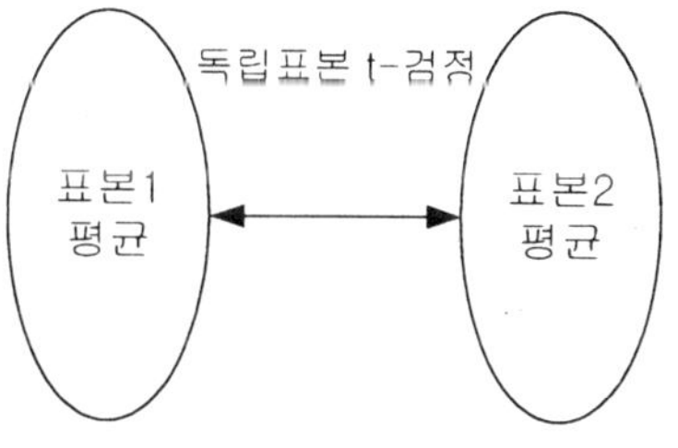

그림 8.9: 독립표본 $t-$검정

독립표본 $t-$검정을 실시하기 위한 가정은 다음과 같다.

(1) 모수성: 데이터는 모수적이어야 한다. 즉, 데이터의 척도는 등간척도 또는 비율척도이어야 한다. 만약 데이터의 척도가 등간척도 또는 비율척도가 아닌 경우, 즉 데이터가 비모수적인 경우에는 독립표본 $t-$검정을 위해 메뉴에서 [분석]→[비모수검정]→[독립표본]을 사용하면 된다.

(2) 정규성: 독립변수값들은 정규분포이어야 한다. 메뉴에서 [분석]→[기술통계량]→[Q-Q 도표]를 통해 정규분포 여부를 확인할 수 있다. 즉, [분석]→[기술통계량] 메뉴에 있는 [데이터탐색] 창에서 [Q-Q 도표]나 [정규성] 검정을 실시하면 된다. 동일한 옵션에서 데이터에 대한 이상값에 대한 여부를 확인하기 위해서는 [상자도표]를 사용하면 된다. 또는 동일한 메뉴인 [분석] 메뉴에 있는 [기술통계량]→[빈도분석] 창에서 [히스토그램에 정규곡선 표시]를 사용하면 된다. 마지막으로 [빈도분석] 옵션에서 왜도 및 첨도값을 구하여 정규분포 여부를 확인할 수 있다. 참고로 표준오차에 대한 왜도 또는 첨도의 비가 1.96보다 큰 경우, 데이터는 정규분포가 되었다고 보기가 어렵다[20].

(3) 동질성: 두 그룹은 독립변수에 대한 분산이 근사적으로 동일해야 한다. 즉, 두 그룹의 데이타들은 근사적으로 동일 분산을 갖는 모집단으로부터 추출되어야 한다. Levene의 등분산 검정(Levene's test)[xxiv]을 통해 이를 확인할 수 있다.

[xxiii] '이표본 $t-$검정' 또는 '스튜던트(Student) $t-$검정'이라고도 함. [xxiv] 통계학에서 등분산 검정은 '서로 다른 표본에 대해 분산의 같음'을 평가하는 추리통계이다. 일반적으로 "서로 다른 표본으로부터 추론된 모집단의 분산들은 같다"라고 가정하고, 등분산 검정은 이러한 가정을 평가한다. 즉, '분산의 동질성'이라고 불리우는 "모분산이 같다"라는 귀무가설을 검정한다. 만약 등분산 검정의 $p-$값이 임계값(일반적으로 .05임)보다 작은 경우, 표본분산을 통해 얻어낸 차는 무작위 표본추출의 기반에서 얻었다고 보기 어렵다. 그러므로 등분산이라는 귀무가설은 기각되며, 모집단 내에 있는 "분산간에는 차이가 있다"라는 대립가설을 채택하게 된다.

(4) 독립성: 두 그룹은 서로 독립적이어야 한다. 즉, 두 그룹의 데이터들은 모집단으로부터 임의로 추출되어야 한다. 그렇게 함으로서 $t-$검정의 결과는 표본집단을 포함한 모집단에까지 일반성을 유지해야 한다.

가. 작업절차

독립표본 $t-$검정을 실시하는 절차는 그림 8.10과 같다. 비교하고자하는 종속변수를 [검정변수]로, 독립변수를 [집단변수]로 이동시킨 후 실행하게 되면 독립표본 검정보고서를 출력하게 된다.

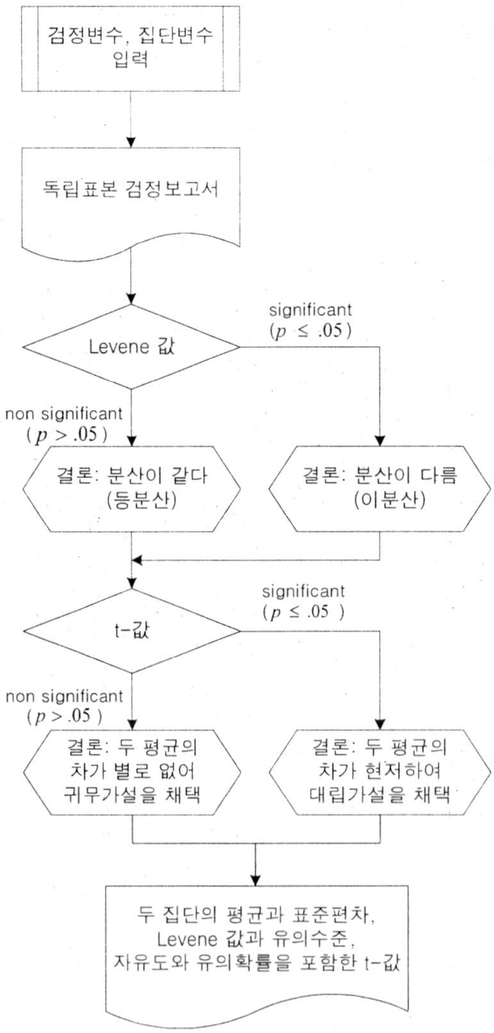

그림 8.10: 독립표본 $t-$검정 업무 흐름도

독립표본 검정보고서에 있는 Levene 값이 유의하다면 '이분산'이라는 결론을 짓고, 반면에 유의하지 않다면 '등분산'이라는 결론을 짓는다. 등분산과 이분산에 따른 $t-$값을 확인하여 $t-$값이 유의하다면 "두 집단간의 평균이 현저하게 다르다"라는 결론을 짓고, 반면에 유의하지 않다면 "두 집단간의 평균은 큰 차이가 없다"라는 결론을 짓는다. 이후 최종 연구보고서에는 이에 대한 내용인 두 그룹의 평균과 표준편차, Levene 값과 유의수준, 자유도와 유의수준을 포함한 $t-$값을 기술하면 된다.

나. 독립표본 $t-$검정 적용사례

앞에서 언급한 작업절차에 따라 독립표본 $t-$검정을 실시해 보자. 한 예로, 문구점에서 구입한 두 표본집단에 대한 '바둑돌 직경에 대한 차이'에 대해 조사해 보자.

두 문구점 A, B에서 바둑돌을 구입하여 흑돌 40개에 대한 직경을 조사하였더니 표 8.5와 같았다. 이 경우 두 문구점의 흑돌의 직경에 차이가 있는지를 유의수준 $\alpha = 5\%$에서 검정하시오.

A 문구점	20.1	20.0	20.1	19.9	19.8	20.1	20.0	20.2	20.1	20.2
	19.9	19.9	20.0	20.2	20.1	20.0	20.1	19.9	20.0	20.1
	20.0	20.1	20.2	20.0	20.1	20.1	20.0	20.3	20.2	20.2
	20.0	20.1	20.1	19.9	19.9	19.9	19.8	20.0	20.1	20.1
B 문구점	20.0	20.0	20.0	20.1	20.1	20.1	20.1	20.0	19.9	19.9
	20.0	20.1	20.0	20.1	20.1	19.9	20.0	20.0	20.1	20.1
	20.0	20.0	20.0	20.1	20.1	20.0	20.0	20.1	20.1	20.0
	19.9	19.9	20.0	20.1	20.0	20.0	20.1	20.0	20.1	20.0

표 8.5: 두 문구점에서 파는 바둑돌의 직경

(1단계: 가설의 설정) 두 흑돌의 직경에 차이가 있는지를 검정을 하기 위한 귀무가설 H_0와 대립가설 H_1은 다음과 같다.

$$H_0 : \mu_A = \mu_B \quad (\text{즉, 차이가 없다})$$
$$H_1 : \mu_A \neq \mu_B \quad (\text{즉, 차이가 있다})$$

귀무가설은 단순가설이므로 양측검정이 된다.

(2단계: 통계량과 검정보고서 출력) 표본데이터를 생성시키기 위해 [데이터 편집] 창에서 표 8.5에 있는 80개의 데이터를 그림 8.11과 같이 입력한다.

메뉴에서 [분석]→[평균비교]→[독립표본 T 검정]을 통해 그림 8.12와 같은 [독립표본 T 검정] 창에서 비교하고자 하는 종속변수인 '무게'를 [검정변수] 상자로 이동시키고, 독립변수인 '문구점(1 2)'를 [집단변수] 상자로 이동시킨

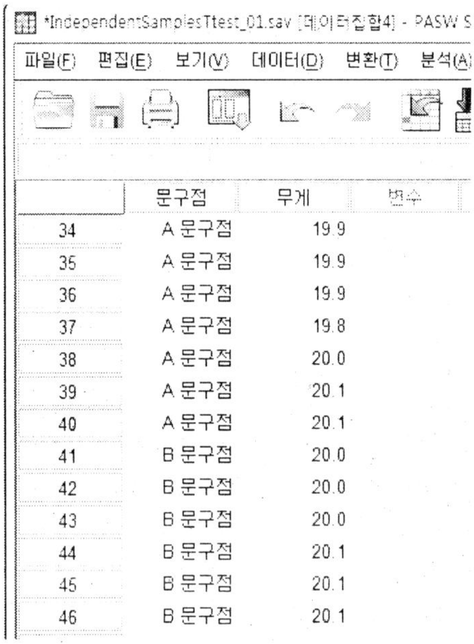

그림 8.11: [데이터편집] 창

다. 참고로 '집단 1'은 'A 문구점'을 가르키고, '집단 2'는 'B 문구점'을 가르킨다.

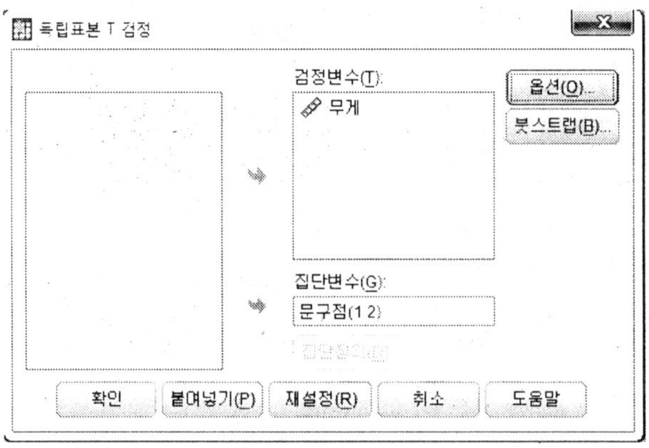

그림 8.12: [독립표본 T 검정] 창

이후 [옵션]을 클릭하여 [독립표본 T 검정: 옵션] 창에서 신뢰구간 퍼센트가 '95%'로 설정되었는지를 확인하고, 결측값 처리가 기본값인 '분석별 결측값 제외'로 설정되었는지를 확인한다. [계속]을 클릭한 후 [독립표본 T 검정] 창에서 [확인]을 클릭하게 되면 표 8.6과 같은 '집단통계량' 보고서를 얻게 된다.

집단통계량

	문구점 종류	N	평균	표준편차	평균의 표준오차
무게	A 문구점	40	20.045	.1176	.0186
	B 문구점	40	20.028	.0679	.0107

표 8.6: 집단통계량

아울러 표 8.7과 같은 '독립표본 검정' 보고서도 얻게 된다.

독립표본 검정

		Levene의 등분산 검정		평균의 동일성에 대한 t-검정						
									차이의 95% 신뢰구간	
		F	유의확률	t	자유도	유의확률 (양쪽)	평균차	차이의 표준오차	하한	상한
무게	등분산이 가정됨	12.203	.001	.815	78	.417	.0175	.0215	-.0252	.0602
	등분산이 가정되지 않음			.815	62.409	.418	.0175	.0215	-.0254	.0604

표 8.7: 독립표본 검정보고서

(3단계: 결과 해석) 표 8.6에서 문구점 A, B에 따른 평균과 표준편차를 살펴볼 수 있다. 표 8.7을 살펴보면 등분산과 이분산에 따른 $t-$검정량($t-$값, 자유도, 유의확률 등)이 나타나 있다. 이제 표 8.7을 갖고 그들이 등분산인지 아니면 이분산인지 여부를 살펴보자. Levene의 등분산 검정을 위한 절차는 다음과 같다.

(1) 귀무가설 H_0는 두 표본의 분산이 등분산이라는 가정이다.

(2) $F-$값[xxv]에 대한 유의확률을 살펴본 다음,

(3) 만약 유의확률이 .05보다 크다면 등분산으로 간주되며, 반면에 유의확률이 .05 이하이면 이분산으로 간주한다.

표 8.7을 살펴보면 $F-$값에 대한 유의확률이 .001로서 .05보다 작기 때문에 귀무가설은 '두 표본은 등분산이 아닌 이분산이라는 가정'이 된다. 그러므로 표 8.7에서 [등분산이 가정되지 않음]의 행에서 $t-$값은 .815가 되고 양측검정용 유의확률값은 $p = .418$이 된다. 이 유의확률값 $p = .418$이 유의수준 .05보다 크기 때문에 귀무가설은 채택이 된다. 즉, 유의도 $\alpha = .05$ 수준에서 "두 문구점의 흑돌의 직경에 차이가 없다"가 된다.

(4단계: 보고서 작성) 또한 보고서 내에 $t-$값, 자유도, 유의확률값을 언급해야 하니, $t(62.409) = .815$, $p = .418$ 등을 기록하면 된다.

[xxv] $F-$값은 '분산의 비'가 되며 $F = \frac{S_A^2}{S_B^2} = \frac{.1176^2}{.0679^2} \simeq 3.0$이 된다. 이 값은 독립표본 검정보고서에 있는 값 12.203과 다르나, 이는 SPSS가 다른 방법으로 계산을 하는 것이지 기본적인 개념은 같다.

예제 8.2 ○○대학 체육학부 내 씨름부 학생과 바둑부 학생들의 100미터 달리기 기록을 조사하였다. 두 집단에 대해 각각 10명씩 무작위로 추출을 하여 달리기를 실시하였더니 그 결과(단위: 초)는 표 8.8과 같았다.

씨름부	16.4	16.3	15.9	16.3	16.7	16.2	15.9	16.4	16.6	16.1
바둑부	16.7	16.2	16.0	15.9	15.9	16.5	16.4	16.3	16.2	16.3

표 8.8: 씨름부와 바둑부의 100미터 달리기 기록

두 표본자료를 통해 "두 집단의 달리기 기록의 평균이 차이가 있는가"를 유의수준 5%에서 검정하시오.

예제 8.2 예시답안

(1단계: 가설의 설정) 씨름부 A의 평균기록과 바둑부 B의 평균기록에 차이가 있는지를 검정을 하기 위한 귀무가설 H_0와 대립가설 H_1은 다음과 같다.

$$H_0 : \mu_A = \mu_B \quad \text{(즉, 차이가 없다)}$$
$$H_1 : \mu_A \neq \mu_B \quad \text{(즉, 차이가 있다)}$$

귀무가설은 단순가설이므로 양측검정이 된다.

(2단계: 통계량과 검정보고서 출력) 표본데이터를 생성시키기 위해 [데이터 편집] 창에서 표 8.8에 있는 20개의 데이터를 그림 8.13과 같이 입력한다.

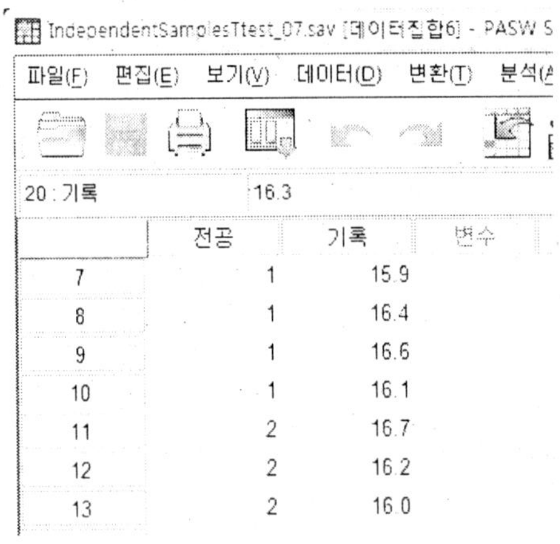

그림 8.13: [데이터편집] 창

메뉴에서 [분석]→[평균비교]→[독립표본 T 검정]을 통해 그림 8.14와 같은 [독립표본 T 검정] 창에서 비교하고자 하는 종속변수인 '기록'을 [검정변수]

상자로 이동시키고, 독립변수인 '전공(1 2)'를 [집단변수] 상자로 이동시킨다. 참고로 '집단 1'은 '씨름부', '집단 2'는 '바둑부'이다.

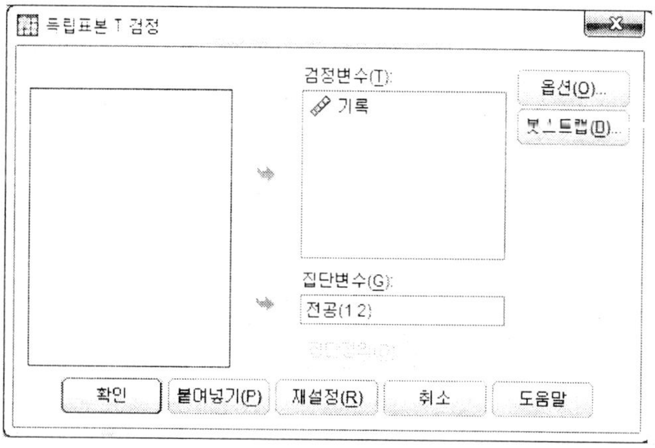

그림 8.14: [독립표본 T 검정] 창

이후 [옵션]을 클릭하여 [독립표본 T 검정: 옵션] 창에서 신뢰구간 퍼센트가 '95%'로 설정되었는지를 확인하고, 결측값 처리가 기본값인 '분석별 결측값 제외'로 설정되었는지를 확인한다. [계속]을 클릭한 후 [독립표본 T 검정] 창에서 [확인]을 클릭하게 되면 표 8.9와 같은 '집단통계량' 보고서를 얻게 된다.

집단통계량

전공		N	평균	표준편차	평균의 표준오차
기록	씨름부	10	16.280	.2658	.0841
	바둑부	10	16.240	.2591	.0819

표 8.9: 집단통계량

아울러 표 8.10와 같은 '독립표본 검정' 보고서도 얻게 된다.

독립표본 검정

		Levene의 등분산 검정		평균의 동일성에 대한 t-검정						
									차이의 95% 신뢰구간	
		F	유의확률	t	자유도	유의확률 (양쪽)	평균차	차이의 표준오차	하한	상한
기록	등분산이 가정됨	.003	.954	.341	18	.737	.0400	.1174	-.2066	.2866
	등분산이 가정되지 않음			.341	17.988	.737	.0400	.1174	-.2066	.2866

표 8.10: 독립표본 검정보고서

(3단계: 결과 해석) 표 8.9에서 씨름부와 바둑부의 평균과 표준편차를 살펴볼 수 있다. 표 8.10을 살펴보면 F – 값에 대한 유의확률값이 $p = .954$로서 .05보다

크기 때문에 귀무가설은 '두 표본은 등분산이라는 가정'이 된다. 그러므로 표 8.10에서 [등분산이 가정됨]의 행에서 $t-$값은 .341이 되고 양측검정용 유의확률값은 $p = .737$이 되고 자유도는 18이 된다. 이 유의확률값 $p = .737$이 .05보다 크니 귀무가설은 채택이 된다. 즉, 유의도 $\alpha = .05$ 수준에서 "두 집단간의 평균기록에는 차이가 없다"가 된다.

이를 좀 더 자세히 알아보자. 유의수준 $\alpha = .05$, 자유도 $18(= 10 + 10 - 2)$인 양측검정을 이용하여 임계치 $t_{\alpha/2}-$값은 부록 F를 참조하여 다음과 같은 식으로 부터 얻는다.

$$P(-2.101 \leq t_{\alpha/2} \leq 2.101) = .950\ (= 1 - 2 \times .025)$$

또한 검정통계량 $t-$값은 다음과 같은 식으로 구할 수가 있다.

$$\begin{aligned} t &= \frac{(\overline{X_1} - \overline{X_2}) - (\mu_1 - \mu_2)}{\sqrt{\frac{S_1^2}{n_1} + \frac{S_2^2}{n_2}}} \\ &= \frac{(16.280 - 16.240) - 0}{\sqrt{\frac{.2658^2}{10} + \frac{.2591^2}{10}}} \\ &= .341 \end{aligned}$$

여기서 귀무가설인 $(\mu_1 - \mu_2) = 0$이 된다.

따라서 귀무가설 하에서의 검정통계량 $t = .341$은 그림 8.15에서 보듯이 채택역에 속하므로 귀무가설은 채택이 된다.

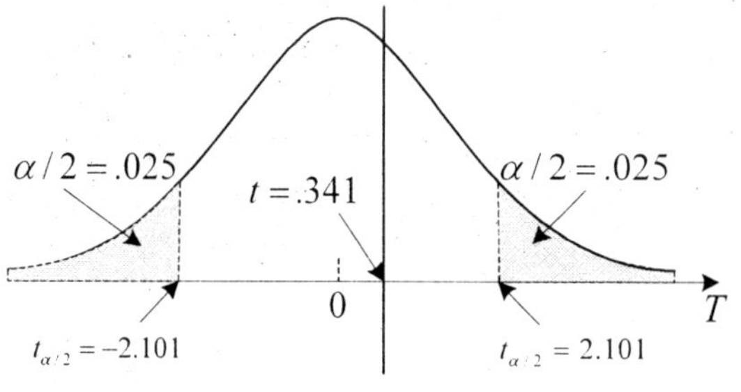

그림 8.15: 유의수준 $\alpha = .05$인 양측검정용 $t-$분포도

제 3 절　대응표본 T-검정

대응표본 T-검정(paired-samples $t-$test)은 그림 8.16에서 보듯이 1개의 변수에 대해 시간에 따른 사전/사후 형식으로 2번을 측정하여 비교하는 $t-$검정이다.

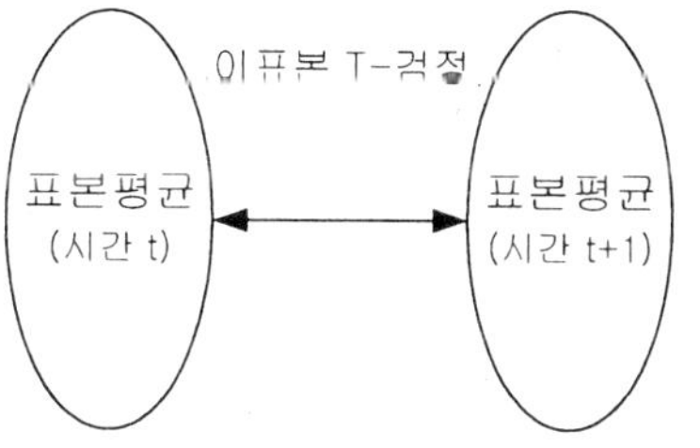

그림 8.16: 대응표본 $t-$검정

독립표본 $t-$검정에서는 종속변수가 등간척도 또는 비율척도로 되어 있고 독립변수가 명목척도로 되어있는 것에 반해, 대응표본 $t-$검정은 2개의 등간척도 또는 비율척도를 서로 비교하는 것이다. 또한 독립표본 $t-$검정은 동시간대에 측정된 데이터를 비교하는 것에 반해, 대응표본 $t-$검정은 시차를 두어 측정된 데이터들을 비교한다. 물론 대응표본 $t-$검정은 독립표본 $t-$검정과 같은 가정이 적용된다.

가. 작업절차

대응표본 $t-$검정을 실시하는 절차는 그림 8.17과 같다. 비교하고자하는 2개의 종속변수를 [대응변수]에 이동시킨 후 실행하게 되면 '대응표본 통계량', '대응표본 상관계수', '대응표본 검정' 보고서를 출력하게 된다.

대응표본 상관계수에 있는 유의확률값이 $p \leq .05$로 유의하다면 "두 변수는 서로 대응하다"라고 할 수 있으나, 반면에 유의확률값이 $p > .05$로 유의하지 않으면 "두 변수는 서로 대응하지 않다"라고 볼 수 있다. 두 변수가 서로 대응한 경우, $t-$검정을 살펴보아야 한다. 만약 $t-$값이 유의하다면 '두 대응변수가 유의하여 대립가설을 채택'이라는 결론을 짓고, 반면에 유의하지 않으면 '두 대응변수가 유의하지 않아 귀무가설을 채택'이라는 결론을 짓는다. 이후 최종 연구보고서에는 이에 대한 내용인 두 표본의 평균과 표준편차, $t-$값, 자유도, 유의확률값을 기술하면 된다.

나. 대응표본 $t-$검정 적용사례

한 예로, 시차를 두어 측정된 데이터에 대해 대응표본 $t-$검정을 적용해 보자. 즉, 훈련 전과 훈련 후의 평균 기록을 비교해 보자. ○○대학 체육학부 내 학생 10명에 대한 100미터 달리기 기록을 향상시키기 위해 2차에 걸쳐 훈련을 실시하였다. 그 결과 표 8.11과 같은 결과(단위: 초)를 얻었다.

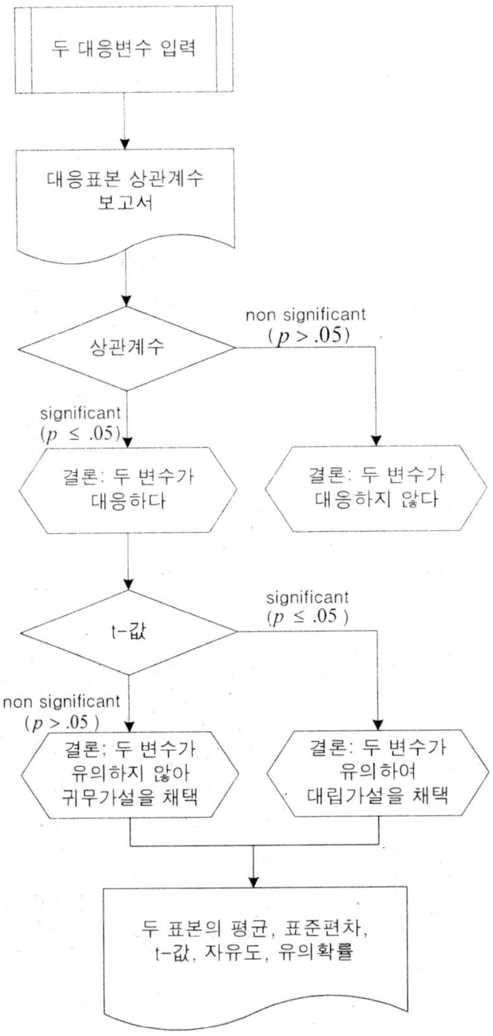

그림 8.17: 대응표본 $t-$검정 업무 흐름도

훈련 전	16.7	16.2	16.0	15.9	15.9	16.5	16.4	16.3	16.2	16.3
일차훈련 후	16.6	16.2	16.0	15.7	15.8	16.5	16.2	16.1	16.1	16.3
이차훈련 후	16.2	16.1	16.0	15.6	15.4	16.0	16.1	16.0	15.8	16.1

표 8.11: 10명에 대한 훈련 전과 훈련 후 100미터 달리기 기록

제시된 표본자료를 통해 '훈련 전과 1차 훈련 후의 평균기록에 대한 차이가 있는가'를 유의도 5% 수준에서 검정하시오. 아울러 '일차훈련과 이차훈련 후의 평균기록에 대한 차이가 있는가'도 유의도 5% 수준에서 검정하시오.

(1단계: 가설의 설정) 훈련 전과 1차 훈련 후의 평균기록에 차이가 있는지를 검정을 하기 위한 귀무가설 H_0와 대립가설 H_1은 다음과 같다. 귀무가설은 단순가설이므로 양측검정이 된다.

$$H_0 : \mu_0 = \mu_1 \quad (\text{즉, 차이가 없다})$$
$$H_1 : \mu_0 \neq \mu_1 \quad (\text{즉, 차이가 있다})$$

여기서 μ_0는 훈련 전 평균기록이고, μ_1은 1차 훈련 후 평균기록이다.

(2단계: 통계량과 검정보고서 출력) 표본데이터를 생성시키기 위해 [데이터 편집] 창에서 표 8.11에 있는 데이터를 그림 8.18과 같이 입력한다.

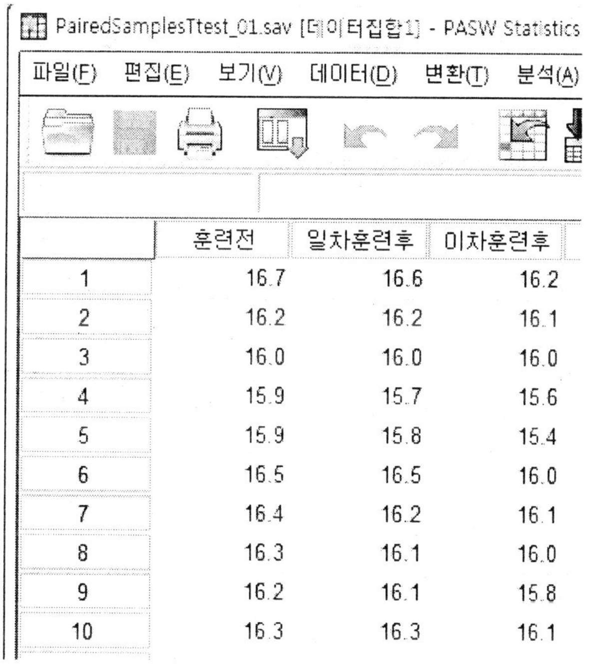

그림 8.18: [데이터입력] 창

메뉴에서 [분석]→[평균비교]→[대응표본 T 검정]을 통해 그림 8.19과 같은 [대응표본 T 검정] 창에서 비교하고자 하는 종속변수인 '훈련 전'과 '일차훈련 후'를 [대응변수] 상자로 이동시키고, [옵션]을 클릭하여 [대응표본 T 검정: 옵션] 창에서 신뢰구간 퍼센트가 '95%'로 설정되었는지를 확인하고, 결측값 처리가 기본값인 '분석별 결측값 제외'로 설정되었는지를 확인한다.

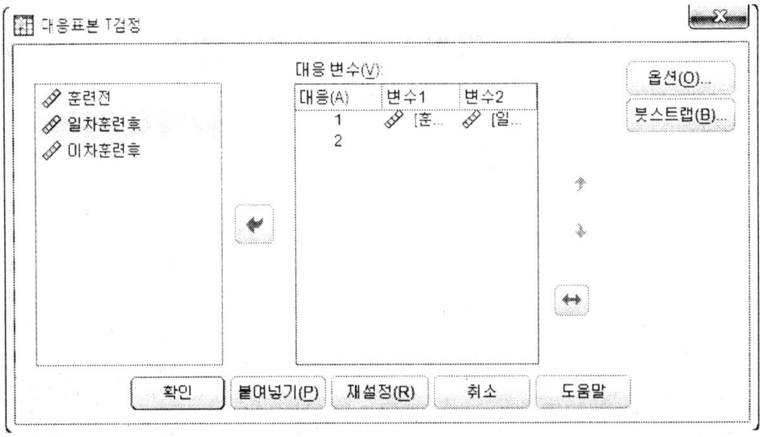

그림 8.19: [대응표본 T 검정] 창

이후 [대응표본 T 검정: 옵션] 창에서 [계속]을 클릭한 후, [대응표본 T 검정] 창에서 [확인]을 클릭하게 되면 표 8.12와 같은 '대응표본 통계량' 보고서를 얻게 된다.

대응표본 통계량

		평균	N	표준편차	평균의 표준오차
대응 1	훈련전	16.240	10	.2591	.0819
	일차훈련후	16.150	10	.2799	.0885

표 8.12: 대응표본 통계량 보고서

표 8.12의 대응표본 통계량 보고서를 살펴보면 2개 표본에 대한 평균, 케이스 수, 표준편차, 평균의 표준오차 등이 기록되어 있으며, 훈련 전 평균기록인 16.240초가 일차훈련 후 16.150초로 단축되었음을 알 수 있다. 또한 표 8.13과 같은 '대응표본 상관계수' 보고서도 얻게 된다.

대응표본 상관계수

		N	상관계수	유의확률
대응 1	훈련전 & 일차훈련후	10	.950	.000

표 8.13: 대응표본 상관계수 보고서

대응표본 상관계수는 두 대응 표본이 서로 연관성이 있는가를 파악하는데 사용되는데, 만약 상관계수 값이 유의하지 않으면 두 변수가 대응한다고 말할 수가 없기 때문에 반드시 이를 확인해야 한다. 유의확률값 $p = .000 < .05$이

기 때문에 통계적으로 유의하다. 그러므로 2개의 변수는 서로 대응하고 있음을 알 수 있다. 마지막으로 표 8.14와 같은 '대응표본 검정' 보고서도 얻게 된다.

대응표본 검정

		대응차					t	자유도	유의확률 (양측)
					차이의 95% 신뢰구간				
		평균	표준편차	평균의 표준오차	하한	상한			
대응 1	훈련전 - 일차훈련후	.0900	.0876	.0277	.0274	.1526	3.250	9	.010

표 8.14: 대응표본 검정보고서

대응표본 검정 보고서는 $t-$검정의 결과를 보여주는 것인데, 표 8.14에 있는 평균은 대응되는 2개의 표본간의 차이에서 발생하는 평균을 의미한다. $t-$값이 3.250으로 유의확률값 $p = .010 < .05$이기 때문에 95% 신뢰수준에서 통계적으로 유의한 차이가 있다고 할 수 있다. 즉, 훈련 전의 기록과 훈련 후의 기록을 대응표본으로 비교해 보았을 때 유의한 차이가 있어 "훈련 전에 비해 일차훈련 후 달리기 기록에 차이가 있다"라는 결론을 내릴 수가 있다.

같은 방법으로 일차훈련과 이차훈련 간의 차이에 대해 대응표본 $t-$검정을 해보면 표 8.15와 같은 보고서를 얻게 된다.

대응표본 통계량

		평균	N	표준편차	평균의 표준오차
대응 1	일차훈련후	16.150	10	.2799	.0885
	이차훈련후	15.930	10	.2541	.0803

대응표본 상관계수

		N	상관계수	유의확률
대응 1	일차훈련후 & 이차훈련후	10	.805	.005

대응표본 검정

		대응차					t	자유도	유의확률 (양측)
					차이의 95% 신뢰구간				
		평균	표준편차	평균의 표준오차	하한	상한			
대응 1	일차훈련후 - 이차훈련후	.2200	.1007	.0533	.0994	.3406	4.125	9	.003

표 8.15: 대응표본 통계량, 상관계수, 검정보고서

표 8.15에 있는 대응표본 검정을 살펴보면 $t-$값이 4.125로 유의확률값 $p = .003 < .05$이기 때문에 95% 신뢰수준에서 통계적으로 유의한 차이가 있다고 할 수 있다. 즉, 일차훈련 후의 기록과 이차훈련 후의 기록을 대응표본으로 비교해 보았을 때 유의한 차이가 있어 "일차훈련 후에 비해 이차훈련 후 달리기 기록에 차이가 있다"라는 결론을 내릴 수가 있다. 즉, 이차훈련을 통해 일차훈련에 비해 달리기 기록이 단축되었다고 할 수 있다.

이를 좀 더 자세히 알아보자. 유의수준 $\alpha = .05$, 자유도 9(= 10 − 1)인 양측검정을 이용하여 임계치 $t_{\alpha/2}$−값은 부록 F를 참조하여 다음과 같은 식으로 부터 얻는다.

$$P(-2.262 \leq t_{\alpha/2} \leq 2.262) = .950\ (= 1 - 2 \times .025)$$

또한 검정통계량 t−값은 다음과 같은 식으로 구할 수가 있다.

$$t = \frac{\mu_1 - \mu_2}{\left(\frac{S}{\sqrt{n}}\right)} = \frac{16.150 - 15.930}{\left(\frac{.1687}{\sqrt{10}}\right)} = 4.124$$

따라서 귀무가설 하에서의 검정통계량 $t = 4.124$는 그림 8.20에서 보듯이 기각역에 속하므로 귀무가설은 기각이 된다.

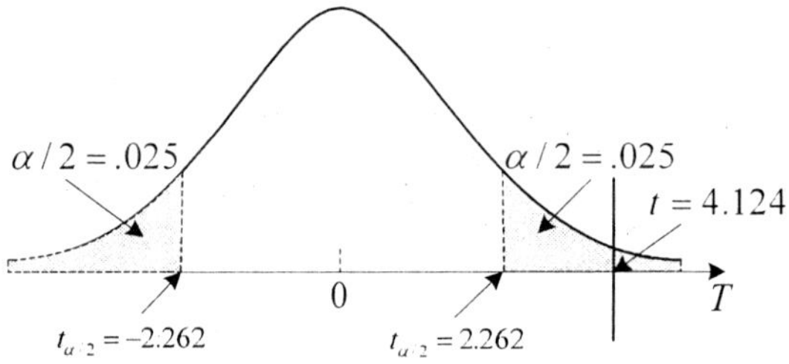

그림 8.20: 유의수준 $\alpha = .05$인 양측검정용 t−분포도

"ANOVA is a statistical technique that can be used to test the hypothesis that the means among two or more groups are equal, under the assumption that the samples are normally distributed."- NIST.

9 변량분석

변량[xxvi]분석(ANOVA: analysis of variance)은 '분산분석'이라고도 하며, t-검정이 '두 집단에서 추출된 데이터가 "동일한 분포"를 갖는가를 검정'하는데 반해, 변량분석은 '평균값을 기초로 하여 여러 집단을 비교하고 이들 집단 간에 차이점이 있는지 가설검정을 통해서 "상관관계"를 파악하는 통계 분석기법'이다.

변량분석에서는 집단간 차이를 검정하기 위해 F-분포를 사용하기 때문에 F-검정이라고도 한다. 변량분석은 두 개 이상의 집단에서 얻어진 평균값들의 차이가 모집단의 본질적인 차이에 의한 것인지, 아니면 표본에 따른 우연한 차이인지를 검정하는 것이다. 어떤 유의도 수준에서 분석결과가 평균값들의 차이가 의미가 있는 차이라면 "그 차이는 모집단에서 본질적으로 그러한 차이가 있기 때문에 표본에서도 그렇게 나타났다"라는 식으로 가설을 검정하며, 분석결과 평균값들의 차이가 의미가 없는 차이라면 "그 차이는 표본에 의한 우연한 차이로 발생된 것이지 모집단의 본질과는 관계가 없다"라는 논리로 가설을 검정하게 된다.

변량분석을 통한 집단간 차이에 대한 유의도 검정을 실시하기 위해서는 집단간 변량에 대한 크기의 한계를 설정하여야 한다. 즉, 집단간 변량의 크기가 어느 정도가 되어야 "집단의 차이가 있다"라고 결론을 내릴 수 있는지를 설정하여야 한다. 변량분석의 유의도 검정을 위한 기준으로 다음과 같은 F-통계값을 사용한다.

$$F = \frac{\text{집단간 변량}}{\text{집단내 변량}} = \frac{\text{집단간 평균제곱(BMS)}}{\text{집단내 평균제곱(WMS)}} = \frac{\frac{\text{집단간 제곱합(BSS)}}{\text{집단간 자유도(df)}}}{\frac{\text{집단내 제곱합(WSS)}}{\text{집단내 자유도(df)}}}$$

그리고 집단간 제곱합과 집단내 제곱합에 대한 전체 제곱합은 다음과 같이 계산되어진다.

$$\text{전체 제곱합(TSS)} = \text{집단간 제곱합(BSS)} + \text{집단내 제곱합(WSS)}$$

---

xxvi 변량(분산)이란 집단을 구성하는 값들이 '집단평균을 중심으로 퍼져있는 정도', 즉 '변산도(분산도)'를 말한다.

주의할 사항으로 변량분석은 '집단의 평균값들간에 유의한 차이가 있는냐 없느냐만을 분석'하는 것이지, '각 집단 간의 개별 평균치의 비교를 나타내는 것'은 아니다. 즉, 변량분석은 각 집단 평균치들을 통해 이들 집단이 각기 다른 모집단을 대표하고 있는지를 분석하는데 목적이 있다.

변량분석은 모수적 통계방법이므로 비교하고자 하는 각 집단이 정규분포를 이룬다고 가정할 수 있어야 한다. 그러나 정규분포가 아니더라도 각 집단의 모집단이 같은 형태의 분포를 이루고 있는 경우에는 변량분석이 가능하다. 또한 변량분석에서는 모든 모집단의 변량이 동일하다는 동변량성(homogeneity)이 전제되어야 한다. 또한 분석에 필요한 모든 표본은 무작위적이고 상호독립적이어야 한다.

결국 변량분석은 집단간 분산과 집단내 분산의 비율인 $F-$값을 $F-$분포의 임계값과 비교하여 집단간 유의한 정도를 검정하는 통계적 방법이다. 앞에서 보인 식을 살펴보면 분자에 있는 집단간변량은 각 집단 간 평균값의 차이가 클수록 커지며, 분모에 있는 집단내 변량은 각 집단내 점수들 사이의 변산도가 낮을수록 작다. 즉, 여러 집단의 평균을 비교했을때 $F-$값이 크다는 것은 "각 집단의 평균이 서로 상이하며, 집단 내부의 값들은 집단평균을 중심으로 모여 있다"는 것을 의미한다. 예를 들어, 실험연구를 통해 A, B, C의 3개 집단의 평균을 구했을때, 3개 평균값의 차이가 클수록 세 집단은 서로 다른 모집단을 대표하는 집단일 것이다.

집단간 변량은 3개 집단 내 모든 구성원의 모든 점수를 평균하여 얻은 전체 평균과 각 집단의 평균과의 차이가 된다. 또한 집단내 변량은 A, B, C 각 집단에서 하나의 값이 그 집단의 평균에서 벗어난 정도를 나타낸다. $F-$값은 집단간 변량과 집단내 변량의 비율로서 그 값이 커질수록, 즉 집단간변량이 집단내변량보다 커질수록 A, B, C의 세 집단은 "서로 다른 이질적 속성을 지닌 서로 다른 모집단을 대표한다"라고 볼 수있다. 변량분석을 위한 기본 가정은 다음과 같다.

- ■ 종속 변수는 양적 변수이어야 한다.
- ■ 각 집단에 해당되는 모집단의 분포가 정규분포이어야 한다.
- ■ 각 집단에 해당되는 모집단들의 변량이 같아야 한다.

또한 등변량가정하에서의 변량분석을 검정절차는 다음과 같이 진행된다.

(1) H_0(귀무가설)과 H_1(대립가설)을 설정한다.

(2) 표본으로부터 두 변량 σ_1^2, σ_2^2을 구한다.

(3) 다음과 같이 관찰값인 $F-$값 $F = \frac{\sigma_1^2}{\sigma_2^2}$을 계산한다.

(4) $F-$분포에 의한 예상값인 임계값을 찾는다.

(5) 만약 관찰된 $F-$값이 $F-$분포에 의해 계산된 임계값보다 크면 귀무가설을 채택하며, 반대로 관찰된 $F-$값이 $F-$분포에 의해 계산된 임계값보다 작으면 대립가설을 채택한다.

제 1 절 일원변량분석

단일변량 변량분석은 독립변수의 수에 따라 일원변량분석과 이원변량분석으로 구분이 된다. 하나의 독립변수를 사용하는 경우는 일원변량분석이 되며, 2개 이상의 독립변수를 사용하는 경우는 이원변량분석이 되며 검정하는 기본적인 논리는 같다. 본 책에서는 일반적으로 많이 사용하는 일원변량분석만 다루겠다.

일원변량분석(one-way ANOVA)은 독립표본 $t-$검정의 확장형태이다. 즉 1개의 독립변수에 대해

- 독립표본 $t-$검정은 두 집단의 평균을 이용하여 두 집단간의 평균차이를 검정하는 것이며,
- 일원변량분석은 변량을 이용하여 3개 이상의 집단간의 평균차이를 검정하는 방식이다.

가. 수작업 작업절차

일원변량분석을 위해서는 SPSS 또는 수작업으로 계산하는 경우를 고려할 수 있다. 우선 수작업으로 일원변량분석을 실시하는 절차는 그림 9.1과 같다.

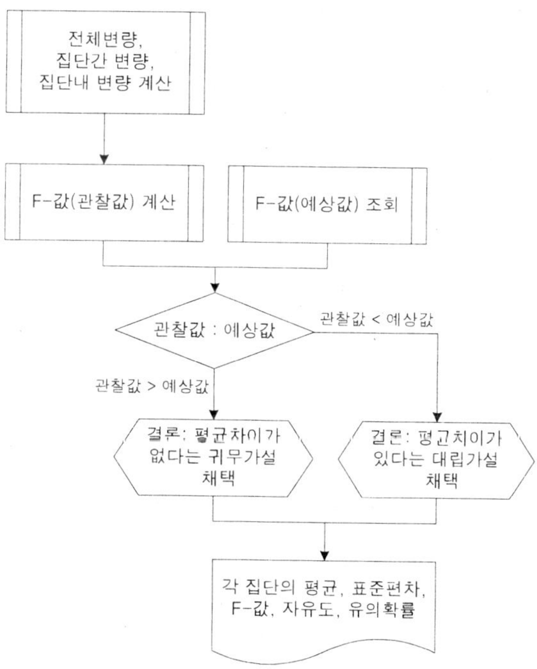

그림 9.1: 수작업으로 일원변량분석 업무 흐름도

나. 수작업 적용사례

한 예로, 5명의 운동선수에게 4가지의 서로 다른 훈련방식을 도입하여 훈련을 시킨 후, 얼마나 빨리 예전에 했던 운동을 처리(단위: 분)하는가를 조사하였더니 표 9.1과 같은 결과를 얻었다.

훈련방식	5명의 운동기록(단위:분)				
방식 1	9	12	14	11	13
방식 2	10	6	9	9	10
방식 3	12	14	11	13	11
방식 4	9	8	11	7	8

표 9.1: 4가지 훈련방식 적용후 기록

이 경우 '훈련방식에 따라 운동기록에 차이가 있는지'를 유의도 5% 수준에서 $F-$검정을 해 보자. 그림 9.1에 있는 작업절차를 참조하여 다음과 같이 단계별로 변량분석을 하면 된다.

(1단계: 전체제곱합 계산) 일원변량분석을 하기 위해서는 제일 먼저 전체제곱합(TSS)을 계산해야 한다. 전체제곱합은 다음의 식과 같이 각 변수값(X_{ij})에서 전체평균($\overline{X}$)을 뺀 값의 제곱을 모든 더한 것이다.

$$
\begin{aligned}
TSS &= \sum_j \sum_i (X_{ij} - \overline{X})^2 \\
&= \sum_j \sum_i X_{ij}^2 - 2\overline{X} \sum_j \sum_i X_{ij} + \sum_j \sum_i \overline{X}^2 \\
&= \sum_j \sum_i X_{ij}^2 - 2\overline{X}\,(N\overline{X}) + \overline{X}^2 N \\
&= \sum_j \sum_i X_{ij}^2 - N\overline{X}^2 \\
&= \sum_j \sum_i X_{ij}^2 - N \left(\frac{\sum_j \sum_i X_{ij}}{N} \right)^2 \\
&= \sum_j \sum_i X_{ij}^2 - \frac{\left(\sum_j \sum_i X_{ij} \right)^2}{N}
\end{aligned}
$$

여기서 $N = \sum_j \sum_i$은 전체집단의 사례수, $\overline{X} = \frac{\sum_j \sum_i X_{ij}}{N}$는 전체평균이다.

우선 전체제곱합을 구하기 위해 표 9.2와 같은 ANOVA표를 작성한 후 전체 제곱합을 구하면 다음과 같다. 참고로 T_i는 전체합, $\overline{X}$는 평균이 된다.

방식 1	방식 2	방식 3	방식 4	비고
9 12 14 11 13	10 6 9 9 10	12 14 11 13 11	9 8 11 7 8	$N=\sum N_i=20$
$T_1=59$	$T_2=44$	$T_3=61$	$T_4=43$	$\sum T_i=207$
$\overline{X}_1=11.8$	$\overline{X}_2=8.8$	$\overline{X}_3=12.2$	$\overline{X}_4=8.6$	$\overline{X}=\frac{\sum T_i}{N}=10.35$
$\frac{T_1^2}{N_1}=696.2$	$\frac{T_2^2}{N_2}=387.2$	$\frac{T_3^2}{N_3}=744.2$	$\frac{T_4^2}{N_4}=369.8$	$\sum\frac{T_i^2}{N_i}=2197.4$

표 9.2: ANOVA 표

또한 표 9.2에 있는 ANOVA표를 참조하면

$$\frac{\left(\sum_j\sum_i X_{ij}\right)^2}{N}=\frac{\left(\sum_i T_i\right)^2}{N}=\frac{207^2}{20}=2142.45$$

가 되고

$$\sum_j\sum_i X_{ij}^2=9^2+12^2+14^2+11^2+13^2+10^2+\cdots+8^2=2239$$

가 되니, 구하고자하는 전체제곱합(TSS)는 다음과 같이 계산된다.

$$TSS=\sum_j\sum_i X_{ij}^2-\frac{\left(\sum_j\sum_i X_{ij}\right)^2}{N}=2239-2142.45=96.55$$

(2단계: 집단내제곱합과 집단간제곱합 계산) 다음으로 n개 집단의 집단내제곱합(WSS)과 집단간제곱합(BSS)을 구해보자. 집단내제곱합(WSS)은 다음과 같이 각 집단의 변수값에서 그 집단의 평균을 뺀 값을 제곱하여 총합을 구하면 된다.

$$
\begin{aligned}
WSS &= \sum_j \sum_i (X_{ij} - \overline{X_i})^2 \\
&= \sum_j \sum_i \left(X_{ij}^2 - 2X_{ij}\overline{X_i} + \overline{X_i}^2 \right) \\
&= \sum_j \sum_i X_{ij}^2 + \sum_i \left(-2\overline{X_i} \sum_j X_{ij} + \overline{X_i}^2 N_i \right) \\
&= \sum_j \sum_i X_{ij}^2 - \sum_i N_i \overline{X_i}^2 \\
&= \sum_j \sum_i X_{ij}^2 - \sum_i \frac{T_i^2}{N_i} \\
&= 2239 - 2197.4 \\
&= 41.6
\end{aligned}
$$

여기서 i번째 표본집단의 평균인 $\overline{X_i} = \dfrac{\sum_j X_{ij}}{N_i} = \frac{T_i}{N_i}$가 된다.

한편 집단간제곱합(BSS)은 다음과 같이 각 집단의 평균에서 전체평균을 뺀값에 그 집단의 사례수를 곱합 값들을 전부 합한 것이다.

$$
\begin{aligned}
BSS &= \sum_i N_i (X_i - \overline{X})^2 \\
&= \sum_i N_i \left(X_i^2 - 2X_i\overline{X} + \overline{X}^2 \right) \\
&= \sum_i N_i X_i^2 - 2\overline{X} \sum_i X_i N_i + \overline{X}^2 \sum_i N_i \\
&= \sum_i \frac{T_i^2}{N_i} - 2\frac{\sum_j \sum_i X_{ij}}{N} \sum_j \sum_i X_{ij} + \left(\frac{\sum_j \sum_i X_{ij}}{N} \right)^2 N \\
&= \sum_i \frac{T_i^2}{N_i} - \frac{\left(\sum_j \sum_i X_{ij} \right)^2}{N} \\
&= 2197.4 - 2142.45 \\
&= 54.95
\end{aligned}
$$

여기서 전체집단의 평균인 $\overline{X} = \dfrac{\sum_j \sum_i X_{ij}}{N}$가 된다.

(3단계: 집단내평균제곱합, 집단간평균제곱합, 전체평균제곱합 계산) 이제 자유도를 고려하여 집단내평균제곱합(WMS), 집단간평균제곱합(BMS), 전체평균

제곱합(TMS)을 구해보자.

$$
\begin{aligned}
WMS &= \frac{WSS}{N-j} = \frac{41.6}{20-4} = 2.6 \\
BMS &= \frac{BSS}{j-1} = \frac{54.95}{4-1} = 18.32 \\
TMS &= \frac{TSS}{N-1} = \frac{96.55}{20-1} = 5.08
\end{aligned}
$$

여기서 $N = 20$은 전체 사례수, $j = 4$는 표본집단의 수가 된다.

(4단계: 관찰된 $F-$값 계산) 집단간 차이가 있느냐 여부를 검정하기 위하여 집단간 변량이 집단내 변량보다 얼마나 큰가 여부를 계산하여야 한다. $F-$값은 집단간 평균변량(분자)을 집단내 평균변량(분모)으로 나눈 것이다.

$$F = \frac{\text{집단간 평균제곱합}(BMS)}{\text{집단내 평균제곱합}(WMS)} = \frac{18.32}{2.6} = 7.04$$

이제 까지의 결과를 요약하면 표 9.3과 같은 변량분석표를 얻을 수가 있다.

제곱합	자유도	평균제곱	F(관찰값)	F(예상값)
$BSS = 54.95$	$J-1=3$	$BMS = \frac{BSS}{J-1} = 18.32$		
$WSS = 41.6$	$N-J=16$	$WMS = \frac{WSS}{N-J} = 2.6$	$\frac{BMS}{WMS} = 7.05$	$F_{3,16} = 3.24$
$TSS = 96.55$	$N-1=19$	$TMS = \frac{TSS}{N-1} = 5.08$		

표 9.3: 변량분석표

(5단계: 예상된 $F-$값 조회) 한편 유의수준 $\alpha = .05$와 자유도 $d.f.(3,16)$을 갖고 부록 H.3에 있는 $F-$분포표의 임계치를 살펴보면 표 9.4에서 보듯이 3.24라는 $F-$값을 얻는다.

분자 자유도 \ 분모 자유도	1	2	3	4	5	6	7	8	9	10
16	4.49	3.63	**3.24**	3.01	2.85	2.74	2.66	2.59	2.54	2.49
17	4.45	3.59	3.20	2.96	2.81	2.70	2.61	2.55	2.49	2.45
18	4.41	3.55	3.16	2.93	2.77	2.66	2.58	2.51	2.46	2.41
19	4.38	3.52	3.13	2.90	2.74	2.63	2.54	2.48	2.42	2.38
20	4.35	3.49	3.10	2.87	2.71	2.60	2.51	2.45	2.39	2.35

표 9.4: 유의수준 $\alpha = .05$인 $F-$분포의 임계치

(6단계: $F-$값 비교) 마지막으로 관찰된 $F-$값과 예상된 $F-$값을 비교하여

- 관찰된 $F-$값이 예상된 $F-$값보다 큰 경우 귀무가설을 채택하며,
- 반대로 관찰된 $F-$값이 예상된 $F-$값보다 작은 경우 대립가설을 채택한다.

표 9.3에서 보듯이 관찰된 $F-$값은 7.05, 예상되는 $F-$값은 3.24가 되니 관찰된 $F-$값이 예상되는 $F-$값보다 크다라는 사실을 알아냈다. 그러므로 귀무가설을 채택하게 된다. 이는 "각 집단의 평균은 서로 차이가 없다"라는 것을 말해준다. 결국 "훈련방식에 따라 운동기록에는 차이가 없다"라는 결론을 내릴 수 있다.

다. SPSS활용 작업절차

SPSS로 일원변량분석을 실시하는 절차는 그림 9.2와 같다.

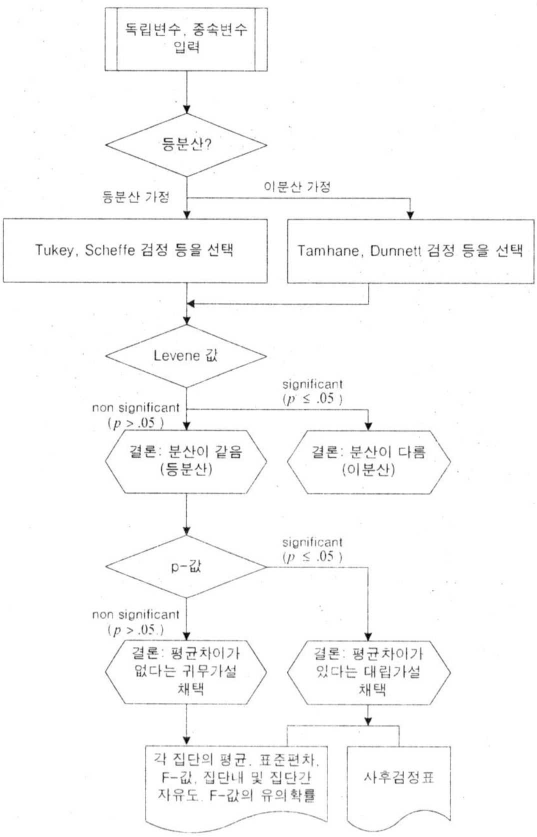

그림 9.2: SPSS로 일원변량분석 처리업무 흐름도

종속변수는 [종속변수]에 독립변수는 [요인분석]에 이동시킨 후, [사후분석]을 이용하여 분산의 동질성을 확인하기 위하여 등분산과 이분산에 따른 항목을 선택한다. 분산의 동질성 검정보고서에 있는 Levene 값이 유의하다면 '이분산'이라는 결론을 짓고, 반면에 유의하지 않다면 '등분산'이라는 결론을 짓는다. 유의확률 $p-$값을 확인하여 $p-$값이 유의하다면 "집단간의 평균이 현저히 다르다"라는 결론을 짓고, 반면에 유의하지 않다면 "집단간의 평균은 큰 차이가 없다"라는 결론을 짓는다. 이후 최종보고서에는 각 집단의 평균, 표준편차, $F-$값, 집단내 자유도, 집단간 자유도, $F-$값의 유의확률값을 기술하면 된다.

라. SPSS 활용 일원변량분석 적용사례

표 9.1에 있는 데이터를 갖고 SPSS를 활용하여 일원변량분석을 실시해 보자.

(1단계: 가설의 설정) 훈련방식에 따라 운동기록에 차이가 있는가를 검정을 하기 위한 귀무가설 H_0와 대립가설 H_1은 다음과 같다.

$$H_0 : \mu_1 = \mu_2 = \mu_3 = \mu_4 \quad (\text{즉, 차이가 없다})$$
$$H_1 : \mu_1 \neq \mu_2 \neq \mu_3 \neq \mu_4 \quad (\text{즉, 차이가 있다})$$

여기서 $\mu_1, \mu_2, \mu_3, \mu_4$는 각 훈련방식에 따른 운동기록 평균이다.

(2단계: 통계량과 검정보고서 출력) 표본데이터를 생성시키기 위해 [데이터 편집] 창에서 표 9.1에 있는 데이터를 그림 9.3과 같이 입력한다.

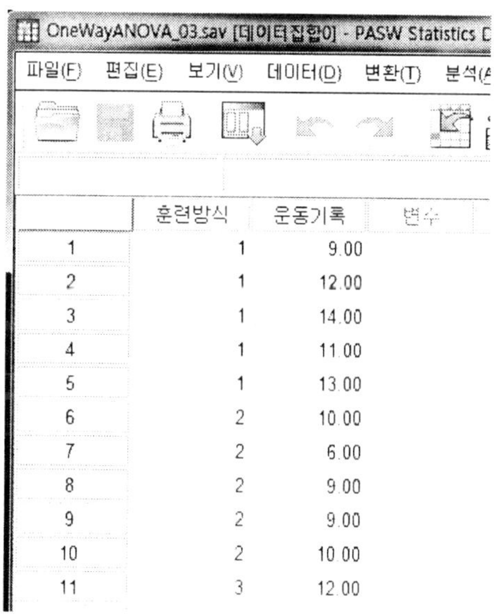

그림 9.3: [데이터입력] 창

메뉴에서 [분석]→[평균비교]→[일원배치 분산분석]을 통해 그림 9.4와 같은 [일원배치 분산분석] 창에서 종속변수인 '운동기록'을 [종속변수] 상자로 이동시키고, 독립변수인 '훈련방식'을 [요인분석] 상자로 이동시킨다.

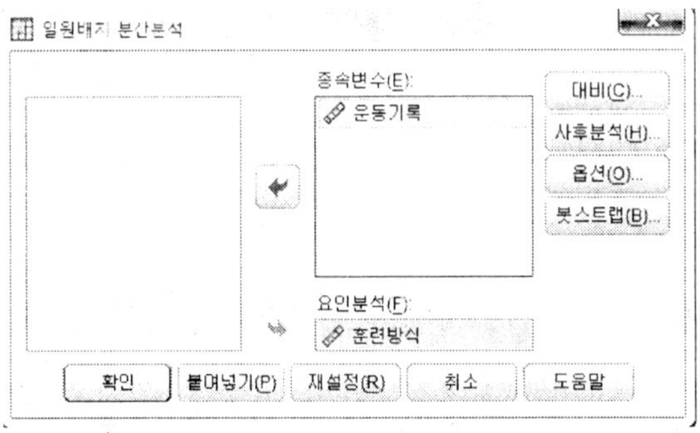

그림 9.4: [일원배치 분산분석] 창

ANOVA는 종속변수에 대한 집단 간의 유의차가 있는지를 보여주는 것이지 유의차가 어느 집단간에 있는지를 보여주지는 않는다. 예를 들어, 훈련방식 1과 훈련방식 2 사이에 유의차가 있는지 혹은 훈련방식 1과 훈련방식 3 사이에 유의차가 있는지를 알려주지는 않는다. 어디에서 유의차가 발생됐는지를 알기 위해서는 [사후분석]을 클릭해야 한다.

그림 9.5에 있는 [일원배치 분산분석: 사후분석-다중비교] 창 내의 [등분산을 가정함]에 있는 'Tukey' 또는 'Scheffe'를 선택하고 나서, 평균비교를 위한 유의수준을 변경할 수 있고, 1종 오류를 막기 위해서는 [유의수준] 상자에 새로운 유의수준의 값을 입력하고 [계속]을 클릭한다.

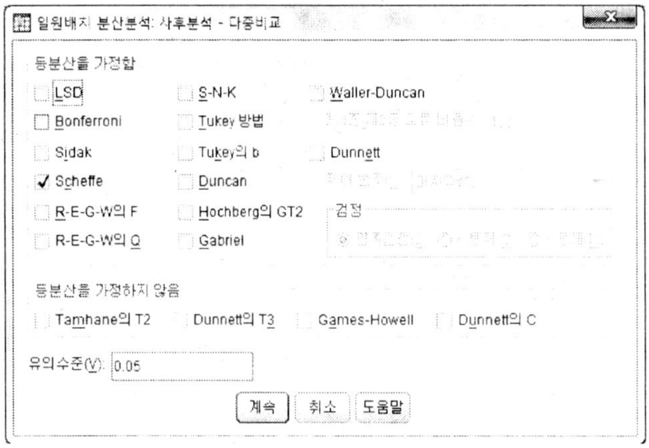

그림 9.5: [일원배치 분산분석: 사후분석-다중비교] 창

그림 9.4에 있는 [옵션]을 클릭하게 되면 그림 9.6과 같은 [일원배치 분산분석: 옵션] 창이 나타나며, 이 창을 통해 기술통계를 출력하거나 분산동질성 검정을 위한 Levene 검정을 선택할 수 있다.

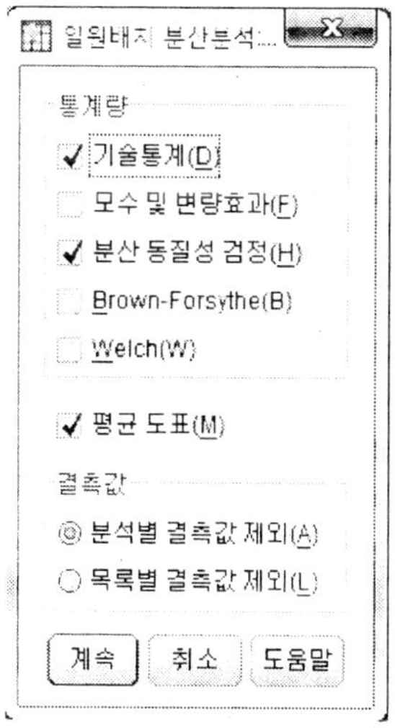

그림 9.6: [일원배치 분산분석: 옵션] 창

또한 [평균도표]를 선택하여 종속변수에 대한 각 훈련방식에 따른 평균 운동기록을 출력할 수 있다. 이후 [계속]을 클릭한 후 [일원배치 분산분석] 창에서 [확인]을 클릭하게 되면 표 9.5와 같은 '분산분석' 보고서를 얻을 수 있다.

분산분석

운동기록

	제곱합	df	평균 제곱	거짓	유의확률
집단-간	54.950	3	18.317	7.045	.003
집단-내	41.600	16	2.600		
합계	96.550	19			

표 9.5: 분산분석 보고서

(3단계: 결과분석) 분산분석 보고서를 살펴보면 ANOVA 검정이 $F(3,16) = 7.045$이고 유의확률값 $p = .003$으로 $p < .05$이기 때문에 유의함을 알 수 있다. 이는 "4가지의 훈련방식에 따른 운동기록의 평균은 차이가 있다"라는 것을 보여주고 있다. 즉, 검정통계량 $F-$값의 유의확률값 $p = .003$으로 $p < .05$이기 때문에 신뢰수준 95%에서 귀무가설을 기각하고 대립가설을 채택하게 된다.

표 9.5에 있는 '제곱합'은 각 운동기록과 그들의 평균간의 차이의 제곱의 총

합이 된다. 또한 '평균제곱'은 자유도에 대한 제곱합의 비를 나타내고 있다. 표 9.6은 4가지 훈련 방식에 따른 기술통계량을 보여고 있다. 표 9.6에 있는 하한값과 상한값은 각 집단에 대해 평균값보다 가장 작은 표준편차와 가장 큰 표준편차의 점수를 나타내고 있다.

기술통계

운동기록

	N	평균	표준편차	표준오차	평균에 대한 95% 신뢰구간		최소값	최대값
					하한값	상한값		
1	5	11.8000	1.92354	.86023	9.4116	14.1884	9.00	14.00
2	5	8.8000	1.64317	.73485	6.7597	10.8403	6.00	10.00
3	5	12.2000	1.30384	.58310	10.5811	13.8189	11.00	14.00
4	5	8.6000	1.51658	.67823	6.7169	10.4831	7.00	11.00
합계	20	10.3500	2.25424	.50406	9.2950	11.4050	6.00	14.00

표 9.6: 기술통계량

만약 유의확률 $F-$값이 유의하지 않다면 검정작업을 멈추고 '4가지 훈련 방식에 따른 운동기록의 차이가 없음'을 보고서에 서술하면 된다. 그러나 만약 $F-$값이 유의하다면, 즉 검정결과가 "집단간에 차이가 있다"인 경우에는 어느 훈련방식에 따라 차이가 있는가를 보고서에 서술해야 한다. [일원배치 분산분석] 창 내에 있는 [사후분석]이 훈련방식에 따른 운동기록의 차이를 분석해 준다. [사후분석]을 실시하게 되면 표 9.7과 같은 '사후분석' 보고서를 얻을 수가 있다.

운동기록

Scheffe[a]

훈련방식	N	유의수준 = 0.05에 대한 부집단		
		1	2	3
4	5	8.6000		
2	5	8.8000	8.8000	
1	5		11.8000	11.8000
3	5			12.2000
유의확률		.998	.068	.984

동일 집단군에 있는 집단에 대한 평균이 표시됩니다.

a. 조화평균 표본 크기 5.000을(를) 사용합니다.

표 9.7: 사후분석 보고서

표 9.7을 살펴보면 "방식 4와 방식 2의 훈련결과의 기록은 유사하고, 방식 2와 방식 1의 훈련결과의 기록 역시 유사하며, 아울러 방식 1과 방식 3의 훈련결과의 기록 역시 유사하다"라고 볼 수 있다. 반면에 "방식 4와 방식 1 간

의 훈련결과는 다르며, 방식 4와 방식 3 간의 훈련결과 역시 다르며, 아울러 방식 2와 방식 3 간의 훈련결과의 기록 역시 다르다"라고 볼 수 있다.

(4단계: 보고서 작성) 일원변량분석의 보고서를 작성하기 위해서는 종속변수에 대한 각 집단의 평균, 표준편차를 포함한 $F-$값, 집단간과 집단내의 자유도, $F-$값의 유의확률값 p를 기록해야 한다. 만약 $F-$값이 유의하다면 사후검정표의 결과를 바탕으로 집단간의 차이를 언급해주어야 한다. 표 9.8은 일원변량분석의 보고서 예가 된다.

	평균(표준편차)	F-값	자유도
방식 1	11.8(1.92)	7.04*	3, 16
방식 2	8.8(1.64)		
방식 3	12.2(1.30)		
방식 4	8.6(1.52)		

*$p<.05$

표 9.8: 일원변량분석의 보고서 예

예를 들어, 앞서 검정한 데이터를 갖고 간략하게 사후검정표를 작성하게 되면 표 9.9와 같다.

	방식 1	방식 2	방식 3	방식 4
방식 1				
방식 2				
방식 3		*		
방식 4	*		*	

*는 집단간 차이가 있음

표 9.9: Sheffe 사후검정표

일반적으로 95%유의수준인 경우에는 표 9.9에서 보듯이 *를 사용하고 99%의 유의수준인 경우에는 **를 사용한다.

"Correlation analysis is used to test the degree of association between variables."- The University of Vermont.

10 상관분석

변인과 변인간의 관계를 살펴볼때 자주 사용하는 통계적 방법이 상관관계분석(correlation analysis)과 회귀분석(regression analysis)이 된다. 본 책에서는 상관관계분석만 언급을 한다. 변인의 관계란 그 관련성의 정도와 방향을 의미하는데 관련성의 정도는 표 10.1에 나타난 기준으로 상관관계를 판단한다.

상관계수	관련정도
1.0 ~ 0.9	매우 높은 상관관계
0.7 ~ 0.9	높은 상관관계
0.5 ~ 0.7	보통의 상관관계
0.3 ~ 0.5	낮은 상관관계
0.0 ~ 0.3	매우 낮은 상관관계

표 10.1: 상관계수에 따른 상관관계

또한 변인들이 같은 방향으로 변하는 경우와 서로 다른 방향으로 변하는 경우가 있다. 예를 들어, 연령이 많을수록 건강을 위해 할애하는 운동시간이 많고 연령이 적을수록 할애하는 운동시간이 적은 경우에, 연령과 운동시간은 양의 상관관계(positive correlation)에 있다고 말할 수 있다. 반면에 몸무게가 많을수록 할애하는 운동시간이 적고 몸무게가 적을수록 할애하는 운동시간이 많은 경우에 몸무게와 운동시간은 음의 상관관계(negative correlation)에 있다고 말할 수 있다. 표 10.2는 상관계수값에 또 다른 해석이 된다.

두 변수간의 피어슨의 상관계수는 두 변수의 공분산을 표준편차로 나눈 것이며, 모집단에 대한 피어슨의 상관계수 ρ_{XY}는 다음과 같이 계산되어진다.

$$\rho_{XY} = \frac{cov(X,Y)}{\sigma_X \sigma_Y} = \frac{E\left[(X-\mu_X)(Y-\mu_Y)\right]}{\sigma_X \sigma_Y}$$

수치 부호	관련정도
+1.0	완전 양의 상관관계
+1.0 ~ 0.0	양의 상관관계
0.0	무상관관계
0.0 ~ -1.0	음의 상관관계
-1.0	완전 음의 상관관계

표 10.2: 수치의 부호에 따른 상관관계

반면에 표본집단에 대한 피어슨의 상관계수 r_{XY}는 다음과 같다.

$$
\begin{aligned}
r_{XY} &= \frac{\sum(X-\overline{X})(Y-\overline{Y})}{\sqrt{\sum(X-\overline{X})^2}\cdot\sqrt{\sum(Y-\overline{Y})^2}} \\
&= \frac{\sum XY - \sum X\overline{Y} - \sum XY + \sum\overline{X}\,\overline{Y}}{\sqrt{\sum X^2 - 2\sum X\overline{X} + \sum\overline{X}^2}\cdot\sqrt{\sum Y^2 - 2\sum Y\overline{Y} + \sum\overline{Y}^2}} \\
&= \frac{\sum XY - \overline{Y}\sum X - \overline{X}\sum Y + \overline{XY}N}{\sqrt{\sum X^2 - 2\overline{X}\sum X + \overline{X}^2 N}\cdot\sqrt{\sum Y^2 - 2\overline{Y}\sum Y + \overline{Y}^2 N}} \\
&= \frac{\sum XY - \frac{\sum Y}{N}\sum X - \frac{\sum X}{N}\sum Y + \frac{\sum X}{N}\frac{\sum Y}{N}N}{\sqrt{\sum X^2 - 2\frac{\sum X}{N}\sum X + \left(\frac{\sum X}{N}\right)^2 N}\cdot\sqrt{\sum Y^2 - 2\frac{\sum Y}{N}\sum Y + \left(\frac{\sum Y}{N}\right)^2 N}} \\
&= \frac{\sum XY - \frac{\sum X\sum Y}{N}}{\sqrt{\left(\sum X^2 - \frac{(\sum X)^2}{N}\right)\left(\sum Y^2 - \frac{(\sum Y)^2}{N}\right)}}
\end{aligned}
$$

피어슨 상관계수 r의 분자인 공변량은 두 분포가 공통적으로 갖는 점수편차의 실제값이 되고, 분모인 편차제곱합은 두 분포가 공통적으로 가질 수 있는 점수편차의 최대값이다. 결국 피어슨 상관계수 r은 이 두 요소의 비율을 통해 두 집단이 공변할 수 있는 전체값에서 실제로 공변한 값을 파악함으로써 상관관계를 분석한 것이다. r의 유의성을 검정하는 절차는 다음과 같다. 참고로 r^2은 두 변수가 공유하는 변량의 비를 말한다. 예를 들어, $r^2 = .439(r = .663)$이면 X와 Y는 변량의 43.9%를 공유하고 있음을 의미한다. 상관분석을 위한 절차는 다음과 같다.

(1단계: 가설의 설정) 상관분석을 위한 귀무가설 H_0과 대립가설 H_1은 다음과 같다.

$$H_0 : r = 0$$
$$H_1 : r \neq 0 \quad (\text{양측검정용})$$

(2단계: $F-$검정 또는 $t-$검정 실시) 자유도 $d.f. = (1, N-2)$인 $F-$검정을 다음과 같이 실시하거나

$$F = \frac{r^2}{(1-r^2)/(N-2)}$$

또는 자유도 $d.f. = N-2$인 $t-$검정을 실시한다.

$$t = \frac{r}{\sqrt{\frac{1-r^2}{N-2}}}$$

(3단계: 검정결과 해석) 만약 유의확률값 $p < .05$이면 귀무가설 H_0을 기각하고 대립가설을 채택한다. 반면에 유의확률값 $p \geq .05$이면 귀무가설을 채택한다.

상관관계(correlation relationship)의 종류는 세 가지로 단순상관관계(simple correlation relationship), 다중상관관계(multiple correlation relationship), 편상관관계(partial correlation relationship) 등이 있다[3].

- 단순상관관계: 그림 10.1에서 보듯이 단순히 두 변수간의 상관관계가 된다.

그림 10.1: 단순상관관계

- 다중상관관계: 그림 10.2에서 보듯이 한 개의 변수에 대해 두 개 이상의 변수간의 상관관계가 된다.

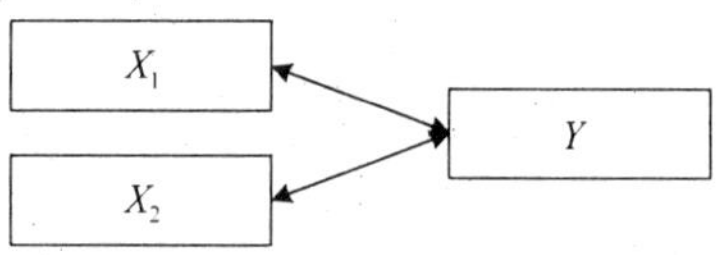

그림 10.2: 다중상관관계

- 편상관관계: 그림 10.3에서 보듯이 다른 변수들의 상관관계를 통제하고 순수한 두 변수간의 상관관계가 된다.

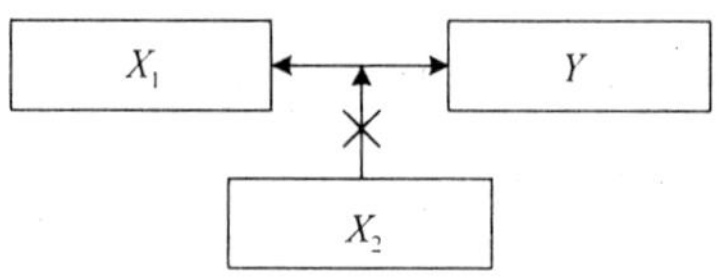

그림 10.3: 편상관관계

제 1 절 단순상관분석

단순상관분석(simple correlation analysis)은 독립변수와 종속변수의 개념이 없이 한 변수(예: 변수 X)에 대해 또 다른 변수(예: 변수 Y)가 어떻게 변화하는가의 정도와 방향을 단순히 파악하는 것이다. 단순상관분석에 있어 모수적 데이터를 취급하는 경우에는 Pearson 상관계수를 쓰고, 비모수적 데이터를 취급하는 경우에는 Spearman 또는 Kendall 상관계수를 사용한다. 단순상관분석을 실시하기 전에 두 변수가 비선형관계에 있음을 살펴보아야 한다. 즉, 단순상관분석은 두 변수가 비선형관계에 있을때의 상관관계를 파악하는 것이다

가. 작업절차

상관계수 r, 유의확률 p로 단순 상관분석을 실시하는 절차는 그림 10.4와 같다.

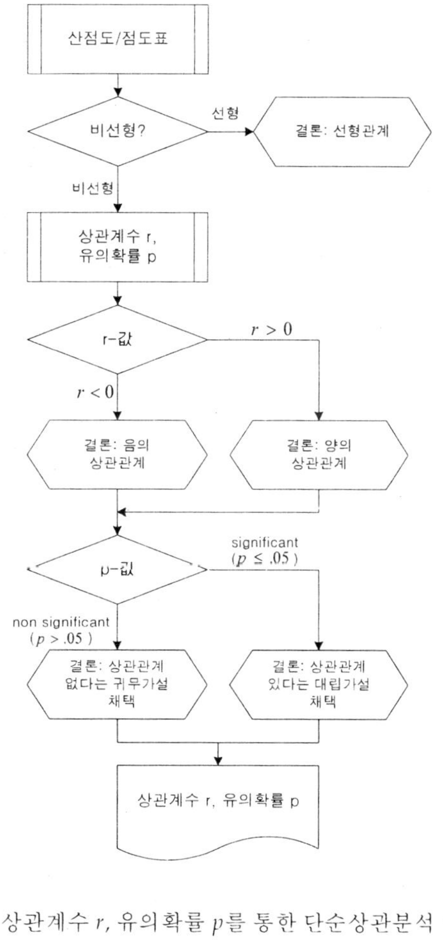

그림 10.4: 상관계수 r, 유의확률 p를 통한 단순상관분석 업무 흐름도

분석하고자 하는 2개의 변수를 [변수]에 이동시킨 후 실행하게 되면 상관계수 r과 유의확률 $p-$값을 얻게 된다. 만약 상관계수의 값이 양수인 경우에는 두 변수가 양의 관계에 있는 것이고, 반대로 상관계수의 값이 음수인 경우에는 두 변수가 음의 관계에 있는 것이 된다. 또한 유의확률 $p-$값이 유의수준보다 작은 경우에는 "두 변수간에는 상관관계가 없다"라는 귀무가설을 기각하고 "두 변수간에는 상관관계가 있다"라는 대립가설을 채택한다. 반면에 유의확률 $p-$값이 유의수준보다 큰 경우에는 "두 변수간에는 상관관계가 없다"라는 귀무가설을 채택한다. 이후 최종 보고서에는 상관계수 r과 유의수준 $p-$값을 기술하면 된다.

또 다른 방법으로 단순상관분석을 $F-$값으로 해석하는 절차는 그림 10.5와 같으며 분석결과에 대한 해석은 다음과 같다.

- 관찰된 $F-$값이 예상된 $F-$값보다 큰 경우에는 귀무가설을 기각하고 대립가설을 채택하며,
- 관찰된 $F-$값이 예상된 $F-$값보다 작은 경우에는 귀무가설을 채택한다.

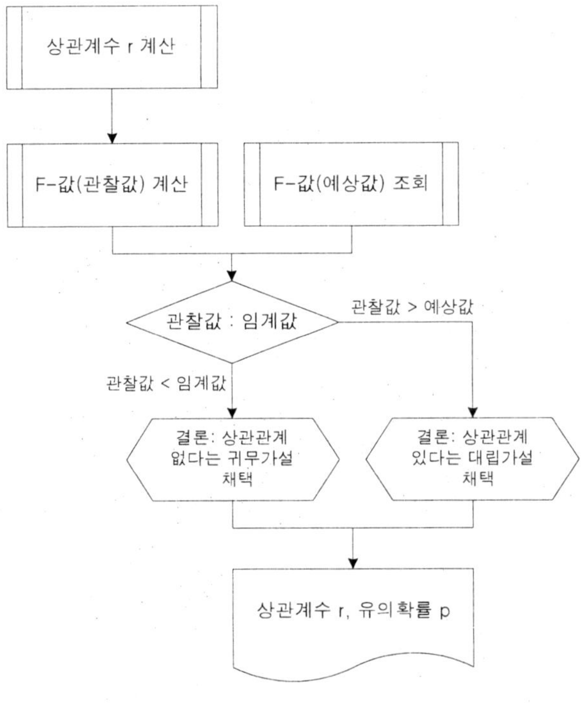

그림 10.5: $F-$검정을 통한 단순상관분석 업무 흐름도

이후 최종 보고서에는 $F-$값을 기술하면 된다.

나. 단순상관분석 적용사례

단순 상관분석을 위하여 표 10.3과 같은 2008년 하계 올림픽 역도 남자 105킬로그램 이상급 기록을 사용하여, 몸무게와 기록의 합계간에 상관관계가 있는가를 검정해보자.

선수	조	몸무게 (Kg)	기록(Kg)		
			인상	용상	합계
마티우스 슈타이너(GER)	A	145.93	203	258	461
예프게니 치기셰프(RUS)	A	124.13	210	250	460
빅토르스 슈체르바티스(LAT)	A	144.97	206	242	448
Artem Udachyn(UKR)	A	144.09	207	235	442
Ihor Shymechko(UKR)	A	130.25	201	232	433
Rashid Sharifi(IRI)	B	142.89	196	230	426
Grzegorz Kleszcz(POL)	A	131.16	185	234	419
Almir Velagic(GER)	B	132.16	188	225	413
Damon Kelly(AUS)	B	154.15	165	221	386
Itte Detenamo(NRU)	B	148.48	175	210	385
Antti Everi(FIN)	B	130.04	171	195	366
Sam Pera Junior(COK)	B	122.96	155	195	350
Maama Lolohea(TGA)	B	135.13	140	173	313

표 10.3: 2008년 하계 올림픽 역도 남자 105킬로그램 이상급 기록(출처: Wikipedia)

단순상관분석을 위한 절차는 다음과 같다.

(1단계: 가설의 실정) 몸무게와 기록간에 상관관계가 있는가를 검정을 하기 위한 귀무가설 H_0와 대립가설 H_1은 다음과 같다. 귀무가설은 단순가설이므로 양측검정이 된다.

$$H_0 : \rho_{xy} = 0 \quad (\text{즉, 상관관계가 없다})$$
$$H_1 : \rho_{xy} \neq 0 \quad (\text{즉, 상관관계가 있다})$$

(2단계: 비선형 관계 확인) 표본데이터를 생성시키기 위해 [데이터 편집] 창에서 표 10.3에 있는 데이터를 그림 10.6과 같이 입력한다.

PASW_Correlation_01.sav [데이터집합0] - PASW Statistics Data Editor

파일(F) 편집(E) 보기(V) 데이터(D) 변환(T) 분석(A) 다이렉트 마케팅(M) 그리

13 : 기록합계 313

	몸무게	인상기록	용상기록	기록합계	변수
1	145.93	203	258	461	
2	124.13	210	250	460	
3	144.97	206	242	448	
4	144.09	207	235	442	
5	130.25	201	232	433	
6	142.89	196	230	426	
7	131.16	185	234	419	
8	132.16	188	225	413	
9	154.15	165	221	386	
10	148.48	175	210	385	
11	130.04	171	195	366	
12	122.96	155	195	350	
13	135.13	140	173	313	
14					

그림 10.6: [데이터입력] 창

메뉴에서 [그래프]→[레거시 대화상자]→[산점도/점도표]를 클릭한 후 그림 10.7과 같은 [산점도/점도표] 창에서 [단순 산점도]를 선택하고 [정의]를 클릭한다.

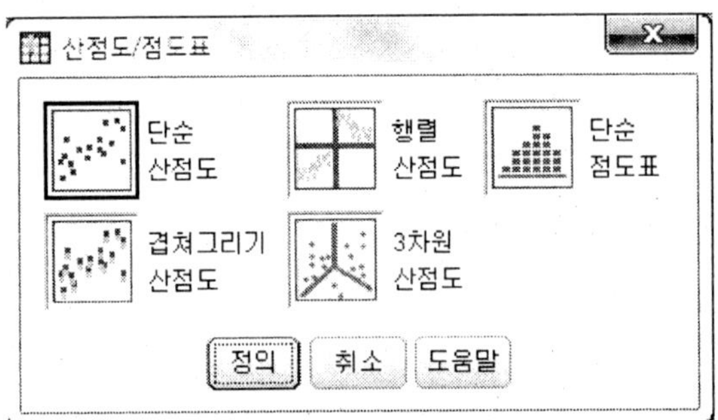

그림 10.7: [산점도/점도표] 창

그림 10.8과 같은 [단순 산점도] 창에서 [X-축] 상자에 '몸무게'를 [Y-축] 상자에 '기록합계'를 옮겨다 놓은 후 [확인]을 클릭한다. 이후 화면에는 그림 10.9와 같은 '단순 산점도'가 출력이 되어진다.

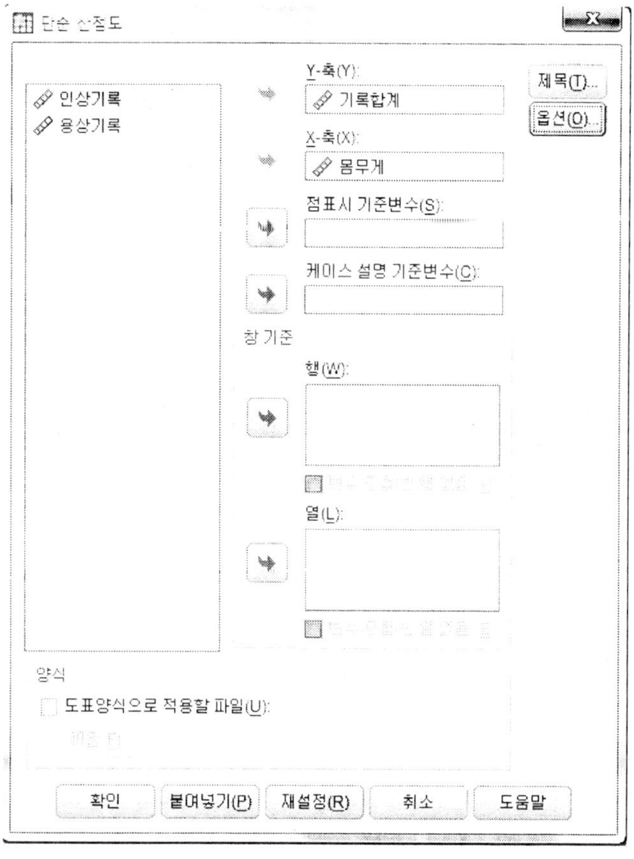

그림 10.8: [단순 산점도] 창

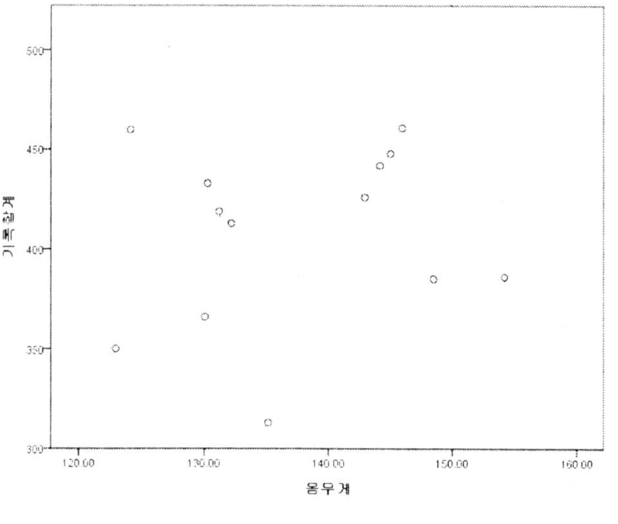

그림 10.9: 단순 산점도

단순 산점도를 살펴보면 '몸무게'와 '기록합계'간에는 명백하게 선형관계가 아니라는 사실을 알게 된다. 즉, 몸무게와 기록합계간에는 비선형관계이니 두 변수에 대한 상관관계를 알아 볼 필요가 있다.

(3단계: 통계량과 검정표 출력) 메뉴에서 [분석]→[상관분석]→[이변량 상관계수]를 클릭한다. 이후 그림 10.10과 같은 [이변량 상관계수] 창에서 상관관계를 구하려는 두 변수를 [변수] 상자에 옮겨다 놓는다.

그림 10.10: [이변량 상관계수] 창

[상관계수]는 모수적 데이터를 검정하는 것이니 'Pearson'을 선택하고, [유의성 검정]에서 양쪽검정이니 '양쪽'을 선택한다. 또한 '유의한 상관계수 별표시'를 선택한 후 결측값과 여러가지 기술통계량을 얻기 위해 [옵션]을 클릭하여 그림 10.11과 같은 [이변량 상관계수: 옵션] 창에서 필요한 사항을 선택하면 된다.

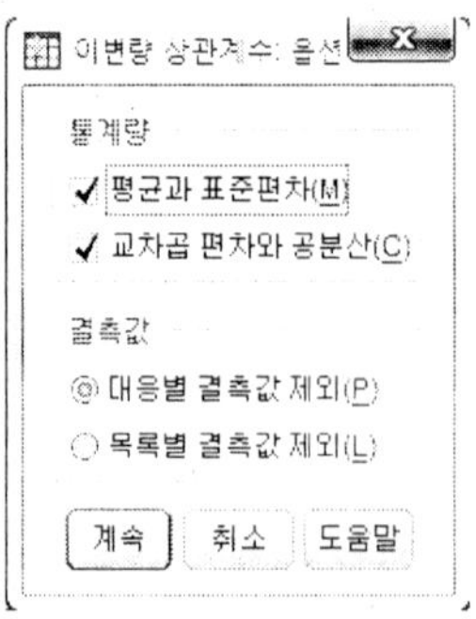

그림 10.11: [이변량 상관계수: 옵션] 창

이후 [계속]을 클릭한 후, 그림 10.10과 같은 [이변량 상관계수] 창에서 [확인]을 클릭하면 단순상관분석 작업이 진행되며 표 10.4와 같은 '기술통계량' 보고서를 얻는다.

기술통계량

	평균	표준편차	N
몸무게	137.4108	9.87310	13
기록합계	407.85	45.212	13

표 10.4: 기술통계량

표 10.4를 살펴보면 올림픽에 출전한 105킬로그램 이상급 13명에 대한 평균 몸무게는 137.4킬로그램이고, 인상과 용상의 기록을 합한 전체 기록합계의 평균은 407.85킬로그램이 됨을 알 수 있다.

(4단계: 결과분석) 표 10.5와 같은 상관계수 보고서를 살펴보면 Pearson 상관계수의 값이 $r = .160$으로 양수값을 취하고 있기 때문에 양의 상관관계를 이루고 있다.

상관계수

		몸무게	기록합계
몸무게	Pearson 상관계수	1	.160
	유의확률 (양쪽)		.602
	제곱합 및 교차곱	1169.736	856.512
	공분산	97.478	71.376
	N	13	13
기록합계	Pearson 상관계수	.160	1
	유의확률 (양쪽)	.602	
	제곱합 및 교차곱	856.512	24529.692
	공분산	71.376	2044.141
	N	13	13

표 10.5: 상관계수

한편 양측검정용 유의확률값을 살펴보면 그 값이 $p = .602$로 $p > .05$가 됨을 알 수 있어 귀무가설을 채택하게 된다. 그러므로 두 변량인 '몸무게와 기록합계 간에는 상관관계가 없음'을 알 수 있다. 결국 "두 변량은 양의 상관관계를 갖고는 있지만, 그 관계는 통계적으로 의미가 있는 것은 아니다"라는 사실을 알 수 있다. 즉, "몸무게가 무거우면 기록이 좋아질 것이라고 볼 수 없으며, 반면에 몸무게가 가볍다고 기록이 나빠질 것이라고 볼 수가 없다".

(5단계: 보고서 작성) 단순상관분석 보고서를 작성하기 위해서는 표 10.6과 같이 두 변량에 대한 상관계수와 유의확률값을 기록하면 된다.

	기록합계(Kg)
몸무게(Kg)	.602

p > .05

표 10.6: 몸무게와 기록합계 간의 상관계수

예제 10.1 표 10.5에 있는 Pearson 상관계수 $r = .160$을 이용하여, 앞에서 설명했던 몸무게와 기록합계 간의 상관관계를 $F-$값으로 단순상관분석을 해 보시오.

예제 10.1 예시답안

(1단계: 가설의 설정) 몸무게와 기록간에 상관관계가 있는가를 검정을 하기 위한 귀무가설과 대립가설은 다음과 같다. 귀무가설은 단순가설이므로 양측검정이 된다.

$$H_0 : \rho_{xy} = 0 \quad (\text{즉, 상관관계가 없다})$$
$$H_1 : \rho_{xy} \neq 0 \quad (\text{즉, 상관관계가 있다})$$

(2단계: 관찰된 $F-$값 계산) 관찰된 $F-$값은 공식에 의거 다음과 같다.

$$F_o = \frac{r^2}{(1-r^2)/(N-2)} = \frac{.160^2}{(1-.160^2)/(13-2)} \approx .29$$

여기서 상관계수 $r = .160$이며, N은 케이스의 갯수로 13이 된다.

(3단계: 예상된 $F-$값 계산) 별첨 H에 있는 $F-$분포표를 이용하여 예상되는 F의 임계값 F_c를 구하면

$$F_c = F(\text{분자자유도}, \text{분모자유도}, \text{유의수준}) = F(1, 11, .05) = 4.84$$

여기서 분자자유도는 1이 되고, 분모자유도는 11($= N - 2 = 13 - 2$)이 된다.

(4단계: 결과분석) 결국 관찰된 $F-$값이 예상된 $F-$값보다 작다는 것을 알 수 있다. 즉, $F_o = .29 < F_c = 4.84$가 되어 귀무가설을 채택하게 되어, 두 변량인 "몸무게와 기록합계 간에는 상관관계가 없다"라는 것을 알 수 있다. 즉, "몸무게가 무거우면 기록이 좋다라고 볼 수 없다"가 된다.

□□□

예제 10.2 표 10.3에 있는 두 변수 '인상기록'과 '용상기록'에 대해 단순상관분석해 보시오.

예제 10.2 예시답안

(1단계: 가설의 설정) 인상기록과 용상기록 간에 상관관계가 있는가를 검정을 하기 위한 귀무가설 H_0와 대립가설 H_1은 다음과 같다. 귀무가설은 단순가설이므로 양측검정이 된다.

$$H_0 : \rho_{xy} = 0 \quad \text{(즉, 상관관계가 없다)}$$
$$H_1 : \rho_{xy} \neq 0 \quad \text{(즉, 상관관계가 있다)}$$

(2단계: 통계량과 검정표 출력) 메뉴에서 [분석]→[상관분석]→[이변량 상관계수]를 클릭한 후, 그림 10.12와 같은 [이변량 상관계수] 창에서 상관관계를 구하려는 두 변수 '인상기록'과 '용상기록'을 [변수] 상자로 이동시킨다.

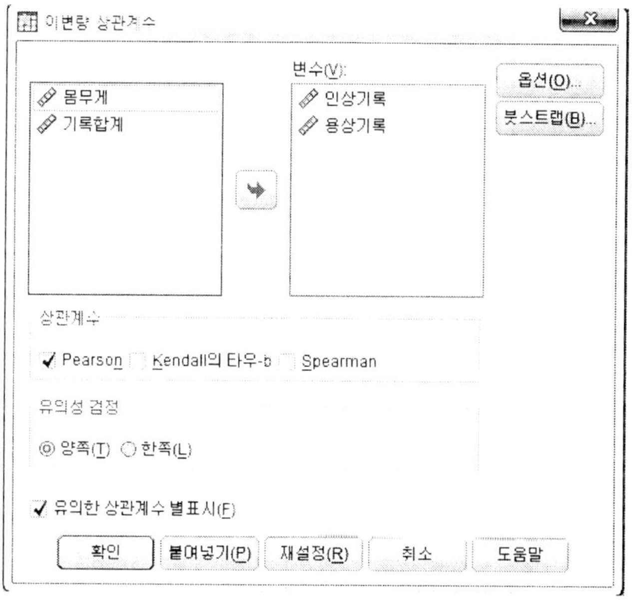

그림 10.12: [이변량 상관계수] 창

이후 [확인]을 클릭하면 단순상관분석 작업이 진행되며 표 10.7과 같은 '상관관계' 보고서를 얻는다.

(3단계: 결과분석) 표 10.7과 같은 상관계수를 살펴보면 Pearson 상관계수의 값이 $r = .914$로 1에 근접한 양수값을 취하고 있기 때문에 상당한 양의 상관관계를

상관계수

		인상기록	용상기록
인상기록	Pearson 상관계수	1	.914**
	유의확률 (양쪽)		.000
	N	13	13
용상기록	Pearson 상관계수	.914**	1
	유의확률 (양쪽)	.000	
	N	13	13

**. 상관계수는 0.01 수준(양쪽)에서 유의합니다.

표 10.7: 인상기록과 용상기록 간의 상관계수

이루고 있다. 한편 유의수준 $\alpha = .01$에서 양측검정용 유의확률값을 살펴보면 그 값이 $p = .000$으로 $p < .01$이 됨을 알 수 있어 귀무가설을 기각하고 대립가설을 채택하게 된다. 즉, 두 변수인 '인상기록과 용상기록 간에는 상관관계가 있음'을 알 수 있다. 결국 '인상기록이 좋으면 용상기록이 좋아질 것이고, 용상기록이 좋으면 인상기록 역시 좋을 것'으로 볼 수 있다.

□□□

제 2 절 다중상관분석

두 개의 변수가 아닌 여러 개의 변수간의 상관관계를 구하는 것을 다중상관분석(multiple correlation analysis)이라고 하며, 분석하는 방법은 단순상관분석과 같다.

가. 다중상관분석 적용사례

표 10.3에 있는 세 개의 변수인 '몸무게', '인상기록', '용상기록' 간의 다중상관분석을 실시해 보자.

(1단계: 가설의 설정) 몸무게, 인상기록, 용상기록 간에 다중상관관계가 있는가를 검정을 하기 위한 귀무가설 H_0와 대립가설 H_1은 다음과 같다. 귀무가설은 단순가설이므로 양측검정이 된다.

$$H_0 : \text{몸무게, 인상기록, 용상기록 간에 상관관계가 없다}$$
$$H_1 : \text{몸무게, 인상기록, 용상기록 간에 상관관계가 있다}$$

(2단계: 통계량과 검정표 출력) 단순상관분석과 같이 메뉴에서 [분석]→[상관분석]→[이변량 상관계수]를 클릭한다. 이후 그림 10.13과 같은 [이변량 상관계수] 창에서 상관관계를 구하려는 세 변수 '몸무게', '인상기록', '용상기록'을 [변수] 상자에 옮겨다 놓는다.

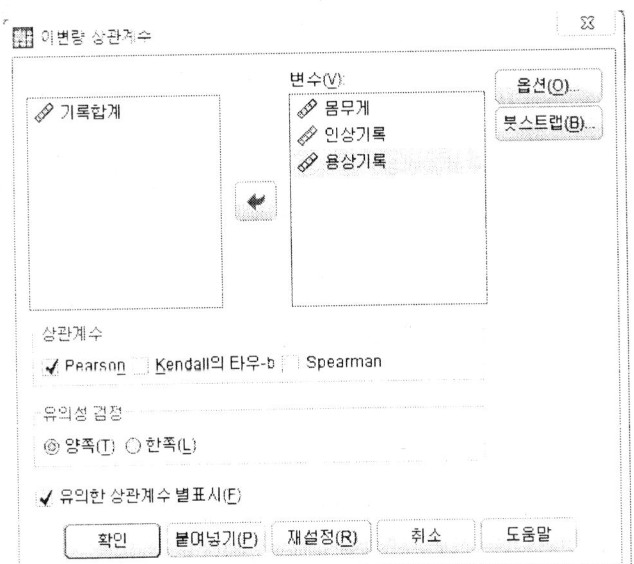

그림 10.13: [이변량 상관계수] 창

[상관계수]는 모수적데이터를 검정하는 것이니 'Pearson'을 선택하고, [유의성 검정]에서 '양쪽' 또는 '한쪽' 중 양측검정이니 '양쪽'을 선택한다. 또한 유의상관계수 다음에 별모양의 표를 표시하기 위해 '유의한 상관계수 별표시'를 선택한다. 이후 결측값과 여러가지 기술통계량을 얻기 위해서는 [옵션]을 클릭하여 그림 10.14와 같은 [이변량 상관계수: 옵션] 창에서 필요한 사항을 선택하면 된다.

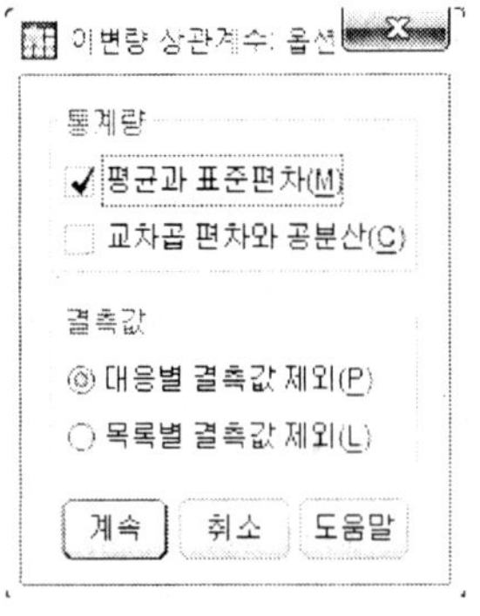

그림 10.14: [이변량 상관계수: 옵션] 창

이후 [계속]을 클릭한 후, 그림 10.13과 같은 [이변량 상관계수] 창에서 [확인]을 클릭하면 다중상관분석 작업이 진행되며 표 10.8과 같은 '기술통계량' 보고서를 얻는다.

기술통계량

	평균	표준편차	N
몸무게	137.4108	9.87310	13
인상기록	184.77	22.137	13
용상기록	223.08	24.074	13

표 10.8: 기술통계량

표 10.8을 살펴보면 올림픽에 출전한 105킬로그램 이상급 13명에 대한 평균 몸무게는 137.4108킬로그램, 인상기록의 평균은 184.77킬로그램, 용상기록의 평균은 223.08킬로그램임을 알 수 있다.

(3단계: 결과분석) 결과물인 표 10.9와 같은 '상관계수' 보고서를 살펴보자.

- 몸무게와 인상기록을 살펴보면 양측검정용 유의확률값이 $p = .756$으로 $p > .05$가 되어 유의하지 않음을 알 수 있다.
- 또한 몸무게와 용상기록을 살펴보면 양측검정용 유의확률값이 $p = .486$으로 $p > .05$가 되어 이 역시 유의하지 않음을 알 수 있다.

– 마지막으로 인상기록과 용상기록을 살펴보면 양측검정용 유의확률값이 $p = .000$으로 $p < .01$가 되어 유의[xxvii]함을 알 수 있다. 아울러 Pearson 상관계수의 값이 $r = .914$가 되어 매우 강한 양의 관계를 이루고 있는 것을 알 수 있다.

상관계수

		몸무게	인상기록	용상기록
몸무게	Pearson 상관계수	1	.096	.212
	유의확률 (양쪽)		.756	.486
	N	13	13	13
인상기록	Pearson 상관계수	.096	1	.914**
	유의확률 (양쪽)	.756		.000
	N	13	13	13
용상기록	Pearson 상관계수	.212	.914**	1
	유의확률 (양쪽)	.486	.000	
	N	13	13	13

**. 상관계수는 0.01 수준(양쪽)에서 유의합니다.

표 10.9: 상관계수

표 10.9에 있는 상관계수 표를 정리하면 다음과 같다.

> "몸무게와 인상기록, 몸무게와 용상기록 간에는 아무런 상관관계가 없다. 다시 말해 '몸무게가 무겁다고 인상기록 또는 용상기록이 좋다'라는 보장이 없으며, '몸무게가 가볍다고 인상기록 또는 용상기록이 나쁘다'라는 보장이 없다. 그러나 인상기록과 용상기록 간에 상당한 양의 상관관계가 있다. 다시 말해 인상기록이 좋다면 용상기록은 좋을 것이고, 인상기록이 저조하다면 용상기록 역시 저조한 것으로 나타나고 있다."

변수의 개수가 많은 경우에는 상관계수 표가 매우 복잡하고 크게 나타난다. 이를 보완하기 위하여 [명령문 편집] 창에서 'WITH'라는 명령문을 사용하면 상관계수 표를 단순화시킬 수 있다.

[데이터 편집] 창에서 [파일]→[새파일]→[명령문]을 클릭하면 그림 10.15와 같은 [명령문 편집] 창이 나타나게 된다.

이때 그림 10.15에서 제시된 명령문을 복사 또는 작성을 한 후 [명령문 편집] 창에서 [실행]을 클릭하게 되면 표 10.10과 같은 상관계수 표를 얻게 된다.

[xxvii] 유의수준 $\alpha = .05$인 경우에서의 유의한 경우에는 상관계수 표에 *로 표시가 되고, 유의수준이 .01인 경우에서의 유의한 경우에는 상관계수 표에 **로 표시가 된다. 또한 유의한 경우에는 상관계수 표 하단에 "유의하다"라는 메시지가 출력된다.

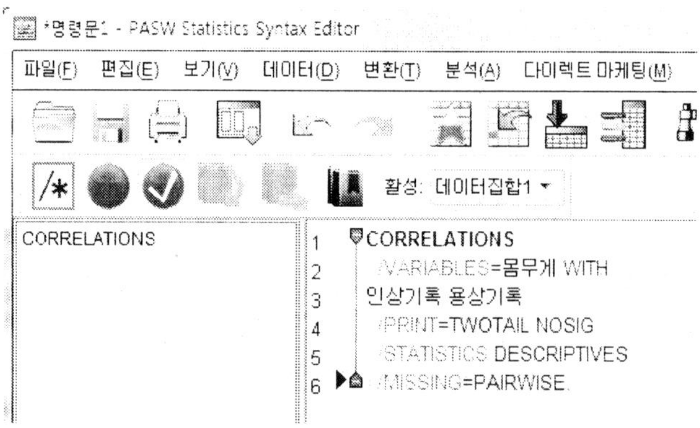

그림 10.15: [명령문 편집] 창

상관계수

		인상기록	용상기록
몸무게	Pearson 상관계수	.096	.212
	유의확률 (양쪽)	.756	.486
	N	13	13

표 10.10: 상관계수

표 10.9와 표 10.10을 비교하게 되면 표 10.10이 훨씬 단순화되어 출력되어졌음을 알 수 있다. 표 10.10을 살펴보면 몸무게와 인상기록($p = .756 > .05$), 몸무게와 용상기록($p = .486 > .05$) 간에는 아무런 상관관계가 없음을 알 수 있다.

이번에는 인상기록과 몸무게, 인상기록과 용상기록에 대한 상관관계를 알아보기 위해 그림 10.16에서 제시된 것과 같은 명령문을 수정 또는 작성해 보자.

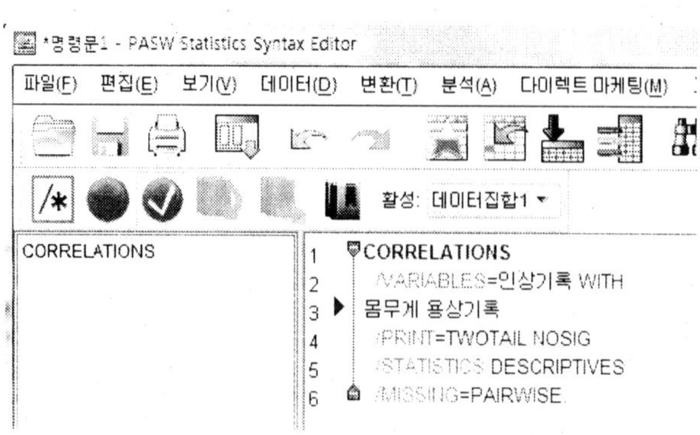

그림 10.16: [명령문 편집] 창

이후 [명령문 편집] 창에서 [실행]을 클릭하게 되면 표 10.11과 같은 '상관계수' 보고서를 얻게 된다.

상관계수

		몸무게	용상기록
인상기록	Pearson 상관계수	.096	.914**
	유의확률 (양쪽)	.756	.000
	N	13	13

**. 상관계수는 0.01 수준(양쪽)에서 유의합니다.

표 10.11: 상관계수

표 10.11을 살펴보면 인상기록과 몸무게($p = .756 > .05$) 간에는 아무런 상관관계가 없으나, 인상기록과 용상기록($p = .000 < .01$) 간에는 상당히 강한 양의 상관관계(즉, $r = .914$)가 있음을 알 수 있다.

제 3 절 편상관분석

편상관분석(partial correlation analysis)은 그림 10.17과 같이 제3의 변수에 의한 영향을 통제(또는 제거)한 상태에서의 순수한 두 변수 간(변수1과 변수2)의 상관관계를 알고자 할 때 사용된다.

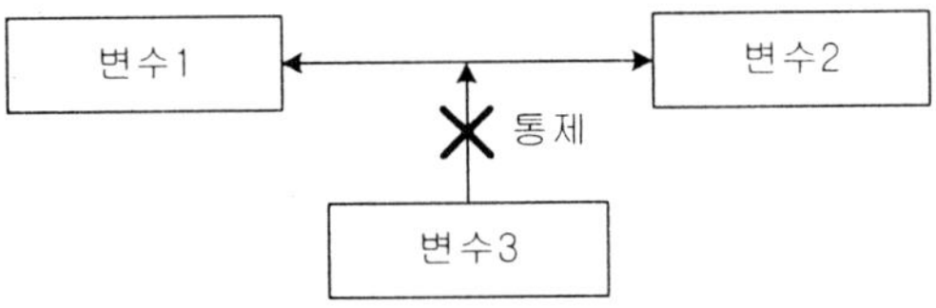

그림 10.17: 편상관관계

가. 작업절차

상관계수 r, 유의확률 $p-$값으로 편상관분석을 실시하는 절차는 그림 10.18과 같다.

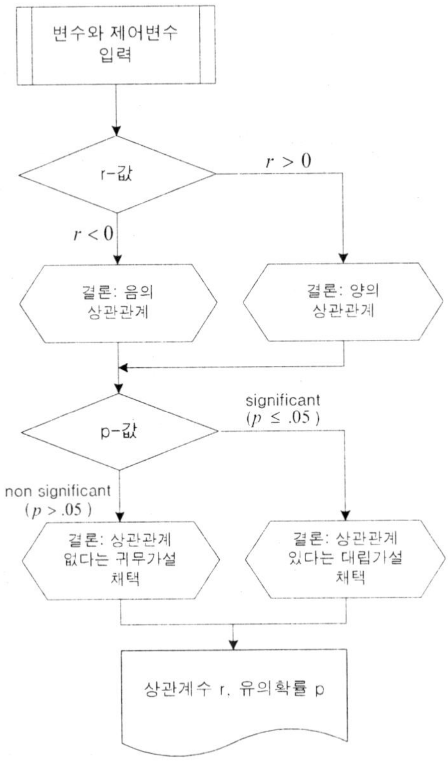

그림 10.18: 상관계수 r, 유의확률 p를 통한 편상관분석 흐름도

분석하고자 하는 2개의 변수를 [변수]에 이동시키고, 통제하고자하는 변수를 [제어변수]에 이동을 시킨다. 이후 실행하게 되면 상관계수 r과 유의확률 $p-$값을 얻게 된다. 만약 상관계수의 값이 양수인 경우에는 두 변수가 양의 관계에 있는 것이고, 반대로 상관계수의 값이 음수인 경우에는 두 변수가 음의 관계에 있는 것이 된다. 또한 유의확률 $p-$값이 유의수준보다 작은 경우에는 "두 변수간에는 상관관계가 없다"라는 귀무가설을 기각하고 "두 변수간에는 상관관계가 있다"라는 대립가설을 채택한다. 반면에 유의확률 $p-$값이 유의수준보다 큰 경우에는 "두 변수간에는 상관관계가 없다"라는 귀무가설을 채택한다. 이후 최종 보고서에는 상관계수 r과 유의수준 $p-$값을 기술하면 된다.

나. 편상관분석 적용사례

표 10.3에 있는 세 개의 변수인 몸무게, 인상기록, 용상기록 중 '몸무게'를 통제하고 '인상기록'과 '용상기록' 간의 상관관계를 편상관분석해 보자. 이를 위해 [데이터 편집] 창에서 [분석]→[상관분석]→[편상관계수]를 클릭하면 그림 10.19와 같은 [편상관계수] 창이 나타나게 된다.

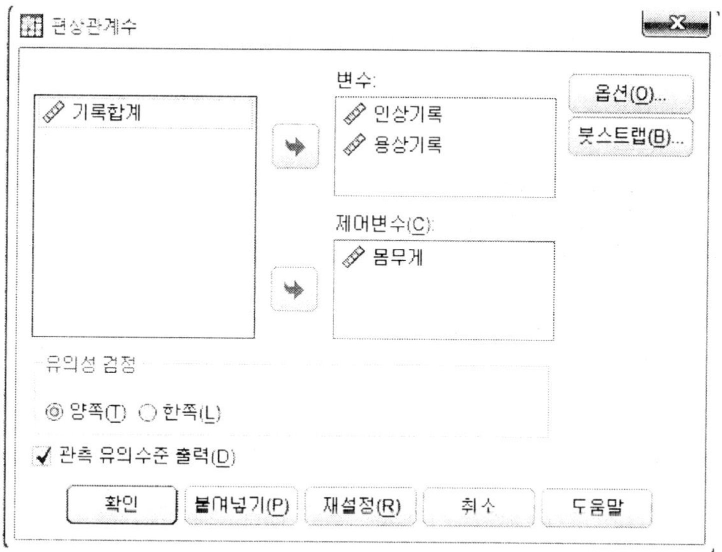

그림 10.19: [편상관계수] 창

[편상관계수] 창에서 [제어변수] 상자에 '몸무게'를, [변수] 상자에 '인상기록'과 '용상기록'을 그림 10.19와 같이 옮겨다 놓는다. 이후 [확인]을 클릭하면 편상관분석 작업이 진행되며 표 10.12와 같은 '편상관계수' 보고서를 얻는다.

표 10.9의 상관계수 보고서와 표 10.12의 편상관계수 보고서를 비교해 보면 몸무게가 비통제된 상태에서의 인상기록과 용상기록 간의 Pearson 상관계수는 $r =$

상관

통제변수			인상기록	용상기록
몸무게	인상기록	상관	1.000	.919
		유의수준(양측)	.	.000
		df	0	10
	용상기록	상관	.919	1.000
		유의수준(양측)	.000	.
		df	10	0

표 10.12: 편상관계수

.914로 되었으나, 몸무게가 통제된 상태에서의 인상기록과 용상기록 간의 Pearson 상관계수는 $r = .919$로 다소 증가 되었음을 알 수 있다. 이를 달리 말하면 몸무게가 무시된 상태, 즉 몸무게가 같다고 놓았을 때 인상기록과 용상기록 간의 상관계수는 $r = .919$가 되어 상당한 양의 관계를 유지하고 있다는 것을 알 수 있다. 아울러 인상기록과 용상기록의 양측검정용 유의확률값이 $p = .000$으로 $p < .05$이기 때문에 유의함을 알 수 있다. 즉, '인상기록과 용상기록 간에는 상당한 양의 관계가 있음'을 알 수 있다. 다시 말하면 "인상기록이 좋으면 용상기록이 좋고, 같은 논리로 용상기록이 좋으면 인상기록이 좋다"라는 결론을 유도해 낼 수 있다.

"Reliabilty analysis measures the internal consistency of a group of items."- University of Alabama.

11 신뢰도분석

신뢰도분석(reliability test)은 항목으로 된 그룹의 내부 일치성을 측정하는 것이다. 달리 말하면 조사 대상을 유사한 측정도구로 여러번 측정을 하거나, 한 가지 도구로 조사 대상을 반복 측정을 했을 때 질문에 대한 일관성 있는 응답을 하고 있는가를 조사하는 것이다. 설문 항목은 보통 한 개 이상의 척도를 갖고 있으며, 신뢰도분석은 각 척도로 구성되어 있는 항목들의 동질성(homogeneity)이나 결속성(cohesion)을 조사한다.

신뢰도분석은 설문 구축에 있어 자주 사용되며, 동일한 질문지를 같은 응답자에게 2회 실시를 하여 응답자가 일관성있는 응답을 하고 있는지를 검사하는 재검사법(test-retest)과 동일한 내용을 A형과 B형의 질문지를 통해 일관된 답을 작성하는지를 검사하는 동형검사법(alternative-form method) 등이 있다[6].

비록 다른 계수(예: split-half 신뢰도)들도 사용이 되어지나 Cronbach's α 계수가 가장 빈번하게 사용된다. 알파계수는 척도로 구성되어 있는 항목간의 평균 상관(correlation) 정도를 반영하며, .00에서 1.00 사이의 값을 갖게 된다. 참고로 이상적인 알파 계수는 .70과 .90의 사이값이 된다[20]. 알파 계수는 다음과 같은 공식에 의해 계산되어 진다.

$$\alpha = \frac{k}{k-1}\left(1 - \sum_{i=1}^{k}\frac{\sigma_i^2}{\sigma_t^2}\right) \qquad \text{또는} \qquad \frac{k\bar{r}}{1+\bar{r}(k-1)}$$

여기서 k는 항목수가 되고, σ_i^2, σ_t^2은 각각 항목 i의 분산값, 항목 전체의 분산값이 되며, $\bar{r}$은 항목들간 평균상관계수가 된다.

높은 알파계수는 항목들간의 상관관계가 높음을 의미하기 때문에 내적 일관성이 높다고 말할 수 있다. 반면에 낮은 알파계수는 항목들간의 상관관계가 낮음을 의미하기 때문에 내적 일관성이 낮다고 말할 수 있다.

주의할 사항으로, 척도로 구성된 항목들의 수는 알파계수의 크기에 영향을 미친다. 예를 들어, 아주 적은 항목(예: 3개)으로 분석을 하는 경우 알파계수가 .60과 같이 아주 낮은 값을 갖을 수가 있다. 이는 아주 적은 항목으로 분석되어 다른 항목간의 연관관계를 맺지 못해 발생되는 현상으로, 이 경우에는 항목의 수를 4 또는 5개로 늘려 알파 계수를 .70 이상으로 만들어야 한다. 또한 가끔가다 알파계수가 음수인 경우가 발생되는데, 이는 응답이 없는 항목을 포함시키는 경우가 된다[20].

가. 작업절차

그림 11.1은 신뢰도분석을 위한 작업절차를 보여주고 있다.

그림 11.1: 신뢰도분석 절차도

분석하고자 하는 변수를 [항목]에 이동시킨 후, '알파' 모형을 선택한다. [통계량]에서 '항목제거시 척도'를 반드시 선택하고, 필요시 '급내 상관계수'를 선택할 수도 있다. 만약 알파계수가 .70보다 큰 경우에는 신뢰도가 높은 것으로 간주하고 분석작업을 종료하게 된다. 반면에 알파계수가 .70보다 작은 경우에는 신뢰도가 낮은 것이니 신뢰도를 낮게 만드는 항목을 순차로 제거한 후, 또 다시 신뢰도분석을 하게된다. 이와 같은 작업을 반복하여 신뢰도를 높게하면 된다. 이후 신뢰도가 높은 항목들을 갖고서 작업코자 하는 분석들을 실시하면 된다.

나. 신뢰도분석 적용사례

다음의 예는 '청소년들의 태권도 수련자의 참여동기와 수련활동 만족도'에 관한 설문조사 내용 중의 하나인 '태권도 수련 참여동기'를 아래와 같이 11개의 항목으로 측정하였으며,

(1) 태권도 수련은 새로운 지식을 얻고 싶어서이다.

(2) 태권도 수련은 나의 호기심을 만족시키기 위해서이다.

(3) 태권도 수련은 다른 사람과의 우호를 증진시키기 위해서이다.

(4) 태권도 수련은 다른 사람들을 새롭게 만나고 싶어서이다.

(5) 태권도 수련은 소속감을 느끼고 싶어서이다.

(6) 태권도 수련은 나의 능력을 시험해 보고 싶어서이다.

(7) 태권도 수련은 신체적인 건강을 유지하고 싶어서이다.

(8) 태권도 수련은 운동선수가 멋있어 보여서이다.

(9) 태권도 수련은 태권도가 좋아서이다.

(10) 태권도 수련은 훌륭한 선수가 되고 싶어서이다.

(11) 태권도 수련은 신체적인 기량과 능력을 개발하고 싶어서이다.

또한 11개 항목 각각에 대해

① 전혀 그렇지 않다

② 대체로 그렇지 않다

③ 보통이다

④ 대체로 그렇다

⑤ 매우 그렇다

등의 5점 척도인 리커트(Likert) 척도[xxviii]로 측정하였다. SPSS를 이용하여 신뢰도 분석을 실시하는 절차는 다음과 같다.

(1단계: 변수 선택) 그림 11.2는 5점 척도로 된 '태권도 수련 참여동기'에 대한 11개 항목에 대한 설문 응답자의 척도를 [데이터입력] 창에서 살펴본 것이다.

[xxviii] 사회과학연구에서 보편적으로 사용되는 측정 방식으로, 응답자의 반응을 긍정 또는 부정에 대한 정도를 5점 혹은 7점 척도로 된 등간척도로 구성한다. 즉, 응답자의 긍정 또는 부정에 대한 정도를 점수로 환산하여 점수의 총합을 응답자의 성향으로 해석한다. 이러한 이유로 리커트 척도를 '합산평가방식(summated rating approach)'이라고도 불리운다.

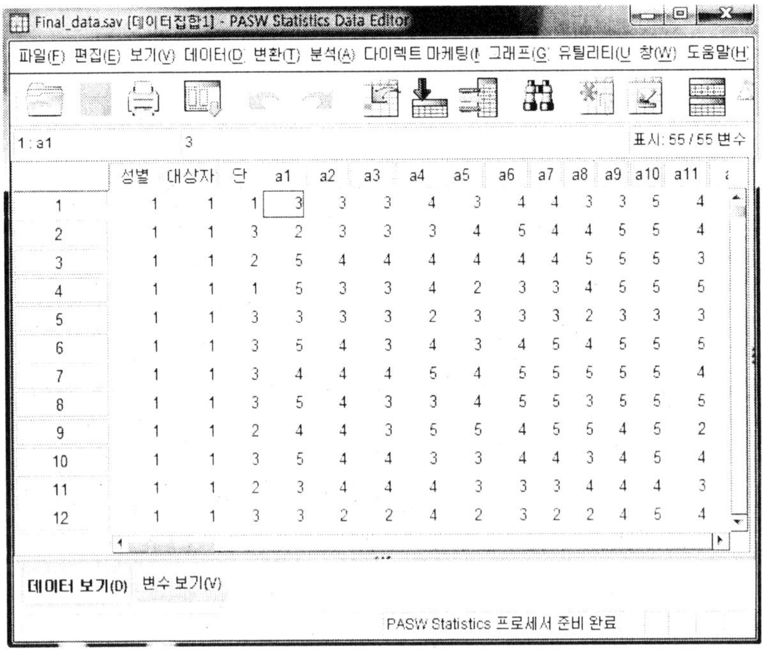

그림 11.2: [데이터입력] 창

참고로 그림 11.2에 있는 변수 $a1, a2, \cdots, a11$은 11개의 항목을 말하며, 설문 응답자는 240명이었다.

메뉴에서 [분석]→[척도]→[신뢰도분석]을 클릭을 한 후, 그림 11.3과 같은 [신뢰도분석] 창에 분석하고자 하는 변수 11개를 [항목] 상자로 이동을 시킨다. 이때 [모형]은 '알파'로 선택되어 있는지를 확인한다.

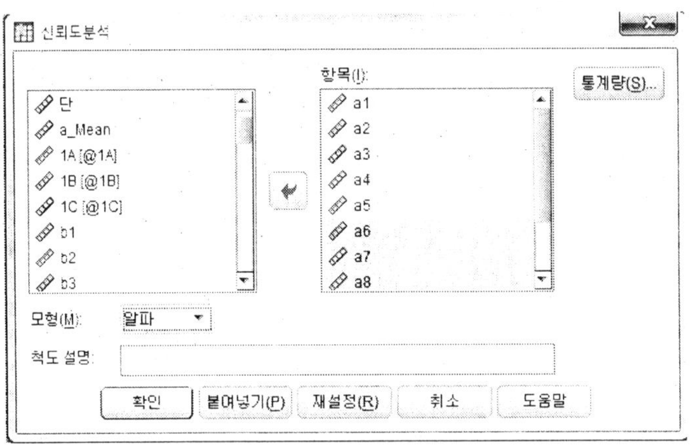

그림 11.3: [신뢰도분석] 창

(2단계: 선택사항 선택) 이후 [통계량]을 클릭을 한 다음에 나타나는 그림 11.4와 같은 [신뢰도분석: 통계량] 창에서 '항목제거시 척도'를 선택한다.

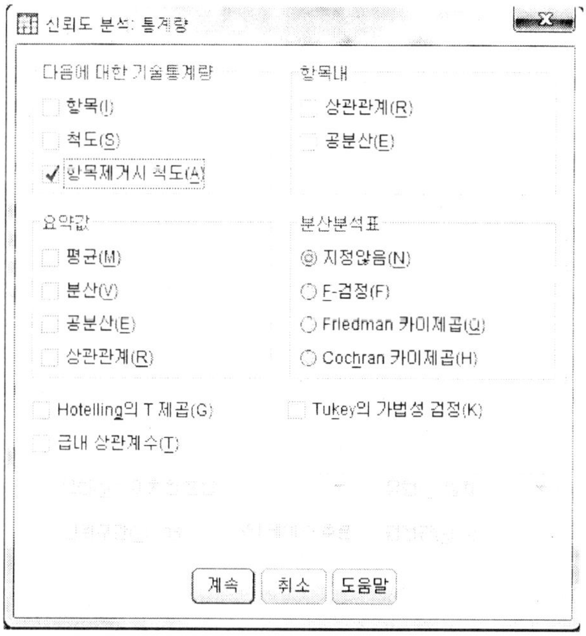

그림 11.4: [신뢰도 분석: 통계량] 창

이후 [계속]을 클릭하여 [신뢰도분석] 창으로 되돌아 간다.

(3단계: 통계량 출력) [신뢰도분석] 창에서 [확인]을 클릭하게 되면 표 11.1과 같은 '신뢰도 통계량' 보고서를 얻을 수가 있다.

신뢰도 통계량

Cronbach의 알파	항목 수
.809	11

표 11.1: 신뢰도 통계량

표 11.1에 있는 신뢰도 통계량을 살펴보면 11개 항목에 대한 전체 신뢰도계수가 .809로 나타나 있음을 알 수 있으며, 이 값은 .70과 .90 사이의 값으로 신뢰도가 높은 것을 알 수 있다. 표 11.2에 있는 '항목 총계 통계량'은 각 항목을 제거했을 경우에 변화되는 Cronbach's α값을 보여주고 있다.

한 예로, 변수 $a10$을 제거하면 신뢰도계수가 .806으로 향상되고, 변수 $a11$을 제거하게 되면 신뢰도계수가 .805로 향상이 될 수 있음을 보여주고 있다. 참

항목 총계 통계량

	항목이 삭제된 경우 척도 평균	항목이 삭제된 경우 척도 분산	수정된 항목-전체 상관관계	항목이 삭제된 경우 Cronbach 알파
a1	34.07	31.802	.574	.784
a2	34.17	32.996	.474	.794
a3	34.20	33.765	.488	.793
a4	34.35	31.518	.575	.783
a5	34.39	33.008	.472	.794
a6	33.97	31.757	.552	.786
a7	33.77	33.025	.453	.796
a8	34.37	32.384	.430	.799
a9	33.75	33.184	.472	.794
a10	33.50	33.130	.366	.806
a11	33.83	34.357	.354	.805

표 11.2: 항목 총계 통계량

고로 항목 제거를 하는 순서는 특정 항목을 제거 후 신뢰도계수가 가장 많이 향상되는 것을 우선적으로 제거하면 된다.

변수 *a*10을 제거한 후 신뢰도계수가 .806으로 향상되는지를 확인하기 위하여 그림 11.5와 같은 [신뢰도분석] 창으로 되돌아 가보자.

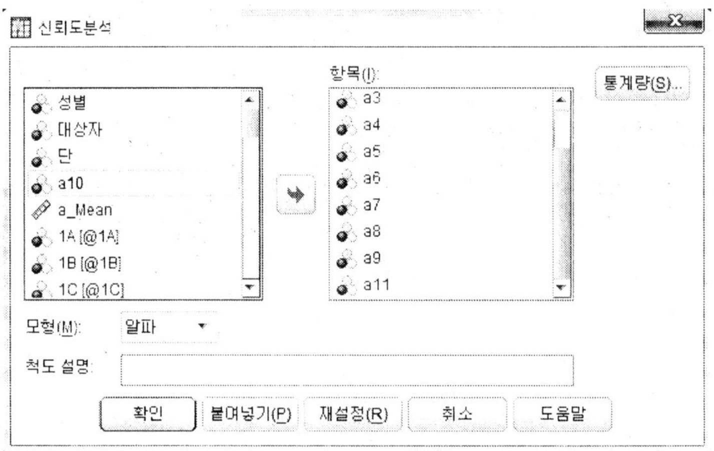

그림 11.5: [신뢰도 분석] 창

그림 11.5에서 보듯이 변수 *a*10을 제거한 후 신뢰도분석을 다시하게 되면 표 11.3과 같은 '신뢰도와 항목 총계 통계량' 보고서를 얻을 수가 있다.

신뢰도 통계량

Cronbach의 알파	항목 수
.806	10

항목 총계 통계량

	항목이 삭제된 경우 척도 평균	항목이 삭제된 경우 척도 분산	수정된 항목-전체 상관관계	항목이 삭제된 경우 Cronbach 알파
a1	30.14	26.395	.587	.777
a2	30.23	27.293	.508	.786
a3	30.26	28.117	.513	.787
a4	30.42	26.077	.594	.776
a5	30.45	27.512	.483	.789
a6	30.04	26.681	.529	.783
a7	29.83	27.724	.443	.793
a8	30.43	26.915	.440	.795
a9	29.81	28.337	.410	.797
a11	29.90	29.081	.329	.805

표 11.3: 신뢰도와 항목 총계 통계량

> 표 11.3의 신뢰도 통계량에서 보듯이 변수 $a10$을 제거한 10개 항목에 대한 신뢰도계수가 .806으로 변했음을 알 수 있다. 이와 같은 방법으로 특정 항목을 제거함으로서 신뢰도계수를 높일 수가 있다.
>
> 신뢰도분석 중 신뢰도계수를 높이기 위해 항목들을 제거하다 보면, 실제 분석을 할 변수가 남지 않게 되는 경우가 있다. 그러므로 무작정 신뢰도계수를 높이기보다는 항목의 중요도를 고려하여 변수를 줄이는 것이 좋다[3].

신뢰도분석에 있는 선택사항을 통해 또 다른 유용한 계수인 변수 내부의 상관관계계수, 즉 '급내 상관계수'를 제공해 준다. 이 계수는 여러 번의 측정에 따른 한 변수 내의 평균값에 있는 변화를 알려준다. 달리 말하면 이는 시간에 따른 측정의 신뢰도를 예상해 준다. [27]은 급내 상관계수가 피어슨 상관계수에 견줄 수 있는 아주 적절한 재검사 신뢰도의 지표라고 한다.

그림 11.6은 면접시험에 있어 5명의 면접관이 5명의 수험생에게 부여한 10점 만점에 대한 면집점수를 보여주고 있다.

우리가 관심이 있는 것은 면접관들이 수험생들에게 일관성 있는 면접점수를 주었는가를 조사하는 것이다. 즉, 우수한 수험생에게 면접관들이 높은 점수를 주었고, 반면에 보통 이하인 수험생에게는 면접관들이 낮은 점수를 주었는가를 확인하는 것이다. 달리 말하면 그림 11.6에 있는 행들의 값들이 차이가 없음, 즉 '유의하지 않음'을 찾는 것이다. 급내 상관계수를 구하는 절차는 다음과 같다.

(1단계: 변수 선택) 그림 11.6과 같은 [데이터입력] 창에서 [분석]→[척도]→[신뢰

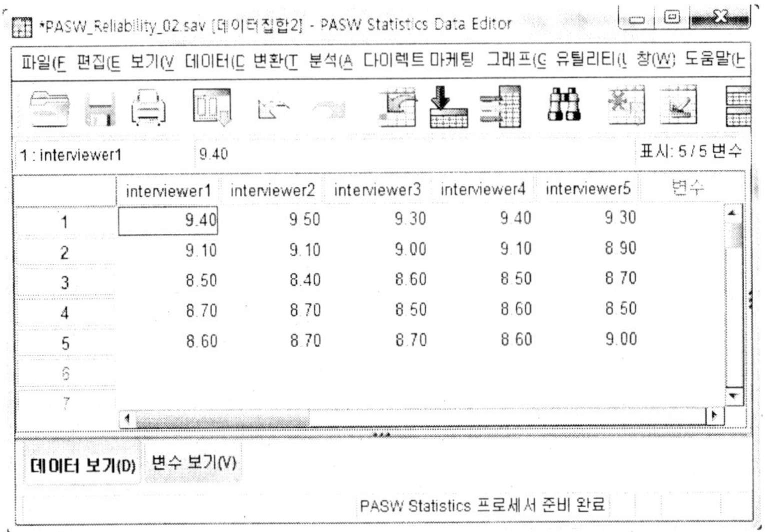

그림 11.6: [데이터 입력] 창

도분석]을 클릭을 한 후, 그림 11.7과 같은 [신뢰도분석] 창에 분석하고자 하는 변수 5개를 [항목] 상자로 이동을 시킨다. 이때 [모형]은 '알파'로 선택되어 있는지를 확인한다.

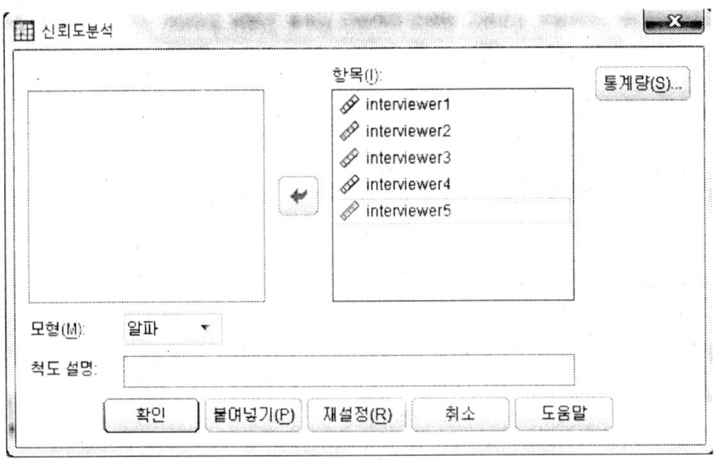

그림 11.7: [신뢰도분석] 창

이후 [통계량]을 클릭하게 되면 그림 11.8과 같은 [신뢰도 분석: 통계량] 창이 나타나게 된다.

[신뢰도분석: 통계량] 창에서 '항목제거시 척도'와 '급내 상관계수'를 선택한다. [모형] 선택은 두 변량(즉, 다른 수험생으로 인한 점수 변량과 면접관으

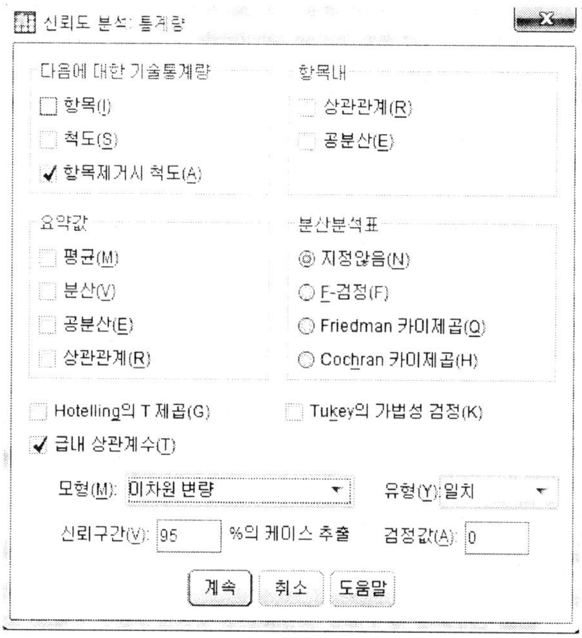

그림 11.8: [신뢰도분석: 통계량] 창

로 인한 점수 변량)이 있기 때문에 '이차원변량'을 선택한다. 이는 면접관이 많은 면접관들로 구성된 모집합 중의 무작위로 추출된 표본으로 간주할 수 있기 때문에 '이차원변량'이 사용된다. 만약 추출된 표본이 무작위가 아닌 경우 '이차원혼합'을 선택하면 되며, 어떤 성적이 어느 면접관에 의해 부여되었는지를 모르는 경우에는 '일차원변량'을 선택하면 된다.

분산분석표에 의한 검정은 5명의 면접관의 평균점수 간에 유의한 차이가 있는가, 즉 면접관들이 일관성있는 점수를 주었는지를 검정한다. 만약 모수데이터를 갖고 분석하는 경우에는 $F-$검정을 실시하면 되고, 비모수데이터를 갖고 분석하는 경우에는 Friedman 카이제곱 검정을 실시하면 된다. 이후 [계속]을 클릭하여 [신뢰도 분석] 창에서 [확인]을 클릭하면 표 11.4와 같은 '분산분석' 보고서를 얻게된다.

표 11.4는 분산분석에 있어 유의확률 $p = .923 > .05$, 즉 $F-$값이 유의하지 않기때문에 면접관들이 일관성있는 점수를 주었다는 것을 보여주고 있다.

또한 표 11.5에 있는 평균측도 급내 상관계수가 .975가 되어, 이 값은 .70보다 큰 값으로 신뢰도가 높음을 인정할 만하다[27]. 주의 사항으로 표 11.5의 평균측도에 있는 $F-$값 ($F(4, 16) = 39.961$; $p = .000$)에 놀라지마시오. 이는 '서로 다른 수험생들의 점수에는 유의한 차이가 있음'을 보여주는 것이다. 즉, 그림 11.6의 열에 있는 값들의 차이가 있음을 보여준다. 다시 말해 '수험

분산분석

		제곱합	자유도	평균 제곱	거짓	유의확률
사람 간		2.462	4	.615		
사람 내	항목 간	.014	4	.003	.221	.923
	잔차	.246	16	.015		
	합계	.260	20	.013		
합계		2.722	24	.113		

총 평균 = 8.8560

표 11.4: 분산분석

급내 상관계수

	급내 상관관계[a]	95% 신뢰구간		실제 값 0(으)로 F 검정			
		하한값	상한값	값	df1	df2	유의확률
단일 측도	.886[b]	.660	.986	39.961	4	16	.000
평균 측도	.975	.907	.997	39.961	4	16	.000

사람 효과와 측정 효과가 모두 변량효과인 경우 이차원 변량효과 모형입니다.

a. 일치 정의(측정 간 분산)를 사용하는 유형 C의 급내 상관계수는 분모 분산에서 제외됩니다.

b. 상호작용 효과의 유무와 관계없이 추정량은 동일합니다.

표 11.5: 급내 상관계수

생간의 점수에는 큰 차이가 있음'을 보여주는 것이다.

단일측도는 한 명의 면접관에 대한 신뢰도를 보여주고 있다. 일반적으로 단일측도는 여러 면접관으로 부터 얻어진 평균측도(평균측도 급내 상관계수) 값보다 작다. 즉, 표 11.5에서 보듯이 .886 $<$ .975가 된다.

"Non-parametric tests do not require any specific form for the distribution of the population.- University of Hawaii."

12 비모수적 검정

지금까지 배워온 것은 분석데이터가 정규분포를 따른다는 가정하에서 분석이 이루어져 왔다. 만약 분석데이터가 무슨 분포함수인지를 모르거나, 정규분포를 따르지 않는다면 어떻게 할 것인가? 이 경우 사용되는 방법이 비모수적 통계처리가 되며, 이는 모집단의 분포에 상관없이 처리되는 방법이다. 두 가지의 검정데이타, 즉 모수적 데이터와 비모수적 데이터가 있으며 그에 따른 검정방법은 다르다. 즉, 표 12.1에서 보듯이 모수적데이터는 수학적으로 해석이 가능한 정규분포를 따르는 것이고, 그 나머지는 비모수적 데이터로 정규분포를 따르지 않는 것이 된다.

	모수적 데이터	비모수적 데이터
가정된 분포형태	정규분포	비정규분포
가정된 변량	동질적	비동질적
취급되는 데이터	비율척도 또는 등간척도	명목척도 또는 서열척도
데이터 집합관계	독립적	비독립적
중앙측정치	평균값	중앙값

표 12.1: 모수적 데이터와 비모수적 데이터의 특성 비교

또한 실제 검정에 있어 적용하는 방법은 표 12.2와 같다.

		모수적 검정	비모수적 검정
상관관계 검정		Pearson	Spearman
독립성 검정	두 그룹	독립측정 t-검정	Mann-Whitney 검정
	세 그룹 이상	one-way 독립성 검정 ANOVA	Kruskal-Wallis 검정
반복 검정	두 조건	matched-pair t-검정 .	Wilcoxon 검정
	세 조건 이상	one-way 반복 검정 ANOVA	Friedman 검정

표 12.2: 모수적 검정과 비모수적 검정에 대한 적용 방법

제 1 절 카이제곱검정

카이제곱검정(Chi-square test)은 1개 이상의 변수내에 있는 2개 이상의 범주를 비교하는데 사용된다. 1개의 변수에 여러 개의 범주에 대한 빈도차를 조사하는 단일 표본검정(one-sample test)에 대해 살펴본 후, 2개 이상의 변수에 여러 개의 범주에 대한 빈도차를 조사하는 복수표본검정(multiple-sample test)을 알아보자.

가. 작업절차

카이제곱검정을 실시하는 일반적인 절차는 그림 12.1과 같다.

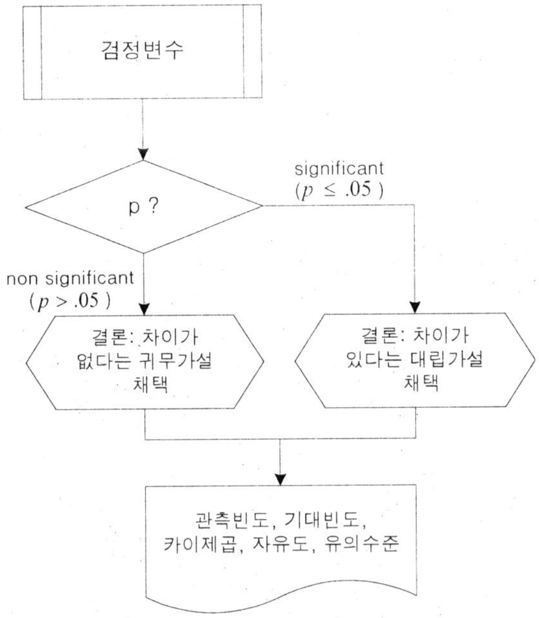

그림 12.1: 유의확률 $p-$값을 통한 카이제곱검정 업무 흐름도

분석하고자 하는 1개의 변수를 [검정변수]에 이동시킨 후 실행하게 되면 카이제곱값인 χ^2-값과 유의확률 $p-$값을 얻게 된다.

- 만약 유의확률 $p-$값이 유의수준보다 작은 경우에는 "각 케이스의 관측빈도와 기대빈도 간에는 차이가 없다"라는 귀무가설을 기각하고 "각 케이스의 관측빈도와 기대빈도 간에는 차이가 있다"라는 대립가설을 채택한다.

- 반면에 유의확률 $p-$값이 유의수준보다 큰 경우에는 귀무가설을 채택한다.

이후 최종 보고서에는 관측빈도, 기대빈도, 카이제곱, 자유도, 유의수준을 기술하면 된다.

또 다른 방법으로 카이제곱검정을 χ^2-값으로 해석하는 절차는 그림 12.2와 같으며 분석결과에 대한 해석은 다음과 같다.

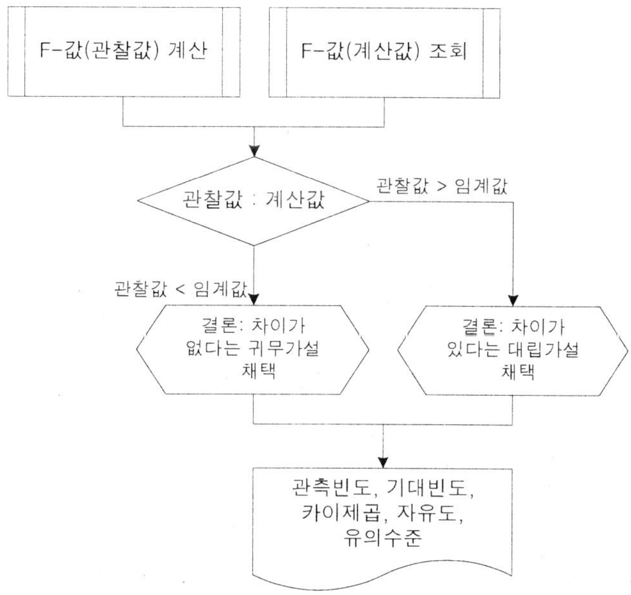

그림 12.2: χ^2-값을 통한 카이제곱검정 업무 흐름도

- 관찰된 카이제곱 값(관찰값)이 카이제곱분포표에서 조회된 카이제곱 값(계산값)보다 큰 경우에는 "차이가 없다"라는 귀무가설을 기각하고 "차이가 있다"라는 대립가설을 채택하며,
- 관찰된 카이제곱 값(관찰값)이 조회된 카이제곱 값(계산값)보다 작은 경우에는 "차이가 없다"라는 귀무가설을 채택한다.

카이제곱검정에서 표본의 수가 적은 경우[xxix]에는 제2종의 오류가 발생할 수 있다. 그러므로 제2종의 오류를 막기 위해 비교적 큰 표본의 크기가 요구된다. 다시 말해 기대빈도값이 5보다 작은 경우에는 원하는 결과를 얻을 수가 없다[5]. 참고로 자유도에 따른 카이제곱 분포도는 그림 3.25와 같다.

예제 12.1 표 12.3은 체육부 학생 90명에 대해 선호하는 운동종목에 따른 관찰빈도 및 기대빈도를 나타낸 표이다. 표 12.3을 살펴보면 조사 대상 90명 중에서 40명이 축구를, 35명이 수영을, 25명이 농구를 선호하였다. 이 경우 선호하는 운동종목 간에 빈도차이가 있는가를 조사해 보자.

[xxix] 표본의 크기가 작은 소표본인 경우에는 χ^2-분포가 확연한 비대칭이 되기 때문에 '제2종의 오류'가 발생된다[5].

종목 \ 빈도	관찰빈도	기대빈도1	기대빈도2
축구	40	30	35
수영	35	30	30
농구	25	30	25
계	90(명)	90(명)	90(명)

표 12.3: 운동종목에 따른 빈도수

예제 12.1 예시답안 빈도차이가 있는가를 조사하기 위해서는 카이제곱검정을 실시해야 한다. 카이제곱검정은 관찰빈도와 기대빈도 사이의 관계를 알아내기 위해 사용되는 것이니, 이를 위해서는 관찰빈도와 비교하려는 기대빈도가 필요하다. 제시된 예제는 세 운동종목 간의 빈도수 차이를 조사하는 것이니, 세 운동종목에 대한 기대빈도는 서로 같은 기대빈도값이 되어야 한다. 즉, 표 12.3의 기대빈도1의 값들이 된다.

(1단계: 가설의 설정) 관찰빈도와 기대빈도1과의 차이에 대한 유의성 여부를 검정하기 위한 귀무가설 H_0와 대립가설 H_1은 다음과 같다.

$$H_0 : \text{즉, 차이가 없다}$$
$$H_1 : \text{즉, 차이가 있다}$$

(2단계: 관찰된 카이제곱) 카이제곱을 구하는 공식은 다음과 같다.

$$\chi^2 = \sum_i \frac{(O_i - E_i)^2}{E_i}$$

여기서 i는 범주의 개수, O_i는 관찰빈도, E_i는 기대빈도가 된다.

표 12.3에 있는 관찰빈도와 기대빈도1을 이용하면 다음과 같이 카이제곱 값을 구할 수가 있다.

$$\begin{aligned}\chi^2 &= \frac{(O_1 - E_1)^2}{E_1} + \frac{(O_2 - E_2)^2}{E_2} + \frac{(O_3 - E_3)^2}{E_3} \\ &= \frac{(40 - 30)^2}{30} + \frac{(35 - 30)^2}{30} + \frac{(25 - 30)^2}{30} \\ &= 5\end{aligned}$$

(3단계: 계산된 카이제곱) 자유도 $d.f. = (r-1)(c-1) = (3-1)(2-1) = 2$이니, 부록 G.1에 있는 카이제곱분포표에서 자유도가 2, 신뢰수준이 95%(유의수준 $\alpha = .05$)인 카이제곱의 임계치($\chi^2_{.050}$)를 찾으면 표 12.4에서 보듯이 5.991이 된다.

확률값 \ 자유도	$\chi^2_{.995}$	$\chi^2_{.990}$	$\chi^2_{.975}$	$\chi^2_{.950}$	$\chi^2_{.050}$	$\chi^2_{.025}$	$\chi^2_{.010}$	$\chi^2_{.005}$
1	0.000	0.000	0.001	0.004	3.841	5.024	6.635	7.879
2	0.010	0.020	0.051	0.103	5.991	7.378	9.210	10.597
3	0.072	0.115	0.216	0.352	7.815	9.348	11.345	12.838
4	0.207	0.297	0.484	0.711	9.488	11.143	13.277	14.860
5	0.414	0.554	0.831	1.145	11.070	12.832	15.086	16.750

표 12.4: 자유도 2, 유의수준 $\alpha = .05$인 카이제곱의 임계치($\chi^2_{.050}$)

(4단계: 비교분석 및 결론) 관찰된 카이제곱의 값 5.000이 카이제곱분포표에서 찾은 임계값(계산값) 5.991보다 작기 때문에 귀무가설을 채택하게 된다.

$$\chi^2_{\text{관찰}} = 5.000 < \chi^2_{\text{임계}} = 5.991$$

즉, "관찰빈도와 기대빈도와는 차이가 없다"는 결론을 얻는다. 다시 말해 "세 운동종목 간의 빈도수 차이는 없다"라는 것으로 나타나고 있다. 이를 서술적으로 표현하면 다음과 같다.

> "체육부 학생들을 대상으로 축구, 수영, 농구를 선호하는 학생들의 수를 조사하였을 때 체육부 학생들이 특정 종목을 유별나게 선호하는 것은 아니다."

□□□

예제 12.2 전국 학생을 대상으로 조사된 결과에 의해 각 운동종목에 대한 기대빈도가 표 12.3의 기대빈도2로 나타났다고 하자. 이 경우 체육부 학생 90명과 전국 학생 간의 선호하는 운동종목에 대한 차이가 있는가를 검정해 보시오.

예제 12.2 예시답안

(1단계: 가설의 설정) 관찰빈도와 기대빈도2와의 차이에 대한 유무를 검정하기 위한 귀무가설 H_0와 대립가설 H_1은 다음과 같다.

$$H_0 : \text{즉, 차이가 없다}$$
$$H_1 : \text{즉, 차이가 있다}$$

(2단계: 관찰된 카이제곱) 카이제곱은 다음과 같이 계산되어진다.

$$
\begin{aligned}
\chi^2 &= \frac{(O_1 - E_1)^2}{E_1} + \frac{(O_2 - E_2)^2}{E_2} + \frac{(O_3 - E_3)^2}{E_3} \\
&= \frac{(40 - 35)^2}{30} + \frac{(35 - 30)^2}{30} + \frac{(25 - 25)^2}{30} \\
&= 1.667
\end{aligned}
$$

(3단계: 계산된 카이제곱) 자유도 $d.f. = 2$이니, 부록 G.1에 있는 카이제곱분포표에서 자유도가 2, 신뢰수준이 95%(유의수준 $\alpha = .05$)인 카이제곱의 임계치($\chi^2_{.050}$)를 찾으면 5.991이 된다.

(4단계: 비교분석 및 결론) 관찰된 카이제곱의 값 1.667이 카이제곱분포표에서 찾은 임계값 5.991보다 작기 때문에 귀무가설을 채택하게 된다.

$$\chi^2_{관찰} = 1.667 < \chi^2_{임계} = 5.991$$

즉, "관찰빈도와 기대빈도와는 차이가 없다"라는 결론을 얻는다. 다시 말해 "체육부 학생 90명과 전국 학생들이 선호하는 세 운동종목 간의 빈도수 차이는 없다"라는 것으로 나타나고 있다. 이를 서술적으로 표현하면 다음과 같다.

> "체육부 학생들이 선호하는 축구, 수영, 농구의 정도는 전국 학생들이 선호하는 축구, 농구, 수영의 정도와 별 차이가 없다."

□□□

나. 단일표본검정 적용사례

단일표본검정은 1개의 변수 내에 있는 여러 개의 범주에 대한 빈도차이를 조사하는 것이다. 한 예로, 표 5.1, 5.2에 있는 독립변수 '용돈액수'에 대한 5가지 범주를 갖고 이에 대한 빈도수 차가 있는 가를 카이제곱검정해 보자. 우선 용돈액수에 따른 빈도수를 도표로 그리기 위해 단순막대도표를 그려보자. [데이터 편집] 창에서 [그래프]→[레거시 대화상자]→[막대도표]를 클릭하면 그림 12.3과 같은 [막대도표] 창이 나타나게 된다. [막대도표] 창에서 단순막대도표를 그리기 위해 [단순]을 선택하고 [정의]를 클릭하면 그림 12.4와 같은 [단순막대도표 정의] 창이 나타난다.

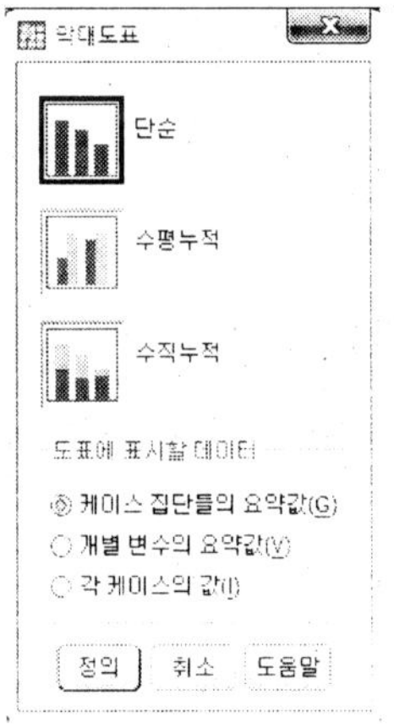

그림 12.3: [막대도표] 창

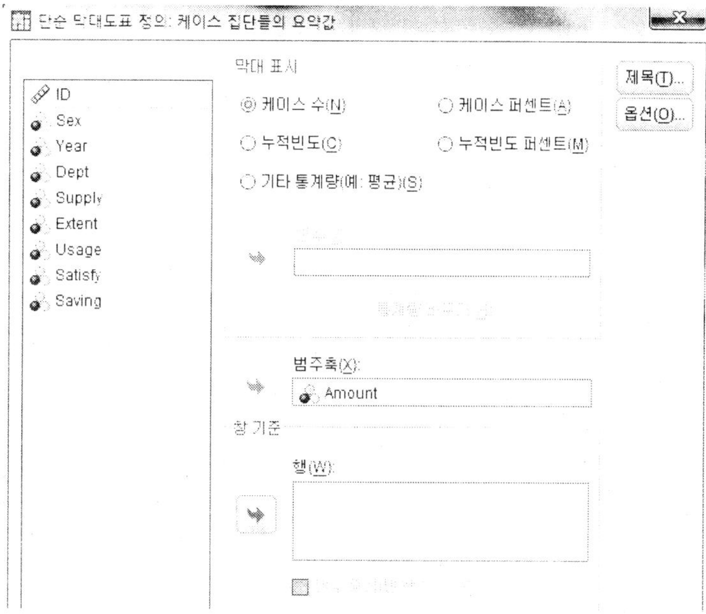

그림 12.4: [단순막대도표 정의] 창

그림 12.4에서 보듯이 [범주축] 상자에 'Amount'를 옮겨다 놓고, [제목]을 클릭한 후 그림 12.5에서와 같이 제목을 입력한다.

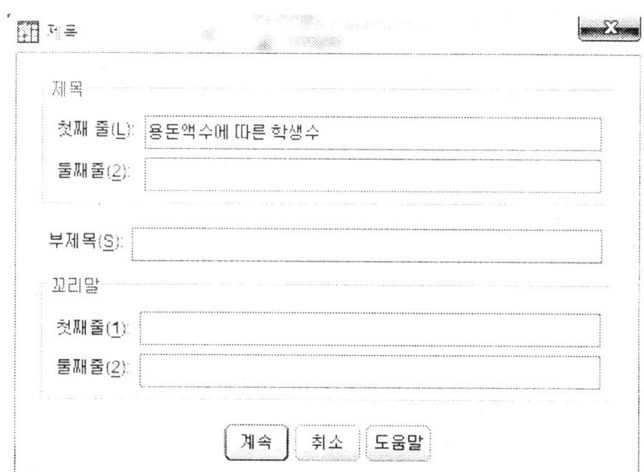

그림 12.5: [제목] 창

이후 [계속]을 클릭한 후, [단순막대도표 정의] 창에서 [확인]을 클릭하게 되면 그림 12.6과 같은 용돈규모에 따른 학생수를 단순막대도표로 출력시킬 수가 있다.

그림 12.6을 살펴보면 59명(60명 중 결측값 1명 제외) 학생에 대한 용돈의 규모를 살펴보면 20 ~ 30만원대가 23명, 30 ~ 40만원대가 16명, 10 ~ 20만원대가 8명,

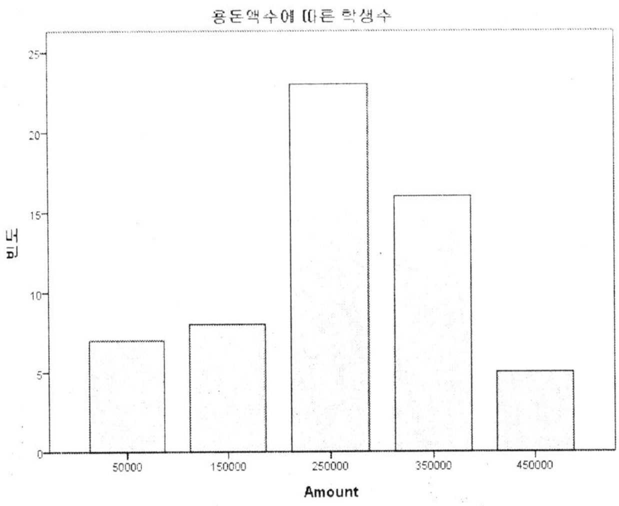

그림 12.6: 단순막대도표

10만원 미만이 7명, 40만원 초과가 5명으로 "20 ∼ 30만원대가 가장 많고 40만원 초과가 가장 적다"라는 것을 알 수 있다.

이제 SPSS를 이용하여 독립변수 '용돈액수'에 대한 5가지 범주에 대한 빈도수 차이가 있는가를 카이제곱검정해 보자.

(1단계: 가설의 설정) 5가지 범주 간에 차이가 있는가를 검정을 하기 위한 귀무가설 H_0와 대립가설 H_1은 다음과 같다. 귀무가설은 단순가설이므로 양측검정이 된다.

$$H_0 : \text{즉, 차이가 없다}$$
$$H_1 : \text{즉, 차이가 있다}$$

(2단계: 통계량과 검정보고서 출력) 메뉴에서 [분석]→[비모수검정]→[레거시대화상자]→[카이제곱 검정]을 클릭한다. 이후 그림 12.7과 같은 [카이제곱 검정] 창에서 독립변수 'Amount'를 [검정변수] 상자에 옮겨다 놓는다.

이후 [옵션]을 클릭하여 그림 12.8과 같은 [카이제곱 옵션] 창에서 필요한 경우 '기술통계'를 선택하면 된다. 이후 [계속]을 클릭하여 그림 12.7과 같은 [카이제곱 검정] 창에서 [확인]을 클릭하면 카이제곱검정 작업이 진행되며 표 12.5와 같은 '빈도분석' 보고서를 얻는다.

표 12.5를 살펴보면 60명 중 1명의 결측값을 제외한 59명에 대한 관측수(관측빈도)와 기대빈도$(= 11.8 = \frac{59}{5})$가 나타나 있음을 알 수 있다. 마지막으로 표 12.6에 있는 검정통계량을 살펴보면 카이제곱은 $\chi^2(4) = 19.220$이고 근사유

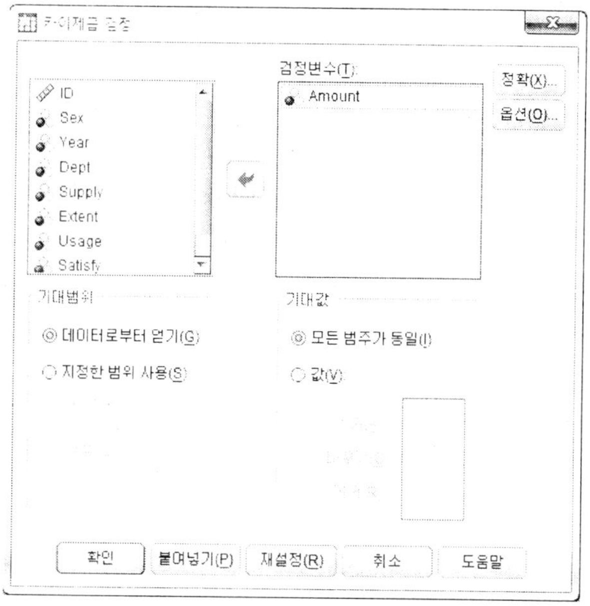

그림 12.7: [카이제곱 검정] 창

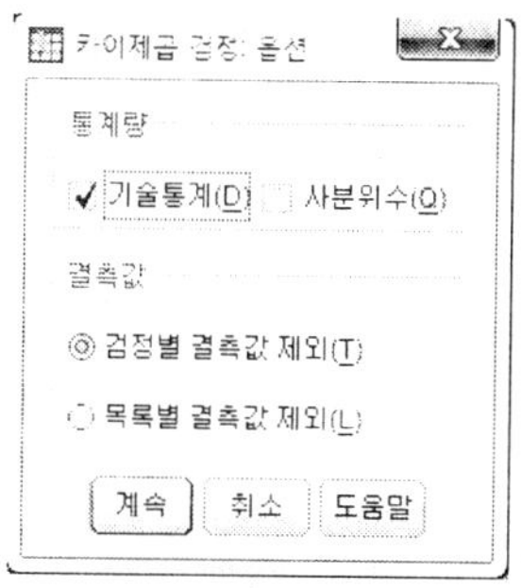

그림 12.8: [카이제곱 검정: 옵션] 창

Amount

	관측수	기대빈도	잔차
50000	7	11.8	-4.0
150000	8	11.8	-3.8
250000	23	11.8	11.2
350000	16	11.8	4.2
450000	5	11.8	-6.8
합계	59		

표 12.5: 빈도분석

의확률이 $p = .001$이기 때문에 $p < .05$가 되어 카이제곱검정의 결과가 유의함을 알 수 있다.

검정 통계량

	Amount
카이제곱	19.220[a]
자유도	4
근사 유의확률	.001

a. 0 셀 (.0%)은(는) 5보다 작은 기대빈도를 가집니다. 최소 셀 기대빈도는 11.8입니다.

표 12.6: 검정통계량

그러므로 귀무가설을 기각하고 대립가설을 채택하게 되어 다음과 같이 카이제곱검정 결과를 서술적으로 표현할 수 있다.

"59명의 용돈의 액수에 따른 각 빈도수에는 차이가 있다."

(3단계: 보고서 작성) 카이제곱검정의 보고서를 작성하기 위해서는 표 12.7과 같이 각 범주에 대한 관찰빈도수와 기대빈도수, 카이제곱의 값, 자유도, 유의수준을 기록하면 된다.

범주값	관찰빈도	기대빈도	카이제곱 χ^2	자유도 d.f.
50000	7	11.8	19.220*	4
150000	8	11.8		
250000	23	11.8		
350000	16	11.8		
450000	5	11.8		

* $p < .01$

표 12.7: 용돈의 액수에 따른 각 빈도수 차이

예제 12.3 표 12.6에 있는 관찰된 카이제곱값 $\chi^2(4) = 19.220$, 자유도 $d.f. = 4$를 갖고 부록 G.1에 있는 카이제곱분포표를 이용하여 카이제곱검정을 해보시오.

예제 12.3 예시답안 부록 G.1에 있는 카이제곱분포표에서 자유도가 4, 신뢰수준이 95%(유의수준 $\alpha = .05$)인 카이제곱의 임계치($\chi^2_{.050}$)를 찾으면 표 12.8에서 보듯이 $\chi^2_c = 9.488$이 된다.

확률값 \ 자유도	$\chi^2_{.995}$	$\chi^2_{.990}$	$\chi^2_{.975}$	$\chi^2_{.950}$	$\chi^2_{.050}$	$\chi^2_{.025}$	$\chi^2_{.010}$	$\chi^2_{.005}$
1	0.000	0.000	0.001	0.004	3.841	5.024	6.635	7.879
2	0.010	0.020	0.051	0.103	5.991	7.378	9.210	10.597
3	0.072	0.115	0.216	0.352	7.815	9.348	11.345	12.838
4	0.207	0.297	0.484	0.711	9.488	11.143	13.277	14.860
5	0.414	0.554	0.831	1.145	11.070	12.832	15.086	16.750

표 12.8: 자유도 4, 유의수준 $\alpha = .05$인 카이제곱의 임계치($\chi^2_{.050}$)

결국 관찰된 카이제곱값은 $\chi^2(4) = 19.220$이고, 카이제곱분포표에서 찾은 값(계산값)은 $\chi^2_c(4) = 9.488$이 되어 다음과 같은 관계가 된다.

$$\chi^2(4) = 19.220 > \chi^2_c(4) = 9.488$$

결국 관찰값이 계산값보다 크기 때문에 카이제곱검정의 결과는 유의하다. 그러므로 귀무가설은 기각되고 대립가설이 채택된다. 즉, "각 빈도수에는 차이가 있다"라는 결론을 얻을 수가 있다.

□□□

예제 12.4 전국 대학의 학생을 대상으로 용돈의 규모를 파악하였더니 표 12.9와 같은 기대빈도 결과가 나왔다고 가정하자.

	50000원	150000원	250000원	350000원	450000원	계
기대빈도	5	14	20	14	6	59

표 12.9: 용돈 규모에 따른 기대빈도

이 경우 표 5.1, 5.2에 보인 우리 대학 학생들의 용돈 규모에 대한 빈도수와 차이가 있는가를 카이제곱검정해 보시오.

예제 12.4 예시답안

(1단계: 가설의 설정) 우리 대학과 전국 대학 학생 간의 용돈 규모에 대한 빈도수 차이가 있는가를 검정하기 위한 귀무가설 H_0와 대립가설 H_1은 다음과 같다. 귀무가설은 단순가설이므로 양측검정이 된다.

H_0 : 즉, 차이가 없다

H_1 : 즉, 차이가 있다

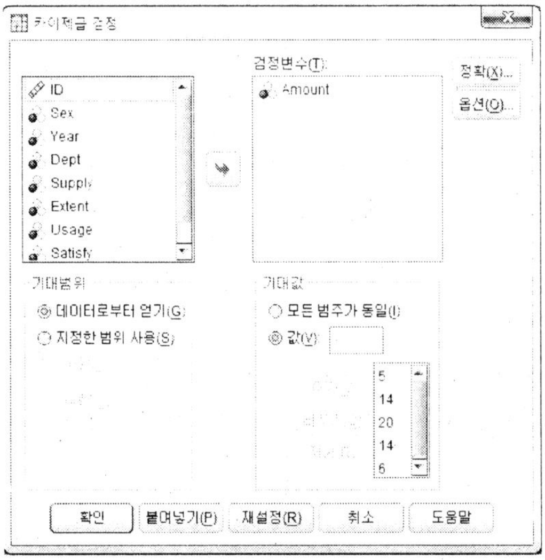

그림 12.9: [카이제곱 검정] 창

(2단계: 통계량과 검정보고서 출력) 메뉴에서 [분석]→[비모수검정]→[레거시대화상자]→[카이제곱 검정]을 클릭한다. 이후 그림 12.9와 같은 [카이제곱 검정] 창에서 독립변수 'Amount'를 [검정변수] 상자에 옮겨다 놓는다.

표 12.9에서 제시된 5개의 빈도수를 [기대값] 상자에서 차례로 입력을 한 후 [추가]를 클릭한다. 이후 [확인]을 클릭하면 카이제곱검정 작업이 진행되며 표 12.10과 같은 '빈도분석' 보고서를 얻는다.

Amount

	관측수	기대빈도	잔차
50000	7	5.0	2.0
150000	8	14.0	-6.0
250000	23	20.0	3.0
350000	16	14.0	2.0
450000	5	6.0	-1.0
합계	59		

표 12.10: 빈도분석

표 12.10를 살펴보면 비교하고자 하는 59명에 대한 관측수(관측빈도)와 기대빈도가 잘 나타나 있음을 알 수 있다. 마지막으로 표 12.11에 있는 검정통계량을 살펴보면 관찰된 카이제곱값은 $\chi^2(4) = 4.274$이고 근사유의확률이 $p = .370$이기 때문에 $p > .05$가 되어 카이제곱검정의 결과가 유의하지 않음을 알 수 있다.

검정 통계량

	Amount
카이제곱	4.274[a]
자유도	4
근사 유의확률	.370

a. 0 셀 (.0%)은(는) 5보다 작은 기대빈도를 가집니다. 최소 셀 기대빈도는 5.0입니다.

표 12.11: 검정통계량

그러므로 귀무가설을 채택하게 되니 카이제곱검정의 결과를 다음과 같이 서술적으로 표현할 수 있다.

> "우리 대학생과 전국 대학 학생 간의 용돈 규모에 따른 빈도수는 차이가 없다. 즉, 용돈 규모에 따른 두 집단의 빈포분포는 유사하다."

□□□

다. 복수표본검정 적용사례

복수표본검정은 2개 이상의 변수에 대해 여러 개의 범주에 대한 빈도차이를 조사하는 것이다. 한 예로, 표 5.1, 5.2에서 용돈액수에 따른 빈도수가 성별에 따라 차이가 있는가를 알아보자. 즉, 성별에 따라 용돈액수의 규모가 다른가를 살펴보자. 이 경우 비교되는 변수의 개수가 2개이니 교차분석을 하면 된다.

메뉴에서 [분석]→[기술통계량]→[교차분석]을 클릭하면 그림 12.10과 같은 [교차분석] 창이 나온다.

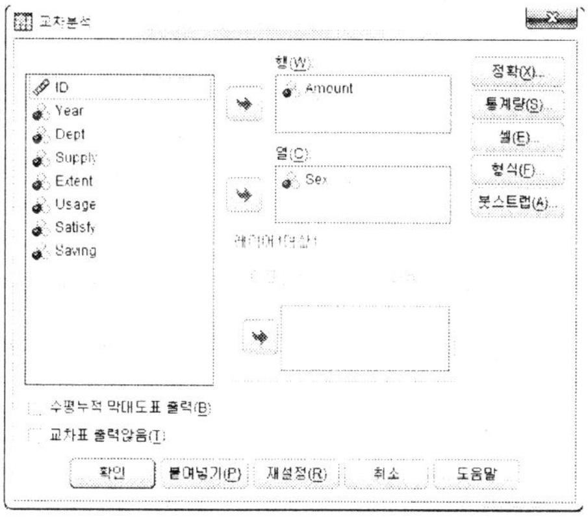

그림 12.10: [교차분석] 창

이때 [행] 상자에 'Amount', [열] 상자에 'Sex'를 옮겨다 놓고 [통계량]을 클릭한 후, [교차분석: 통계량] 창에서 '카이제곱'을 선택하고 [계속]을 클릭한다. 그림 12.10과 같은 [교차분석] 창에서 [확인]을 클릭하면 교차분석 작업이 진행되며 표 12.12와 같은'Amount*Sex 교차표'가 출력된다.

Amount * Sex 교차표

빈도

		Sex		전체
		1	2	
Amount	50000	2	5	7
	150000	1	7	8
	250000	9	14	23
	350000	6	10	16
	450000	1	4	5
전체		19	40	59

표 12.12: 교차표

표 12.12를 살펴보면 남녀별 용돈규모에 따른 빈도수가 요약되어 있음을 알 수 있다. 또한 표 12.13과 같은 검정통계량이 출력되는데, 표를 살펴보면 관찰된 카이제곱의 값은 $\chi^2(4) = 2.517$이고 양측검정용 근사유의확률값이 $p = .642$이기 때문에 $p > .05$가 되어 카이제곱검정의 결과는 유의하지 않다.

카이제곱 검정

	값	자유도	점근 유의확률 (양측검정)
Pearson 카이제곱	2.517[a]	4	.642
우도비	2.783	4	.595
선형 대 선형결합	.184	1	.668
유효 케이스 수	59		

a. 5 셀 (50.0%)은(는) 5보다 작은 기대 빈도를 가지는 셀입니다. 최소 기대빈도는 1.61입니다.

표 12.13: 검정통계량

그러므로 귀무가설을 채택하게 되니, 다음과 같이 카이제곱검정의 결과를 서술적으로 표현할 수 있다.

"용돈 규모에 따른 빈도수는 성별에 대해 차이가 없다."

예제 12.5 표 12.13에 있는 관찰된 카이제곱의 값 $\chi^2(4) = 2.517$을 실제로 계산해 보시오.

예제 12.5 예시답안 χ^2을 구하는 공식은 다음과 같다.

$$\chi^2 = \sum_{j=1}^{5}\sum_{i=1}^{2}\frac{(O_{ij}-E_{ij})^2}{E_{ij}}$$

여기서 O_{ij}, E_{ij}는 각각 표 12.12에 있는 i열 j행의 관측빈도와 기대빈도가 되며, 기대빈도 E_{ij}는 다음과 같다.

$$E_{ij} = \sum_{i=1}^{2} O_{ij} \cdot \frac{\sum_{j=1}^{5} O_{ij}}{\sum_{j=1}^{5}\sum_{i=1}^{2} O_{ij}}$$

여기서 $\sum_{i=1}^{2} O_{ij}$는 j행 관측빈도의 합, $\sum_{j=1}^{5}\sum_{i=1}^{2} O_{ij}$는 전체 관측빈도의 합이 되며, $\sum_{j=1}^{5} O_{ij}$는 i열 관측빈도의 합이 된다. 참고로 남자 50000원에 대한 기대빈도 $E_{12} = 2.25$는 다음과 같이 계산되어진다.

$$\begin{aligned} E_{12} &= (2+5) \times \frac{2+1+9+6+1}{(2+5)+(1+7)+(9+14)+(6+10)+(1+4)} \\ &= 2.25 \end{aligned}$$

위에 있는 식을 이용하여 계산해 보면 표 12.14와 같다. 표 12.14에서 보듯이 χ^2의 값이 2.52($= 1.71 + 0.81$)로, 이는 SPSS로 구한 Pearson 카이제곱 값 2.517과 거의 같음을 알 수 있다.

	남				여				계			
	관측빈도	기대빈도	$(O-E)^2$	$(O-E)^2/E$	관측빈도	기대빈도	$(O-E)^2$	$(O-E)^2/E$	관측빈도	기대빈도	$(O-E)^2$	$(O-E)^2/E$
5000	2	2.25	0.06	0.03	5	4.75	0.06	0.01	7	7.00	0.13	0.04
15000	1	2.58	2.50	0.97	7	5.42	2.50	0.46	8	8.00	4.99	1.43
25000	9	7.41	2.53	0.34	14	15.59	2.53	0.16	23	23.00	5.06	0.50
35000	6	5.15	0.72	0.14	10	10.85	0.72	0.07	16	16.00	1.45	0.21
45000	1	1.61	0.37	0.23	4	3.39	0.37	0.11	5	5.00	0.74	0.34
계	19	19.0	6.18	1.71	40	40.0	6.18	0.81	59	59.00	12.36	2.52

표 12.14: $\chi^2(4)$ 계산표

□□□

제 2 절 독립성검정: 2개의 독립표본

비모수적 통계값 중에서 가장 많이 사용되는 통계값이 카이제곱값이며, 이는 독립성[xxx] 검정을 위한 통계값이다. 만약 카이제곱값이 유의한 결과를 갖지 않는다면 두 변수 간에는 아무런 연관이 없는, 즉 서로 독립적인 관계가 된다. 반면에 카이제곱값이 유의한 결과를 갖는다면 두 변수 간에는 연관성을 갖게 된다. 그러나 어느 정도의 연관성을 갖고 있는지는 알 수가 없기 때문에 연관성의 정도를 보여주는 값이 별도로 필요하게 된다. 독립성검정은 독립표본 $t-$검정과 같으며, 서열척도(즉, 원시데이터가 아닌 서열), 구간척도 및 비율척도를 쓸 때 적합하다.

가. 작업절차

독립 2-표본 비모수적검정을 실시하는 일반적인 절차는 그림 12.11과 같다.

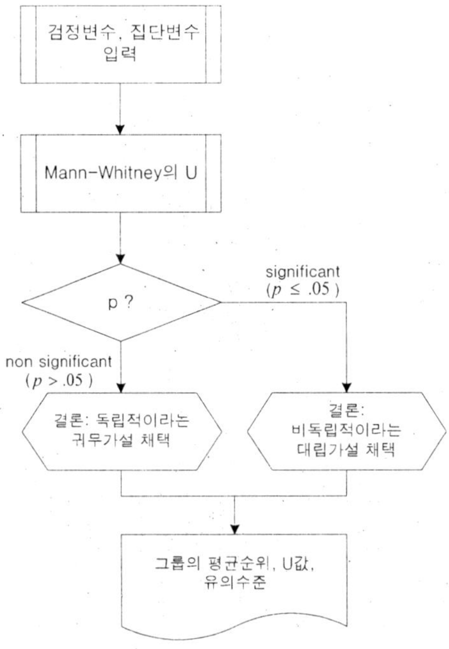

그림 12.11: 독립 2-표본 비모수검정 업무 흐름도

분석하고자 하는 종속변수를 [검정변수]에 이동시키고 독립변수를 [집단변수]에 이동시킨다. 이후 'Mann-Whitney의 U'를 선택하고 실행하게 되면 U값과 유의확률 $p-$값을 얻게 된다. 만약 유의확률 $p-$값이 유의수준보다 작은 경우에는 "두 변수는 독립적으로 관련성이 없다"라는 귀무가설을 기각하고 "두 변수는 비독립적으로 관련성이 있다"라는 대립가설을 채택한다. 반면에 유의확률 $p-$값이 유

[xxx] 독립성(independence)이란 '두 변수 간에 연관유무를 보여주는 척도'이다.

의수준보다 큰 경우에는 귀무가설을 채택한다. 이후 최종 보고서에는 각 그룹의 평균순위, U값, 유의수준을 기술하면 된다.

나. 독립성검정 적용사례

한 예로, 표 5.1, 5.2에 있는 데이터를 이용하여 성별과 용돈의 규모 간에는 연관관계가 있는가를 알아보자. 메뉴에서 [분석]→[비모수검정]→[레거시 대화상자]→[독립 2-표본]을 클릭하면 그림 12.12와 같은 [독립 2-표본 비모수검정] 창이 나온다.

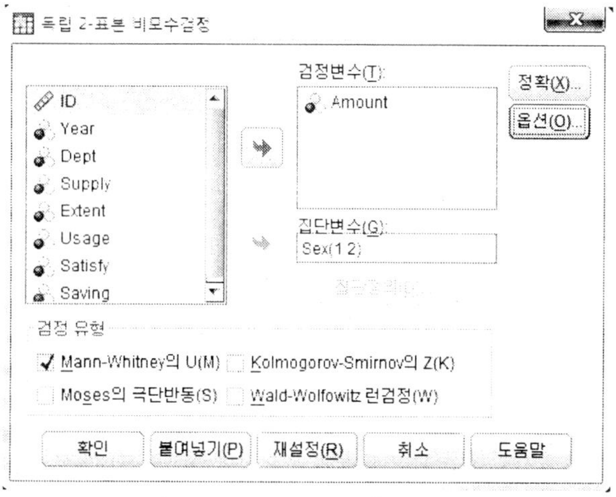

그림 12.12: [독립 2-표본 비모수검정] 창

그림 12.12에서 보듯이 종속변수인 'Amount' 변수는 서열변수이기 때문에 [검정변수] 상자에 갖다놓고, 두 개의 그룹인 남녀로 되어있는 독립변수 'Sex'를 [집단변수] 상자에 갖다 놓은 후 [집단정의]를 클릭하여 그림 12.13에서 보듯이 두 개의 집단을 정의한다.

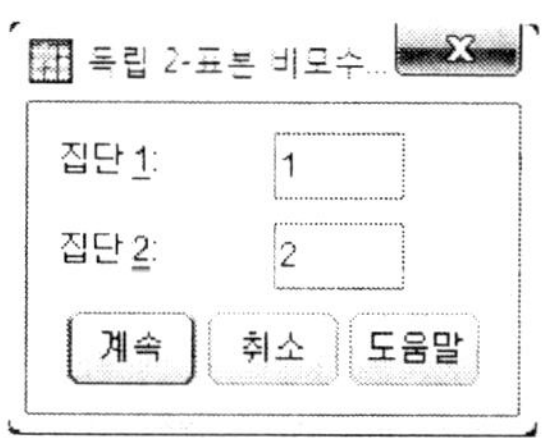

그림 12.13: [독립 2-표본 비모수검정: 집단정의] 창

검정유형으로는 Mann-Whitney U검정이 독립 2-표본 비모수검정에서 가장 흔하게 사용되기 때문에 'Mann-Whitney U'를 선택한다. 또한 [옵션]을 클릭하여

[독립 2-표본 비모수검정: 옵션] 창에서 결측값에 대한 처리 및 얻고자 하는 통계량을 선택할 수 있다. 이후 [확인]을 클릭하면 독립 2-표본 비모수검정이 진행되며 표 12.15와 같은 '순위표'를 얻을 수 있다.

순위

	Sex	N	평균순위	순위합
Amount	남	19	31.50	598.50
	여	40	29.29	1171.50
	합계	59		

표 12.15: 순위표

표 12.15를 살펴보면 "첫 번째 그룹(남)의 평균순위가 두 번째 그룹(여)의 평균순위보다 높다"는 것을 알 수 있다. 이는 "남자가 여자보다 평균 용돈의 규모가 크다"라는 것을 알려준다. 그러나 두 그룹 간의 평균순위의 차가 유의하느냐 여부를 확인해야 한다. 표 12.16을 살펴보면 U값은 351.5, 양측검정용 근사유의확률값은 $p = .629$가 되어 $p > .05$가 됨을 알 수 있다. 그러므로 귀무가설이 채택되어 두 변수 성별과 용돈규모와는 독립적인 것을 알 수 있다.

검정 통계량[a]

	Amount
Mann-Whitney의 U	351.500
Wilcoxon의 W	1171.500
Z	-.483
근사 유의확률(양측)	.629

a. 집단변수: Sex

표 12.16: 검정통계량

위의 검정결과를 서술적으로 설명하면 다음과 같다.

> "평균순위를 살펴보면 '남자가 여자보다 평균 용돈의 규모가 크다'라고 할 수 있으나, 독립성 검정 결과를 보면 성별과 용돈규모와는 아무런 상관이 없는 것으로 나타났다."

독립 2-표본 비모수검정 결과를 보고서로 작성하기 위해서는 표 12.17과 같이 각 그룹의 평균순위, U값, 유의수준을 작성하면 된다.

성별	평균순위	U
남	31.50	351.5
여	29.29	

표 12.17: 성별과 용돈규모의 관계

제 3 절 대응 2-표본 검정

이 검정은 대응표본 $t-$검정과 같으며, 검정코자하는 비모수적 원시데이터를 SPSS는 그 순위를 매겨 검정을 하게 된다.

가. 작업절차

대응 2-표본 비모수검정을 실시하는 일반적인 절차는 그림 12.14와 같다.

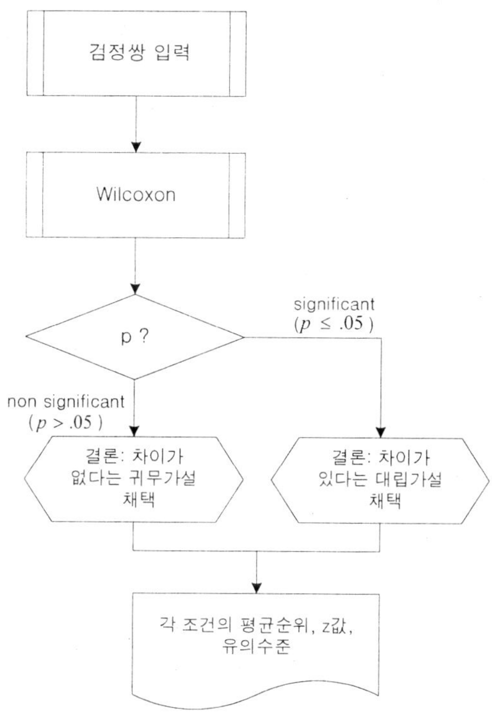

그림 12.14: 대응 2-표본 비모수검정 업무 흐름도

분석하고자 하는 두 변수를 [검정쌍] 상자에 이동시키고 'Wilcoxon'을 선택하고 실행하게 되면 $z-$값과 유의확률값 p를 얻게 된다.

- 만약 유의확률값 p가 유의수준보다 작은 경우에는 "차이가 없다"라는 귀무가설을 기각하고 "차이가 있다"라는 대립가설을 채택한다.

- 반면에 유의확률값 p가 유의수준보다 큰 경우에는 귀무가설을 채택한다.

이후 최종 보고서에는 각 조건의 평균순위, $z-$값, 유의수준을 기술하면 된다.

나. 대응 2-표본 검정 적용사례

한 예로, 선수 10명에 대해 정신훈련을 실시한 후 경기에서 실수하는 경우의 수를 조사한 것이 표 12.15에 나타나 있다.

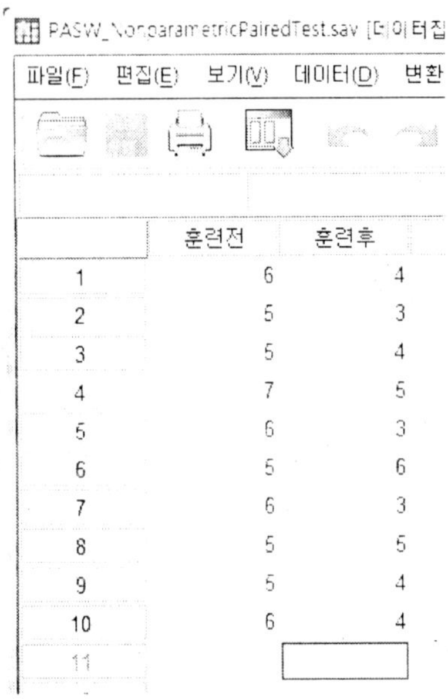

그림 12.15: 정신훈련 전과 정신훈련 후의 실수 개수

메뉴에서 [분석]→[비모수검정]→[레거시 대화상자]→[대응 2-표본]을 클릭하면 그림 12.16과 같은 [대응 2-표본 비모수검정] 창이 나온다.

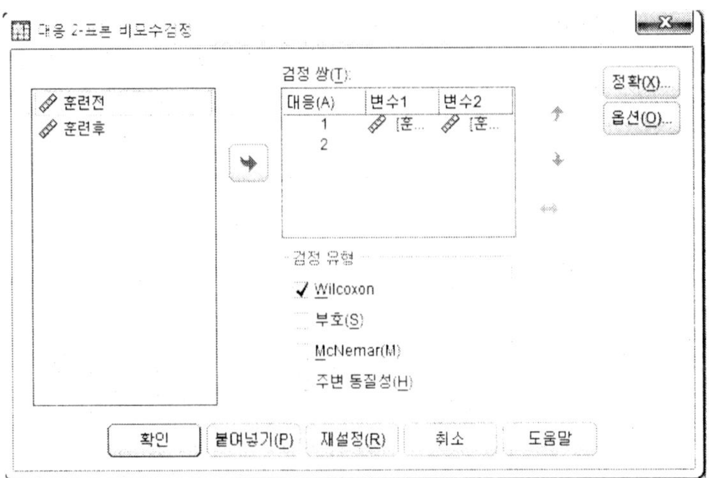

그림 12.16: [대응 2-표본 비모수검정] 창

그림 12.16에서 보듯이 2개의 변수 '훈련 전'과 '훈련 후'를 [검정쌍] 상자에 갖다 놓고 검정유형으로 'Wilcox'를 선택하고 [확인]을 클릭하게 되면 대응 2-표본 비모수검정 작업이 진행된다. 표 12.18은 검정결과의 하나인 '순위표'가 된다.

순위

		N	평균순위	순위합
훈련후 - 훈련전	음의 순위	8[a]	5.38	43.00
	양의 순위	1[b]	2.00	2.00
	동률	1[c]		
	합계	10		

a. 훈련후 < 훈련전

b. 훈련후 > 훈련전

c. 훈련후 = 훈련전

표 12.18: 순위표

표 12.18에서 보듯이 음의 순위 개수는 8개, 양의 순위 개수는 1개, 동률의 개수는 11개가 되었다. 이는 선수 8명이 정신훈련을 실시한 후 실수를 적게 하였고, 1명은 오히려 실수를 더 하였고, 나머지 1명은 변화가 없음을 보여주고 있다. 표 12.19는 검정통계량이 되며, Wilcoxon 검정의 $z-$값이 -2.461, 양측검정용 근사유의확률값이 $p = .014$로 나타났다.

검정 통계량[b]

	훈련후 - 훈련전
Z	-2.461[a]
근사 유의확률(양측)	.014

a. 양의 순위를 기준으로.

b. Wilcoxon 부호순위 검정

표 12.19: 훈련전과 훈련후의 실력

유의확률값이 $p = .014$로 $p < .05$가 되어 훈련 전과 훈련 후의 차이가 유의함을 알 수 있다. 왜냐하면 두 조건의 평균순위가 서로 간 현저하게 다르기 때문이다. 즉, "정신훈련으로 선수들이 경기에서 실수를 적게하였다"라는 사실을 알 수 있으며 검정결과를 다음과 같이 서술할 수 있다.

"정신훈련을 실시한 후 경기에 임하면 경기에서의 실수가 준다."

대응 2-표본 비모수검정 결과를 보고서로 작성하기 위해서는 표 12.20과 같이 각 조건의 평균순위, z−값, 유의수준을 작성하면 된다.

	평균순위	z
정신훈련전	5.38	2.461*
정신훈련후	2.00	

*$p<.05$

표 12.20: 정신훈련후 경기에서의 실수 개수

"A research report aims to write clearly and concisely about your research topic so that the reader can easily understand the purpose and results of your research." - The University of Adelaide.

13
연구보고서 작성

연구수행에 있어 중요한 부분의 하나는 연구보고서를 작성하는 것이다. 연구과정을 통해 도출된 연구결과를 보고서, 정규논문, 학술논문 또는 다른 형태로 다른 사람들에게 이를 알리며, 이로서 연구에 직·간접적인 평가를 받게 된다. 연구보고서를 통해 연구자는 무엇을, 어떻게, 왜 연구를 수행했으며, 연구결과에 대한 연구자의 의견을 서술해야 한다.

연구보고서는 명료하고 압축적으로 서술되어져야 한다. 독자에게 연구의 내용을 정확하게 전달하기 위하여 간단명료하게 작성되어져야 하며, 불필요한 미사어구나 추상적인 용어를 사용하면 안된다. 또한 연구와 관련된 전공자뿐만 아니라 비전공자도 열람할 수 있기 때문에 연구내용을 보다 쉽게 작성하도록 노력을 해야한다.

연구보고서는 연구자가 임의로 작성하는 것이 아니라, 학술단체나 대학에서 요구하는 양식을 준거하여 작성해야 한다. 만약 이러한 양식이 주어지지 않는 경우에는 선행연구나 연구분야의 전문가의 조언을 받아야하며, 이 역시 여의치 않는 경우에는 범용적인 형태의 연구보고서 양식에 준하면 된다.

[7]은 연구보고서 작성 시 유의점으로 독창성, 실증성, 논리성을 강조했다.

- 독창성은 연구주제가 새롭거나 연구방법이 다른 연구와 차별성이 있는 경우가 된다. 또한 연구주제가 새롭지 않더라도 종래 연구에 대한 재해석으로 새로운 결과를 도출하는 경우에도 독창성으로 인정된다.

- 실증성은 누구도 공감할 수 있는 명확한 증거를 바탕으로 연구가 수행되어져야 한다.

- 논리성은 연구자의 주장을 관철하기위하여 여러 증거를 연관지어 논리적으로 추론을 해야 한다.

본 장에서는 연구보고서를 작성하는 과정을 살펴볼 것이며, 또한 연구보고서 작성 시 발생되는 문제점을 부각시킬 것이다.

제 1 절 연구보고서 작성

연구보고서를 작성하는 주된 이유는 연구과정 및 결과를 남에게 알리는 것이다. 이는 결코 쉬운 일이 아닌 어려운 일이며 생각보다 많은 시간이 소요되는 공정이 된다. 일반적으로 연구자가 예상했던 시간보다 훨씬 더 많은 시간이 소모된다. [15]는 연구보고서 작성을 위해 다음과 같은 5가지 유념할 사항을 지적하고 있다.

(1) **가능한한 빨리 보고서를 작성하시오.** 반드시 데이터수집이 끝난 다음에 연구보고서를 작성하려는 생각을 버리시오. 데이터수집 전이라도 연구보고서를 쓸 수 있는 상황이라면 작성을 하시오. 예를 들어, 데이터수집 중 또는 데이터 수집 전이라도 문헌고찰, 연구방법론 등의 많은 장(章)에 걸친 내용에 대한 초안을 작성할 수 있으면 작성을 하시오.

(2) **아이디어가 떠 오르면 가능한한 빨리 기술하시오.** 어떠한 아이디어라도 기록할 수 있는 연구용 메모장을 갖추시오. 모든 아이디어가 유용한 것은 아니지만, 그들 중 일부는 반드시 사용된다는 사실을 잊지말고, 아울러 생각난 아이디어가 후에 다시 상기될 수 있다고 생각하지 마시오. 그러므로 아이디어가 떠오르면 그 즉시 메모를 해야된다.

(3) **보고서의 속성과 읽을 독자를 의식하시오.** 만약 학생들이 진행하는 연구 프로젝트라면 수록내용이나 발표방법, 보고서의 분량 등에 대한 형식이 학교나 연구소에 의해 이미 정해져 있기 때문에, 이를 반드시 사전에 숙지해야 한다. 만약 저널을 작성한다면 연구자는 편집자가 원하는 요구사항 뿐만 아니라 저널이 추구하고 있는 목적에 일치되는 가를 항상 명기해야 한다. 또한 자문보고서나 일반보고서를 쓰는 경우에는 독자의 요구에 맞춰 명확하게 작성되어져야 한다.

(4) **단번에 최종보고서를 쓸 수 없음을 명기하시오.** 연구보고서가 최종 마무리되기 전까지 여러번 다시 써야함을 알고 있어야 한다. 이는 한번에 최종 연구보고서를 쓸 수 없음을 의미하며, 보고서 작성시간이 계획된 시간보다 의외로 많은 시간이 소요된다는 사실을 알고 있어야 한다. 그러므로 연구추진을 위한 계획표를 작성 시 충분한 여유의 보고서 작성시간을 잡아야 한다. 또한 초판용 연구보고서가 내용과 질에 있어 형편없더라도 너무 낙담할 필요가 없다. 항상 최종보고서는 여러번의 편집과 수정 작업을 걸쳐 완성된다는 사실을 명기하시오.

(5) **백업을 할 수 있는 준비 자세를 갖추시오.** 연구보고서를 작성 전에 연구자는 적절한 하드디스크, 보조디스크, 또는 또 다른 저장매체가 있는가를 확인해야 한다. 하드디스크에 연구자의 연구물을 저장해 놓는 것이 안전하다고 생각하지 마시오. 만약 연구 수행 중 컴퓨터가 이상이 있는 경우 하드디스크에 연구

물을 저장하는 것은 바람직하지 못하다. 좀더 안정성을 위해 여러 장소에 걸쳐 백업을 하기 바라며, 아울러 주기적으로 보고서를 출력하여 이를 별도로 보관하기 바란다.

앞서 강조했듯이 연구보고서 작성은 결코 쉬운 일이 아니다. 또한 예상했던 것보다 훨씬 더 많은 시간이 걸릴 수 있음을 알고 있어야 한다. 연구보고서 작성을 수행하기 위한 몇가지 단계는 다음과 같다[15].

(1 단계) **읽을 독자가 누구인지, 보고서의 속성이 무엇인지를 명기하시오.** 이를 위해 연구 주제와 관련된 기존의 연구보고서들을 좋고 나쁘건 간에 많이 읽으시오.

(2 단계) **보고서가 갖추어야 할 요구사항을 확인하시오.** 예를 들어, 연구보고서내에 수록될 단어 수는 최장 얼마인지, 기술형식은 어떠한지, 참고문헌은 어떻게 기술해야되는지에 대한 내용을 연구보고서 작성 전에 숙지해야 한다.

(3 단계) **연구 기간 중에 보고서를 완성시킬 수 있는 정보들을 모으시오.** 예를 들면, 문헌고찰, 1차데이터에 대한 분석, 참고문헌 등이 보고서를 완성시킬 수 있는 정보들이 될 수 있다.

(4 단계) **보고서 계획에 대한 윤곽을 구체화 하시오.** 최소한 보고서에 수록될 장에 대한 목록이라도 작성하고, 만약 좀 더 자세히 작성할 수 있다면 더욱 좋다. 초기 보고서 윤곽을 좀더 자세히 하면 할수록 보고서의 초안을 작성하는데 좀더 쉽게 된다는 점을 알고 있어야 한다.

(5 단계) **보고서의 초안을 작성하시오.** 초안을 작성 시 초안이 최종본이 된다고 결코 생각하지 마시오.

(6 단계) **초안의 내용을 평가하시오.** 스스로 혼자서 초안을 검토하든지, 아니면 비판적인 시각에서 다른 사람에게 검토 의뢰를 할 수도 있다.

(7 단계) **보고서를 재작성을 하고 재평가하시오.** 이 작업은 한 번에 끝나는 것이 아니고 여러번에 걸쳐 수행되어야 함을 명심해야 한다.

(8 단계) **최종 편집과 교정을 하시오.** 간혹 이 과정을 무시하고 신속하게 연구보고서를 제출하려는 경향이 있다. 반드시 최종 보고서에 대해 철자나 문법 등을 꼼꼼히 체크하면서 교정을 보아야 한다. 연구자 스스로가 몇 번에 걸쳐 편집과 교정을 위해 보고서를 읽게 되면 잘못된 점을 찾기가 쉽지 않기 때문에 이 작업을 다른 사람에게 의뢰를 할 수도 있다. 또한 교정을 위해 교정자나 교정도구에 너무 의존하지 마라. 교종 도구는 좋은 도구이지만 모든 잘못을 찾아내는 것은 아니다. 그러므로 일차 교정을 위해 교정 도구는 사용될 수 있으나, 정밀 교정을 위해서는 연구자나 교정자가 이를 직접 수행해야 한다.

(9 단계) **최종 보고서를 제출하시오.** 이제 조금 쉴 시간이다. 만약 구두발표가 없을 예정이면 최종 보고서의 사본을 읽지 마시오. 이는 괜히 발견하지 못한 실수만 찾아내거나 더 잘 쓸 수 있었을텐데라는 생각만 들어 마음만 상할 것이다. 오히려 읽지 말고 연구를 무사히 끝냈다는 성취감에 만족하는 편이 낫다.

보고서 작성시 다음 장을 쓰기 전에 반드시 그 이전의 장이 완벽하게 끝나야 된다고 생각하지 마시오. 이전 및 이후의 장의 순서에 구애를 받지말고 그냥 생각나는 데로 작성을 하면 된다. 이때 몇 개의 절을 한꺼번에 쓰는 것도 좋은 방법이 된다. 가끔가다 좋은 생각이 들어 문제시되는 이전의 장이나 절로 돌아가서 이를 보강하는 것도 좋은 방법이 된다. 학교나 연구소가 요구하는 수록순서와 꼭 일치해서 보고서를 작성할 필요가 없다. 예를 들면, 보고서를 작성한 후 초록과 서론을 나중에 쓸 수도 있다. 이와 같이 보고서 작성에는 정해진 규칙은 없으며 단지 연구자의 취향에 따라 작성을 하면 된다. 한편 [25]는 보고서 작성을 위한 10단계 절차는 다음과 같다고 보고있다.

(1단계) 보고서의 목적과 독자가 누구인지를 생각하라.

(2단계) 연구 및 조사 방법을 계획하라.

(3단계) 정보를 모아라.

(4단계) 모여진 정보를 취합 및 재구성하시오.

(5단계) 데이터를 분석하시오.

(6단계) 결론을 내리시오.

(7단계) 제언을 내리시오.

(8단계) 글쓰기를 계획하시오.

(9단계) 초안을 작성하시오.

(10단계) 교정 및 최종본을 준비하시오.

아울러 최종보고서를 제출함은 중요하기 때문에 최종보고서 작성을 위해서는 다음과 같은 사항을 반드시 사전에 명기해야 함을 강조하고 있다.

- 주제 구성에 있어 제시된 지침을 따르시오.
- 보조데이터나 사실에 대한 정확성을 확인하시오.
- 연구자의 논거가 논리적인가를 확인하고, 결론 및 제언이 제시된 데이터로 부터 논리적으로 전개되었는가를 확인하시오.

- 독자가 모를 용어나 용어에 대한 정확성을 요구하는 곳에서 용어를 반드시 설명하시오.
- 필요시 심볼, 약어, 다이어그램, 통계값 등을 설명하시오.
- 모든 다이어그램, 표, 예시 등에 라벨 및 번호를 붙이시오.
- 번호 붙임, 제목, 글자체 크기 및 형태의 사용에 있어 일관성을 유지하시오.
- 글 쓰기에 있어 명료성과 압축된 스타일을 사용하시오.
- 보고서의 형식에 있어 명료하고 혼란스럽지 않은 형식을 취하시오.
- 참고문헌을 작성함에 있어 매우 신중하시오.

제 2 절 연구보고서 구성

연구 속성에 따라 다른 방법으로 보고서를 구성할 수도 있다. 즉, 이 책에서 보여준 방식과 달리 보고서 구성을 할 수도 있다. 만약 다른 방식으로 굳이 구성을 하고 싶다면 지도교수와 상의를 하기 바란다. 일반적으로 사용되는 대학 학위논문의 구성은 다음과 같다.

(1) 초록

(2) 감사의 글

(3) 내용 목차

(4) 표 및 그림 목차

(5) 서론

(6) 문헌고찰

(7) 연구방법

(8) 결과

(9) 논의

(10) 결론 및 제언

(11) 참고문헌

(12) 부록

위에 있는 구성에 맞춰 연구보고서나 논문을 작성하기 전에 제목을 우선적으로 정해야 한다. 연구보고서나 학위논문의 제목은 논문의 얼굴이 된다. 독자들은 제목을 살펴본 후 연구자의 논문을 읽을지 여부를 결정하게 된다. 그러한 이유로 제목은 함축적이고 간단 명료해야 하며 구체적이어야 한다. 한 예로, 제목을

"바둑 포석의 연구"

라고 한 경우, 제목이 간단명료하게 보이나 무엇을 연구했는지를 구체적으로 표현하고 있지 못하다. 이 보다는 제목을

"주성분 분석(PCA)을 통한 바둑의 초반 포석에 대한 형태 분석"

으로 표현함으로서 좀 더 구체적으로 표현을 할 수 있다. 또한 제목을

"호남지역의 학년별/성별에 따른 학생들의 태권도 선호도 조사"

라는 표현보다는 좀 더 간단히 제목을

"호남지역 학생들의 태권도 선호도 조사"

라고 표현하는 것이 바람직하다. 즉, 제목을 달기 위해 무조건 늘린다거나 또는 무조건 줄이는 것은 바람직하다. 제목을 다는 것에 대해 자신이 없는 경우에는 지도교수와 상의하여 결정하는 것도 좋은 방법이 된다. 일반적으로 제목을 단 후 보고서 작성을 시작하려는 경향이 있으나, 이는 바람직하지 못한 방법이다. 일반적으로 가제목을 단 후, 보고서나 논문의 내용을 완성하게 되면 자연스레 최종의 제목을 달 수 있게 된다. 또한 세목 밑에 있는 부세목은 꼭 필요한 경우가 아니면 삼가는 것이 좋다.

연구보고서인 경우 보고서 제목을 단 후, 저자와 연락처를 명기한다. 일반적으로 주교신저자를 먼저 작성한 후 그 옆에 공동저자를 명기하면 된다. 저자들을 명기한 후 저자들의 소속을 밝혀야 한다. 일반적으로 독자들은 저자의 정보를 보고나서 해당 논문을 읽을지 여부를 결정하는 경향이 있다. 또한 독자가 연구와 관련하여 문의를 해 올 수 있기 때문에 전자우편 주소도 밝혀야 한다. 이 모든 것의 형식은 학교나 해당 학회 양식에 준하면 된다. 연구보고서 견본은 그림 13.1과 같다.

가. 초록

초록은 연구의 총정리이며 논문의 핵심적인 내용을 간결하게 제시한 부분이다. 제목과 저자에 대해 흥미를 느끼게 되면 독자는 그 다음 행위로 초록을 읽게 된다. 초록은 연구주제를 서술하며, 연구질문, 가설, 목적 등을 구체화한다. 즉, 다음과 같은 사항이 포함되어야 한다[7].

- 연구목적은 무엇인가?
- 연구는 어떤 방법으로 수행이 되었는가?
- 어떠한 결과가 나왔는가?
- 결과로부터의 연구의 의미는 무엇인가?

초록은 분량이 적은 간단한 장이 되며, 학교, 연구소, 저널 등에서 제시되는 단어 수의 한계내에서 작성되어져야 한다. 일반적으로 100~200자 정도가 되며, 학위논문은 조금 더 길 수 있다. 초록은 논문을 다 작성한 후 작성하는 것이 바람직하며, 일반적으로 연구수행 결론에 대한 내용은 수록하지 않는다.

나. 감사의 글

감사의 글은 연구수행 중 연구에 도움을 준 개인이나 단체에게 감사의 뜻을 전하기 위한 부분이다. 또한 자금 지원을 받았다면 이에 대한 내용도 서술해야 한다. 감사의 글을 작성 시 경솔한 용어나 지나친 아부의 글은 삼가야 한다. 논문에서는 초록 다음에 감사의 글을 작성하지만, 연구보고서에서는 결론 다음에 작성을 한다.

Apples and Oranges – A Comparison[1]

→ 제목

Scott A. Sandford
NASA Ames Research Center, Mountain View, California

저자 및 소속 ←

Infrared spectra of apple and orange extracts are compared. Such comparisons are not only possible, but show a great deal of similarity between the two fruits in contradiction of widely-held belief.

→ 초록

I. INTRODUCTION

We have all been present at discussions (or arguments) in which one of the combatants attempts to clarify or strengthen a point by comparing the subject at hand with another item or situation more familiar to the audience or opponent. More often than not, this stratagem instantly results in the protest "you're comparing apples and oranges!" This is generally perceived as being a telling blow to the analogy, since it is generally understood that apples and oranges cannot be compared[2]. There are some problems with this argument, however.

First, the statement that something is like comparing apples and oranges is a kind of analogy itself. That is, denigrating an analogy by accusing it of comparing apples and oranges is, in and of itself, comparing apples and oranges. More importantly, it is not difficult to demonstrate that apples and oranges can, in fact, be compared.

→ 서론

II. EXPERIMENTAL SETUP AND METHODS

The samples shown in figure 1 were prepared by gently desiccating them in a convection oven at low temperature over the course of several days. The dried samples were then mixed with potassium bromide and ground in a small ball-bearing mill for two minutes. One hundred milligrams of each of the resulting powders were then pressed into a circular pellet having a diameter of 1 cm and a thickness of approximately 1 mm. Spectra were taken at a resolution of 1 cm^{-1} using a Nicolet 740 FTIR spectrometer.

↓ 연구방법

FIG. 1: Granny Smith (left) and Sunkist Orange (right).

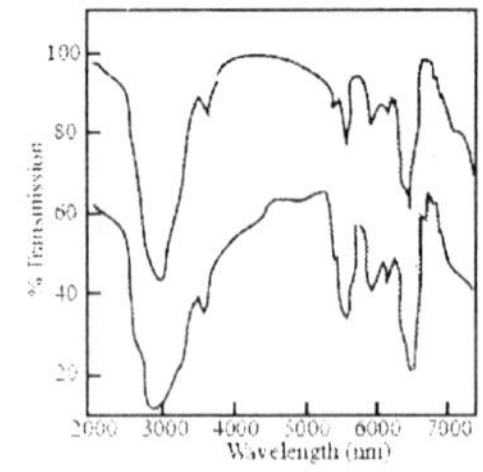

FIG. 2: FTIR spectra for apple (upper curve) and orange (lower curve). Curves have been offset for clarity.

결과 ↑

III. RESULTS

Figure 2 shows a comparison of the 2 μm – 7 μm infrared transmission spectra of a Granny Smith apple and a Sunkist Navel orange. Not only was this comparison easy to make, but it is apparent from the figure that apples and oranges are very similar.

IV. CONCLUSIONS

It would appear that the comparing apples and oranges defense should no longer be considered valid. This is a somewhat startling revelation. It can be anticipated to have a dramatic effect on the strategies used in arguments and discussions in the future.

↙ 결론

V. ACKNOWLEDGEMENTS

The author would like to thank Adam West for suggesting this problem and Bruce Wayne for providing the fruit.

↙ 감사의 글

REFERENCES

[1] Adapted from the Annals of Improbable Research.
[2] Franklin, B. "Planting fruit orchards," P. R. Alman. 4(2), 73-76 (1755).

↓ 참고문헌

그림 13.1: 연구보고서 견본(출처: Annals of improbable research)

다. 내용목차

내용의 목차는 독자로 하여금 어떻게 논문이 구성이 되었는지, 또는 어떻게 주제의 발전이 전개되었는지를 한눈에 보여준다. 순차적으로 장, 장 내의 주요 항목, 그리고 각각에 대해 머리말과 페이지 수가 서술되어야 한다.

라. 표, 그림목차

내용목차와 더불어 논문에서는 표, 그림목차를 작성해 주어야 한다. 그림과 표를 혼합해서 목차를 만드는 것이 아니라, 그림목차와 표목차를 분리하여 작성되어야 하며, 내용목차와 같이 각각에 대한 머리말과 페이지 수가 서술되어야 한다.

마. 서론

서론은 연구된 주제, 연구의 목적, 왜 연구를 수행하고자 했는가에 대한 내용을 알리는 것이 주 목적이다. 서론에서 주제 설정을 하게 된 배경이나 이유에 대한 약간의 학문적인 서술을 해야 하며, 아울러 주제 설정에 대한 개인적인 판단도 언급될 수 있다. [7]은 서론이 갖추어야 할 기본요소는 다음과 같다고 한다.

- **연구의 배경설명:** 연구할 분야에 대한 기술적 또는 이론적 배경이나 현황을 설명해야 한다. 일반적으로 배경설명은 아주 새로운 연구가 아니라면 가능한 한 간략하게 작성을 하며, 연구의 현황은 연구고찰을 통해 얻어진 자료를 통해 이루어진다.

- **문제제기:** 연구자가 수행하는 연구주제는 기존의 연구에서 이러저러한 문제점을 풀지 못했기 때문에 연구자가 이를 문제로 제기했음을 알려야 한다.

- **연구사항과 목표설정:** 문제제기를 발전시키면 연구사항과 목표가 된다. 이는 서론의 핵심부분이 되며, 연구수행을 위한 방법을 간단하게 서술하여야 한다.

연구의 배경설명, 문제제기, 목표설정은 연구자의 취향에 따라 다음과 같이 그 순서가 바뀌어 전개될 수가 있다[7].

- 배경설명 ⇒ 문제제기 ⇒ 목표설정
- 문제제기 ⇒ 배경설명 ⇒ 목표설정
- 문제제기 ⇒ 목표설정 ⇒ 배경설명
- 목표설정 ⇒ 배경설명 ⇒ 문제제기

서론은 주어진 연구주제의 처리방법, 연구질문, 연구에 따른 가설, 연구목적, 주요 단어들를 포함한 개념등을 언급해야 한다. 특히 정량적인 분석에 있어 연구의 목적은 다음과 같은 것을 포함해야 한다[15].

- 연구에서 사용된 이론이나 모델
- (교차적 또는 실험적인) 특이한 연구 디자인
- 검정된 변수와 (종속변수와 독립변수로 된) 그들 간의 관계
- 분석의 단위와 조사된 표본집단들

아울러 정성적인 분석에 있어 연구의 목적은 다음과 같은 것을 포함해야 한다[15].

- 검정 또는 측정이라는 정량적인 용어보다 발전 또는 이해 등과 같은 정성적인 용어를 사용하시오.
- 연구에 도입된 아이디어나 개념을 명확히 서술 또는 정의하시오.
- 예를 들면, 민족지학적 연구를 수행했는지에 대한 정확한 연구설계 및 데이터 수집을 위해 사용된 방법을 서술하시오.
- 연구의 대상인 조직, 그룹 등과 같은 연구분석의 단위를 명확히 서술하시오.

바. 문헌고찰

서론의 장 다음으로 대부분의 논문에서는 연구자가 추구하려는 이론을 고려하여 기존의 문헌으로부터 연구의 당위성을 언급해야 한다. 문헌고찰은 단순히 문헌의 나열을 하는 것이 아니라 기존의 연구물에 대해 비판적인 시각으로 재평가하는 것이 된다. 연구자의 연구와 기존의 연구물들은 어떠한 연관관계가 있는지 또는 연구자의 연구가 어떠한 의미와 가치가 있는지를 염두해서 서술되어져야 한다.

문헌고찰에서 가장 중요한 것은 연구자의 연구와 직접 관련이 있는 선행연구에 대한 고찰이다. 만약 연구자의 연구와 관련된 기존문헌이 없거나 적은 경우에는 유사한 논문까지 문헌고찰의 범위를 확대시켜야 한다. 이와 같은 방법으로 문헌고찰 뒷 부분에 어떠한 연구를 살펴보았는지, 어떻게 연구자의 연구에 영향을 미쳤는지에 대한 결론을 언급해야 한다.

사. 연구방법

연구방법은 연구자가 어떻게 연구를 수행했는가에 대한 내용으로 연구문제의 해결을 위해 수행된 구체적인 방법을 서술해야 한다. 예를 들어, 실험논문인 경우 쓰여진 재료, 실험방법, 장치, 분석방법 등이 언급되어져야 한다. 일반적으로 연구방법을 기술 시에는 다음과 같은 사항들을 언급해야 한다.

- 실험이나 검정을 위해 정의된 가정에 대한 개요
- 연구설계에 대한 사항

- 수행된 연구방법
- 수집된 표본의 규모와 성격
- 수행된 연구절차
- 수행된 데이터의 분석방법
- 또한 연구방법에 대한 평가를 포함해야 한다. 이는 연구에서 수행시 고려되었던 한계사항 및 수행하는 연구의 장단점을 언급함으로서 독자에게 명확하게 연구자의 연구의 한계를 인급해야 한다. 보통 10,000자 정도를 요구하는 대학논문인 경우 연구방법은 1,500~2,000자 정도의 분량이 된다.

아. 결과

결과는 논문에서 가장 정확하고 간략하게 기술되어야 할 부분이다. 연구에서 얻어낸 데이터를 설명하고 이를 도표나 수치로 작성을 해야 한다. 이때 연구와 관련이 없는 데이터를 제시하거나 또는 연구자가 보기에 흥미롭다는 것을 포함해서는 안된다. 즉, 객관적으로 결과를 서술해야 하며 너무 많은 그림이나 표를 삽입하지 말 것이며, 특히 칼러를 너무 많이 사용하지 마시오. 실제로 대부분의 잘된 논문은 아주 적은 규모의 표가 모든 것을 함축적으로 표현하는 경우가 많음을 명기하기 바란다. [7]은 결과 작성시 고려해야될 사항으로 다음과 같은 것을 지적하고 있다.

- 결과로부터 명확해진 것은 무엇인가?
- 결과도출을 위해 수행된 연구의 한계는 무엇인가?
- 결과를 통해 지지하거나 반박할 수 있는 것은 무엇인가?
- 결과에 대한 대안적인 설명은 어떤 것들이 있는가?
- 기존의 연구는 연구자의 결과에 대해 어떻게 말할 것인가?
- 결과의 전반적인 중요성이나 장점은 무엇인가?

또한 [7]은 결과 작성시 주의할 사항으로 다음과 같은 것들을 지적하고 있다.

- 그래프와 표의 결과를 단순 반복형태가 아닌 이를 분석하여 서술해야 한다.
- 결과는 사실성에 바탕해서 객관적으로 서술해야 한다.
- 결과물 전부를 나열하지 말고 중요도에 따라 선별해서 서술되어져야 한다.
- 단순히 결과 수치만을 기술하지 말고 독자의 입장에서 이해할 수 있게 서술되어져야 한다.

자. 논의

연구문제의 결과를 포함하는 논의를 하는 장이 되며, 일반적으로 논의되는 사항은 다음과 같다[11].

- 결과의 재작성
- 결과와 이론의 연관성
- 연구한계에 대한 평가
- 결과를 위해 수행된 방법에 대한 논의

논의 부분에서 발생되는 일반적인 실수는 기존의 지식과 아무런 연관을 맺지 않고 단순하게 발견이나 결과에 대한 나열만을 한다는 것이다. 주의할 사항으로 논의는 문헌고찰이나 연구를 통해 발견된 사실을 기반으로 새로운 지식을 쌓고 있다는 사실이다.

차. 결론 및 제언

연구결과나 문헌고찰에 대한 논의 다음에는 결론이 따라온다. 결론은 연구결과나 문헌고찰을 근거로 도출된 연구문제에 대한 총괄적인 답이 된다. 즉, 결론은 논리적으로 연구문제에 대한 해답이 되며, 연구결과를 근거로 한 일반적인 사실이나 법칙을 서술하는 부분이 된다. 결론은 구체적인 결과의 요약이 되며, 결과에서와 같이 객관적인 자료를 제시할 필요가 없으며, 연구에서 발견된 중요한 사실을 명백히 제시하고 강조하면 된다.

제언은 연구결과의 실용적인 활용 측면을 강조한다. 즉, 제언은 실증적 자료나 이론적 근거를 기반으로 향후 연구와 관련된 내용을 언급하면 된다. 예를 들어, 경제학적, 정치학적, 관리적인 측면에 대한 제언을 할 수도 있고, 다음 연구자가 연구를 수행함에 있어 고려해야 할 사항이나 새로운 연구 방법론을 제시할 수도 있다.

카. 참고문헌

참고문헌[xxxi]은 논문 작성을 위해 사용된 문헌으로 일반적으로 저자의 성명별로 나열을 한다. 참고문헌을 작성하는 방법은 일반적으로 하버드 시스템(Harvard system)을 따른다. 저작물 유형에 따라 한글로 표기하는 경우에는 부록 I에 있는 (7) 참고문헌 작성을 참고하면 되고, 영문으로 표기할 경우의 가장 범용적인 형태는 다음과 같다[15].

[xxxi] 참고문헌을 영문으로 'reference' 또는 'bibliography'로 표기하고 있으나, 이 둘간에는 약간의 차이가 있다. reference는 '본문 중에서 인용이 된 저작물'을 말하며, bibliography는 '본문 중에 인용은 되지 않았지만 연구와 관련이 있는 저작물'들을 말한다.

■ **도서:** 저자의 이름, 저자의 성, 출판연도, 책제목, 발행지역, 발행자 순으로 작성하면 된다.

Coakly, J. (2009) *Sport in Society: Issues and Controversies* (10th edition), Boston, MA: McGraw-Hill.

■ **저널논문:** 저자의 이름, 저자의 성, 출판연도, 논문제목, 논문명, 논문의 권수, 부(part) 번호, 저널 내의 페이지 순으로 작성하면 된다.

Waring, M., Warburton, P., and Coy, M. (2007) 'Observation of Children's Physical Activity Levels in Primary School: Is the School an Ideal setting for Meeting Government Activity Targets?', *European Physical Activity Review 13* (1), 25–40.

■ **편집된 책자의 장(chapter):** 저자의 이름, 저자의 성, 출판연도, 장의 제목, 권(volume)의 편집자, 권의 제목, 발행지역, 발행자, 장의 페이지 순으로 작성하면 된다.

Sloan, L. (1979) 'The function and impact of sports for fans' in J. Goldstein (ed.) *Sports Games and Play: Social and Psychological Viewpoints*, New York. Academic Press, pp. 219–62.

■ **인터넷 저널논문:** 저자의 이름, 저자의 성, 출판연도, 논문제목, 논문 권번호, 논문 부(part) 번호, 웹주소, 검색일자 순으로 작성하면 된다.

Wright, K. (2005) 'Researching Internet-based Populations: Advantages and Disadvantages of Online Survey Research, Online Questionnaire Authoring Software Package, and Web Survey Services', *Journal of Computer-Mediated Communication*, 10 (3), article 11. Available at http://jcmc.indiana.edu/vol10/issue3/wright.html (accessed 01/05/09).

■ **여타 인터넷 자료:** (알려진) 저자의 제목 또는 논문의 제목, 웹주소, 검색일자 순으로 작성하면 된다.

'Who's Playing College Sports? Trends in Participation', Women's Sport Foundation, http://www.womenssportsfoundation.org/Content/Research-Reports/Whos-Playing-College-Sports.aspx (accessed 08/09/09).

타. 첨부

첨부에는 연구논의에 추가적으로 지지할 수 있는 모든 정보를 추가할 수 있다. 만약 정보가 중요한 경우에는 첨부에 이를 수록하지 말고 본문 내에 수록해야 한다. 수록된 모든 첨부물은 본문 중에 색인이 되어져야 한다. 일반적으로 설문이나 인터뷰 계획등과 같은 연구도구들을 첨부한다.

제 3 절 본문 작성시 주의사항

연구보고서를 작성함에 있어 사용되는 적절한 언어나 스타일은 단기간에 형성되는 것은 아니다. [7]은 보고서 작성시 주의해야 할 사항으로 다음과 같은 것을 지적하고 있다.

(1) **문장을 짧게 써라.** 문장은 가능한 한 짧게 쓰는 것이 좋다. 문장이 길면 무엇을 실명하려는지 이해하기가 쉽지 않다. 다음은 문장을 짧게 쓴 예[xxxii]가 된다.

> "사람들은 아버지를 난장이라고 불렀다. 아버지는 난장이였다. 불행하게도 사람들은 아버지를 보는 것 하나만 옳았다. 그 밖의 것들은 하나도 옳지 않았다. 나는 아버지·어머니·영호·영희, 그리고 나를 포함한 다섯 식구의 모든 것을 걸고 그들이 옳지 않다는 것을 언제나 말할 수 있다."

위에 있는 문장을 길게 작성하게 되면 다음과 같이 될 수도 있다.

> "사람들은 아버지를 난장이라고 불렀는데 그것은 사람들이 옳게 본 것이다. 왜냐하면 아버지는 난장이였기 때문인데 불행하게도 사람들은 아버지를 보는 것 하나만 옳았다. 나는 아버지·어머니·영호·영희, 그리고 나를 포함한 다섯 식구의 모든 것을 걸고 그들이 옳지 않다는 것을 언제나 말할 수 있다."

위의 두 예에서 보듯이 문장을 짧게 쓰면 독자에게 의미를 정확하게 전달해 줄 뿐만 아니라 문장의 길이도 예상보다 길게 된다.

(2) **주어와 서술어가 호응되게 써라.** 문장을 길게 쓰면 비문(非文)이 발생한다. 예를 들어, 문장을 길게 한 경우 비문이 발생한 예를 보면 다음과 같다.

> "일본의 독도 침략 야욕에 맞서 독도지킴이가 되겠다는 의도로 제작했다는 이 게임은 3D 엔진을 자체 개발해 사용하는 등 기술력과 독창력이 우수하다는 평이다."

이 경우 문장의 주어는 '이 게임은'이 되고 서술어는 '평이다'가 되나, 이는 주어와 서술어의 호응관계가 맞지 않게 된다. 이 문장은 다음과 같이 바꾸어야 한다.

> "일본의 독도 침략 야욕에 맞서 독도지킴이가 되겠다는 의도로 제작했다는 이 게임은 3D 엔진을 자체 개발해 사용하는 등 기술력과 독창력이 우수하다는 평가를 받았다."

[xxxii] 내용 전달의 충일성을 기하기위하여 [7]의 저서 '이공계 글쓰기 노하우(2011년)'에 있는 예를 그대로 본문 중에 실었다.

즉, 주어는 '이 게임은'이 되고 서술어는 '평가를 받았다'가 되어야 한다.

(3) **어휘의 선택을 적절히 해라.** 일반적으로 독서 부족으로 인해 어휘의 적절치 못한 경우가 본문을 작성 시 발생하곤 한다. 어휘는 문장 작성에 직접적인 필력이 되며 결코 쉽지 않은 과정이다. 다음은 무심하게 어휘의 선택을 잘못한 문장의 예가 된다.

> "이는 대부분의 개발 도상국을 비롯한 많은 국가에서 환경 문제에 대한 본질적이고 적극적인 자세를 취하기보다는 경제 성장을 고무시킬 수 있는 개발에 무게를 두고 있는 일반적인 상식이다."

위 문장에서 '자세'보다는 '태도'나 '입장'이 적절하다. 또한 '고무'보다는 '촉진'이 적절하다.

(4) **동일한 어휘나 어구를 반복해서 사용하지 마라.** 동일한 낱말이나 어구가 반복되면 글 자체가 무게가 없어지게 되며, 독자로 하여금 내용을 읽음에 있어 쉽게 지루함을 느끼게 만든다. 다음의 예는 동일한 낱말을 반복해서 사용한 것이다.

> "실험에 사용된 모든 용액에 사용된 3차 증류수를 사용하였고, 반응기 초자는 121도에서 멸균하여 사용하였다."

이처럼 같은 낱말을 반복해서 사용하게 되면 글 자체가 가볍게 보인다. 이는 다음과 같이 고쳐 글 자체에 중후감을 주고 독자로 하여금 읽기에 지루함을 없게해야 한다.

> "실험에는 모든 용액에 쓰인 3차 증류수를 사용하였고, 반응기 초자는 121도에서 멸균하여 이용하였다."

(5) **전문용어와 외국어를 지나치게 많이 사용하지 마라.** 특성상 전문용어를 쓰는 경우가 발생될 수 있으나, 될 수 있으면 이를 전문 용어집을 참고하여 한글로 풀이된 용어를 쓰거나, 꼭 사용하는 경우에는 별도의 설명을 달아주는 습관을 갖아야 한다. 다음은 이를 무시하고 쓴 문장이 된다.

> "박막전지의 bottle neck technology는 음극과 전해질 기술이며, 본 연구에서는 thermal CVD(Chemical Vapor Deposition)법으로, toluene을 탄화 증착시켜, 탄소박막 전극을 개발하고, 박막전지용 음극으로서 적용 가능성을 검토하였다."

이 보다는 다음과 같이 전문용어를 한글로 풀어쓰는 것이 바람직하다.

> "본 연구에서는 온성 화학 증착법(CVD: Chemical Vapor Deposition)으로 톨루엔을 탄화 증착시켜 탄소박막 전극을 개발하고, 이를 박막전지의 음극으로 적용할 수 있는 가능성을 검토하였다."

(6) **문장 성분에 대한 형평성을 유지하라.** 문장 중에 중요 단어에 대한 수식을 하는 경우, 형평성을 유지하여 대등하게 비교될 수 있도록 글을 써야 한다. 한 예로, 다음의 문장을 살펴보자.

> "*A* 시공자는 다른 참여 업체들에 비해 가장 큰 규모를 지니고 있을 뿐 아니라, 체계화되고 조직원끼리의 유기적인 작용을 한다는 것이 큰 장점이라고 판단된다."

위 문장에서 *A* 시공자의 장점으로 (1) 큰 규모, (2) 체계화, (3) 유기적 협동을 강조하려고 했으나 큰 규모나 유기적 협동은 여러 수식어를 사용하여 구체적으로 강조를 했으나 체계화에 대해서는 구체적인 서술이 없다. 이 경우 다음과 같이 문장을 바꾸는 것이 문장에 있어 형평성을 유지하는 것이다.

> "*A* 시공자는 다른 참여 업체들에 비해 가장 큰 규모를 지니고 있을 뿐 아니라, 체계화된 조직을 갖추고 있으며, 조직원끼리의 유기적인 작용을 한다는 것이 큰 장점이라고 판단된다."

(7) **수식어를 연달아 늘어놓지 마라.** 수식어를 길게 만드면 무엇이 무엇을 꾸며주는지를 잘 모르게 된다. 두 개 이상의 관형어를 사용해야 되는 경우에는 쉼표를 이용하여 그 뜻이 무엇인지를 분명히 해주거나 따로 떼어내어 별도의 문장을 구성하는 것이 바람직하다. 한 예로, 수식어를 길게하여 무슨 말을 하는지 정확한 이해를 구하기가 어려운 문장을 살펴보자.

> "제품 메뉴얼 개발자는 제품의 사용에 필요한 적절한 방법이나 사용 중의 위험을 충분히 인지하고 예견할 수 있는 또는 합리적으로 생각할 수 있는 오용의 위험에 관해서도 충분히 검토하여야 한다."

이보다는 대등한 연결과 과도한 중복을 배제하여 새로운 문장을 작성하게 되면 다음과 같이 서술할 수도 있다.

> "제품 메뉴얼 개발자는 다음 세 가지 사용을 고려해야 한다. (1) 소비자가 제품을 편리하게 사용할 수 있는 방법을 충분히 알아야 하고, (2) 제품 사용에 따른 위험을 종합적으로 예견해야 하며, (3) 제품 오용 시 발생할지도 모르는 위험을 적극 검토해야 한다."

(8) **수식어의 위치를 정확히 확인하라.** 수식어를 길게 연달아서 사용하는 것도 문제이지만 수식어의 위치를 정확히 모르는 것도 큰 문제이다. 또한 동사나 형용사를 꾸며주는 부사를 사용함에 있어서도 주의를 해야 한다. 다음에 있는 잘못된 문장을 살펴보자.

> "독특한 아이디어와 우수한 기술력을 인정받은 41개 출품작들이 오는 27일 열리는 시상식에서 중기청, 특허청 등 산업기술 육성에

> 뜻을 함께하는 정부 유관기관장 및 지자체장으로부터 수상의 영예를 안는다."

이보다는 다음과 같이 애매한 수식어를 과감히 줄여 다음과 같이 함축적인 표현 방식이 이상적이다.

> "(독특한 아이디어 및 우수한 기술력을 인정받은 출품작에 대한) 시상식은 오는 27일 중소기업청에서 열리며, 이 자리에는 중소기업청장, 특허청장, 서울특별시장, 경기도지사 등이 참석한다."

(9) **조사를 제대로 사용하라.** 조사를 잘못 사용하게 되면 그 의미가 완전히 달라지는 경우가 있으니 조사 사용에 있어 주의를 하여야 한다. 다음은 조사를 잘못 사용하여 의미 전달이 제대로 되지 않는 문장이 된다.

> "이러한 디스플레이 소자의 대형화 추세로 인해 고화질 디스플레이의 연구 개발의 필요성이 부각되었다."

위 문장에서는 조사 '의'가 반복하여 사용됨으로서 전체 문장에 대한 이해를 혼란스럽게 하고 있다. 이 경우 위 문장을 다음과 같이 변경할 수가 있다.

> "이러한 디스플레이 소자가 대형화됨으로서 고화질 디스플레이에 대한 연구개발이 필요해졌다."

(10) **문장부호를 적절히 이용하라.** 여러 문장 부호에 대한 사용법이 많이 있으나 단순히 쉼표 사용에 대해서만 살펴보자. 예를 들어, 다음에 있는 문장을 살펴보자.

> "이때 한 용감한 청년이 소리를 지르면서 도망가는 범인을 뒤쫓기 시작했다."

만약 위에 있는 문장이 길어 쉼표를 사용하여 다음과 같이 두 가지의 문장으로 고친 경우 어느 문장이 맞는가를 살펴보자.

(1) "이때 한 용감한 청년이, 소리를 지르면서 도망가는 범인을 뒤쫓기 시작했다."

(2) "이때 한 용감한 청년이 소리를 지르면서, 도망가는 범인을 뒤쫓기 시작했다."

범인이 도망가면서 소리를 지르는 것은 상식에 어긋나는 행동이니, (2)번 문장이 옳다. 이와 같이 쉼표를 엉뚱한 곳에 찍음으로서 문장의 의미가 완전히 전도되는 경우가 발생된다. 다음의 예는 문장의 길이가 너무 길고 비문의 성격을 갖고 있는 문장이다.

> "제품메뉴얼 개발자는 제품의 사용에 필요한 적절한 방법이나 사용 중의 위험을 충분히 인지하고 예견할 수 있는 또는 합리적으로 생각할 수 있는 오용의 위험에 관해서도 충분히 검토해야 한다."

위 문장에서 쉼표를 다음과 같이 사용하면 좀 더 문장에 대한 의미가 명확해진다.

> "제품메뉴얼 개발자는 제품의 사용에 필요한 적절한 방법이나 사용 중의 위험을 충분히 인지하고, (예견할 수 있는 또는 합리적으로 생각할 수 있는) 오용의 위험에 관해서도 충분히 검토해야 한다."

[7]은 글쓰기에 있어 다음과 같은 두 가지 스타일이 있다고 한다.

(1) 초고를 공들여 쓰고 수정을 손쉽게 끝낸다.

(2) 초고를 대충 쓰고 수정을 꼼꼼히 한다.

두 방법에 있어 서로의 장단점이 있지만 글 쓰기에 익숙치 못한 학생인 경우에는 (2)번의 방법이 적절하다. 이는 글을 잘못쓰는 학생은 (1)번과 같이 처음부터 글을 쓸 수가 없으며, 글 쓰는 그 자체가 두려움의 대상이 되어 금방 글 쓰기를 포기할 수가 있으며, 심지어는 남의 글을 표절할 수도 있다. 그러한 이유로 (2)번과 같이 초고에는 글을 대충 쓰며 나중에 시간을 두어 맞춤법이나 어휘 등을 정확하게 수정하는 것이 바람직하다. 결코 글 쓰는 것은 단시간에 완성되어지는 것이 아님을 항상 염두해야 한다.

제 IV 편

부록

A

용어해설

다음에 있는 용어들은 체육학 연구에서 중요하게 사용되는 용어로서, 간단하게 약술하였다.

- **1차연구(primary research):** 연구자가 직접 입수한 원시자료를 갖고 수행하는 연구
- **1차자료(primary information):** 연구자 스스로가 수집한 자료인 설문, 인터뷰, 관측 등이 된다.
- **2차연구(secondary research):** 1차연구와 같은 원시자료가 없는 상황에서 수행되는 연구
- **2차자료(secondary information):** 연구자가 아닌 다른 사람이 만들어 놓은 자료
- **bibliography:** 본문 중에 인용은 되지 않았지만 연구와 관련이 있는 저작물
- **Cronbach's α 계수:** 알파계수 참조
- **$F-$값:** 분산의 비
- **$F-$검정($F-$test):** $F-$분포를 이용한 검정
- **$F-$분포($F-$distribution):** 두 개의 독립인 χ^2-분포의 비율에 의해 정의되는 확률분포
- **reference:** 본문 중에서 인용이 된 저작물
- **$t-$검정($t-$test):** 두 집단에서 추출된 데이터가 동일한 분포를 갖는가를 검정하는 통계 분석기법으로, 평균을 이용하여 독립된 두 표본 집단간의 평균차이를 검정하는 분석방법

- **Z－검정(Z－test):** Z－분포를 이용한 검정
- **가설(hypothesis):** 실험적으로 검정을 할 수 있는 두 변수 간의 연관된 문장
- **가설검정(testing hypothesis):** 표본관찰을 통해 귀무가설과 대립가설 중 하나를 선택하는 절차로서, 귀무가설이 옳다는 전제 하에 검정통계량을 구한 후, 이 값이 나타날 가능성의 크기를 갖고 귀무가설의 채택 여부를 결정하는 것
- **가외변인(extraneous variable):** 조절변인(moderating variable)과 같음
- **가정(assumption):** 확증되지 않았거나 불충분하게 확증된 사실.
- **개념(concept):** 어떤 공통된 특성을 가짐으로써 하나로 묶을 수 있는 일련의 대상이나 사상을 가르키는 용어
- **검정통계량(test statistics):** 검정에 이용되는 통계량
- **계통추출(systematic sampling):** 임의추출의 현실적인 어려움을 감안하여 변형된 형태의 추출법으로 모집단의 요소의 목록표를 이용하여 매 n번째의 요소를 표본으로 추출하는 방법
- **교차분석(cross analysis):** 표본을 행과 열로 분리하여 살펴보는 기술통계
- **구간추정(interval estimation):** 모집단에서 얻은 표본을 통하여 미지의 모수를 구간으로 추정하는 것
- **구인(construct):** 측정 연구나 이론을 위하여 의도적으로 고안된 구성 개념
- **구인 타당도(construct validity):** 변인들 사이의 논리적 관계에 기초하고 있으며, 측정도구가 전반적인 이론적 틀에 비추어 적절한 관련성을 갖는가를 검사하는 것
- **구조적 인터뷰(structured interview):** 설문조사와 유사한 형태가 되며, 연구자에 의해 이미 작성된 질문을 읽고 조사대상자의 반응을 메모하는 인터뷰 방식
- **군집추출(cluster sampling):** 모집단으로 부터 군(cluster)을 임의로 추출한 다음, 추출된 군에서 일정한 수의 요소를 표본으로 추출하는 방법
- **귀납적 분석(inductive research):** 귀납적 사고를 근간으로 특수한 관찰을 통해 일반적인 이론을 유도해내는 추론이 된다. 즉, 연구자의 생각이 특수에서 일반(Specific-to-General)으로 이전하는 것을 의미한다. 참고로 귀납법은 어떤 가설을 설정해 놓고, 각각의 존재나 사실로부터 일반적인 원리를 유도해내는 논법

■ **귀납적 연구(inductive research):** 좀 더 해석적이고 질적연구와 관련이 있으며 자료를 수집하여, 새로운 이론, 모델 또는 설명을 이끌어내기 위한 연구

■ **귀납적 추론(inductive reasoning):** 지식, 데이터 또는 현상으로부터 일반성을 찾아내는 방식(Specific-to-General)

■ **근거이론(grounded theory)을 위한 연구설계:** 사전적인 이론이나 아이디어를 갖고 접근하는 것이 아니라 일반적인 아이디어를 통해 연구의 결과를 분석하는 것

■ **기각역(critical region):** 귀무가설이 옳다는 전제 하에서 구한 검정통계량의 분포에서 확률값이 유의수준 α인 부분

■ **기술분석(descriptive analysis):** 표본이나 모집단의 데이터를 통해 모수(모평균, 모표준편차) 또는 통계량(표본평균, 표본표준편차)과 같은 특성을 살피는 것

■ **기술적 연구(descriptive research):** 어떤 특이한 현상에 대해 왜 그러한 현상이 발생했는지에 대한 해석보다는, 그것이 얼마나 발생했는지 또는 무엇이 발생했는지에 대해 촛점을 맞춰 설명하는 연구

■ **기술통계(descriptive statistics):** 수치자료를 체계적으로 정리/요약해 주는 통계로 주요 요약 내용으로는 빈도분포, 중앙경향치, 분산도 등이 있다.

■ **기하평균(geometric mean):** 시간에 따른 인구변동률, 물가상승률과 같이 변화하는 비율에 대한 평균값

■ **나래티브 인터뷰(narrative interview):** 조사대상자에게 시간을 주어 이야기를 서술하거나 진술하게 하여 자신의 경험담, 삶의 이야기 등을 말하게 함으로서 자료를 얻어내는 인터뷰 방식

■ **내용 타당도(content validity):** 안면타당도(face validity)와 유사하나 단지 초기의 평가가 전문가에 의해 이루어진다는 것이 차이점이다.

■ **내적관측자 신뢰도(inter-observer reliability):** 서로 다른 관찰자를 통해 어느 정도 동일한 측정치를 얻어내는냐를 평가하는 것

■ **내적일치 신뢰도(internal consistency reliability):** 한번의 측정으로 각 질문의 답이 동일한 현상을 일관성있게 측정되었는지의 정도를 파악하는 것

■ **내적 타당도(internal validity):** 특정변인의 처치 또는 조작이 가외변인 (extraneous variable)이 아닌 종속변인에 실제로 유의적인 영향을 끼쳤는가의 정도

- **누적표본추출(snowball sampling):** 초기 연구대상자를 설정한 후, 그 연구대상자를 통해 제2의 연구대상자를 물색한다. 이후 제2의 대상자를 통해 제3의 대상자를 추출하는 방법
- **다중변량(multivariate)분석:** 1개의 종속변수에 대한 2개 이상의 독립변수의 영향을 측정하는 것
- **단순상관관계(simple correlation relationship):** 단순히 두 변수간의 상관관계
- **다중상관관계(multiple correlation relationship):** 한 개의 변수에 대해 두 개 이상의 변수간의 상관관계
- **단일표본검정(one sample test):** 1개의 변수에 여러 개의 범주에 대한 빈도차를 조사하는 검정
- **대푯값(representative value):** 데이터 집합의 특징을 하나의 수로 나타낸 값
- **대응표본검정((paired-samples t−test):** 짝진표본이라고도 하며, 특정집단 내에서 사전검사(pre-test)와 사후검사(post-test)의 평균차를 비교하는 분석기법
- **독립변인(independent variable):** 연구되는 결과의 원인이 되는 변인으로 다른 변인에 영향을 주거나 시간적으로 선행하는 변인
- **독립표본(independent-samples t−test):** 이표본이라고도 하며, 연구자가 구해낸 두 표본집단간의 평균차이를 비교하는 분석
- **동변량성(homogeneity):** 모든 모집단의 변량이 동일하다는 성질
- **등간척도(interval scale):** 서열척도와 같이 순위를 매길 수 있고, 등급간의 간격이 일정한 척도
- **등분산 검정:** 서로 다른 표본으로부터 추론된 모집단의 분산들이 같은가를 검정
- **리커트(Likert) 척도:** 성향을 판단하는데 많이 사용하며, 설문자에게 특정 질문에 대해 어느 정도 동의하느냐를 측정하는 것
- **매개변인(intervening variable):** 독립변인과 종속변인을 매개하는 변인으로 독립변인과 종속변인의 관계에 영향을 미치는 변인
- **명명척도(nominal scale):** 측정대상을 단순히 그룹화하는 척도로 그룹간에 아무런 관계가 없는 단순 분류의 형태

■ **모수적 통계(parametric statistics):** 모집단이 정규분포를 따른다는 가정하에 실시되는 가설검정

■ **모집단(population):** 조사의 대상이 되는 전체 자료

■ **민족지학적(ethnographic) 연구:** 연구자가 장시간에 걸쳐 연구대상자의 문화공간에 들어가 거주하며 깊이있는 연구를 하는 것

■ **법칙(law):** 동일한 조건 하에서 반복되며, 상대적으로 지속되는 현상

■ **변량(variance):** 분산이라고도 하며 집단을 구성하는 값들이 집단평균을 중심으로 퍼져있는 정도, 즉 변산도(분산도)를 말함

■ **변량분석(analysis of variance, ANOVA):** 평균값을 기초로 하여 여러 집단을 비교하고 이들 집단 간에 차이점이 있는지를 가설검정을 통해서 상관관계를 파악하는 통계 분석기법

■ **변인(variable):** 데이터를 언어학적으로 표현하는 이름으로 변수라고도 함.

■ **복수표본검정(multiple sample test):** 2개 이상의 변수에 여러 개의 범주에 대한 빈도차를 조사하는 검정

■ **비구조적 인터뷰(unstructured interview):** 연구자가 주제에 대한 일반적인 아이디어만 갖고 조사대상자에게 질문을 하는 인터뷰 방식

■ **비모수적 통계(nonparametric statistics):** 모집단이 정규분포를 따르지 않는다는 가정하에 실시되는 가설검정

■ **비율척도(ratio scale):** 명목척도, 서열척도, 등간척도가 가지는 모든 속성을 가지고 있는 척도로 순위를 매길 수 있고, 등급간의 간격이 일정하며, 산술적인 계산은 할 수 있는 척도

■ **빈도분석(frequency analysis):** 변수들에 대한 기술통계량을 구함

■ **사례 연구(case study) 방법:** 특별한 사례에 대해 강도높은 조사를 하는 것

■ **사분위수(quartile):** 중앙값을 중심으로 균등하게 사등분을 한 숫자들

■ **산술평균(arithmetic mean):** 데이터의 총합을 데이터의 개수로 나눈 값

■ **산포도(dispersion):** 자료들이 흩어져 있는 정도

■ **서열척도(ordinal scale):** 측정 대상의 순위에 따라 수치를 부여하며, 부여된 측정치는 등급간의 차이를 보여주지 못하는 척도

■ **설명적 연구(explanatory research):** 왜 현상이 발생했는지 또는 변수 간의 인과관계를 평가하는 연구

- **순수연구(pure research):** 특수한 문제에 집착하지 않고 특별한 개념이나 이슈를 탐사하면서 전반적인 개념에 대한 이해를 증진시키는데 그 목적을 둔 연구
- **스포츠(sports):** 경기 참가자에게 즐거움을 제공하고 신체적 기능을 유지 및 증진시키는 목적으로 행해지는 모든 형태의 경쟁적인 신체적 활동
- **스포츠학(sports studies):** 육상 경기 및 단체 운동 등에 대한 관리 및 행정을 포함하여 직접적으로 적용된 모든 면에 대한 연구
- **스포츠학연구법(research method of sports studies):** 체육이나 스포츠 현장에서 문제를 해결하거나 새로운 이론을 창출하기 위해 자료를 수집 및 분석뿐만 아니라 조사 방법이나 실험설계를 포함하는 체계적인 과학적 탐구 방법에 관한 학문
- **시계열적(time series) 연구설계:** 장시간에 걸쳐 독립변인의 영향에 대한 사전관찰과 사후관찰을 실시하는 것
- **신뢰구간(confidence interval):** 특정 신뢰도를 갖는 모집단의 추정 구간
- **신뢰도(confidence):** 모집단의 특성인 모수에 대한 추정이 적중할 확률
- **신뢰도(reliability):** 일반적으로 얻어진 결과들의 일치성 정도
- **신뢰도분석(reliability test):** 항목으로 된 그룹의 내부 일치성을 측정하는 것
- **실험연구(empirical research):** 자료를 수집하여 새로운 아이디어를 입증하는 데에 그 목적을 둔 연구
- **실험적(experimental) 연구설계:** 일반적으로 독립변인이 선택된 종속변인에 영향을 미치는가를 확인하는데 사용
- **안면 타당도(face validity):** 언뜻 보아 측정도구가 측정하고자 하는 것을 적절히 측정하였는가를 검사하는 것
- **알파(α) 계수:** 척도로 구성되어 있는 항목간의 평균상관(correlation) 정도를 반영
- **양적 데이터(quantitative data):** 숫자로 표기를 할 수 있는 데이타
- **양적연구(quantitative research):** 수집된 수치자료를 통해 예견된 이론의 일반성이 유효한 가를 판단하는 연구
- **연구(research):** 과학적 방법이나 신기술을 이용하여 새로운 것을 창출하는 것

■ **연구문제(research question):** 둘 혹은 그 이상의 변인 사이의 관계, 혹은 현상을 이루는 구성요소에 대한 단순한 질문

■ **연속데이터(continuous data):** 데이터의 값이 구간 범위 내에 있는 값으로 표현되는 데이터

■ **연역적 분석(deductive research):** 연역적 사고를 근간으로 일반 이론으로부터 실험에 적합한 특수 가설로 변환되는 추론이 된다. 이 경우 연구자의 생각은 일반에서 특수로(General-to-Specific) 향하게 된다. 참고로 연역법은 일반원리에서 논리적인 방법을 통해 필연적인 결론을 유도해 내는 방식이다.

■ **연역적 연구(deductive research):** 실증적이고 양적연구와 좀 더 관련이 있으며, 수집된 자료로부터 검증이 된 기존의 이론으로부터 시작을 하여 연구자의 아이디어 발전 또는 가설을 전개시키는 연구

■ **연역적 추론(deductive reasoning):** 주어진 전제로 부터 또 다른 전제를 도출해내는 방식(General-to-Specific)

■ **예측적 연구(predictive research):** 설명적 연구에서 제안된 해석을 기반으로 하여 미래 현상에 대한 예측을 하는 연구

■ **예측 타당도(predictive validity):** 측정이 미래에 나타날 결과를 얼마나 정확히 측정하는가를 검사하는 것

■ **왜도(skewness):** 평균에 대한 분포의 비대칭 정도

■ **외적 타당도(external validity):** 특정 실험에서 얻어진 연구결과가 다른 상황에서도 얼마나 잘 일반화되느냐에 대한 개념으로 연구결과에 대한 일반화 가능성의 정도를 의미

■ **유의수준(significance level):** 추정이 틀릴 확률

■ **유의확률($p-$값):** 검정통계량의 유의성(significance)의 정도를 확률적으로 나타낸 것

■ **응용연구(applied research):** 특정 문제를 풀기 위해 수행하는 것이고, 이를 통해 특정 문제에 대한 해결책을 제시해주는 연구

■ **의미(semantic) 척도:** 양극단치를 기준으로 척도를 등분하여 특정 개념에 대한 설문대상자의 반응을 살펴보는 방법

■ **이론(theory):** 체계적으로 정리된 진술체계의 형태로 존재하며 이미 인정되고 검증되고 확증된 지식. 어떠한 현상을 구성하는 개념들간의 상호관계에 관한 내적 일관성을 지닌 개념·정의·명제로 이루어진 진술

■ **이론연구(theoretical research):** 기존의 이론이나 설명을 분석함으로서 새로운 아이디어를 창출하는데 그 목적을 둔 연구

■ **이론적 표본추출(theoretical sampling):** 특정한 이론을 잘 반영해 줄 케이스를 연구자가 선정하는 표본추출법

■ **이산(불연속)데이터(discrete data):** 데이터 값이 뚜렷하기 때문에 오차를 감안하여 측정할 필요가 없는 데이터

■ **이중변량(bivariate)분석:** 1개의 종속변수에 따른 1개의 독립변수의 영향을 측정하는 것

■ **일원변량분석(one-way ANOVA):** 독립표본 $t-$검정의 확장형태로, 변량을 이용하여 3개 이상의 집단간의 평균 차이를 검정하는 방식

■ **일표본 검정(one-sample $t-$test):** 단일표본이라고도 하며, 모집단의 평균을 알고 있고 연구자가 구해낸 표본집단의 평균을 이용해서 두 집단(모집단과 표본집단) 간의 평균차이를 비교하는 분석

■ **재검사 신뢰도(test-retest reliability):** 동일 시간대가 아닌 서로 다른 시간대에 측정을 되풀이했을 때 어느 정도 측정치가 일정하게 나오는 지를 보는 것

■ **전수조사(census):** 조사의 대상이 되는 모든 자료를 전부 다 조사하는 방법

■ **절사평균(trimmed mean):** 자료 중에서 상위, 하위의 원소를 일정한 비율로 걸러낸 후 산술평균을 낸 값

■ **점추정(point estimation):** 모집단에서 얻은 표본을 통하여 미지의 모수를 하나의 점(또는 값)으로 추정하는 것

■ **정규분포(normal distribution):** 확률밀도함수가 $f(x) = \frac{1}{\sigma\sqrt{2\pi}} e^{-\frac{1}{2}\left(\frac{x-\mu}{\sigma}\right)^2}$ 인 연속확률변수 X의 값의 분포이며, $N(\mu, \sigma^2)$으로 표기

■ **제1종 오류(type I error):** α-오류라고 하며, 채택해야할 귀무가설을 기각하는 오류

■ **제2종 오류(type II error):** β-오류라고 하며, 기각되어야할 귀무가설을 채택하는 오류

■ **조사(investigation):** 이미 벌어진 사건을 찾아 문제의 사실을 밝히는 것

■ **조절변인(moderating variable):** 중재변인(intervening variable) 또는 가외변인(extraneous variable)이라고도 불리우며, 독립변인과 종속변인 사이에 강하면서도 불확정적인 효과(contingent effect)를 미치는 변인

■ **조화평균(harmonic mean):** 주어진 자료의 역수에 대한 산술평균

■ **종단적(longitudinal) 연구설계:** 통시적 연구설계라고도 하며, 동일한 표본그룹을 사용하며, 장시간에 걸쳐 특정변인을 측정하는 것

■ **종속변인(dependent variable):** 독립변인의 결과에 의해 설명되는 변인으로 영향을 받거나 시간적으로 후행하는 변인

■ **준 구조적 인터뷰(semi-structured interview):** 질문이나 계획에 있어서 표준형태를 유지하며, 연구자는 탄력적으로 자료를 수집할 수 있고, 질문의 순서를 바꿀 수도 있고, 필요시 보조질문을 할 수 있는 인터뷰 방식

■ **중앙값(median):** 데이터를 크기 순으로 늘어 놓을 때 중앙에 놓이는 값

■ **중앙극한정리(Central Limit Theorem):** 모집단의 분포가 정규분포를 따르지 않더라도, 표본의 크기가 충분히 큰 경우, 표본평균 $\overline{X}$들의 분포는 근사적으로 정규분포를 따른다는 정리

■ **중재변인(moderating variable):** 조절변인(moderating variable)과 같음

■ **질적 데이터(qualitative data):** 숫자로 표현을 할 수가 없어 언어학적 표현으로 해야하는 데이타

■ **질적연구(qualitative research):** 여러 관점을 통해 사회나 인간의 문제를 장기간에 걸쳐 체계적인 관찰 또는 참여를 통해 숫자가 아닌 기록이나 언어학적 자료를 분석하여 사회나 인간의 현상을 이해하는 데에 목적을 둔 연구

■ **체육(physical education):** 전인적인 인간의 완성을 위한 신체의 교육 또는 신체를 통한 교육

■ **체육학(physical studies):** 건강, 신체단련, 재활치료, 육상훈련, 운동 후 부상 등과 같이 운동으로부터 발생되는 모든 운동의 효과에 대한 연구

■ **체육학연구법(research method of physical studies):** 체육이나 스포츠 현장에서 문제를 해결하거나 이론을 창출하기 위한 연구의 방법론에 대한 학문

■ **첨도(kurtosis):** 데이터 분포의 뾰속한 정도

■ **초록(abstract):** 연구의 본질, 적용된 연구방법, 주요 발견사항 등이 언급된 연구의 짧은 요약

■ **최빈값(mode):** 데이터 중에서 가장 많이 출현한 값

■ **추리분석(inferential analysis):** 표본자료 분석을 통해 얻어진 통계량을 갖고 모집단의 특성을 추리하는 것

- **추리통계(inferential statistics):** 모집단에서 추출한 표본을 갖고 모집단의 특성(모수치)을 추정하거나 가설을 검증하는 통계기법

- **측정(measurement):** 연구자가 일정한 규칙에 따라 어떤 사물이나 사건 혹은 속성 등에 수치를 부여하는 작업

- **층화임의추출(stratified random sampling):** 모집단이 상당히 이질적인 요소로 구성되어 있을 때, 모집단을 좀 더 동질적인 몇 개의 층(strata)으로 나누고 각 층에서 임의추출을 하는 방법

- **카이제곱검정(Chi-square test):** 1개 이상의 변수내에 있는 2개 이상의 범주를 비교하는 분석

- **카이제곱(χ^2-)분포:** 모분산의 추정량인 표본분산 S^2을 구하는데 사용되는 분포

- **타당도(validity):** 연구자가 행하고 있는 측정으로부터 추출된 결론이 과연 유용한 결론인가를 판단하는 정도

- **탐사적 연구(exploratory research):** 어떤 현상에 대해 사전 지식이 없는 상태에서 실시되는 연구

- **통계학(statistics):** 주어진 데이터를 근간으로 의사결정을 하기 위하여 데이터를 수집, 분석 및 추론하고 발표하는 학문

- **통제변인(control variable):** 매개변인(intervening variable)과 같음

- **편상관관계(partial correlation relationship):** 다른 변수들의 상관관계가 통제된 상태에서의 순수한 두 변수간의 상관관계

- **평균값(mean value):** 데이터의 총합을 데이터의 개수로 나눈 값인 산술평균을 일반적으로 말함

- **평균비교(mean comparison):** 1개 이상의 독립변수에 대해 종속변수의 평균이나 기술통계를 하는 분석

- **포커스그룹(focus group) 인터뷰:** 그룹(group) 인터뷰라고도 불리우는 이 방식은 일대일 접촉을 통한 인터뷰가 아니라 집단에 대한 인터뷰가 되며, 그룹내의 각 멤버간의 상호작용이 자료를 얻는데 중요한 역할을 한다.

- **표본(sample):** 모집단 가운데 표본조사를 위해 뽑은 일부 자료

- **표본조사(sample survey):** 조사의 대상이 되는 모든 자료 중 일부 자료를 추출하여 조사하는 방법

- **표본크기(sample size):** 표본조사를 위해 뽑은 표본 내 원소의 개수
- **표준오차(standard error):** 표본의 평균값에서 벗어나 있는 정도
- **표준정규분포(Standard normal distribution):** 평균이 0이고, 표준편차가 1(또는 분산이 1)인 정규분포이며, $N(0,1)$으로 표기
- **표준편차(standard deviation):** 분산값의 제곱근
- **표준화(standardization):** 정규분포 $N(\mu,\sigma^2)$을 따르는 확률변수 X를 표준정규분포를 따르는 확률변수 $Z = \frac{X-\mu}{\sigma}$로 변환시키는 것
- **피어슨(Pearson)의 상관계수:** 두 변수의 공분산을 표준편차로 나눈 것
- **허용오차(margin of error):** 모평균과 표본평균의 오차의 한계
- **횡단적(cross-sectional) 연구설계:** 공시적 연구설계라고도 하며, 사회과학, 특히 스포츠 관련 연구에서 통용되는 연구설계

B
그리스 문자

수학에서 인수(parameter)를 지정하기 위하여 그리스 문자를 쓰며, 표 B.1은 그리스 문자와 관련된 숫자값을 보여주고 있다.

문자(이름)	값	문자(이름)	값	문자(이름)	값
α (alpha, 알파)	1	ι (iota, 이오타)	10	ρ (rho, 로오)	100
β (beta, 베타)	2	κ (kappa, 카파)	20	σ (sigma, 시그마)	200
γ (gamma, 감마)	3	λ (lambda, 람다)	30	τ (tau, 타우)	300
δ (delta, 델타)	4	μ (mu, 뮤)	40	υ (upsilon, 업실론)	400
ϵ (epsilon, 입실론)	5	ν (nu, 뉴)	50	ϕ (phi, 파이)	500
ζ (zeta, 제타)	7	ξ (xi, 크사이)	60	χ (chi, 카이)	600
η (eta, 에타)	8	o (omicron, 오미크론)	70	ψ (psi, 프사이)	700
θ (theta, 세타)	9	π (pi, 파이)	80	ω (omega, 오메가)	800

표 B.1: 그리스 문자와 숫자값

그리스인들은 0을 사용하지 않았으며, 1부터 999까지의 숫자를 표현하기 위해 27개의 서로 다른 문자가 필요했다. 즉, 이미 표 B.1에 있는 24개의 문자를 사용하고 있었기 때문에 6, 90, 900을 표기할 3개의 문자가 더 필요했다. 그래서 6, 90, 900을 대신할 3개의 문자('digamma', 'koppa', 'sampi')를 사용하였으나, 이후 로마제국 탄생으로 인한 로마자 사용으로 인해 더 이상 이 문자들이 필요치 않아 소멸되었다. 로마 숫자체계는 다음과 같은 7개의 기호인

I(1),   V(5),   X(10),   L(50),   C(100),   D(500),   M(1,000)

으로 구성되어 있다. 참고로 괄호안에 있는 숫자는 기호에 대한 숫자값을 나타내고 있다. 이 7개의 기호를 이용하여 다음과 같이 현재 사용하고 있는 숫자들을 표현할

수 있다.

$$\begin{aligned} 8 &= 5+3 = \mathrm{V} + \mathrm{III} = \mathrm{VIII} \\ 4 &= 5-1 = \mathrm{IV} \\ 74 &= (50+20)+(5-1) = \mathrm{LXX} + \mathrm{IV} = \mathrm{LXXIV} \\ 48 &= (50-10)+(5+3) = \mathrm{XL} + \mathrm{VIII} = \mathrm{XLVIII} \\ 789 &= (500+200)+(50+30)+(10-1) \\ &= \mathrm{DCC} + \mathrm{LXXX} + \mathrm{IX} = \mathrm{DCCLXXXIX} \end{aligned}$$

예제 B.1 다음에 있는 숫자를 로마 기호로 변환해 보시오.

(a) 2 (b) 30 (c) 200 (d) 8
(e) 75 (f) 166 (g) 4 (h) 49
(i) 400 (j) 2004

예제 B.1 예시답안

(a) II (b) XXX (c) CC (d) VIII
(e) LXXV (f) CLXVI (g) IV (h) XLIX
(i) CD (j) MMIV

□□□

예제 B.2 다음에 있는 로마 기호를 숫자로 변환해 보시오.

(a) CCXLVIII (b) CDXXIX (c) MCDLXXIV

예제 B.2 예시답안 (a) 248 (b) 429 (c) 1474

□□□

C 통계 기호

통계에서 주로 사용되는 기호에 대한 의미와 공식은 다음과 같다.

기호	의미	공식
a	회귀직선의 $Y-$절편	직선 $y = a + bx$에서의 $a = \overline{y} - b\overline{x}$
α	제1종 오류	$\alpha = \text{P}($영가설을 기각$\|$영가설이 참$)$
b	최소자승 회귀직선의 기울기	직선 $y = a + bx$에 대해 $b = \frac{\sum(x-\overline{x})\cdot(y-\overline{y})}{\sum(x-\overline{x})^2}$
β	제2종 오류	$\beta = \text{P}($영가설을 채택$\|$영가설이 거짓$)$
$B(n,p)$	시행수 n, 성공확률 p인 이항분포	X가 이항분포 $B(n,p)$를 따를 때 $P(X=r) =^n C_r \cdot p^r \cdot (1-p)^{n-r}$, 여기서 $0 < p < 1, r = 0,1,2,\ldots,n$
c	신뢰도	$c = P(-z_c < N(0,1) < z_c)$
χ^2	카이제곱분포	$\chi^2 = \sum \frac{(O-E)^2}{E}$, 여기서 O는 관측빈도, E는 기대빈도
${}^nC_r$	조합(n개에서 r개를 선택)	${}^nC_r = \frac{n!}{r!(n-r)!}$, 여기서 $n \geq r$
^{c}	여(餘)의 관계	한 예로 $A^c = U - A$는 A가 아닌 것을 말함
$Cov(X,Y)$	X,Y간의 공분산	$Cov(X,Y) = E[(X-E(X))\cdot(Y-E(Y))]$
CV	변이계수	$CV = \frac{\text{표준편차}}{\text{산술평균}}$
$\cap$	그리고	한 예로 $A \cap B$는 사건 A 동시에 B가 된다
$\cup$	또는	한 예로 $A \cup B$는 사건 A 또는 B가 된다
df	자유도	$d.f. = n - 1$, 여기서 n은 표본의 크기
E	최대허용오차	대규모 표본에 대해 $E = z_c \frac{\sigma}{\sqrt{n}}$
ϵ	회귀나 통계에서의 오차	$y = \beta_0 + \beta_1 \cdot x + \epsilon$
$E(f(x))$	$f(x)$의 기대값	$E(f(x)) = \sum f(x) \cdot p(x)$
$\Gamma(n)$	감마함수	$\Gamma(n) = (n-1)!$

표 C.1: 통계 기호와 의미

기호	의미	공식
f	빈도수	
F	F−분포변수	$F = \frac{\chi_1^2/n_1}{\chi_2^2/n_2}$, 여기서 n_1, n_2는 자유도
!	1부터 주어진 수까지의 모든 정수곱	$n! = n \times (n-1) \times (n-2) \times \ldots \times 1$, 여기서 $0! = 1$
$F(x)$ 또는 F_x	분포함수	$\mathrm{F}(x) = \int_{-\infty}^{x} f(x)dx$
$f(x)$ 또는 f_x	확률질량함수	
G	기하평균	$G = \sqrt[n]{a_1 \times a_2 \times \ldots \times a_n}$, 여기서 $a_1, a_2, \ldots, a_n$은 변화율
H	조화평균	$H = \frac{n}{\frac{1}{a_1} + \frac{1}{a_2} + \ldots + \frac{1}{a_n}}$, 여기서 $a_1, a_2, \ldots, a_n$은 데이터 값
H_0	영가설(또는 귀무가설)	모수에 대한 가설의 하나
H_1	대립가설(또는 연구가설)	영가설이 기각된 경우 선택되는 가설
IQR	사분위 범위	$\mathrm{IQR} = Q_3 - Q_1$
λ	포아송분포의 인수	λ = 포아송분포의 평균
MS	평균제곱	$\mathrm{MS} = \frac{SS}{df}$
μ	산술평균 또는 모평균	$\mu = \frac{\sum x}{N}, \mu = \mathrm{E(x)} = \sum x \cdot p(x)$
μ_r	r차 중앙모멘트	$\mu_r = \mathrm{E}[(\mathrm{X} - \mu)^r]$
μ_r'	r차 모멘트	$\mu_r' = \mathrm{E}(\mathrm{X}^r)$
n	표본집단의 크기	
N	모집단의 크기	
^nP_r	순열(n개에서 r개를 배치)	$^nP_r = \frac{r!}{(n-r)!}$, 여기서 $n \geq r$
p	사건이 일어날 확률	$p + q = 1$
$\hat{p}$	모비율	모집단에서 특정한 속성을 갖는 개체의 비율 $\hat{p} = \frac{X}{n}$
$P(A\|B)$	조건부 확률	$P(A\|B) = \frac{P(A \cap B)}{P(B)}$
$P(x)$	x의 확률	$P(x) = \frac{\text{원하는 결과의 총개수}}{\text{시행 결과의 총개수}}$
$p-$값	유의확률	귀무가설을 기각할 수 있는 최소의 유의 수준을 나타내는 확률
q	사건이 안 나타날 확률	$q = 1 - p$, 여기서 p는 사건이 나타날 확률
Q_1	제1사분위수	Q_1 = 중앙값 이하 데이터의 중앙값
Q_2	제2사분위수	Q_2 = 순서 배열된 데이터의 중앙값
Q_3	제3사분위수	Q_3 = 중앙값 이상 데이터의 중앙값
r	(표본)상관계수	n에 대해 $r = \frac{COV(X,Y)}{SD(X) \cdot SD(Y)}$
ρ	모상관계수	N에 대해 $\rho = \frac{COV(X,Y)}{SD(X) \cdot SD(Y)}$
r^2	결정계수	r^2 = (상관계수)^2

표 C.2: 통계 기호와 의미

기호	의미	공식
R^2	다중상관계수	$R^2 = 1 - \frac{평균제곱오차}{S_y^2}$
S 또는 SD	표본표준편차	비그룹화된 데이터에 대해 $S = \sqrt{\frac{\sum(x-\overline{x})^2}{n-1}}$ 그룹화된 데이터에 대해 $S = \sqrt{\frac{\sum f\cdot(x-\overline{x})^2}{(\sum f)-1}}$
$\hat{s}$	표본비율	$\hat{s} = \frac{성공\ 횟수}{시행\ 횟수}$
S_p	합동표준편차	$S_p = \sqrt{\frac{(n_1-1)\cdot S_1^2+(n_2-1)\cdot S_2^2}{(n_1-1)+(n_2-1)}}$, 여기서 n_1, n_2는 표본의 크기
S^2	표본분산	비그룹화된 데이터에 대해 $S^2 = \frac{\sum(x-\overline{x})^2}{n-1}$ 그룹화된 데이터에 대해 $S^2 = \frac{\sum f\cdot(x-\overline{x})^2}{(\sum f)-1}$
S_e^2	오차분산	$S_e^2 = \frac{잔차제곱합}{n}$
S_p^2	합동분산	$S_p = \frac{(n_1-1)\cdot S_1^2+(n_2-1)\cdot S_2^2}{(n_1-1)+(n_2-1)}$, 여기서 n_1, n_2는 표본의 크기
σ	모표준편차	$\sigma = \sqrt{\frac{\sum(x-\mu)^2}{N}}$, $\sigma = \sqrt{E[(x-\mu)^2]} = \sqrt{\sum(x-\mu)^2\cdot p(x)}$
$\sigma_{\overline{X}}$	표본표준오차	$\sigma_{\overline{X}} = \frac{\sigma}{\sqrt{n}}$
σ^2	모분산	$\sigma^2 = \frac{\sum(x-\mu)^2}{N}$
Σ	합	Σx는 x값들의 합
sk_b	Bowley 왜도	$\text{sk}_b = \frac{(Q_3-Q_2)-(Q_2-Q_1)}{Q_3-Q1}$
sk_p	Pearson 왜도	$\text{sk}_p = \frac{중앙값 - 최빈값}{표준편차}$
SS_x	제곱합	비그룹화된 데이터에 대해 $SS_x = \sum(x-\overline{x})^2$ 그룹화된 데이터에 대해 $SS_x = \sum f\cdot(x-\overline{x})^2$
t	$t-$분포 변수	$t = \frac{N(0,1)}{\sqrt{\chi_n^2/n}}$
t_c	신뢰수준 c를 위한 임계치	
VAR(X)	X의 분산	$VAR(X) = E\left[(X-\mu)^2\right]$
x	독립변수	
$\overline{x}$	산술평균	비그룹화된 데이터에 대해 $\overline{x} = \frac{\sum x}{n}$ 그룹화된 데이터에 대해 $\overline{x} = \frac{\sum f\cdot x}{\sum f}$
$\overline{X}$	표본평균	$\overline{X} = \frac{\sum x}{n}, \overline{X} = \text{E(x)} = \sum x\cdot p(x)$
y	종속변수	
z	Z−값	$z = \frac{x-\mu}{\sigma}$, 여기서 X는 $N(0,1)$을 따름
z_c	신뢰수준 c를 위한 임계치	

표 C.3: 통계 기호와 의미

D 난수표

열 \ 행	1	2	3	4	5	6	7	8	9	10
1	80252	11587	10862	11627	89857	07788	46817	55863	35713	44712
2	69388	92356	81282	33832	56676	35132	07119	27613	01304	70032
3	40225	60304	13526	47601	12751	19233	02057	28447	46676	29541
4	59925	62338	78784	63228	82603	31755	72733	80303	91066	52537
5	31172	89780	95384	51947	13841	74371	81016	39798	26690	00978
6	12359	46569	11050	90529	49289	94545	02258	20678	18898	50931
7	57132	49387	74792	50937	62339	43401	82825	03692	37836	68752
8	71239	49511	07466	15364	86050	31093	16730	73587	79875	43576
9	03935	83975	28893	66615	14015	22410	90938	35961	36373	84810
10	72801	73777	79101	26592	45424	00899	78462	74336	60478	13852
11	44336	05322	04540	75989	51385	52279	16661	91446	48811	25346
12	52930	61970	05808	22807	85460	22723	61318	23281	63426	69030
13	50436	54490	50650	59386	25572	23267	44039	08759	33702	34580
14	24980	54548	49428	91704	86913	92940	86923	22428	47877	20510
15	94186	95540	75071	10076	10263	27664	98534	81171	61507	74976
16	19485	82792	88195	31877	74902	13212	02514	47152	17292	62081
17	72762	47963	14380	96130	74633	21388	22906	24987	50056	26487
18	53747	17433	51614	97763	90426	47833	58245	14890	77303	35338
19	84760	29591	96142	02207	79847	89559	66803	15461	39639	23187
20	42365	42338	66105	03782	83727	14200	57263	85617	95577	88654
21	04030	88194	08580	86080	76119	62260	81248	51732	89078	21940
22	99835	54210	80413	82015	07459	93910	93694	41184	65698	31977
23	26400	63946	83204	36388	30497	24021	93962	25555	00357	93441
24	64363	11259	59066	92948	72291	31804	82029	15789	04683	34455
25	82878	87304	33618	19490	88779	38883	14481	77089	58544	22761
26	01436	13553	53487	19706	30740	83272	69602	99251	81599	79264
27	35962	90832	21604	29620	01151	81945	61894	91583	41133	83955
28	80319	01462	60338	69763	32812	84076	10555	88707	92309	34505
29	32141	01977	57874	25052	11567	35505	04797	21900	81703	11848
30	99197	78637	67636	35765	36871	22555	94013	15118	81620	76730

표 D.1: 난수표

E

표준정규분포표

옆 그림은 표준정규분포 $N(0,1)$에서 $P(0 < Z < 1.96)$인 확률값 .4750을 보여주고 있다. 즉, $z = 1.96$의 값이 주어진 경우에 표 E.1의 맨 왼쪽열 1.9가 있는 행과 맨 위의 행 .06이 있는 열과의 교차되는 부분의 값 .4750을 찾으면 된다.

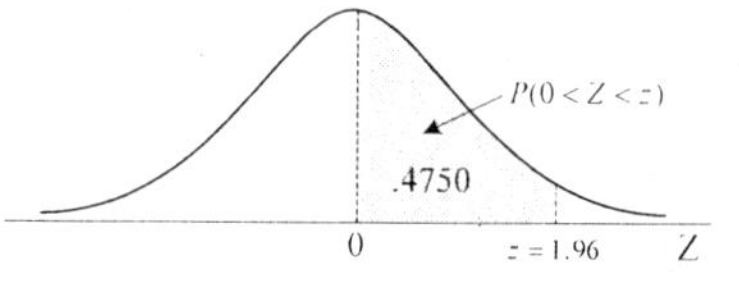

z	.00	.01	.02	.03	.04	.05	.06	.07	.08	.09
0.0	0.0000	0.0040	0.0080	0.0120	0.0160	0.0199	0.0239	0.0279	0.0319	0.0359
0.1	0.0398	0.0438	0.0478	0.0517	0.0557	0.0596	0.0636	0.0675	0.0714	0.0753
0.2	0.0793	0.0832	0.0871	0.0910	0.0948	0.0987	0.1026	0.1064	0.1103	0.1141
0.3	0.1179	0.1217	0.1255	0.1293	0.1331	0.1368	0.1406	0.1443	0.1480	0.1517
0.4	0.1554	0.1591	0.1628	0.1664	0.1700	0.1736	0.1772	0.1808	0.1844	0.1879
0.5	0.1915	0.1950	0.1985	0.2019	0.2054	0.2088	0.2123	0.2157	0.2190	0.2224
0.6	0.2257	0.2291	0.2324	0.2357	0.2389	0.2422	0.2454	0.2486	0.2517	0.2549
0.7	0.2580	0.2611	0.2642	0.2673	0.2704	0.2734	0.2764	0.2794	0.2823	0.2852
0.8	0.2881	0.2910	0.2939	0.2967	0.2995	0.3023	0.3051	0.3078	0.3106	0.3133
0.9	0.3159	0.3186	0.3212	0.3238	0.3264	0.3289	0.3315	0.3340	0.3365	0.3389
1.0	0.3413	0.3438	0.3461	0.3485	0.3508	0.3531	0.3554	0.3577	0.3599	0.3621
1.1	0.3643	0.3665	0.3686	0.3708	0.3729	0.3749	0.3770	0.3790	0.3810	0.3830
1.2	0.3849	0.3869	0.3888	0.3907	0.3925	0.3944	0.3962	0.3980	0.3997	0.4015
1.3	0.4032	0.4049	0.4066	0.4082	0.4099	0.4115	0.4131	0.4147	0.4162	0.4177
1.4	0.4192	0.4207	0.4222	0.4236	0.4251	0.4265	0.4279	0.4292	0.4306	0.4319
1.5	0.4332	0.4345	0.4357	0.4370	0.4382	0.4394	0.4406	0.4418	0.4429	0.4441
1.6	0.4452	0.4463	0.4474	0.4484	0.4495	0.4505	0.4515	0.4525	0.4535	0.4545
1.7	0.4554	0.4564	0.4573	0.4582	0.4591	0.4599	0.4608	0.4616	0.4625	0.4633
1.8	0.4641	0.4649	0.4656	0.4664	0.4671	0.4678	0.4686	0.4693	0.4699	0.4706
1.9	0.4713	0.4719	0.4726	0.4732	0.4738	0.4744	0.4750	0.4756	0.4761	0.4767

표 E.1: 표준정규분포 곡선 내의 확률값 $P(0 < Z < z)$

z	.00	.01	.02	.03	.04	.05	.06	.07	.08	.09
2.0	0.4772	0.4778	0.4783	0.4788	0.4793	0.4798	0.4803	0.4808	0.4812	0.4817
2.1	0.4821	0.4826	0.4830	0.4834	0.4838	0.4842	0.4846	0.4850	0.4854	0.4857
2.2	0.4861	0.4864	0.4868	0.4871	0.4875	0.4878	0.4881	0.4884	0.4887	0.4890
2.3	0.4893	0.4896	0.4898	0.4901	0.4904	0.4906	0.4909	0.4911	0.4913	0.4916
2.4	0.4918	0.4920	0.4922	0.4925	0.4927	0.4929	0.4931	0.4932	0.4934	0.4936
2.5	0.4938	0.4940	0.4941	0.4943	0.4945	0.4946	0.4948	0.4949	0.4951	0.4952
2.6	0.4953	0.4955	0.4956	0.4957	0.4959	0.4960	0.4961	0.4962	0.4963	0.4964
2.7	0.4965	0.4966	0.4967	0.4968	0.4969	0.4970	0.4971	0.4972	0.4973	0.4974
2.8	0.4974	0.4975	0.4976	0.4977	0.4977	0.4978	0.4979	0.4979	0.4980	0.4981
2.9	0.4981	0.4982	0.4982	0.4983	0.4984	0.4984	0.4985	0.4985	0.4986	0.4986
3.0	0.4987	0.4987	0.4987	0.4988	0.4988	0.4989	0.4989	0.4989	0.4990	0.4990
3.1	0.4990	0.4991	0.4991	0.4991	0.4992	0.4992	0.4992	0.4992	0.4993	0.4993
3.2	0.4993	0.4993	0.4994	0.4994	0.4994	0.4994	0.4994	0.4995	0.4995	0.4995
3.3	0.4995	0.4995	0.4995	0.4996	0.4996	0.4996	0.4996	0.4996	0.4996	0.4997
3.4	0.4997	0.4997	0.4997	0.4997	0.4997	0.4997	0.4997	0.4997	0.4997	0.4998
3.5	0.4998	0.4998	0.4998	0.4998	0.4998	0.4998	0.4998	0.4998	0.4998	0.4998
3.6	0.4998	0.4998	0.4999	0.4999	0.4999	0.4999	0.4999	0.4999	0.4999	0.4999
3.7	0.4999	0.4999	0.4999	0.4999	0.4999	0.4999	0.4999	0.4999	0.4999	0.4999
3.8	0.4999	0.4999	0.4999	0.4999	0.4999	0.4999	0.4999	0.4999	0.4999	0.4999
3.9	0.5000	0.5000	0.5000	0.5000	0.5000	0.5000	0.5000	0.5000	0.5000	0.5000

표 E.2: 표준정규분포 곡선 내의 확률값 $P(0 < Z < z)$

F

t−분포표

옆 그림은 스튜던트 t−분포에서 자유도 $d.f. = 29$이고 유의수준 $\alpha = .025$인 오른쪽 단측검정용 임계값 t_α의 값을 구한 것이다. 즉, 자유도($d.f. = 29$)와 유의수준($\alpha = .025$)이 주어진 경우 표 F.2에서 자유도 29가 있는 행과 $t_{.025}$가 있는 열과의 교차되는 부분의 값 2.045를 찾으면 된다.

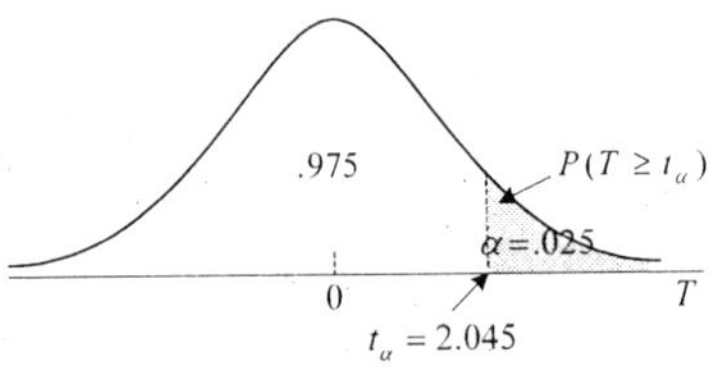

확률값 \ 자유도	$t_{.400}$	$t_{.250}$	$t_{.100}$	$t_{.050}$	$t_{.025}$	$t_{.010}$	$t_{.005}$	$t_{.0025}$	$t_{.001}$	$t_{.0005}$
1	0.325	1.000	3.078	6.314	12.706	31.821	63.657	127.32	318.31	636.62
2	0.289	0.816	1.886	2.920	4.303	6.965	9.925	14.089	23.326	31.598
3	0.277	0.765	1.638	2.353	3.182	4.541	5.841	7.453	10.213	12.924
4	0.271	0.741	1.533	2.132	2.776	3.474	4.604	5.598	7.173	8.610
5	0.267	0.727	1.476	2.015	2.571	3.365	4.032	4.773	5.893	6.869
6	0.265	0.718	1.440	1.943	2.447	3.143	3.707	4.317	5.208	5.959
7	0.263	0.711	1.415	1.895	2.365	2.998	3.499	4.029	4.785	5.408
8	0.262	0.706	1.397	1.860	2.306	2.896	3.355	3.833	4.501	5.041
9	0.261	0.703	1.383	1.833	2.262	2.821	3.250	3.690	4.297	4.781
10	0.260	0.700	1.372	1.812	2.228	2.764	3.169	3.581	4.144	4.587
11	0.260	0.697	1.363	1.796	2.201	2.718	3.106	3.497	4.025	4.437
12	0.259	0.695	1.356	1.782	2.179	2.681	3.055	3.428	3.930	4.318
13	0.259	0.694	1.350	1.771	2.160	2.650	3.012	3.372	3.852	4.221
14	0.258	0.692	1.345	1.761	2.145	2.624	2.977	3.326	3.787	4.140
15	0.258	0.691	1.341	1.753	2.131	2.602	2.947	3.286	3.733	4.073

표 F.1: 스튜던트 t−분포의 임계값 t_α

확률값 \ 자유도	$t_{.400}$	$t_{.250}$	$t_{.100}$	$t_{.050}$	$t_{.025}$	$t_{.010}$	$t_{.005}$	$t_{.0025}$	$t_{.001}$	$t_{.0005}$
16	0.258	0.690	1.337	1.746	2.120	2.583	2.921	3.252	3.686	4.015
17	0.257	0.689	1.333	1.740	2.110	2.567	2.898	3.222	3.646	3.965
18	0.257	0.688	1.330	1.734	2.101	2.552	2.878	3.197	3.610	3.922
19	0.257	0.688	1.328	1.729	2.093	2.539	2.861	3.174	3.579	3.883
20	0.257	0.687	1.325	1.725	2.086	2.528	2.845	3.153	3.552	3.850
21	0.257	0.686	1.323	1.721	2.080	2.518	2.831	3.135	3.527	3.819
22	0.256	0.686	1.321	1.717	2.074	2.508	2.819	3.119	3.505	3.792
23	0.256	0.685	1.319	1.714	2.069	2.500	2.807	3.104	3.485	3.767
24	0.256	0.685	1.318	1.711	2.064	2.492	2.797	3.091	3.467	3.745
25	0.256	0.684	1.316	1.708	2.060	2.485	2.787	3.078	3.450	3.725
26	0.256	0.684	1.315	1.706	2.056	2.479	2.779	3.067	3.435	3.707
27	0.256	0.684	1.314	1.703	2.052	2.473	2.771	3.057	3.421	3.690
28	0.256	0.683	1.313	1.701	2.048	2.467	2.763	3.047	3.408	3.674
29	0.256	0.683	1.311	1.699	**2.045**	2.462	2.756	3.038	3.396	3.659
30	0.256	0.683	1.310	1.697	2.042	2.457	2.750	3.030	3.385	3.646
40	0.255	0.681	1.303	1.684	2.021	2.423	2.704	2.971	3.307	3.551
60	0.254	0.679	1.296	1.671	2.000	2.390	2.660	2.915	3.232	3.460
120	0.254	0.677	1.289	1.658	1.980	2.358	2.617	2.860	3.160	3.373
∞	0.253	0.674	1.282	1.645	1.960	2.326	2.576	2.807	3.090	3.291

표 F.2: 스튜던트 t−분포의 임계값 t_α

G

χ^2–분포표

옆 그림은 χ^2–분포에서 자유도 $d.f. = 6$이고 유의수준 $\alpha = .05$인 단측검정용 임계값 χ^2_α의 값을 구한 것이다. 즉, 자유도($d.f. = 6$)와 유의수준($\alpha = .05$)이 주어진 경우 표 G.1에서 자유도 6이 있는 행과 $\chi^2_{.050}$이 있는 열과의 교차되는 값인 12.592를 찾으면 된다.

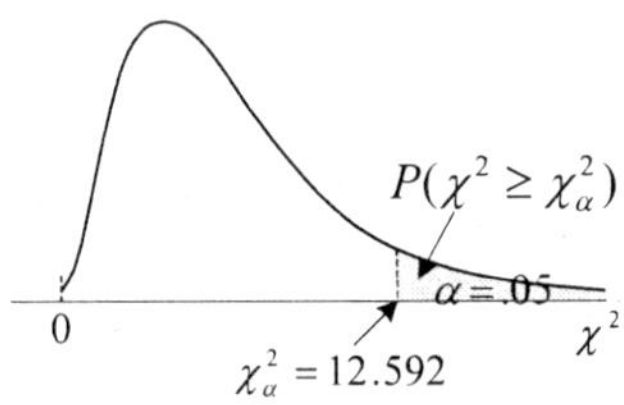

확률값 \ 자유도	$\chi^2_{.995}$	$\chi^2_{.990}$	$\chi^2_{.975}$	$\chi^2_{.950}$	$\chi^2_{.050}$	$\chi^2_{.025}$	$\chi^2_{.010}$	$\chi^2_{.005}$
1	0.000	0.000	0.001	0.004	3.841	5.024	6.635	7.879
2	0.010	0.020	0.051	0.103	5.991	7.378	9.210	10.597
3	0.072	0.115	0.216	0.352	7.815	9.348	11.345	12.838
4	0.207	0.297	0.484	0.711	9.488	11.143	13.277	14.860
5	0.414	0.554	0.831	1.145	11.070	12.832	15.086	16.750
6	0.676	0.872	1.237	1.635	12.592	14.449	16.812	18.548
7	0.969	1.239	1.690	2.167	14.067	16.013	18.475	20.278
8	1.344	1.646	2.180	2.733	15.507	17.535	20.090	21.955
9	1.735	2.088	2.700	3.325	16.919	19.023	21.666	23.589
10	2.156	2.558	3.247	3.940	18.307	20.483	23.209	25.188
11	2.603	3.053	3.816	4.575	19.675	21.920	24.725	26.757
12	3.074	3.571	4.404	5.226	21.026	23.337	26.217	28.300
13	3.565	4.107	5.009	5.892	22.362	24.736	27.688	29.819
14	4.075	4.660	5.629	6.571	23.685	26.119	29.141	31.319
15	4.601	5.229	6.262	7.261	24.996	27.448	30.578	32.801

표 G.1: χ^2–분포의 임계값 χ^2_α

확률값 \ 자유도	$\chi^2_{.995}$	$\chi^2_{.990}$	$\chi^2_{.975}$	$\chi^2_{.950}$	$\chi^2_{.050}$	$\chi^2_{.025}$	$\chi^2_{.010}$	$\chi^2_{.005}$
16	5.142	5.812	6.908	7.962	26.296	28.845	32.000	34.267
17	5.697	6.408	7.564	8.672	27.587	30.191	33.409	35.718
18	6.265	7.015	8.231	9.390	28.869	31.526	34.805	37.156
19	6.844	7.633	8.907	10.117	30.144	32.852	36.191	38.582
20	7.434	8.260	9.591	10.851	31.410	34.170	37.566	39.997
21	8.034	8.897	10.283	11.591	32.671	35.479	38.932	41.401
22	8.643	9.542	10.982	12.338	33.924	36.781	40.289	42.796
23	9.260	10.196	11.689	13.091	35.172	38.076	41.638	44.181
24	9.886	10.856	12.401	13.848	36.415	39.364	42.980	45.558
25	10.520	11.524	13.120	14.611	37.652	40.646	44.314	46.928
26	11.160	12.198	13.844	15.379	38.885	41.923	45.642	48.290
27	11.808	12.879	14.573	16.151	40.113	43.194	46.963	49.645
28	12.461	13.565	15.308	16.928	41.337	44.461	48.278	50.993
29	13.121	14.256	16.047	17.708	42.557	45.722	49.588	52.336
30	13.787	14.953	16.791	18.493	43.773	46.979	50.892	53.672
40	20.707	22.165	24.433	26.509	55.758	59.342	63.691	66.766
50	27.991	29.707	32.357	34.764	67.505	71.420	76.154	79.490
100	67.328	70.065	74.222	77.929	124.342	129.561	135.807	140.169

표 G.2: χ^2−분포의 임계값 χ^2_α

H

F−분포표

옆 그림은 F−분포에서 분모의 자유도 9, 분자의 자유도 5, 유의수준 $\alpha = .05$인 단측검정용 임계값 F_α의 값을 구한 것이다. 즉, 표 H.1에서 분모의 자유도 9가 있는 행과 분자의 자유도 5가 있는 열과의 교차되는 값인 3.48을 찾으면 된다.

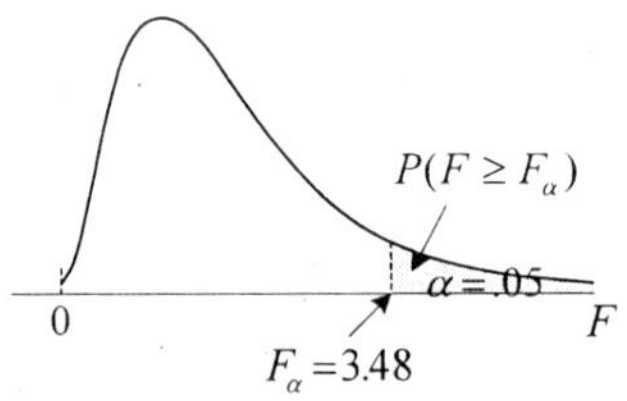

분자 자유도 \ 분모 자유도	1	2	3	4	5	6	7	8	9	10
1	161.4	199.5	215.7	224.6	230.2	234.0	236.8	238.9	240.5	241.9
2	18.51	19.00	19.16	19.25	19.30	19.33	19.35	19.37	19.38	19.40
3	10.13	9.55	9.28	9.12	9.01	8.94	8.89	8.85	8.81	8.79
4	7.71	6.94	6.95	6.39	6.26	6.16	6.09	6.04	6.00	5.96
5	6.61	5.79	5.41	5.19	5.05	4.95	4.88	4.82	4.77	4.74
6	5.99	5.14	4.76	4.53	4.39	4.28	4.21	4.15	4.10	4.06
7	5.99	4.74	4.35	4.12	3.97	3.87	3.79	3.73	3.68	3.64
8	5.32	4.46	4.07	3.84	3.69	3.58	3.50	3.44	3.39	3.35
9	5.12	4.26	3.86	3.63	3.48	3.37	3.29	3.23	3.18	3.14
10	4.96	4.10	3.71	3.48	3.33	3.22	3.14	3.07	3.02	2.98
11	4.84	3.98	3.59	3.36	3.20	3.09	3.01	2.95	2.90	2.85
12	4.75	3.89	3.49	3.26	3.11	3.00	2.91	2.85	2.80	2.75
13	4.67	3.81	3.41	3.18	3.03	2.92	2.83	2.77	2.71	2.67
14	4.60	3.74	3.34	3.11	2.96	2.85	2.76	2.70	2.65	2.60
15	4.54	3.68	3.29	3.06	2.90	2.79	2.71	2.64	2.59	2.54

표 H.1: 유의수준 $\alpha = .05$인 F−분포의 임계값

분자 자유도 \ 분모 자유도	1	2	3	4	5	6	7	8	9	10
16	4.49	3.63	3.24	3.01	2.85	2.74	2.66	2.59	2.54	2.49
17	4.45	3.59	3.20	2.96	2.81	2.70	2.61	2.55	2.49	2.45
18	4.41	3.55	3.16	2.93	2.77	2.66	2.58	2.51	2.46	2.41
19	4.38	3.52	3.13	2.90	2.74	2.63	2.54	2.48	2.42	2.38
20	4.35	3.49	3.10	2.87	2.71	2.60	2.51	2.45	2.39	2.35
21	4.32	3.47	3.07	2.84	2.68	2.57	2.49	2.42	2.37	2.32
22	4.30	3.44	3.05	2.82	2.66	2.55	2.46	2.40	2.34	2.30
23	4.28	3.42	3.03	2.80	2.64	2.53	2.44	2.37	2.32	2.27
24	4.26	3.40	3.01	2.78	2.62	2.51	2.42	2.36	2.30	2.25
25	4.24	3.39	2.99	2.76	2.60	2.49	2.40	2.34	2.28	2.24
26	4.23	3.37	2.98	2.74	2.59	2.47	2.39	2.32	2.27	2.22
27	4.21	3.35	2.96	2.73	2.57	2.46	2.37	2.31	2.25	2.20
28	4.20	3.34	2.95	2.71	2.56	2.45	2.36	2.29	2.24	2.19
29	4.18	3.33	2.93	2.70	2.55	2.43	2.35	2.28	2.22	2.18
30	4.17	3.32	2.92	2.69	2.53	2.42	2.33	2.27	2.21	2.16
40	4.08	3.23	2.84	2.61	2.45	2.34	2.25	2.18	2.12	2.08
60	4.00	3.15	2.76	2.53	2.37	2.25	2.17	2.10	2.04	1.99
120	3.92	3.07	2.68	2.45	2.29	2.17	2.09	2.02	1.96	1.91
∞	3.84	3.00	2.60	2.37	2.21	2.10	2.01	1.94	1.88	1.83

표 H.2: 유의수준 $\alpha = .05$인 F−분포의 임계값

분자 자유도 \ 분모 자유도	12	15	20	24	30	40	60	120	∞
1	243.9	245.9	248.0	249.1	250.1	251.1	252.2	253.3	254.3
2	19.41	19.43	19.45	19.45	19.46	19.47	19.48	19.49	19.50
3	8.74	8.70	8.66	8.64	8.62	8.59	8.57	8.55	8.53
4	5.91	5.86	5.80	5.77	5.75	5.72	5.69	5.66	5.63
5	4.68	4.62	4.56	4.53	4.50	4.46	4.43	4.40	4.36
6	4.00	3.94	3.87	3.84	3.81	3.77	3.74	3.70	3.67
7	3.57	3.51	3.44	3.41	3.38	3.34	3.30	3.27	3.23
8	3.28	3.22	3.15	3.12	3.08	3.04	3.01	2.97	2.93
9	3.07	3.01	2.94	2.90	2.86	2.83	2.79	2.75	2.71
10	2.91	2.85	2.77	2.74	2.70	2.66	2.62	2.58	2.54
11	2.79	2.72	2.65	2.61	2.57	2.53	2.49	2.45	2.40
12	2.69	2.62	2.54	2.51	2.47	2.43	2.38	2.34	2.30
13	2.60	2.53	2.46	2.42	2.38	2.34	2.30	2.25	2.21
14	2.53	2.46	2.39	2.35	2.31	2.27	2.22	2.18	2.13
15	2.48	2.40	2.33	2.29	2.25	2.20	2.16	2.11	2.07
16	2.42	2.35	2.28	2.24	2.19	2.15	2.11	2.06	2.01
17	2.38	2.31	2.23	2.19	2.15	2.10	2.06	2.01	1.96
18	2.34	2.27	2.19	2.15	2.11	2.06	2.02	1.97	1.92
19	2.31	2.23	2.16	2.11	2.07	2.03	1.98	1.93	1.88
20	2.28	2.20	2.12	2.08	2.04	1.99	1.95	1.90	1.84
21	2.25	2.18	2.10	2.05	2.01	1.96	1.92	1.87	1.81
22	2.23	2.15	2.07	2.03	1.98	1.94	1.89	1.84	1.78
23	2.20	2.13	2.05	2.01	1.96	1.91	1.86	1.81	1.76
24	2.18	2.11	2.03	1.98	1.94	1.89	1.84	1.79	1.73
25	2.16	2.09	2.01	1.96	1.92	1.87	1.82	1.77	1.71
26	2.15	2.07	1.99	1.95	1.90	1.85	1.80	1.75	1.69
27	2.13	2.06	1.97	1.93	1.88	1.84	1.79	1.73	1.67
28	2.12	2.04	1.96	1.91	1.87	1.82	1.77	1.71	1.65
29	2.10	2.03	1.94	1.90	1.85	1.81	1.75	1.70	1.64
30	2.09	2.01	1.93	1.89	1.84	1.79	1.74	1.68	1.62
40	2.00	1.92	1.84	1.79	1.74	1.69	1.64	1.58	1.51
60	1.92	1.84	1.75	1.70	1.65	1.59	1.53	1.47	1.39
120	1.83	1.75	1.66	1.61	1.55	1.50	1.43	1.35	1.25
∞	1.75	1.67	1.57	1.52	1.46	1.39	1.32	1.22	1.00

표 H.3: 유의수준 $\alpha = .05$인 F−분포의 임계값

한국체육학회지 투고 규정

논문을 투고하는 규정이 학회마다 다르므로, 논문을 투고하는 경우에는 반드시 해당 학회의 논문 투고 규정을 준수해야 한다. 다음은 한국체육학회지의 논문 투고 규정이다.

(1) 일반규정

1. 본 학회지는 체육학에 관련된 독창성과 실효성이 있는 논문을 그 내용으로 한다.

   - 원저(Regular paper): 독창적인 원고로서 그 자체가 독립적으로 가치 있는 결론 또는 사실을 포함한 것이다.
   - 단신(Note): 어떤 한정된 부분의 발견이나 새로운 실험방법 등과 같이 원저 논문으로 정리할 수 없지만 발표할 가치가 있는 것이다.
   - 총설(Review): 체육학에 관련되는 제 분야의 총설을 게재한다. 철저한 문헌조사를 통한 어떤 특정분야의 최신 연구동향이나 현재까지의 지식에 대한 비판적인 것을 우선적으로 채택한다.

2. 본 학회지에 게재되는 논문은 다른 학술지에 발표되지 않은 것을 원칙으로 한다.

3. 투고자는 공동연구를 포함하여 모두 본회 회원을 원칙으로 한다.

4. 편집위원회에서 채택여부가 결정될 때까지는 다른 간행물에 투고하지 않아야 한다.

5. 본 학회지는 매년 6회(2, 4, 6, 8, 10, 12월 말일) 간행하는 것을 원칙으로 한다.

6. 본 학회지는 인문·사회과학편, 자연과학편으로 분권 간행한다.

7. 논문 투고는 매년 9, 11, 1, 3, 5, 7월 말일에 마감한다.

8. 본 학회지는 책자로 제작하는 것을 원칙으로 한다.

9. 논문투고 시에는 연구자 점검표를 반드시 작성 제출하여야 한다.

(2) 원고 작성 규정

1. 논문의 작성은 다음 체제에 준한다.

   - 논문 표제, 국문요약(요약), 영문요약(Abstract), Key words, 본문, 참고문헌 순으로 구성한다.

     [연구자 소속기관 표시]

     단독연구: 홍길동(동해대학교)

     공동연구: 홍길동(동해대학교)·임꺽정(서해대학교)

   - 논문의 부제는 순차적인 일렬번호에 따라 표기한다.

     [일렬번호]

     1 → 1) → (1) → ① · · ·

   - 이론적 배경(혹은 관련 연구)은 간결하게 분석 요약하여 서론 부분에 포함시킨다.

   - 결과는 결과(분석) 및 논의로, 결론은 결론 및 제언 등으로 쓸 수 있다.

2. 원고의 서식은 횡서로 하여 국문을 작성하는 것을 원칙으로 하되 부득이하게 외국어를 사용할 경우에는 ( )을 이용하여 표기를 한다.

3. 원고 편집과 분량은 한국체육학회지 편집양식에 준하여 10매 이내를 원칙으로 한다.

4. 원고는 반드시 한글 2004와 2007 버전으로만 작성하여 제출한다. 제출된 원고는 반환하지 않는다.

5. 원고에는 국문·영문 요약을 첨부하여야 하며, 국문·영문 요약에서는 문단을 구성하지 않는다. 국문·영문 요약의 분량은 편집양식 기준으로 첫 페이지에 여백없이 구성하며 국문요약은 9줄, 영문요약은 10줄을 기준으로 구성한다.

6. 본문에서는 가급적 외래어 표기를 피하고, 원어를 사용할 경우에는 우리말 의미를 덧붙이도록 한다.

7. Key words는 소문자로 표기하되 고유명칭은 첫 글자를 대문자로 쓸 수 있다.

8. 교신저자 E-mail을 표기한다.

9. 영문 제목은 모든 단어의 첫 글자를 대문자로 표기함을 원칙으로 한다. 단, 제목의 첫 단어를 제외한 4글자 이하의 관사, 전치사, 관계부사 등은 소문자로 표기한다.

10. 전체적인 논문 체제는 다음과 같다.

    - 논제(국문)
    - 저자(소속)(국문)
    - 논제(영문)
    - 저자(영문)
    - 국문 요약(요약) 본문
    - 영문 요약(Abstract) 본문
    - Key words
    - 교신저자 E-mail
    - 서론
        1. 제목
            1) 제목
    - 연구방법
        1. 제목
            1) 제목
    - 결과(결과 및 논의)
        1. 제목
            1) 제목
    - 논의
    - 결론(결론 및 제언)
    - 참고문헌

    단, 문헌연구 형식의 논문일 경우 서론과 결론 및 제언 부분의 형식은 갖추고 나머지 부분의 체제는 논문주제와 방법의 특성에 적절하게 선택할 수 있다.

(3) 그림 및 표 작성

1. 그림은 인쇄용 원고로 직접 사용할 수 있도록 선명하게 작성해서 첨부한다.

2. 표와 그림의 제목은 한글로 작성한다.

3. 표 및 그림 제목의 번호는 본문에서 설명할 경우 <표 1>, <그림 1>로 괄호를 사용해서 표기하고, 표와 그림에서는 표 4., 그림 1.과 같이 괄호없이 표기한다.

4. 모든 표는 반드시 가로 선으로만 작성한다. 단, 특별한 의미를 나타낼 필요가 있는 경우에는 세로선도 사용할 수 있다.

5. 표의 제목은 표의 상단 왼쪽에, 그림의 제목은 그림 하단 중앙에 표기한다.

6. 표 및 그림이 인용된 자료인 경우 표, 그림의 하단 왼쪽에 참고문헌 형식으로 제시한다.

7. 표 및 그림에 필요한 단위는 반드시 상단 오른쪽 끝에 원어로 표기한다.

(4) 수학 및 통계기호

1. 논문 작성에 사용한 원자료(raw data)는 논문이 출간된 이후 최소한 3년간 보관하는 것이 일반적인 관례이므로 본 학회에 제출한 논문 자료도 최소한 3년간 보관해야 한다.

2. 일반적으로 사용되는 통계치 공식등은 논문내용에서 설명하지 않는다.

3. 통계 또는 수학식이 새로운 것이거나 꼭 필요한 경우에는 논문에 제시한다.

4. 통계치를 제시할 때는 통계치 기호와 함께 자유도, 통계치 그리고 유의수준을 같이 제시한다(이때 유의수준의 소수점 앞에는 0을 쓰지 않는다($p = .001$)).

5. 통계기호의 약호와 기호는 다음 표의 기준을 따른다. 이외의 통계적 약호 기호는 미국심리학회 출판요강(*Publication Manual of the American Psychological Association*, 5th, Ed., 141-144) 참조.

약호, 기호	정의	비고(서체)
MANOVA	Multivariate analysis of variance/다변량분석	정체
ANOVA	Analysis of variance/변량분석(univariate)	
df	Degree of freedom/자유도	이탤릭
f	Frequency/빈도	
F	Fisher's ratio/Fisher's F비	
H_0	Null hypothesis under test/영가설	
H_1	Alternative hypothesis/대립가설	
M	Mean/산술평균	
Mdn	Median/중앙치	
MS	Mean square/평균자승	
n	Number in a subsample/하위 집단 사례수	

약호, 기호	정의	비고(서체)
N	Total number in a sample/전체 표본 사례수	이탤릭
ns	Nosignificant/통계적으로 유의하지 않음	
p	Probability/확률	
P	Percentage, percentile/백분위	
r	Pearson product-moment correlation/상관계수	
R^2	Multiple correlation squared/결정계수	
SD	Standard deviation/표준편차	
SE	Standard error (of measurement)/표준오차	
SEM	Structural equation model/구조방정식 모형	정체
x	Abscissa(가로좌표, 그래프의 수직 축)	이탤릭
y	Ordinate(세로좌표, 그래프의 수평 축)	
z	A standard score/표준점수	
SS	Sum of squares/자승합	
α	Alpha/일종오류 확률, Cronbach's 내적일관성 지수	정체
β	Beta/이종오류 확률, 표준화 다중회귀계수	
χ^2	Computed value of a chi-square test/카이자승 통계치	

6. 수식과 단위는 다음 표기에 따른다.

범주	옳은표기	틀린표기	범주	옳은표기	틀린표기
단위	12 cm	12cm	단위	25 °	25°
	8 m	8 M		PH 6.0	PH6.0, pH6.0
	10 μm	10μm, 10μ		15 MPa(mega pascal)	15 mPa, 15Mpa
	22 g	22g		15%	15 %
	51 kg	51kg, 51Kg, 51kgs		28%(w/v)	28 %(w/v), 28 %(W/V)
	36 ml	36mL, 36ml		0.14 mg%	0.14mg%, 0.14 mg %
	20 L	20l, 20.0 l, 20.0L		20 ppm	20ppm, 20PPM
	12.5 hr	12.5hr, 12.5hrs		1×10^{-3} M	1×10^{-3}M
	3.8 min	3.8min, 3.8mins	범위	0.5–0.8 g	0.5~0.8 g, 0.5 – 0.8 g
	10 sec	10 sec., 10 s	수식	0.001	.001
	30 mm/min	30mm/min, 30 mm/min.		(a+b)/(c+d)	a+b/c+d
	25 m/sec	25m/sec			

(5) 서체 및 숫자

1. 통계 부호, 또는 수학의 변수로 사용된 문사는 이탤릭체로 작싱하며 통계 약호와 기호는 수학 및 통계기호의 표기 방법(4)에 따른다.

<*F*검증, *z*점수, *t*검정, *F*(1,117) - 4.03, *p*-.05, χ^2(4, *N*-90) - 10.51, *p*-.03>

2. 화학 용어, 삼각함수 용어, 그리스 문자, 약어로 쓰인 문자 등은 이탤릭체를 사용하지 않는다.

3. 일반적으로 본문 중의 10이하의 수는 글자로 표시한다. 1,000이상의 숫자는 아라비아 숫자를 사용하고 세 자리씩 쉼표로 구분한다.

(6) 문헌인용

1. 본문에서 문헌을 인용할 때 한국인은 성과 이름 전부를, 외국인은 성(family name)을 발행 연도와 함께 괄호 속에 표시한다.

2. 다른 저자의 책이나 출간된 연구물에서 인용된 자료, 검사 항목에서 따온 자료 그리고 피험자에 대한 언어적 지식 사항 등은 문자 그대로 표기한다.

3. 짧은 인용(40단어 이하)은 본문 속에 포함시키고 직접 인용부호(" ")로 인용문을 표시한다. 40단어 이상의 인용문은 본문과 별도로 적고 인용부호는 생략한다. 별도로 인용문을 기술할 때는 문단을 바꾸고 왼쪽, 오른쪽을 각각 5자씩 들여 쓴다.

4. 인용을 할 때 본문에는 저자, 연도만 표기하고 참고문헌에 완전한 출처를 제시한다.

5. 저자가 단체일 경우 처음 인용 때는 단체명을 모두 쓰고 그 이후부터는 약어로 표기한다.

6. 인문, 사회 분야의 논문일 경우 필요에 따라 미주(Note 또는 Endnote)를 사용할 수 있으며 참고문헌 뒤에 게재한다. 본문 중의 각주(Footnote)는 사용하지 않는다.

7. 저자가 1인 또는 2인인 경우는 본문 내에 인용될 때마다 모두 표기한다.

   [예시]

   홍길동 및 홍춘희(2001)는 - - -

   Affonso & Lee (2001)는 - - - -

8. 저자가 3인 이상, 5인 까지인 경우 첫 인용에는 한국인은 성과 이름 전부, 외국인인 경우 성(family name)을 전부 표기하고, 같은 문헌이 반복 인용될 때, 한국인은 첫 저자의 이름 전부와 등(等), 외국인은 첫 저자의 성과 et al.을 표기한다.

   [예시]

   홍길동, 홍춘희 및 김길수(2001)는 비만의 - - - - - - - - - - - - - 첫 인용

   홍길동 등(2001)은 비만의 - 반복인용

   Willams, Johns, Smeith, & Lee(2001)는 스포츠 경영에서 - - 첫 인용

Willams et al. (2001)은 스포츠 경영에서 - - - - - - - - - - -반복인용

9. 같은 연도, 같은 성을 가진 다른 2명 이상의 저자 논문을 참고한 경우에는 성과 이름의 첫 글자(initial)를 쓰고, 한국인은 이름 전부를 쓴다.

[예시]

- - - 사회적 스트레스(Volicer K. A. 2001; Volicer M. Y. 2001) - - -

10. 같은 저자의 복합인용은 연대순으로 하여 ","로 띄어쓰고, 저자명은 각 논문마다 반복하지 않는다.

[예시]

국문일 경우: (이기동, 1991, 1998).

영문인 경우: (Price, 1988, 1999).

11. 같은 해에 동일 저자에 의한 두 편 이상의 논문은 연도를 기입 후 *a*, *b*, *c* 등으로 첨부하고 저자명을 반복하지 않는다.

[예시]

영문논문인 경우: (Price, 1980a, 1980b).

국문논문인 경우: (홍길동, 1980a, 1980b).

12. 본문 내용에서 다른 저자가 같은 내용에서 동시에 인용될 때는 한국인 먼저 가나다순으로, 그 다음 외국인은 알파벳순으로 괄호 내용에 (;)를 이용하여 배열한다.

[예시]

- - - 에 대한 연구를(김성태, 1978; 남해구, 1997; 최경수, 2001; Brown & Smith, 1975; Lee, 1954; Williams, 1998) - - -

13. 저자가 6인 이상인 경우에는 처음부터 한국인은 첫 저자의 이름 전부와 등(等), 외국인은 성과 et al., 연도를 표기한다. 참고문헌에는 전체 저자의 이름을 표시한다.

[예시]

최영광 등(1998)은 성인병 발병에 관한 연구에서 - - - - - - - - - 첫 인용, 반복인용 모두

Price et al.(1987)은 만성질환 추이 변화에 관한 연구에서 - - - 첫 인용, 반복인용

(7) 참고문헌 작성

참고문헌 작성 원칙은 미국 심리학회 출판요강(Publication Manual of American Psychological Association, 5th ed. 2001)에 준한다. 참고문헌의 나열은 먼저 동양어 표기 문헌을 가나다 순으로, 다음에 서양어 표기 문헌을 알파벳순으로 한다. 세부 주요 작성원칙은 다음과 같다.

1. 정기간행물(Periodicals)

- 저자(출판년도): 저자명은 모두 명기하되 영문일 경우 성은 전부 쓰고 나머지 부분은 머리글자만으로 표시. 성 다음은 쉼표(,)로 표시하고 저자가 2인이나 그 이상인 경우에는 마지막 저자 앞에 &를 사용. 출판연도는 저자 다음에 붙여서 괄호 안에 표기.
- 논문제목: 영문인 경우 제목과 하위제목(":" 다음에 이어지는 제목) 첫 머리 글자에서만 대문자로 표기하고 나머지는 소문자로 표기.
- 학술지명: 국문인 경우 학술지명은 진하게 표기하고 영문인 경우 이탤릭체로 표기.
- 영문 학술지명: 축약형(Abbreviation)이 아닌 원제 명칭으로 기재하고 명사, 대명사는 첫 머리 글자를 대문자로 표기.
- 권 호 번호와 페이지: 각각 숫자로만 표시하되 국문에서는 권 번호를 진하게, 영문에서는 이탤릭으로 표기. 호(No)는 국문과 영문에서 진하게 또는 이탤릭으로 표기하지 않고 정체로 표기.
- 영문 참고문헌 표기: '양쪽정렬' 편집상 불가피한 단어 간 공간 여백 불균형은 분철로서 적절하게 조절.

[학술지 저자 1명인 경우]

홍길동(1993). 학생체력검사의 평가방법 개선방안. **한국체육학회지**, **32**(2) 512-530.

McPherson, B. D. (1994). Sport participation across the life cycle: A review of literature and suggestion for future research. *Journal of Sport Sociology*, *1*, 32-34.

[학술지 저자 2명인 경우]

Klimoski R., & Palmer S. (1993). The ADA and the hiring process in organizations. *Consulting Psychology Journal: Practice and Research*, *45*(2), 10-36.

[학술지 저자가 6명 초과인 경우]

Wolchik S. A., West S. G., Sandler I. N., Coastworth D., Lengua L., et al. (2000). An experimental evaluation of theory-based mother and mother-child programs for children of divorce. *Journal of Consulting and Clinical Psychology, 68*, 843-856.

[심사완료 후 게재 예정 논문]

Zuckerman M., & Kieffer S. C.(in press). Race difference in faceism: Dose facial prominence imply dominance? *Journal of Personality and Social Psychology.*

[잡지 기사]

Kandel E. R., & Squire L. R. (2000, November 10). Neuroscience: Breaking down scientific barriers to the study of brain and mind. *Science, 290*, 1113-1120.

[신문 기사]

홍길동(1998, 7월 20일). 운동선수의 상해 실태. **동해일보**, pp. A15, A16.

New drug appears to sharply cur risk of death from heart failure (1993, July 13). *The Washington Post*, p. A12.

[초록집]

Woolf N. Y., Young S. L., Fanselow M. S., & Butche L. L. (1991). MAP-2 expression in cholinoceptive pyramidal cells for rodent cortex and hippocampus is altered by Pavlovian conditioning [Abstract]. *Society for Neuroscience Abstract, 17*, 480.

[논문집의 특별 부록-supplement]

Regier A. A, Narrow W. E., & Rae D. S. (1990). The epidemiology of anxiety disorders: The epidemiologic catchment area (ECA) experience. *Journal of Psychiatic Research, 24*(Suppl. 2), 3-14.

2. 단행본(Books)

- 저자, 편집자: 편집된 책일 경우 국문은 저자명 뒤에 (편)으로 표시하고 영문일 경우(Ed.) 혹은 (Eds.)라는 약어로 표시.
- 출판연도: 책이 발간된 연도 표시.
- 책 제목: 국문일 경우 진하게, 영문일 경우 이탤릭체로 표기하되 책 제목은 명사, 대명사만 대문자로 표기. 책이 재판 이상으로 간행된 경우 책 제목 다음에 판수를 기재.
- 출판도시: 출판도시와 출판사 사이에는 콜론(:)으로 표시.

[단행본]

홍길동(1995). **운동생리학**. 서울: 동양출판사.

Safrit M. J. (1990). *Introduction to measurement in physical education and exercise science*(3rd. ed..). St. Louis, MO: Times Mirror.

[편저]

Gibbs T. T., & Huang L. N. (Eds.). (1991). *Children of color: Psychological interventions with minority youth*. CA: Jossey-Bass.

[저자, 편저자가 명기가 안 된 단행본]

Merrian-Webster's collegiate dictionary(10th ed.). (1993). Springfield, MA: Merrian-Webster.

[백과사전, 사전]

Sadie S. (Ed.). (1980). *The new Grove dictionary of music and musicians* (6th ed., vols. 1-20). London: Macmillan.

[편·저서 내의 장(chapter) 또는 논문]

Bjork R. A. (1989). Retrieval inhibition as an adaptive mechanism in human memory. In H. L. Roediger III & F. I. M. Craik (Eds.), *Varieties of memory & consciousness* (pp. 309-330). Hillsdale, NJ: Erlbaum.

3. 보고서(Technical and Research Reports)

[보고서]

김천식(1993). **국민건강관리 프로그램 개발**. 서울: 한국문화대학교 체육과학연구소.

National Institute of Mental Health. (1990). *Clinical training in serious mental illness* (DHHS Publication No. ADM 90-1679). Washington, DC: U. S. Government Printing Office.

4. 학술회의나 심포지움의 자료(Proceedings)

[출간된 자료집]

Deci E. L., & Robert R. M. (1997). A motivational approach to self: Intergration in personality. In R. Dienstbier (Ed.), *Nebraska Symposium on Motivation, Vol. 37. Perspectives on motivation* (pp. 237-288). Lincoln: university of Nebraska press.

김경숙 (2005). 국민체육진흥을 위한 생활체육지도자의 역할. 한국체육학회, **제24회 국민체육진흥세미나, 국민체육진흥을 위한 전문체육인의 역할**(pp. 29-56). 서울: 한국체육학회.

[포스터 발표]

Ruby J., & Fulton C.(1993, June). *Beyond redlining: Editing software that works*. Poster session presented at the annual meeting of the Society for Scholarly Publishing, Washington, DC.

5. 석·박사 학위논문(Doctoral Dissertation and Master's Thesis)

[학위논문]

홍길님(1994). **준거지향 김사의 기준설정 빙법 비교**. 미간헹 빅사 학위논문. 서울대학교 대학원, 서울.

[학위논문 초록집]

Bower D. L. (1993). Employee assistant programs supervisory referrals: Characteristics of referring and nonreferring supervisor. *Dissertation Abstracts International, 54*(01), 534B. (UMI No. 9315947)

6. 시청각 자료(Audiovisual Media)

[TV 프로그램]

Miller R. (Producer). (1989). *The mind*[Television series]. New York: WNET.

7. 전자문서(Electronic Media)

[전자저널]

Fredrikson B. L. (2000, March 7). Cultivating positive emotions to optimize health and well-being. *Prevention & Treatment, 3,* Article 0001a. Retrieved November 20, 2000, from http://journalsapa.org/prevention/volume3/pre0030001a.html.

[웹사이트 자료]

Greater New Milford Area Healthy Community 2000, Task Force on Teen and Adolescent Issues. (n.d.) *Who has time for a family meal? You do!* Retrieved October 5, 2000, from http://www.familymealtime.org.

8. 참고문헌에서 허용되는 축약형 용어는 다음과 같다.

축약형	기본용어	축약형	기본용어
Chap.	chapter	p.(pp.)	page(pages)
ed.	edition	vol.	Volume
Rew. ed.	revised edition	vols.	volumes
2nd ed.	second edition	No.	Number
Ed.(Eds.)	Editor(Editors)	Pt.	Part
Trans.	Translator(s)	Suppl.	Supplement
n.d.	no date		

(8) 심사 절차 및 판정

1. 투고원고의 게재여부는 편집위원회가 의뢰한 심사위원의 심사를 거쳐서 편집위원회에서 결정한다.
2. 편집위원회로부터 위촉받은 심사위원 2명 중 1명 이상의 게재불가 판정을 받은 원고는 본 편집위원회에서 게재 여부를 결정한다.
3. 학회지 게재 여부와 관련하여 본 위원회가 필요하다고 판단되면 외부로부터 약간의 위원을 위촉할 수 있다.
4. 각 논문주제에 따라 2명의 심사위원을 별도로 위촉하며, 합의제에 의한 심사를 실시한다.
5. 편집위원회로부터 위촉받은 심사위원은 심사 결과, 게재요청 논문의 내용이 부적당하다고 판단될 때는 저자에게 보완 및 수정을 요구할 수 있으며, 학회지 투고 규정에 따라 원고를 수정 가감할 수 있으며, 결과분석에 활용한 원자료를 제출 요구할 수 있다.
6. 편집위원회가 원고의 수정 및 보완을 요구한 후, 저자가 2주 이내에 응하지 않으면 그 원고는 다음 호에 재 투고한다.
7. 논문 심사는 비공개를 원칙으로 한다.
8. 논문 접수는 수시로 하며, 접수일은 원고가 학회 홈페이지 논문 투고란에 정상적으로 접수된 시점으로 한다. 그리고 논문은 학회 홈페이지 논문투고란에 접수된 논문만을 인정한다.
9. 심사결과에 대한 "이의신청서"와 수정사항 지시 이행확인을 위한 "수정지시이행표" 양식은 학회 홈페이지 논문관련양식에서 다운받아 작성하여 E-mail로 제출한다.
10. 심사결과에 대한 이의신청은 1회에 한하여 가능하며, 수용여부는 편집위원회에서 심사 및 결정한다.

(9) 기타 규정

1. 외국어(영어) 논문은 저자 중 1인이 외국인이며 외국기관에 소속되어 있는 경우에만 가능하고, 그 심사여부는 편집위원회에서 결정한다.

2. 같은 호에는 동일 연구자가 주저자 및 교신저자로 2편의 논문투고가 가능하며, 게재는 단독 1편 및 공동연구자를 포함한 1편만 가능하다(공동연구 포함 총 2편).

3. 논문투고자는 논문 1편당 심사료 60,000원을 원고 제출시 납부해야 한다. 심사 후 게재가 확정되면 인쇄 페이지 수에 따라 1페이지 15,000원의 논문 세새료를 납부해야 한다(10페이지 이상인 원고는 초과된 1페이지에 30,000원을 납부한다).

4. 게재된 논문에 대해서는 편당 20부의 별쇄본을 증정한다. 그 이상의 별쇄본을 희망하는 투고자는 원하는 부수만큼의 인쇄비를 납부해야 한다.

5. 본 학회지에 게재된 논문은 본 학회의 승인없이 무단 복제할 수 없다.

(10) 논문심사에 대한 종합판정표

심사위원 A	심사위원 B	종합판정
게재가	게재가	게재가
게재가	수정 후 게재	수정 후 게재
수정 후 게재	수정 후 게재	수정 후 게재
게재가	수정 후 재심	수정 후 재심
수정 후 게재	수정 후 재심	수정 후 재심
수정 후 재심	수정 후 재심	수정 후 재심
게재가	게재 불가	제3 심사(심사위원 C)
수정 후 게재	게재 불가	제3 심사(심사위원 C)
수정 후 재심	게재 불가	게재 불가(재 투고)
게재 불가	게재 불가	게재 불가(재 투고 불가)

<table>
<tr><th colspan="2" rowspan="2">심사위원 C(제3 심사)
종합판정</th><th colspan="4">재심 결과 종합판정</th></tr>
<tr><th colspan="2">1인 재심인 경우</th><th colspan="2">2인 재심인 경우</th></tr>
<tr><td rowspan="2">게재가</td><td rowspan="2">게재가</td><td rowspan="2">게재가</td><td rowspan="2">게재가</td><td>게제가, 게제가</td><td>게재가</td></tr>
<tr><td>게제가, 수정 후 게재</td><td>수정 후 게재</td></tr>
<tr><td rowspan="2">수정 후 게재가</td><td rowspan="2">수정 후 게재가</td><td rowspan="2">수정 후 게재가</td><td rowspan="2">수정 후 게재가</td><td>수정 후 게재, 수정 후 게재</td><td>수정 후 게재</td></tr>
<tr><td>게재가, 게재 불가</td><td>게재 불가*</td></tr>
<tr><td rowspan="2">게재 불가</td><td rowspan="2">게재 불가</td><td rowspan="2">게재 불가</td><td rowspan="2">게재 불가*</td><td>수정 후 게재, 게재 불가</td><td>게재 불가*</td></tr>
<tr><td>게재 불가, 게재 불가</td><td>게재 불가*</td></tr>
</table>

- **게재가**: 수정사항없이 게재가능
- **수정 후 게재가**: 수정 지시사항 확인 후 게재여부 최종 결정
- **수정 후 재심**: 수정 지시사항 확인과 재심을 거친 다음 재심사 결과에 따라 게재 여부 판단
- **게재 불가**: 당 호, 이후 호에 논문 게재 불가

* 재심결과 종합판정에서 게재 불가인 경우 재 투고 불가

(11) 한국체육학회지 편집양식(한글 2004)

기본적으로 대표 글-휴먼명조, 한글-휴먼명조, 영문-휴먼명조, HCI Poppy

	서체(영문)	장평(%)	자간(%)	급수	행간	단수	내어쓰기	들여쓰기
본문	휴먼명조	90	-10	10p	150%	2		10pt
논문제목	휴먼명조	90	-10	18p	130%	1		왼쪽
부제목	휴먼명조	90	-10	12p	150%			왼쪽
이름	휴먼명조	90	-10	11p	130%			왼쪽
소속	휴먼명조	90	-10	10p	130%			왼쪽
영문 논문 제목	휴먼명조	95	-10	15p	110%			왼쪽
영문 부제목	휴먼명조	90	-10	12p	150%			왼쪽
영문 이름	휴먼명조	90	-10	10p	150%			왼쪽
영문 소속	휴먼명조	90	-10	10(이탤릭)	150%			왼쪽
요약	휴먼명조	90	-10	10p	150%			왼쪽
국문요약 논문	휴먼명조	90	-10	10p	150%			
Abstract	휴먼명조	90	-10	10p	150%			왼쪽
영문요약 논문	휴먼명조	90	-10	9p	150%			
Key words	휴먼명조	90	-10	8p	130%			
장 제목(서론)	휴먼명조	90	-10	14p(진하게)	150%	2		왼쪽
1. 제목	휴먼명조	90	-10	10p(진하게)	150%	2		10pt
1) 제목	휴먼명조	90	-10	10p(진하게)	150%	2		10pt
표 제목	휴먼고딕	90	-10	9p	105%	1 or 2		
표 내용	휴먼고딕	90	-10	9p	105%	1 or 2		
그림 제목	휴먼고딕	90	-10	9p	105%	1 or 2		
그림 내용	휴먼고딕	90	-10	9p	105%	1 or 2		
참고문헌	휴먼고딕	90	-10	14p(진하게)	150%	2		왼쪽
참고문헌 내용	휴먼고딕	90	-10	10p	150%	2	35pt	

- 용지설정: 사용자 정의 - 190 ×260, 여백주기 - 위쪽: 20, 아래쪽: 20, 오른쪽: 20, 왼쪽: 20
- 머리말: 15.0, 꼬리말: 0
- 표·그림은 캡션편집

참고 문헌

[1] 안문경. 스포츠 행동과학 연구의 논리. Retrieved from http://www.kocw.net/home/common/contents/document/week8.pdf on 30 September 2012.

[2] 이용구 김상용. *통계학의 이해*. 율곡출판사, 2008.

[3] 이학식 임지훈. Spss 14.0 매뉴얼, 2010. 성균관대학교 응용통계 연구소.

[4] 이명두 박종욱. *Excel 2007을 활용한 기초 통계자료 분석*. 도시출판 한신, 2011.

[5] 김영석. *사회조사 방법론: SPSS WIN 통계분석*. 나남출판, 3rd edition, 2009.

[6] 강주희. *SPSS 프로그램을 활용한 따라하는 통계분석*. 크라운출판사, 2010.

[7] 김동우. *이공계 글쓰기 노하우*. 생능출판사, 2011.

[8] 김종택 외 4인. *체육학 연구법*. 도서출판 레인보우북스, 2007.

[9] Earl Babbie. *The Practice of Social Research*. Wadworth, 8th edition, 1998.

[10] T. Baker. *Doing Social Research*. McGraw-Hill, 1994.

[11] K. Berg and R. Latin. *Essentials of Research Methods in Health, Physical Education, Exercise Science and Recreation*. MD: Lipincott, Williams and Wilkins, 3rd edition, 2007.

[12] M. Clarke, M. Riley, E. Wilkie, and R. Wood. *Researching and Writing Dissertation in Hospitality and Tourism*. Thomson Business Press, 1998.

[13] J. W. Creswell. *Educational Research: Planning, conducting, and evaluating quantitative and qualitative research*. Upper Saddle River: Pearson, 3rd edition, 2008.

[14] D. De Vaus. *Research Design in Social Research*. Sage, 2001.

[15] Chris Gratton and Ian Jones. *Research methods for sports studies*. Routledge, 2010.

[16] Delphi Jordan. Type iii errors. Retrieved from http://www.delphi-jo.com/delphi/EditorDocuments/type%20III%20error.pdf on 30 September 2012.

[17] A. Kellehear. *The Unobtrusive Researcher*. Allen & Unwin, 1993.

[18] P. Leedy. *Practical Research: Planning and Design*. Macmillan, 1985.

[19] Shuttleworth Martyn. Definition of research, 2008. Retrieved from http://www.experiment-resources.com/definition-of-research.html on 13 August 2012.

[20] Nikos Ntoumanis. *A Step-by-Step Guide to SPSS for Sport and Exercise Studies*. Routledge, 2006.

[21] L. Pol and S. Pak. The use of a two stage survey design for gathering data from people who attend sporting events. *Sport Marketing Quarterly*, 3(3):9–12, 1994.

[22] Rutgers. Department of exercise science and sport studies. Retrieved from http://www.exsci.rutgers.edu/component/docman/doc_download/404-want-to-declare-exercise-science-and-sport-studies-as-your-major on 15 August 2012.

[23] M. Saunders, P. Lewis, and A. Thornhill. *Research Methods for Business Students*. Prentice-Hall, 2nd edition, 2000.

[24] SportAccord. Definition of sport. Retrieved from http://www.sportaccord.com/en/members/index.php?idIndex=32&idContent=14881 on 15 August 2012.

[25] Charles Sturt University. Learning skills, 2004. Retrieved from http://www.asfg.mx/dep/hsss_mexican_program/JULIAN/How%20to%20write%20a%20report.pdf.

[26] A. Veal. *Research Methods for Leisure and Tourism*. Prentice Hall, 3rd edition, 2006.

[27] W. J. Vincent. *Statistics in Kinesiology*. Human Kinetics, 2nd edition, 1999.

[28] N. Walliman. *Doing your Research Project*. Sage, 2001.

[29] Wikipedia. Sports science, 2012. Retrieved from http://en.wikipedia.org/wiki/Sports_science on 13 August 2012.

찾아보기

저자 약력

이병두

- 세한대학교 체육학부 조교수

박종욱

- 세한대학교 체육학부 교수

SPSS를 활용한

스포츠학 연구법

인　　쇄 : 2012년 11월 25일

발　　행 : 2012년 12월 1일

저　　자 : 이병두 · 박종욱

발 행 처 : 도서출판 한산

서울시 서대문구 수색로 6길 43번지 105동 602호

TEL : (02)304-3504　FAX : (02)304-3505

발 행 인 : 김 기 영

등록번호 : 제 10-1745 호

I S B N : 978-89-89215-82-0　　93310

잘못된 책은 바꾸어 드립니다.

가격 18,000원